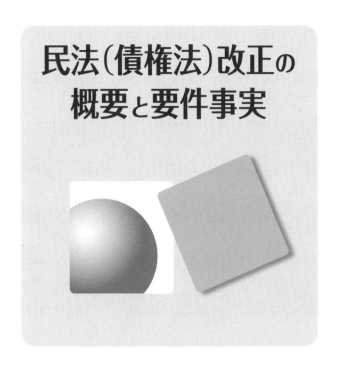

民法(債権法)改正の概要と要件事実

小賀野晶一　松嶋隆弘　編著

三協法規出版

はじめに

　本書は、実務家を対象に、先般、ようやく成立した民法（債権法）改正の概要を解説する実務書である。

　このたびの民法改正の目標としては、国民に分かりやすい民法典にすることが強調された。かかる視点のもとに、改正作業では民法典に明記されていないが解釈論として定着していた規範や、民法典に明記されていないその他の規範を明記すべきかどうかが要点となった。

　民法（債権法）改正については、明治29年（1896年）の民法財産編の公布及び明治31年（1898年）の施行以来の、広範囲に及ぶ民法の大改正であるため、民法研究者による本格的研究が盛んになされている。そのことの価値は十分認めるものの、「今そこにある現実」に対処していくことを求められる実務にとって、知りたいのは、「改正のポイントと改正の概要」であるのも、これまた事実である。

　そこで、我々は、この際、「実務家目線」に拘り、「実務家による、実務家のための民法（債権法）解説書」として、本書を編むことにした。具体的には、本書は、おおむね、民法（債権法）所定の項目ごとに、(1)改正のポイント（改正法の要点を概観し各論の理解に資するための導入的解説）を簡潔に示した上で、(2)当該項目の概要につき、やや詳しい解説（理論的あるいは実務的により詳細な検討）を加え、最後に、(3)改正法下における要件事実について、検討を加えるという構成になっている（ただし、若干の出入りはある）。

　お急ぎの方は、(1)を読み、サッとポイントのみ理解していただき、より詳しく知りたい方は、(2)にまで読み進めていただきたい。さらに、実務上の留意点まで知りたい方は、どうか(3)にまで及んでいただきたい。このような構成により、限られた時間で、必要なだけの知識を入手し、実務の利便に供することができれば、本書の目的は達成されたことになる。ただ、各論と総論が相俟って改正法の要点が鮮明になってほしいという願いもあるので、全体を読んでいただけたらこれほどうれし

ことはない。

　本書の執筆者は実務界や学界で現に活躍し、将来にわたり日本の民法を担われる専門家である。執筆者は日常の仕事において民法の理論や実務のあり方を追求しており、本書ではそれぞれのテーマについて自由に解説を行っている。本書を実務家だけでなく、民法を学ぶ学生や企業の方々も手にとり、変化する民法のエネルギーを吸収していただけると幸いである。

　実務に資する解説、明快な解説は、語るは易く実際に執筆するとなると難しい。読者各位からご教示をいただき、至らない諸点を改善していく所存である。

　三協法規出版株式会社社長の野村哲彦氏には本書出版をお勧めいただいた。また、有限会社木精舎社長の有賀俊朗氏、佐塚英樹氏には編集及び資料の整理においてご尽力を賜ることができた。私ども一同心より感謝申し上げたい。

2017年6月

編者　小賀野晶一
　　　松嶋　隆弘

■目 次

はじめに *iii*
凡　例 *xiii*
経過措置 *xiv*

第1編　総　論

I　債権法改正の全体像 …………………………………………… 2

1. 民法改正の背景 ……………………………………………… 2
2. 学術的検討と情報の発信 …………………………………… 3
3. 諮問88号（法制審議会平成21年10月28日総会） ……… 4
4. 法制審議会における審議 …………………………………… 5
5. 国会提出の理由と改正案の個別項目 ……………………… 6
6. 民法改正の意義と展望 ……………………………………… 7

II　他の法分野、実務への影響 ……………………………………10

1. はじめに ………………………………………………………10
2. 商法（狭義の商法典） ………………………………………10
3. 会社法 …………………………………………………………12
4. 手続法への影響 ………………………………………………14

III　要件事実に関連して ……………………………………………15

民法改正の変遷 ………………………………………………………16

第2編　総　則

第1章　意思能力・行為能力 ……………………………………22

I　改正のポイント ……………………………………………………22

1	はじめに	22
2	意思能力	22
3	行為能力	27

Ⅱ 意思能力・行為能力に関する要件事実　　28

1	意思能力	28
2	行為能力	28

第2章　法律行為　　30

Ⅰ　法律行為に関する改正のポイント　　30

1	法律行為制度の改正全般	30
2	公序良俗	36
3	心裡留保	41
4	錯　誤	44
5	詐欺・強迫	52
6	効力発生と受領能力	56
7	無効・取消し、取消権者	59
8	原状回復	63
9	追認・法定追認	65
10	条件・期限	67

Ⅱ　法律行為に関する要件事実　　68

1	心裡留保	68
2	錯誤（新法95条）	71
3	無効および取消し（新法121条の2）	74

第3章　代　理　　75

Ⅰ　代理に関する改正のポイント　　75

1	代理制度の改正全般	75

2	代理行為の瑕疵	79
3	代理権の濫用（新法107条）	83
4	自己契約・双方代理（新法108条）	84
5	表見代理1（新法109条）：代理権授与の表示による表見代理	87
6	表見代理2（新法110条）：権限外の行為の表見代理	89
7	表見代理3（新法112条）：代理権消滅後の表見代理	90
8	無権代理（新法117条）	92

Ⅱ 代理に関する要件事実 …… 94

1	代理人の行為能力（新法102条）	94
2	代理権の濫用（新法107条）	94
3	代理権授与の表示による表見代理等（新法109条）	96
4	代理権消滅後の表見代理（新法112条）	96
5	無権代理人に対する請求（新法117条）	98

第4章　時　効 …… 99

Ⅰ 時効に関する改正のポイント …… 99

1	時効制度の改正全般	99
2	時効の援用	102
3	時効の完成猶予・更新	104
4	債権の消滅時効	115
5	判決で確定した権利の消滅時効	123
6	不法行為に基づく損害賠償請求権の消滅時効	125

Ⅱ 時効に関する要件事実 …… 128

1	時効の完成猶予・更新（新法147条、148条）	128
2	催告による時効の完成猶予（新法150条）	129
3	協議を行う旨の合意による時効の完成猶予（新法151条）	130
4	債権等の消滅時効（新法166条）	130
5	人の生命または身体の侵害による損害賠償請求権の消滅時効	

（新法167条）、不法行為による損害賠償請求権の消滅時効（新法724条）、人の生命または身体を害する不法行為による損害賠償請求権の消滅時効（新法724条の2） ………………………………… *131*

第3編　債権総論

第1章　総　則 …………………………………………………… *134*

Ⅰ　債権に関する改正のポイント …………………………… *134*

1. 債権制度の改正全般 ……………………………………… *134*
2. 不能による選択債権の特定に関する改正（新法410条） ………… *143*
3. 特定物の引渡しの場合の注意義務に関する改正（新法400条） …… *145*
4. 利息（法定利率、中間利息控除、遅延損害金）に関する改正 …… *149*
5. 不確定期限付債務の履行遅滞に関する改正（新法412条2項） …… *156*
6. 履行不能（原始的不能を含む）に関する改正（新法412条の2） …… *156*
7. 受領遅滞 ………………………………………………… *161*
8. 履行強制 ………………………………………………… *164*
9. 履行不能（415条）……………………………………… *166*
10. 損害賠償の範囲 ………………………………………… *170*
11. 金銭債務の特則 ………………………………………… *176*
12. 過失相殺 ………………………………………………… *181*
13. 賠償額の予定・代償請求権 …………………………… *184*

Ⅱ　債権に関する要件事実 ………………………………… *189*

1. 特定物の引渡しの場合の注意義務（新法400条）………… *189*
2. 履行不能（新法412条の2）……………………………… *189*
3. 履行遅滞中または受領遅滞中の履行不能と帰責事由（新法413条の2）…… *190*
4. 債務不履行による損害賠償（新法415条）……………… *192*
5. 損害賠償の範囲（新法416条）…………………………… *193*
6. 代償請求権（新法422条の2）…………………………… *193*

第2章　債権者代位権、詐害行為取消権 ……… 195

I　債権者代位権、詐害行為取消権に関する改正のポイント ……… 195

1　債権者代位権、詐害行為取消権の改正全般 ……… 195
2　債権者代位権 ……… 199
3　詐害行為取消権 ……… 204

II　債権者代位権、詐害行為取消権に関する要件事実 ……… 210

1　債権者代位権（新法423条〜423条の5）……… 210
2　登記または登録の請求権を保全するための債権者代位権（新法423条の7）……… 212
3　詐害行為取消請求（新法424条）……… 213
4　相当の対価を得てした財産の処分行為の特則（新法424条の2）……… 214
5　特定の債権者に対する担保の供与等の特則（新法424条の3）……… 216
6　過大な代物弁済等の特則（新法424条の4）……… 217
7　転得者に対する詐害行為取消請求（新法424条の5）……… 219

第3章　多数当事者間の債権関係 ……… 221

I　多数当事者間の債権関係に関する改正のポイント ……… 221

1　多数当事者間の債権関係の改正全般 ……… 221
2　連帯債務 ……… 229
3　連帯債権・不可分債権 ……… 236
4　保証債務（根保証・個人保証の特則を除く）……… 238
5　根保証 ……… 242
6　個人保証人保護 ……… 243

II　多数当事者間の債権関係に関する要件事実 ……… 251

1　不可分債権および不可分債務 ……… 251
2　連帯債権者による請求 ……… 252

3 連帯債務 ……………………………………………………… *253*
　　4 保証債務 ……………………………………………………… *256*

第4章　債権譲渡 ……………………………………………… *264*

Ⅰ　債権譲渡に関する改正のポイント ……………………… *264*

　　1 債権譲渡制度の改正全般 …………………………………… *264*
　　2 旧法における債権譲渡の制度 ……………………………… *267*
　　3 将来債権（従来の議論の整理）…………………………… *272*
　　4 対抗要件 ……………………………………………………… *279*
　　5 債権譲渡と相殺 ……………………………………………… *281*
　　6 債務引受 ……………………………………………………… *286*
　　7 有価証券 ……………………………………………………… *291*
　　8 契約上の地位の移転 ………………………………………… *294*

Ⅱ　債権譲渡に関する要件事実 ……………………………… *297*

　　1 訴訟物 ………………………………………………………… *297*
　　2 請求原因 ……………………………………………………… *297*
　　3 攻撃防御方法 ………………………………………………… *298*

第5章　債権の消滅 …………………………………………… *310*

Ⅰ　債権の消滅に関する改正のポイント …………………… *310*

　　1 債権の消滅制度の改正全般 ………………………………… *310*
　　2 弁　済 ………………………………………………………… *315*
　　3 代　位 ………………………………………………………… *321*
　　4 相　殺 ………………………………………………………… *325*
　　5 更改・供託 …………………………………………………… *330*

Ⅱ　債権の消滅に関する要件事実 …………………………… *335*

　　1 弁　済 ………………………………………………………… *335*

- **2** 代物弁済 ……………………………………………………… *336*
- **3** 受領権者としての外観を有する者に対する弁済 ………… *337*
- **4** 相　殺 …………………………………………………………… *338*

第4編　契約法

第1章　契約総論 …………………………………………………… *342*

Ⅰ　契約総論に関する改正のポイント ………………………… *342*

- **2** 契約の成立 ……………………………………………………… *347*
- **3** 懸賞広告 ………………………………………………………… *354*
- **4** 同時履行の抗弁 ………………………………………………… *357*
- **5** 危険負担 ………………………………………………………… *359*
- **6** 第三者のためにする契約 ……………………………………… *363*
- **7** 契約の解除 ……………………………………………………… *366*
- **8** 定型約款 ………………………………………………………… *371*

Ⅱ　契約総論に関する要件事実 ………………………………… *377*

- **1** 同時履行の抗弁 ………………………………………………… *377*
- **2** 危険負担（履行不能に基づく債権者の履行拒絶権） ……… *378*
- **3** 契約の解除 ……………………………………………………… *380*
- **4** 定型約款 ………………………………………………………… *384*

第2章　契約各論 …………………………………………………… *391*

Ⅰ　契約各論に関する改正のポイント ………………………… *391*

- **1** 贈与契約 ………………………………………………………… *391*
- **2** 売買契約 ………………………………………………………… *396*
- **3** 消費貸借契約 …………………………………………………… *401*
- **4** 使用貸借契約 …………………………………………………… *407*

5　賃貸借契約 …………………………………… 412
　　6　雇用契約 ……………………………………… 418
　　7　請負契約 ……………………………………… 421
　　8　委任契約 ……………………………………… 425
　　9　寄託契約（混合寄託契約） …………………… 429
　　10　組合契約 ……………………………………… 431

　Ⅱ　契約各論に関する要件事実 ……………………… 436

　　1　売買契約 ……………………………………… 436
　　2　消費貸借契約 ………………………………… 444
　　3　賃貸借契約 …………………………………… 446
　　4　請負契約 ……………………………………… 449

注目すべき海外の立法動向
中国における民法典化の現状 ……………………………… 452

　事項索引　**458**
　判例索引　**464**

凡　例

　本書では、平成29年6月2日法律第44号において公布された民法を「新法」、それ以前の民法を「旧法」と称する。ただし改正法が公布の日から起算して3年以内の政令で定める日に施行されるまでは、現在の民法が現行法である。

◆参考資料等略称

「部会資料」	法制審議会民法（債権関係）部会・部会資料
「中間試案」	民法（債権関係）の改正に関する中間試案（概要付き）
「中間試案補足説明」	民法（債権関係）の改正に関する中間試案の補足説明
「要綱仮案」	民法（債権関係）の改正に関する要綱仮案

経過措置

(施行期日)
第1条 この法律は、公布の日から起算して3年を超えない範囲内において政令で定める日から施行する。ただし、次の各号に掲げる規定は、当該各号に定める日から施行する。
一 附則第37条の規定 公布の日
二 附則第33条第3項の規定 公布の日から起算して1年を超えない範囲内において政令で定める日
三 附則第21条第2項及び第3項の規定 公布の日から起算して2年9月を超えない範囲内において政令で定める日
(**意思能力**に関する経過措置)
第2条 この法律による改正後の民法(以下「新法」という。)第3条の2の規定は、この法律の施行の日(以下「施行日」という。)前にされた意思表示については、適用しない。
(**行為能力**に関する経過措置)
第3条 施行日前に制限行為能力者(新法第13条第1項第10号に規定する制限行為能力者をいう。以下この条において同じ。)が他の制限行為能力者の法定代理人としてした行為については、同項及び新法第102条の規定にかかわらず、なお従前の例による。
(**無記名債権**に関する経過措置)
第4条 施行日前に生じたこの法律による改正前の民法(以下「旧法」という。)第86条第3項に規定する無記名債権(その原因である法律行為が施行日前にされたものを含む。)については、なお従前の例による。
(**公序良俗**に関する経過措置)
第5条 施行日前にされた法律行為については、新法第90条の規定にかかわらず、なお従前の例による。
(**意思表示**に関する経過措置)
第6条 施行日前にされた意思表示については、新法第93条、第95条、第96条第2項及び第3項並びに第98条の2の規定にかかわらず、なお従前の例による。
2 施行日前に通知が発せられた意思表示については、新法第97条の規定にかかわらず、なお従前の例による。
(**代理**に関する経過措置)
第7条 施行日前に代理権の発生原因が生じた場合(代理権授与の表示がされた場合を含む。)におけるその代理については、附則第3条に規定するもののほか、なお従前の例による。
2 施行日前に無権代理人が代理人として行為をした場合におけるその無権代理人の責任については、新法第117条(新法第118条において準用する場合を含む。)の規定にかかわらず、なお従前の例による。

（無効及び取消しに関する経過措置）
第8条　施行日前に無効な行為に基づく債務の履行として給付がされた場合におけるその給付を受けた者の原状回復の義務については、新法第121条の2（新法第872条第2項において準用する場合を含む。）の規定にかかわらず、なお従前の例による。
2　施行日前に取り消すことができる行為がされた場合におけるその行為の追認（法定追認を含む。）については、新法第122条、第124条及び第125条（これらの規定を新法第872条第2項において準用する場合を含む。）の規定にかかわらず、なお従前の例による。
　（条件に関する経過措置）
第9条　新法第130条第2項の規定は、施行日前にされた法律行為については、適用しない。
　（時効に関する経過措置）
第10条　施行日前に債権が生じた場合（施行日以後に債権が生じた場合であって、その原因である法律行為が施行日前にされたときを含む。以下同じ。）におけるその債権の消滅時効の援用については、新法第145条の規定にかかわらず、なお従前の例による。
2　施行日前に旧法第147条に規定する時効の中断の事由又は旧法第158条から第161条までに規定する時効の停止の事由が生じた場合におけるこれらの事由の効力については、なお従前の例による。
3　新法第151条の規定は、施行日前に権利についての協議を行う旨の合意が書面でされた場合（その合意の内容を記録した電磁的記録（新法第151条第4項に規定する電磁的記録をいう。附則第33条第2項において同じ。）によってされた場合を含む。）におけるその合意については、適用しない。
4　施行日前に債権が生じた場合におけるその債権の消滅時効の期間については、なお従前の例による。
　（債権を目的とする質権の対抗要件に関する経過措置）
第11条　施行日前に設定契約が締結された債権を目的とする質権の対抗要件については、新法第364条の規定にかかわらず、なお従前の例による。
　（指図債権に関する経過措置）
第12条　施行日前に生じた旧法第365条に規定する指図債権（その原因である法律行為が施行日前にされたものを含む。）については、なお従前の例による。
　（根抵当権に関する経過措置）
第13条　施行日前に設定契約が締結された根抵当権の被担保債権の範囲については、新法第398条の2第3項及び第398条の3第2項の規定にかかわらず、なお従前の例による。
2　新法第398条の7第3項の規定は、施行日前に締結された債務の引受けに関する契約については、適用しない。
3　施行日前に締結された更改の契約に係る根抵当権の移転については、新法第398条の7第4項の規定にかかわらず、なお従前の例による。
　（債権の目的に関する経過措置）

第14条　施行日前に債権が生じた場合におけるその債務者の注意義務については、新法第400条の規定にかかわらず、なお従前の例による。

第15条　施行日前に利息が生じた場合におけるその利息を生ずべき債権に係る法定利率については、新法第404条の規定にかかわらず、なお従前の例による。

2　新法第404条第4項の規定により法定利率に初めて変動があるまでの各期における同項の規定の適用については、同項中「この項の規定により法定利率に変動があった期のうち直近のもの（以下この項において「直近変動期」という。）」とあるのは「民法の一部を改正する法律（平成29年法律第44号）の施行後最初の期」と、「直近変動期における法定利率」とあるのは「年3パーセント」とする。

第16条　施行日前に債権が生じた場合における選択債権の不能による特定については、新法第410条の規定にかかわらず、なお従前の例による。

（**債務不履行の責任等**に関する経過措置）

第17条　施行日前に債務が生じた場合（施行日以後に債務が生じた場合であって、その原因である法律行為が施行日前にされたときを含む。附則第25条第1項において同じ。）におけるその債務不履行の責任等については、新法第412条第2項、第412条の2から第413条の2まで、第415条、第416条第2項、第418条及び第422条の2の規定にかかわらず、なお従前の例による。

2　新法第417条の2（新法第722条第1項において準用する場合を含む。）の規定は、施行日前に生じた将来において取得すべき利益又は負担すべき費用についての損害賠償請求権については、適用しない。

3　施行日前に債務者が遅滞の責任を負った場合における遅延損害金を生ずべき債権に係る法定利率については、新法第419条第1項の規定にかかわらず、なお従前の例による。

4　施行日前にされた旧法第420条第1項に規定する損害賠償の額の予定に係る合意及び旧法第421条に規定する金銭でないものを損害の賠償に充てるべき旨の予定に係る合意については、なお従前の例による。

（**債権者代位権**に関する経過措置）

第18条　施行日前に旧法第423条第1項に規定する債務者に属する権利が生じた場合におけるその権利に係る債権者代位権については、なお従前の例による。

2　新法第423条の7の規定は、施行日前に生じた同条に規定する譲渡人が第三者に対して有する権利については、適用しない。

（**詐害行為取消権**に関する経過措置）

第19条　施行日前に旧法第424条第1項に規定する債務者が債権者を害することを知ってした法律行為がされた場合におけるその行為に係る詐害行為取消権については、なお従前の例による。

（**不可分債権、不可分債務、連帯債権及び連帯債務**に関する経過措置）

第20条　施行日前に生じた旧法第428条に規定する不可分債権（その原因である法律行為が施行日前にされたものを含む。）については、なお従前の例による。

2　施行日前に生じた旧法第430条に規定する不可分債務及び旧法第432条に規定する連帯債務（これらの原因である法律行為が施行日前にされたものを含む。）につ

いては、なお従前の例による。
3　新法第432条から第435条の2までの規定は、施行日前に生じた新法第432条に規定する債権（その原因である法律行為が施行日前にされたものを含む。）については、適用しない。
　　（**保証債務**に関する経過措置）
第21条　施行日前に締結された保証契約に係る保証債務については、なお従前の例による。
2　保証人になろうとする者は、施行日前においても、新法第465条の6第1項（新法第465条の8第1項において準用する場合を含む。）の公正証書の作成を嘱託することができる。
3　公証人は、前項の規定による公正証書の作成の嘱託があった場合には、施行日前においても、新法第465条の6第2項及び第465条の7（これらの規定を新法第465条の8第1項において準用する場合を含む。）の規定の例により、その作成をすることができる。
　　（**債権の譲渡**に関する経過措置）
第22条　施行日前に債権の譲渡の原因である法律行為がされた場合におけるその債権の譲渡については、新法第466条から第469条までの規定にかかわらず、なお従前の例による。
　　（**債務の引受け**に関する経過措置）
第23条　新法第470条から第472条の4までの規定は、施行日前に締結された債務の引受けに関する契約については、適用しない。
　　（**記名式所持人払債権**に関する経過措置）
第24条　施行日前に生じた旧法第471条に規定する記名式所持人払債権（その原因である法律行為が施行日前にされたものを含む。）については、なお従前の例による。
　　（**弁済**に関する経過措置）
第25条　施行日前に債務が生じた場合におけるその債務の弁済については、次項に規定するもののほか、なお従前の例による。
2　施行日前に弁済がされた場合におけるその弁済の充当については、新法第488条から第491条までの規定にかかわらず、なお従前の例による。
　　（**相殺**に関する経過措置）
第26条　施行日前にされた旧法第505条第2項に規定する意思表示については、なお従前の例による。
2　施行日前に債権が生じた場合におけるその債権を受働債権とする相殺については、新法第509条の規定にかかわらず、なお従前の例による。
3　施行日前の原因に基づいて債権が生じた場合におけるその債権を自働債権とする相殺（差押えを受けた債権を受働債権とするものに限る。）については、新法第511条の規定にかかわらず、なお従前の例による。
4　施行日前に相殺の意思表示がされた場合におけるその相殺の充当については、新法第512条及び第512条の2の規定にかかわらず、なお従前の例による。
　　（**更改**に関する経過措置）

第27条 施行日前に旧法第513条に規定する更改の契約が締結された更改については、なお従前の例による。
　　　（有価証券に関する経過措置）
第28条 新法第520条の2から第520条の20までの規定は、施行日前に発行された証券については、適用しない。
　　　（契約の成立に関する経過措置）
第29条 施行日前に契約の申込みがされた場合におけるその申込み及びこれに対する承諾については、なお従前の例による。
2　施行日前に通知が発せられた契約の申込みについては、新法第526条の規定にかかわらず、なお従前の例による。
3　施行日前にされた懸賞広告については、新法第529条から第530条までの規定にかかわらず、なお従前の例による。
　　　（契約の効力に関する経過措置）
第30条 施行日前に締結された契約に係る同時履行の抗弁及び危険負担については、なお従前の例による。
2　新法第537条第2項及び第538条第2項の規定は、施行日前に締結された第三者のためにする契約については、適用しない。
　　　（契約上の地位の移転に関する経過措置）
第31条 新法第539条の2の規定は、施行日前にされた契約上の地位を譲渡する旨の合意については、適用しない。
　　　（契約の解除に関する経過措置）
第32条 施行日前に契約が締結された場合におけるその契約の解除については、新法第541条から第543条まで、第545条第3項及び第548条の規定にかかわらず、なお従前の例による。
　　　（定型約款に関する経過措置）
第33条 新法第548条の2から第548条の4までの規定は、施行日前に締結された定型取引（新法第548条の2第1項に規定する定型取引をいう。）に係る契約についても、適用する。ただし、旧法の規定によって生じた効力を妨げない。
2　前項の規定は、同項に規定する契約の当事者の一方（契約又は法律の規定により解除権を現に行使することができる者を除く。）により反対の意思の表示が書面でされた場合（その内容を記録した電磁的記録によってされた場合を含む。）には、適用しない。
3　前項に規定する反対の意思の表示は、施行日前にしなければならない。
　　　（贈与等に関する経過措置）
第34条 施行日前に贈与、売買、消費貸借（旧法第589条に規定する消費貸借の予約を含む。）、使用貸借、賃貸借、雇用、請負、委任、寄託又は組合の各契約が締結された場合におけるこれらの契約及びこれらの契約に付随する買戻しその他の特約については、なお従前の例による。
2　前項の規定にかかわらず、新法第604条第2項の規定は、施行日前に賃貸借契約が締結された場合において施行日以後にその契約の更新に係る合意がされるときに

も適用する。
3 　第1項の規定にかかわらず、新法第605条の4の規定は、施行日前に不動産の賃貸借契約が締結された場合において施行日以後にその不動産の占有を第三者が妨害し、又はその不動産を第三者が占有しているときにも適用する。
　　（**不法行為等**に関する経過措置）
第35条　旧法第724条後段（旧法第934条第3項（旧法第936条第3項、第947条第3項、第950条第2項及び第957条第2項において準用する場合を含む。）において準用する場合を含む。）に規定する期間がこの法律の施行の際既に経過していた場合におけるその期間の制限については、なお従前の例による。
2 　新法第724条の2の規定は、不法行為による損害賠償請求権の旧法第724条前段に規定する時効がこの法律の施行の際既に完成していた場合については、適用しない。
　　（**遺言執行者の復任権及び報酬**に関する経過措置）
第36条　施行日前に遺言執行者となった者の旧法第1016条第2項において準用する旧法第105条に規定する責任については、なお従前の例による。
2 　施行日前に遺言執行者となった者の報酬については、新法第1018条第2項において準用する新法第648条第3項及び第648条の2の規定にかかわらず、なお従前の例による。
　　（政令への委任）
第37条　この附則に規定するもののほか、この法律の施行に関し必要な経過措置は、政令で定める。

第 1 編

総　論

I 債権法改正の全体像

1 民法改正の背景

(1) 海外の動向

　民法典をとりまく状況は最近、日本の内外や地球レベルにおいて大きく変化している。とりわけ、先進国は民法の改正を行い、途上国は民法の制定を進めてきた。たとえば、アメリカ合衆国の統一商事法典、ヨーロッパにおけるユニドロワ契約法原則、ヨーロッパ契約法原則のほか、オランダ、ドイツの民法典制定、アジアにおける中国の合同法（契約法）、物権法、債権責任法の制定、モンゴル、ベトナム、カンボジア等の民法典制定などを挙げることができる。このような変化の潮流は、「グローバリゼーションへの対応と体制移行」と整理されている[1]。

　海外における変化は日本民法のあり方を問い、解釈論、立法論における比較法的関心を高めた。そして、民法改正の対象として債権法が注目され[2]、ウィーン売買条約の発効と日本の加入の事実、契約における国際標準（グローバルスタンダード）の必要性が指摘されたのである[3]。

(2) 法制度の改革期

　日本の民法典は明治31（1898）年に施行され、平成30（2018）年には120年目を迎えることになる。

　日本の国内をみると、このたびの民法改正はわが国の法制度の改革期のなかに位置づけることができる。

ア 司法制度改革

　平成11（1999）年7月に内閣に設置された司法制度改革審議会は、平成13

---

[1] 大村敦志『民法改正を考える』岩波新書（岩波書店・2011年。以下「大村・新書」という）52頁、65頁以下、110頁。
[2] 大村・新書89頁。
[3] 内田貴『民法改正のいま─中間試案ガイド』（商事法務・2013年。以下「内田・ガイド」という）11頁。

(2001)年6月12日に司法制度改革審議会意見書「21世紀の日本を支える司法制度」を公表した。意見書は、司法制度の機能を充実強化し、自由かつ公正な社会の形成に資するため、①国民の期待にこたえる司法制度の構築、②司法制度を支える法曹のあり方、③国民的基盤の確立を3つの柱として掲げ、司法制度の改革と基盤の整備に向けた提言を行った。

　政府はこの意見書を受け、関連法案の成立を目指す旨の閣議決定を行い、平成13（2001）年12月、司法制度改革を推進するため、司法制度改革推進本部を設置した（内閣総理大臣を本部長、内閣官房長官および法務大臣を副本部長、全閣僚を本部員とする）。さらに、翌年3月、「司法制度改革推進法」に基づく司法制度改革推進計画を閣議決定し、同計画に基づき、司法制度改革推進本部において関連法案の立案作業等を進め、平成16（2004）年12月までの間に、法科大学院の創設など24の法律が制定された。裁判員裁判は平成21（2009）年5月に開始された。

イ　第3の法制改革期

　民法学者の星野英一（元東京大学名誉教授）は晩年の著書『民法のすすめ』[4]において、民法の将来について述べている（第9章、211頁以下）。そのなかで「民法典施行100年の現在、民法関係法を含む多くの法律の立法が問題となっている。筆者はこれを、明治の法典編纂期、第二次大戦後の法律の変革期につぐ『第3の法制改革期』と呼んでいる。」（212頁）と述べ、この時期の立法に期待した。このたびの民法改正は、第3の法制改革期を集大成するものとして位置づけることができる。

　星野の考え方は後の民法学者に継承された。内田貴は「第3の法制改革期」に注目、実践の場を東京大学から法務省に移し民法改正を推進し、「大村・新書」は「星野・新書」を受け、民法改正の理論的検討を進めた。

2　学術的検討と情報の発信

　このたびの民法改正の契機は主として大学の研究者を中心とする「学者グループ」が重要な役割をした。その中心となったのは、平成18（2006）年に立ち上げられた民法（債権法）改正検討委員会であった。ここでの学術的検討

---

4)　岩波新書（岩波書店・1998年）。以下「星野・新書」という。

成果[5]が主として専門家の意見を参考にして補正され、法制審議会の原案につながった。

　民法改正に対する学界、実務界からの関心は高く、個人研究を含め、多くの研究成果が公表された。周知のように、民法改正は学界と実務界のそれぞれの意見が一致して進められたわけではない。改正作業に対しては反対論も様々な視点から主張された[6]。このうち、立法上の最大の論点は民法改正の立法事実があるかどうかであった。法務省参与として民法改正作業の中心的役割をした内田は、民法改正反対論に答えることをも目的に積極的に情報を提供し、国民にわかりやすい民法典の必要性を説き、立法事実が存在することを述べている[7]。そして、民法改正作業の要所の一つであった中間試案の段階でもその成果を情報として提供している[8]。

　国民に対する民法改正に関する内田の情報発信は、前述の「星野・新書」に続くものであり、内田の後に、「大村・新書」が続いた。民法学界から国民への情報発信はその折々になされてきたが、民法改正の過程において自覚的に行われきたことは注目に値する。ここに国民とは、国民一般を指す[9]が、別の視点から国民一般ではなく、非専門家である市民（現代に必要な教養のない者が除かれる）を指す場合もある[10]。

3　諮問88号（法制審議会平成21年10月28日総会）

(1)　民法（債権関係）の見直しについて

　2009（平成21）年10月、法務大臣は法制審議会に対して次のような諮問をした。

　「民事基本法典である民法のうち債権関係の規定について、同法制定以来の

---

5)　「債権法改正の基本方針」別冊NBL126号（2009年）参照。
6)　総合的なものとして加藤雅信『迫りつつある債権法改正』（信山社・2015年）など。
7)　内田貴『債権法の新時代—「債権法改正の基本方針」の概要』（商事法務・2009年）、同『民法改正』ちくま新書（筑摩書房・2011年。以下「内田・新書」という）15〜16頁、113頁以下。なお、同書は民法研究者としての個人的見解を述べたものとされる（237頁）。
8)　内田・ガイド。
9)　国民が負担するコストに言及する内田・ガイド149〜150頁。歴史的背景については星野・新書1〜12頁参照。
10)　大村・新書149頁以下、158頁、191頁。

社会・経済の変化への対応を図り、国民一般に分かりやすいものとする等の観点から、国民の日常生活や経済活動にかかわりの深い契約に関する規定を中心に見直しを行う必要があると思われるので、その要綱を示されたい。」

これを受け、同年11月から、法制審議会民法（債権関係）部会において、民法のうち債権関係の規定の見直しについて調査の審議が行われた。

(2) 見直しの対象

債権関係の規定のうち、契約ルールを中心に見直しが行われた。具体的には、民法第3編「債権」の規定のほか、第1編「総則」のうち第5章（法律行為）、第6章（期間の計算）および第7章（時効）の規定が検討対象であり、このうち事務管理、不当利得および不法行為の規定は、契約関係の規定の見直しに伴って必要となる範囲に限定したものである。

内田は諮問88号を受け、民法改正の課題として「現代化の課題」を掲げ、次の3点を指摘した[11]。

第1は、明らかに時代に合わなくなった民法の規定を現代化するという課題であり、これに関するものとして消滅時効、法定利率を挙げた（内田・ガイドでは、さらに保証、債権譲渡、有価証券、三面更改、約款をここに位置づけている）。第2は、民法典が起草された時代には存在しなかった現象に対応するための新たな課題であり、これに関するものとして約款、サービス契約や銀行取引契約などの新しい契約形態を挙げた。第3は、東日本大震災に象徴されるように、自然災害の多い日本に適した民法にするための課題であり、消滅時効の停止、事情変更の原則の明文化、契約改定を挙げた。

民法改正の背景について大村は表現を変え、経済のソフト化（サービス化）と商品の規格化の2点を指摘した[12]。

4 法制審議会における審議

法制審議会民法（債権関係）部会では、民法のうち債権関係の規定の見直しについての調査、審議をした（審議の状況はウェブサイトで公表され、また商事法務編『民法（債権関係）部会資料集』第1集、第2集〈商事法務〉として公刊された）。

---

11) 内田・新書150頁以下。
12) 大村・新書53～55頁。

そして、「中間的な論点整理」の公表、パブリックコメントの手続を経て、「中間試案」が公表され[13]、その後、改正要綱案の作成、に至った。

5 国会提出の理由と改正案の個別項目

　平成27（2015）年3月31日、民法の一部を改正する法律案（第189回閣第63号）が国会に提出された。提出の理由は、「社会経済情勢の変化に鑑み、消滅時効の期間の統一化等の時効に関する規定の整備、法定利率を変動させる規定の新設、保証人の保護を図るための保証債務に関する規定の整備、定型約款に関する規定の新設等を行う必要がある。これが、この法律案を提出する理由である。」というものである。なお、ここに具体的に挙げられている項目は例示である。改正法の対象は、総則、債権総則、契約法（契約総論、契約各論）、不法行為法に及ぶ。

　改正法案の個別項目は以下のとおりである。すなわち、公序良俗、意思能力、意思表示、代理、無効・取消し、条件・期限、消滅時効（以上、総則分野）、債権の目的（法定利率を除く）、法定利率、履行請求権等、債務不履行による損害賠償、契約の解除、危険負担、債権者代位権、詐害行為取消権、多数当事者、保証債務、債権譲渡、有価証券、債務引受、契約上の地位の移転、弁済、相殺、更改（以上、債権総則分野）、契約に関する基本原則、契約の成立、定型約款、第三者のためにする契約、売買、贈与、消費貸借、賃貸借、使用貸借、請負、委任、雇用、寄託、組合（以上、契約法分野）、である。

　改正法案は継続審議となっていたが、平成29（2017）年5月26日、民法の一部を改正する法律案が可決、成立した。本法は、同年6月2日に交付され（法律第44号）、施行日は、一部の規定を除き、公布の日から起算して3年を超えない範囲内において政令で定める日とされた。

　また、民法の一部を改正する法律の施行に伴う関係法律の整備等に関する法律案が平成29年5月26日に可決成立した（同年6月2日公布、法律第45号）。施行日は、一部の規定を除き、民法の一部を改正する法律の施行の日とされた。

13）　商事法務編『民法（債権関係）の改正に関する中間試案の補足説明』(2013年)。

6 民法改正の意義と展望

契約法を中心とするこのたびの民法改正は、取引民法を対象に、契約法の国際標準をめぐる競争、新成長戦略を視野に入れたものといわれる[14]。

新法は民法のあり方について検討を加えたものである。その態様は大きく、新しい規定を追加したものと、改正前の規定を修正したものとに分かれるが、考え方のベースとなっているのは判例法であり、学説における解釈論の到達点である。

民法改正の作業や、これをめぐる様々な議論・主張を通じて、民法における問題点や民法のあり方に関する基本的論点が鮮明にされた。そして、民法の債権法分野を今日の社会経済状況に適合させるための見直しが行われた。とりわけ改正の目的として、「国民にわかりやすい民法」が強調され、そのための議論が集中して行われたことは評価に値する。立法化に至らなかったところも含め、従来の研究成果が整理され研究が深化したことも指摘することができる。なお、本改正に対する批判論は、制度の根本的あり方から解釈論上の異論まで、様々な視点で行われている。あるいは検討体制に対する批判もみられる。今後の民法の発展のためには、それぞれどのような視点から主張されたのかを整理し民法のあり方として吟味することが有益であろう。

民法における今後の展望として本稿では次の3点を記しておこう。

(1) パンデクテン方式の維持

日本民法典はドイツ民法典草案にならってパンデクテン方式を採用した。パンデクテン方式とは民法典の編纂のあり方として共通ルールを総則として前置する方式をいい、この起源はローマ法の学問的成果、あるいはローマ法大全の学説集とされる[15]。

民法改正作業では、パンデクテン方式を維持するかどうかが問題になり、近時の国際的動向も参考にパンデクテン方式の問題点が指摘され、たとえば法律行為・契約の方法ではなく、端的に契約の方法を採用すべきではないかとする

---

14) 内田・新書8頁、25頁、28頁、32頁、50頁以下、77～78頁、106頁、220頁以下など。
15) 河上正二『民法学入門　民法総則講義・序論〈第2版増補版〉』(日本評論社・2014年) 124～126頁。

見解などが主張された[16]。しかし、法制審議会における議論の末、新法は従来の方式を維持することになった。

パンデクテン方式は、近代民法の規律、内容を体系的に整理する巧みな技術といえる。しかし、総則の各規定は概して抽象的であり、国民の理解を困難にしていることは否めないであろう。もっとも、たとえば人（家族法を含む）・財産（物に対する権利）・財産取得方法（契約を中心にし、不法行為法を含む）の3分法をとる方式（インスティチューション方式またはローマ式という）が直ちに民法のわかりやすさにおいて優れているかというと、専門家の評価は分かれるであろう。

重要なことは、民法が実用法学であることを確認し、根本的には民法の体系や個々の規定が民法現代化の現実に対応し、実務の発展に資するかどうかであろう。民法典の形式や内容が国民に理解しやすいかどうかは、民法典の構成や内容の問題であるとともに、大学や生涯学習における民法教育のあり方の問題でもある。

(2) 民法と消費者法との関係の整理

民法改正の過程では、民法と消費者法のあり方が問われた。たとえば消費者被害については、民法の信義則（1条2項）、公序良俗（90条）等の一般条項や、錯誤（95条）、詐欺・強迫（96条）など意思表示に関する個別条項が適用される。また、民法の特別法である消費者契約法、特定商取引法等の消費者立法の関係規定が民法に優先して適用されることもある。

民法改正の議論では、一般法である民法と、消費者契約法など特別法である消費者立法との関係が問われ、民法と消費者立法のどちらにおいて規律するかが争点となった。新法は定型約款の規定を明文化した。他方、不実告知、暴利行為、事情変更の原則については見送られた。

このうち不実告知をみると、事業者と消費者との契約では、消費者は、事業者が消費者契約の締結について勧誘をするに際し、当該消費者に対して重要事項について事実と異なることを告げ（不実告知）、当該告げられた内容が事実であると誤認をして、当該消費者契約の申込みまたはその承諾の意思表示をしたときは、これを取り消すことができる（消費者契約法4条1号）。一般性のあ

---

16) 内田貴『民法Ⅰ 総則・物権総論〈第4版〉』（東京大学出版会・2008年）22頁以下、内田・新書40頁、大村・新書150頁以下、160頁以下。

る法理、一般性のある問題をとらえ、消費者契約法 4 条の規定を民法に取り込むことが提案された[17]が、立法化は見送られた。

　この問題は根本的には一般法と特別法との関係をどのようにとらえ、どのように整理するかという問題である。規範のあり方として検討すると、消費者法における公序良俗論の必要性、民法現代化のなかで形成された私的規範の重要性を確認することが必要である。たとえば、消費者法で導入される適合性原則は公序良俗論では対応できないのか、公序良俗の規律はどこまで及ぶかを明らかにすることは有益であろう。ちなみに、民法の一般条項（たとえば 90 条）による対応については、裁判官の裁量に委ねることを容認するものであるとしてこれを批判する見解が有力である[18]。これによると、消費者保護のために個別規制が必要であり、このような視点から民法に位置づけるか、消費者立法に位置づけるかが問題になる。このたびの民法改正ではこのことについて検討し一応の決着を得た。

　法制審議会における審議の結果、立法化が見送られた事項は少なくない。広義の消費者法分野における優先度からいえば、たとえばインフォームドコンセント[19]、誤振込み[20]、サービス契約のあり方などについて、引き続いての検討が必要である。

(3) 近代民法における合理主義について

　近代民法は合理的判断をすることができる人（合理人）を前提にし、いわば合理主義的考え方に依拠するといえるが、実際には幼児など年少者は判断能力が未熟であり、また人が病気、事故等により判断能力を低下させることがあることを考慮して、旧法では行為無能力制度（未成年者制度、禁治産・準禁治産制度）を置いた。

　その後、平成 12 (2000) 年 4 月の成年後見制度の導入に伴い、行為無能力者制度は制限行為能力者制度に改められたが、近代民法における合理主義的考え方は基本的には修正されていない。

---

17) 内田・新書 130 頁、131 頁。不実表示と錯誤との関係につき、内田・ガイド 89 頁。
18) 内田・ガイド 99 頁。
19) 内田・新書 127 頁。
20) 内田・新書 200〜201 頁。

しかし、今日は民法制定時とは異なり、高齢化が急速に進んでいる。たとえば、認知症患者はその予備軍とされる軽度認知障害を含めると862万人にのぼっており（厚生労働省研究班による2013年調査報告を参照）、地域社会における経済活動、日常生活活動の分野については根本的に、合理人を原則とする近代民法の合理主義的考え方そのものを再考し、支援の新しいあり方、民法の新しい規律のあり方を明らかにすることが必要になっている。民法における次の検討課題となりえよう。

II 他の法分野、実務への影響

1 はじめに

今回の民法改正については、グローバル化への対応として歓迎する声のほかに、「壊れていないものを壊す必要はない」という「そもそも論」としての反対論も強く、改正の是非に関する議論が喧しい。

ここでは、そのような「神々の戦い」には立ち入らず、他の分野、とりわけ他の民事法分野に及ぼす影響につき、若干ではあるが考えてみたい。

2 商法（狭義の商法典）

まず、民法の特別法として、真っ先に思い浮かぶ「商法」、そのなかでも狭義の商法典への影響について、考えてみたい。周知のとおり、平成17（2005）年の会社法の制定により、法典中大部分を占める会社編が、平成20（2008）年の保険法の制定により、保険編が、それぞれ削除されて以来、商法典の空洞化現象は著しい。加えて、商法典中、総則編（1条～32条）は、若干の通則規定の後は、もっぱら「個人商人」に関する規定であり、その大部分は、会社法の総則部分と規定内容が酷似しており、実質的内容は会社法といってよい。

商法典固有の規制として残るは、商行為編（501条～628条）、海商編（684条～851条）ということになるが、近時予定される「運送法」の制定により、商行為編中の（陸上）運送に関する規制および海商編は、運送法の規制に吸収

される予定である。

かような状況の下、債権法改正に伴う整備法により、商法典中の商行為に関する規制には、下記のような改正がなされる予定である。

507条	対話者間における契約の申込み	新法の申込みの規定に一本化（新法525条2項・3項）
514条	商事法定利率	新法の利息の規定に一本化（新法404条）
516条2項	指図債権・無記名債権の弁済	新法の有価証券の規定に一本化（新法520条の2）
517条	指図債権等の証券の提示と履行遅滞	
518条	有価証券喪失の場合の権利行使方法	
519条	有価証券の譲渡方法及び善意取得	
520条	取引時間	新法485条2項
522条	商事消滅時効	新法の時効の規定に一本化（新法166条）
523条	（削除〈準商行為〉）	削除

結果として、債権法改正後に商法典に残る商行為に関する規制は、下記のとおりとなる。商法典の断片性はより顕著といえよう。

商行為総則	501条～521条
商事売買	524条～528条
交互計算	529条～534条
匿名組合	535条～542条
仲立営業	543条～550条
問屋営業	551条～558条
運送取扱営業	559条～568条
運送営業	569条～592条
寄託	593条～628条
海商法	684条～851条

このように、債権法改正後の商法典は、もはや「残骸」といってもよい存在であり、このような残骸としての法典をわざわざ残す意味というのが、（講学上の「民商一体論」の可否とは別に）問題とされよう。

3 会社法

現在において、商事法の中心科目は、何といっても会社法であるので、会社法への影響についてもコメントしておきたい。

会社法上、民法との接点が問題となりうる個所につき、思いつくままに挙げるに、次のものがある。

(1) 代表取締役の権限の濫用

代表取締役についての権限の濫用につき、判例（最判昭和38年9月5日民集17巻8号909頁）は、代理権の濫用の場合と同様に、心裡留保の規定を類推適用すべきとするが、新法は、代理権の濫用に関する規定を新設した（107条）。今後この問題は、新法によって解決されることになろう。

(2) 代表取締役の専断行為

判例（最判昭和40年9月22日民集19巻6号1656頁）は、代表権の濫用の場合と同様、代表取締役の専断的行為についても、心裡留保の規定を類推適用すべきものとする。この点の解釈が変更されるか否かは、争点でありえよう。ただ、新法の心裡留保は、転得者の存在を意識した規定を置いているので（93条2項）、解釈の変更の必要はないものと推測される。

(3) 無権代理に関する規定 (新法117条)

無権代理に関する規定は、設立中の会社における発起人の責任に類推適用される（最判昭和33年10月24日民集12巻14号3228頁）。新法は、無権代理人の責任に関する規定につき、若干の変更を加えたが、マイナーチェンジなので、前記の解釈にほぼ変更は生じない。

(4) 外観法理

商法上、外観法理は、種々の場面で登場する。代表的な場面は、事実上の取締役がした行為についての第三者保護の場面においてである。すなわち、株主総会決議が取り消され、遡及的に無効になった結果、当該決議で選任された取締役は、遡及的に取締役でなかったことになる。かかる「事実上の取締役」が

行った取引行為につき、相手方を保護するため、外観法理の規定の適用が議論される。外観法理は、心裡留保、虚偽表示等意思表示の瑕疵・欠缺に関する規定と接点を有する。しかし、外観法理は、あくまでも法の一般理念の発現であるので、個々の規定が変更されても、外観法理には影響を与えず、結果として、解釈にも影響を与えないと解される。

(5) 善管注意義務

商法は、取締役や社債管理者につき、委任の規定に従い、善管注意義務を負う旨規定し（取締役につき会社法330条、社債管理者につき同704条2項）。前者に関しては、その善管注意義務が忠実義務（会社法355条）と同質のものか異質のものかにつき、議論の対立がある。

新法は、善管注意義務に関する規定（644条）に変更を加えなかったので、この点に関する議論には、影響を与えず、議論は議論として引き続き残ることとなる。

(6) 事業譲渡

会社法、事業譲渡は、合併等の組織再編と区別され、株主総会の特別決議による承認を要するが（譲受人サイドも、事業全部の譲受に当たる場合には、同様に、株主総会の特別決議が必要）、債権者保護の規定を欠いている。そして、通常、事業の中には、債務が含まれるので、事業譲渡に際しては、中に含まれる債務の移転につき、（免責的）債務引受がなされることを要する。

新法は、債務引受につき、明文の規定を置いた（新法470条以下）。ただし、新法の規定は、従前からの解釈を明文化したものにすぎないので、新法の存在は、事業譲渡に関する会社法の取扱いに、影響を与えないものと解される。

(7) 詐害分割（濫用的会社分割）

いわゆる濫用的会社分割につき、最判平成24年10月12日民集66巻10号3311頁は、大要、株式会社を設立する新設分割がされた場合において、新たに設立する株式会社にその債権に係る債務が承継されず、新設分割について異議を述べることもできない新設分割をする株式会社の債権者は、詐害行為取消権を行使して新設分割を取り消すことができる旨判示した。これを受け、平成

26（2014）年会社法改正においては、前記最判に基づき規定（759条4項～7項、761条4項～7項、764条4項～7項、766条4項～7項）を新設・対応した[21]。

したがって、新法における詐害行為取消権に関する改正は、詐害分割につき会社法が対応を終えたいま、特段の影響を与えないものと解される[22]。

(8) 小　括

以上、思いつくままではあるが、民法と接点を有する会社法分野に関しては、ほとんど影響を与えないという、いささか「会社法モンロー主義」的帰結になった。近時、会社法は、経済学、ファイナンス論により接近する一方、価格決定の訴え、株式買取請求権に関する裁判例の増加にみるごとく、非訟事件手続とのかかわりを強めている。民法からの「独立」「隔離」は、かかる近時の傾向と一脈を通じているのではないかと推測している。

4　手続法への影響

手続法への影響としては、何といっても、債権者代位権（新法423条）、詐害行為取消権（新法424条）を挙げることにしたい。

もともと両者は、債権の対外的効力という古典的理解とは別に、手続法的色彩が強いものである。具体的には、前者は、民事執行法上の保全処分と、後者は、倒産法上の否認権と近接する。

新法は、従前の裁判例に従い、両者の規定を「明文化」した。これにより、今後、かかる明文化が、前記の手続法にどのようにフィードバックされていくかが注目される。

---

[21]　会社法上の前記規定と詐害行為取消権との違いは、①前者は、裁判外の請求も可能であること、②法的倒産手続の開始決定により手続が終了し、管財人による受継がないことである（江頭憲治郎『株式会社法〈第6版〉』〔有斐閣・2015年〕910頁）。
[22]　平成26（2014）年改正会社法の下においても、もちろん、同法によらず、詐害行為取消権によることは可能である。江頭・注21前掲910頁。

III 要件事実に関連して

　法律要件分類説に立つかぎり、証明責任の分配は、実体法の定めに従う。したがって、実体法の改正は、証明責任のみならず、証明責任の対象たる個々の要件事実にも、必然的に影響を与える。

　たとえば、旧法では、錯誤は無効とされていたが（旧法95条）、新法では取り消しうる行為とされており（新法95条）、かかる実体法の改正は、要件事実にも大きく影響を与える。

　このような要件事実への影響に関しては、本書の個々の領域で、新法の要件事実への言及がなされているので、具体的には、それらを参照されたい。

　ここでは、頭出しとして一点、一見すると単なる用語の変更のようにしか見られない変更が、要件事実へ与える影響につき、簡単にコメントしておきたい。瑕疵担保責任につき、旧法は、「隠れた瑕疵」と規定していたが（旧法570条）、新法は、ウィーン売買条約に倣い（同条約35条以下）[23]、「契約の内容に適合しない」という用語に置き換えた（新法570条）。

　前者の「瑕疵」は、（議論はあるものの）記述的な事実であると解されているのに対し、後者の「適合性」は、借地借家法における「正当事由」等と同様、「規範的構成要件」なのではないかが問題となる。そして、規範的構成要件に関しては、それをさらに個々の「評価根拠事実」「評価障害事実」に細分化し（その際、過剰主張を許容する）、それらの証明責任を原告・被告に分配するというのが一般的取扱いである[24]。

　もしも適合性が規範的構成要件であるとした場合、上記のとおりの変更が生じ、それは立証責任、ひいては審理計画にも影響を与えかねないことになろう。

23）　松嶋隆弘「商法学の立場からみたウィーン売買条約」法学紀要51巻（2009年）273頁。
24）　規範的要件については、植草宏一＝松嶋隆弘＝大坪和敏編著『訴状・答弁書・準備書面作成の基礎と実践―規範的要件の主張の要領』（青林書院・2015年）を参照されたい。

民法改正の変遷

　わが国における民法典を遡れば、明治23（1890）年に、法律28号および法律98号として公布された民法（以下「旧民法」という）があり、これは明治26（1893）年1月1日から施行される予定であったが、いわゆる法典論争が生じ、第3回帝国議会において、民法商法施行延期法律案が可決されて、修正を余儀なくされることとなった。最初の民法典についての改正であるから、わが国における最初の民法改正といってよいであろう。修正とはいうものの、フランス式民法の否定からおこった議論であるから、全体の見直しが必要となり、新たな立法作業を行うのに等しい労力がかかったはずである。規模からいえばこのたびの債権法改正を遙かに凌ぐものである。

　既成法典である旧民法の修正作業は法典調査会により行われたが、梅、穂積、富井ら3名の起草委員の上進にかかる法典調査規程中の「法典調査ノ方針」に次のような注目すべき条項がある。

＜第14条＞

「法典ノ条文ハ原則変則及ヒ疑義ヲ生ス可キ事項ニ関スル規則ヲ掲クルニ止メ細密ノ規定ニ渉ル可ラス」なぜなら「法律ハ社会ノ変遷ニ伴随スルヲ得ルヲ要ス而シテ法典ハ常ニ社会ノ変遷ニ伴随スル能ハザルノ弊アルモノナレバ（中略）成ルベク其条文ハ原則ヲ示スニ止リ細則ヲ掲クヘカラス然レトモ法典ノ種類ニヨリ自ラ其法文ニ繁簡精粗ノ別アリト雖モ要スルニ原則副則変則等ニ止リテ可成細密ナル規定ヲ為サゞルヲ可トス若シ法典ノ条文ヲ概括ナル法則ニ止ルトキハ星移リ物換リ社会ノ状態全ク一新スルニ非サレハ之ヲ改正スルノ必要ヲ観ルコトナシト雖モ之ニ反シテ細微ノ規則ヲ設クルトキハ社会ノ事物ニ些少ノ変動アルモ忽チ其改正ノ必要ヲ生スルニ至ルヘシ（以下略）」（第14条の理由）だからである。

＜第15条＞

「法典ノ文章ハ簡易ヲ主トシ用語ハ成ル可ク従来普通ニ行ハルゝモノヲ採ル可シ」とありこれには、「法律ハ人民一般ニ之ヲ遵奉スベキ義務アルヲ以テ

其文章用語ハ成ル可ク簡易ニシテ何人モ其意義ヲ了解スルヲ得ルヲ要ス従テ又成ル可ク従来普通ニ行ハル、モノヲ択ブヲ可トス古代ニ於テハ民ヲシテ由ラシムベシ知ラシムベカラズノ主義ニヨリ其文章用語ハ独リ執法者ノミ之ヲ理会スルヲ以テ足レリトナセシモ近世ニ於テハ法律ヲ以テ人民権義ノ利器トナスヲ以テ民ヲシテ由ラシムヘシ知ラシムヘシノ主義ヲ執リ其文章用語モ亦容易ク一般人民ノ了解シ得ベキモノヲ択ブノ必要ヲ生セリ故ニ其文辞ハ成ルベク簡易明白ニシテ且従来普通ニ慣用セルモノヲ採ルベキナリ然レドモ又全ク通俗ノ文辞ヲ以テ法文ヲ起草スルトキハ或ハ之ガ為ニ法典ヲ浩瀚ナラシメ或ハ其意義ノ漠然タルガ為メニ疑惑ヲ生シ紛争ヲ醸スノ虞ナシトセス故ニ法律上慣用ノ術語ノ如ク特殊ノ意義ヲ有スルモノハ必シモ通俗ノ文字ニ拘泥スルコトナク専門ノ用語ヲ使用シ必要ナル場合ニ於テハ之ニ立法ノ解釈ヲ下スヲ以テ其当ヲ得タルモノトス」という理由がある。一方、

<第16条>
「法典中ノ定義解説其他教科書ニ類スル規定ハ総テ之ヲ削リ立法的解釈ヲ要スル文章用語ノミニ定解ヲ下ス可シ」とされている。この理由として記されているのは「(前略) 元来法典中其用語ニ付テ一々定義ヲ下シ教科書ノ如キ法文ヲ設ケテ学理ヲ詳説セントスルハ特リ特リ無要ノ贅文ヲ以テ法典ヲ浩瀚ナラシムルノミナラズ却テ之ガ為メニ疑議ヲ惹起スルノ虞アリ故ニ法文ハ成ルベク教科書ノ如キ定義解説等ヲ避クルヲ可トス然レトモ法律生活ニ慣レサル人民ニ対シテ法律ヲ叢布シ又ハ従来ノ法律ト全ク相異ナリタル新法ヲ制定スルトキハ法文中ノ用語ニ付其定義解説等ヲ下シ以テ世人ノ疑惑又ハ錯誤ニ陥ルコトヲ予防スルノ必要ヲ生スルコトアリ彼ノ印度法典カ各条ノ下一々説明及範例ヲ設ケ其意義ヲ解説セルガ如キ即チ是ナリ要スルニ教科書ノ解釈ハ一切之ヲ避ケザルベカラザルモ立法的解釈ハ之ヲ下スノ必要アリトス」ということである。

　これらの方針で示された内容は新たな立法をする際に起草者としてこころするべき事柄として、普遍性を有するように思われる。このたびの民法改正に際し、どのような方針が採られたのか、興味深いが、いずれ、正規に公表されることを期待したい。ちなみに、「債権の準占有者に対する弁済」についての規定は、以上に挙げた方針に従った改正がされたが、その後の変遷がある。

まず旧民法では、「真ノ債権者ニ非サルモ債権ヲ占有セル者ニ為シタル弁済ハ債務者ノ善意ニ出テタルトキハ有効ナリ」という規定（財産編457条1項）があり、これを受けて、債権の占有者を例示したのが次の条項であった。
「表見ナル相続人其他ノ包括承継人、記名債券ノ表見ナル譲受人及ヒ無記名証券ノ占有者ハ之ヲ債権ノ占有者ト看做ス」（同条2項）

先の16条に照らせばこの第2項は不要である。そこで、最初に改正された民法では、2項の準占有者の例示を削除してすっきりさせた。
「債権ノ準占有者ニ為シタル弁済ハ弁済者ノ善意ナリシトキニ限リ其効力ヲ有ス」（478条）

この規定は、善意無過失の弁済者の保護規定であるという解釈が通説となり平成16（2004）年まで維持されたが、現代語化により「債権の準占有者に対してした弁済は、その弁済をした者が善意であり、かつ、過失がなかったときに限り、その効力を有する。」（平成16年法律第147号による改正後の478条）とされ、今回の改正では「受領権者（債権者及び法令の規定又は当事者の意思表示によって弁済を受領する権限を付与された第三者をいう。以下同じ。）以外の者であって取引上の社会通念に照らして受領権者としての外観を有するものに対してした弁済は、その弁済をした者が善意であり、かつ、過失がなかったときに限り、その効力を有する。」となる。明治29（1896）年成立の規定が平成16（2004）年の現代語化を経て、今日まで、内容の改正を要せず100年間の使用に耐えた。前記の法典調査規程15条が意図したことが活かされた好例であろう。はたして、このたびの改正規定はどれだけの命脈を保つのであろうか。

さて、この稿では旧民法という語を用いた。

改正の前後を通じて「民法」という名称の法律が存在することはいうまでもなく、単に「民法」といえばそれを対象として論じている時点における民法典（あるいはその条項）を指すことになる。改正前後の比較を意識して論ずるのであれば、論じる時点がいつなのかで使い分けられよう。改正過程中なら「現行法」・「改正法」あるいは「旧法」と「新法」という対比で紛れはない。改正後でも比較を意識するなら「旧法」・「新法」という対比でよいだろう。文脈から改正前後の比較をしていることが明確にできない場合にどのよ

うにいえばよいのであろうか。改正前の民法を示すなら改正後の民法との比較において「旧民法（旧法）」あるいは「改正前民法」といわざるをえない。

　法典全体を指す概念としての、改正後の民法は「新民法（新法）」あるいは「改正民法」と称してさほど誤りではないであろうが問題がいくつか残りそうである。一つは、いつまで新民法なのかということ。これは次の新民法ができるまでは使えそうである。また改正前の民法はどのようにいえばよいのか、「平成29年法律第44号による改正前の民法」とすれば正確であろうが冗長に過ぎる。新民法に対比させれば「旧民法」ということになるが、「旧民法」はこの稿の初めに用いた、一般に明治23年法律第28号として公布されたものに「人事編」と「財産取得編第13章以下」加えて明治23年法律第98号として公布されたものを指す。この旧民法が改正されたものは明治29年法律第89号として公布、施行され、その第3編および第4編は第二次大戦後に昭和22年法律第222号によって全面改正されたものの今回の改正法の施行に至るまで「現行民法」として効力を有している。

　昭和22（1947）年改正前の第4・第5編の条項を含むものは明治民法と称されることが多く、改正後のものは戦後民法でわかるが、第900条だけに限っても昭和55（1980）年と平成25（2014）年に改正されている。紛れをなくすには、昭和55年改正前の900条とか、平成25年改正前の900条というしかないが、それで足りるだろう。話を民法典全体のほうに戻すと、旧民法改正後から現在までの民法典は明治民法でよさそうだが、こちらは家族法のほうが意識されている。これまで、内容の変更を伴う大改正がなかったので、民法の呼称があまり意識されてこなかったように感じられるが、今後意識して使い分けるときは、平成債権法大改正前の民法とでも呼ぶことになるのだろうか。さらに、今後再度大改正があれば今回の改正後の民法条項は平成民法第〇〇条とでも呼ぶことにしよう。

〔注記〕
・引用文中の旧字体漢字は新字体に直した。
・法典調査規程の各条項および理由は、広中俊雄編『日本民法典資料集成第1巻』（信山社・2005年）620〜686頁によった。

第2編

総 則

第1章 意思能力・行為能力

I 改正のポイント

1 はじめに

　意思能力については、今改正により、旧法第1編「総則」第2章「人」中の第2節「行為能力」が改正後は第3節となり、新たに第2節「意思能力」が設けられ、ここに新法3条の2が新設された。同条は、「法律行為の当事者が意思表示をした時に意思能力を有しなかったときは、その法律行為は、無効とする。」と規定し、意思能力を欠く状態でされた法律行為は無効であることが明文化されている。

　また、行為能力に関しては、被保佐人がする行為で保佐人の同意を要する事項を規定する13条1項に新たに10号が新設された。

2 意思能力

(1) 意思能力に係る一般規定の明文化の意義

　近代民法における根本原則として、私人の法律関係の形成は自らの意思に任されるべきであるという原則がある。これは私的自治の原則（Privatautonomie）、または意思自治の原則（autonomie de la volonté）等と呼ばれている[1]。すなわち、私人は自己の意思に基づいて行為をした場合のみ、権利を有し義務を負うのである（契約の拘束力もこれにより正当化される）。ここで、ある者の行為がそ

---

1) 星野英一「契約思想・契約法の歴史と比較法」『岩波講座基本法学4 契約』（岩波書店・1983年）参照。

の者の意思に基づくといえるためには、行為時に相応の判断能力（精神能力）があることが前提とされなければならない。そこで生まれたのが「意思能力」という概念であり、意思無能力者の法律行為は無効であるという「意思無能力の法理」である。このような考え方は「意思理論」（Willensdogma：法律行為の有効性の根拠を意思に求める考え方）に支えられている。

　旧法では、意思能力の定義や効果等の一般規定を設けていなかったが、判例は、意思能力を欠く状態でされた法律行為を無効としてきた（大判明治38年5月11日民録11輯706頁等）。学説でも、意思能力を「自分の行為の結果を判断することのできる精神的能力であって、正常な認識力と予期力とを含む」[2]等と定義し、かかる法律行為の効力を否定することについて異論はなかった。しかし、このルールについて明文がないことは一般国民にとってはわかりづらいものであった。他方で、超高齢社会を迎えたわが国において、認知症などにより判断能力が低下した高齢者が財産取引上のトラブルに巻き込まれる事案が増加し、意思能力に関する紛争も増加する傾向にあった。そのような背景のもとで、意思能力にかかる一般規定を設けるというのが民法3条の2新設の趣旨である。判断能力が減退した高齢者については、成年後見制度によっても一定の対応を図ることができるが、それらの高齢者すべてに制度の利用を求めるのは現実的ではなく[3]、意思能力の規定の明文化は、これらの者の保護に資するものと評価できる（「部会資料73A」25頁参照）。

(2) 意思能力と行為能力の異同

　民法は、意思能力とは別に、確定的に有効な法律行為をするための能力として、行為能力に関する規定を設け、制限行為能力者（未成年者、成年被後見人、被保佐人、被補助人）の行為を取り消すことができる場合を定めている（5条2項、9条、13条4項、17条4項）。行為能力は確定的に有効な法律行為をするための能力という点で意思能力と共通している。

　意思能力とは別に行為能力に関する規定が設けられているのは、次のように

---

2)　我妻榮『新訂民法総則』（岩波書店・1965年）60頁。
3)　認知症高齢者数は、2012年は推計で462万人、2025年には約700万人になるといわれる。厚生労働省「認知症施策推進総合戦略―認知症高齢者等にやさしい地域づくりに向けて（新オレンジプラン）」（平成27年1月27日）参照。

説明される。意思能力がない、すなわち意思無能力であることは、外見上取引の相手方からは認識できないことがむしろ通常である。他方で、意思無能力のため、法律効果が生じないことを主張するためには、行為者が自ら行為時に意思能力のなかったことを立証しなければならないが、これには通常困難が伴う。このような難点を回避すべく、民法は、制限行為能力者制度を設け、外形から判断しうる客観的な基準でもって、相手方に警戒の手がかりを与え、他方で、本人側において簡易な立証で足りる取消しの仕組みを用意することにより、本人の保護を図ろうとしている。このように、意思能力と行為能力とでは、共通する点もあるが、その要件・効果を異にしている。

(3) 意思能力の定義

意思能力の定義については、部会では3つの考え方が提案された。

第1は、個々の法律行為をすることの意味を弁識（理解）する能力と定義する考え方である。これは、法律行為の性質や内容には様々なものがあり、その意味を理解するために必要な能力の程度も、必ずしも一様ではないという理解に基づく。意思能力の有無の判断にあたっては、当事者が行った法律行為の性質や難易等が考慮される。従来の裁判例においても、意思能力の有無の判断にあたっては当該法律行為の性質が考慮されてきたとの指摘があり、これまでの一般的な理解にも沿う考え方であるといえる。

第2は、事理を弁識する能力（事理弁識能力）と定義するものである。これは民法7条が規定する成年後見開始の要件を参考に、事理弁識能力という文言を用いて定義するというものである。事理弁識能力という定義によれば、人の行為という一般的な観念を想定して、そのような行為を自らしたといえるための能力が問題になる。すなわち、人の一般的な属性としての能力が問題となる。

このように意思能力と事理弁識能力を同一視するこの考え方には難点もある。平成11（1999）年改正後の民法7条は、「精神上の障害により事理を弁識する能力を欠く常況にある者については、家庭裁判所は、本人、配偶者、四親等内の親族、未成年後見人、未成年後見監督人、保佐人、保佐監督人、補助人、補助監督人又は検察官の請求により、後見開始の審判をすることができる。」と規定しているところ、これは事理弁識能力と意思能力とは異なると解する立場に立って立案されたものである。平成11（1999）年民法改正の立法担当

者によれば、意思能力は、法律行為を行った結果（法律行為に基づく権利義務の変動）を理解するに足る精神能力を指すものであるのに対し、事理弁識能力は意思能力があることを前提に、十分に自己の利害得失を認識して経済合理性に則った意思決定をするに足る能力である、ということである（「部会資料27」16頁参照）。

　第3は、意思能力に関する規定を設ける場合においても、定義規定を設けず、引き続き解釈に委ねるというものである。改正に際してはこの案が採用された。その背景としては、つきつめてみると的確な定義が困難であり一つの結論に至ることができなかったことがある。特に理論面では、意思能力の判断にあたって、①精神上の障害という生物学的要素と合理的に行為をする能力を欠くという心理学的要素の双方を考慮するか、心理学的要素のみを考慮するかという問題や、②判断・弁識の能力だけでなく、自己の行為を支配するのに必要な制御能力を考慮するかどうかという問題については意見の一致が困難とみられた（「部会資料73A」26頁参照）。そこで意思能力の具体的な内容については、引き続き解釈に委ねることとなった。

(4)　意思能力の効果

　意思能力については効果を無効とする見解、取り消しうるとする見解に分かれたが、最終的には無効ということになった。

　意思能力を欠く状態でされた法律行為の効果を取り消しうるとする考え方は、この場合の無効は、意思能力を欠く状態で法律行為をした者の側からしか主張することができないとされているなど、取消しと類似していることを理由とする。

　部会においては、効果を取消可能とすると、①取消権を現実に行使することができる者がいない場合には事実上その法律行為が有効のままになってしまう点、②取消権の行使期間には制限がある点（126条）で意思能力を欠く状態で法律行為をした者の保護に欠けることが指摘され、効果を取り消しうるとすることには批判も少なくなかった。そのため、中間試案では、効果を無効とする考え方を維持するものとされた（「中間試案補足説明」10頁）。

　なお、意思無能力無効の効果としての原状回復義務について付言すると、明文規定がなかった事項につき明確化がなされている。すなわち、新法121条の

2は、「無効な行為に基づく債務の履行として給付を受けた者は、相手方を原状に復させる義務を負う」(1項)が、「行為の時に意思能力を有しなかった者は、その行為によって現に利益を受けている限度において」返還をすれば足りるとする（3項前段）。これは、制限行為能力者の返還義務の範囲を現存利益に限定して保護を図る旧法121条ただし書（新法121条3項後段）と同趣旨のものである。

(5) その他の改正点、改正に盛り込まれなかった論点

新法98条の2は「意思表示の相手方がその意思表示を受けた時に意思能力を有しなかったとき又は未成年者若しくは成年被後見人であったときは、その意思表示をもってその相手方に対抗することができない。ただし、次に掲げる者がその意思表示を知った後は、この限りでない。」と規定し、同条1号に「相手方の法定代理人」、同条2号に「意思能力を回復し、又は行為能力者となった相手方」を掲げる。これは、意思表示の受領能力について規定する旧法98条の2は、未成年者、成年被後見人についてのみ規定していたが、意思無能力の場合にも同じことが当てはまることから、意思表示の相手方がその意思表示を受けた時に意思能力を有しなかった場合につき新たに規律を加えるものである（「中間試案補足説明」33頁）。

改正に盛り込まれなかった事項としては、日常生活に関する行為についての例外規定がある。部会では、意思能力を欠く状態にある者が日常生活を営むことができるようにするため、旧法9条ただし書、13条2項ただし書と同様に、日常生活に関する行為は意思能力を欠く状態でされても有効とする見解が提示されていた。9条ただし書等は自己決定の尊重およびノーマライゼーションの理念に基づき、制限行為能力者が日常生活を送ることができるように設けられた規定であるが、日常生活に関する行為を自ら行う必要性は意思能力を欠く者についても同様にあてはまるというものである。しかし、中間試案においては、意思能力については9条ただし書のような規定は設けないという立場が本文に記載された（上記のような考え方は注記されるにとどめられた）。その理由としては、①平成11年改正の立案担当者によれば、9条ただし書等は、成年被後見人が日常生活に関する行為をした場合でも、意思能力がなかった場合はその行為は無効であるという理解を前提に立案されていること、②学説も同様の

理解に立つ見解が有力であること、③日常生活に関する行為が意思能力を欠く状態で行われることは現実にはまれであることが挙げられた（「中間試案補足説明」10～11頁）。結局、この論点については改正案には盛り込まれなかった。

(6) 改正の実務への影響

　意思能力を欠く状態でされた法律行為が無効であることについては、すでに判例・学説において確立されており、3条の2を新設することによる実務への影響は小さいものといえる。なお、同条は、「民法の一部を改正する法律」の施行日前にされた意思表示については適用されない（附則2条）。

3　行為能力

　行為能力については、被保佐人がする行為で保佐人の同意を要するものを規定する13条1項に新たに10号が新設される。新法13条1項10号は「前各号に掲げる行為を制限行為能力者（未成年者、成年被後見人、被保佐人及び第17条第1項の審判を受けた被補助人をいう。以下同じ。）の法定代理人としてすること。」と規定し、13条1号から9号の行為を制限行為能力者の法定代理人としてするには、保佐人の同意を要することとしている。その理由は次のようである。新法102条本文は、制限行為能力者が代理人としてした行為は、行為能力の制限によっては取り消すことができないとする一方で、同条ただし書は、制限行為能力者（B）が他の制限行為能力者（A）の法定代理人としてした行為については、この限りではないとしている。そのような代理行為をつねに有効とするのは、①本人の保護という制限行為能力制度の目的が十分に達せられないおそれがあること、②法定代理人の選任に直接関与しない本人たる制限行為能力者の保護にもとるためである（「中間試案補足説明」37頁）。これに応じて、新法13条1項10号は、被保佐人（B）が、制限行為能力者（A）の法定代理人としてすることにつき、新たに保佐人の同意事項とした（保佐人の同意がない当該代理行為については同条4項により取り消しうる）。なお、補助人の同意を要する旨の審判により、被補助人についても同じことが当てはまりうる（17条1項ただし書参照。「部会資料79－3」2頁参照）。

　実務上は、制限行為能力者の法定代理人が被保佐人であるか否か、そうである場合は保佐人の同意を得ているか否かを確認することが必要となる。

II 意思能力・行為能力に関する要件事実

1 意思能力

ある法律行為がされたことを前提とする請求に対し、意思能力の欠缺を理由に当該法律行為は無効であることが抗弁となる。

新法3条の2は、「法律行為の当事者が意思表示をした時に意思能力を有しなかったときは、その法律行為は、無効とする。」旨の規定を新設したものの、当該規定は旧法において争いのない事項を明文化したにすぎない。

2 行為能力

ある法律行為がされたことを前提とする請求に対し、制限行為能力を理由に当該法律行為が取り消されたことが抗弁となる。

新法13条1項10号は、「前各号に掲げる行為を制限行為能力者（未成年者、成年被後見人、被保佐人及び第17条第1項の審判を受けた被補助人をいう。以下同じ。）の法定代理人としてすること。」との規定を新設した。

当該規定の要件事実について以下検討する[4]。

(1) 事 例[5]

XはYとの間で、本件土地を代金1億円で売却する契約を締結した。Yは未成年者で、Yの親権者であるAは被保佐人、BはAの保佐人である。XがYに対して売買代金の支払いを請求した。これに対して、YはAの制限行為能力（保佐人であるBの同意の不存在）を理由に取消しを主張した。

---

[4] 要件事実とは、実体法の条文の法律要件（構成要件）に記載されている類型的な事実をいい、主要事実とは、かかる要件事実にあてはまる具体的事実をいうと解されている（村田渉＝山野目章夫編著『要件事実論30講〈第3版〉』〔弘文堂・2012年〕5頁）。本書においては、必要に応じて事例を挙げ、要件事実を検討する体裁をとっているが、説明の便宜や紙幅の関係から、上記の意味における「要件事実」と「主要事実」が混在しており、それらをまとめて「要件事実」と表現している。また、事例についても、紙幅の関係から、項目によっては要件事実（主要事実）として記載が必要である事実（売買契約における目的物・代金や、時的要素等）を省略している場合もある。さらに、「検討」の項目における記載は、紙幅の関係から、原則として改正に関連する部分のみとした。

[5] 大江忠『新債権法の要件事実』（司法協会・2016年）330頁以下を参考とした。

(2) 訴訟物

XのYに対する売買契約に基づく代金支払請求権

(3) 要件事実

＜請求原因＞
- ❶ XはAに対し、本件土地を代金1億円で売ったこと
- ❷ Aは、❶のとき、Yのためにすることを示したこと
- ❸ Yは❶の当時、未成年者であったこと
- ❹ AはYの親権者（法定代理人）であること

＜抗弁：被保佐人の取消し＞
- ❺ ❶の売買契約締結前に、Aに対する保佐開始の審判がされていたこと
- ❻ YはXに対し、❶の売買契約を取り消す旨の意思表示をしたこと

(4) 検 討

ア 保佐人の同意を要する行為（請求原因❶）

本事例における売買契約の目的物は土地なので、「不動産その他重要な財産に関する権利の得喪を目的とする行為」（13条1項3号）に該当する事実が、請求原因❶に現れている。

取消しの対象となる法律行為が13条1項各号に該当しない場合には、「❶の法律行為の前に、当該法律行為について保佐人の同意を要する審判がされていたこと」（同条2項）も請求原因となる。

イ 保佐人の同意等

保佐人の同意、保佐人の同意に代わる家庭裁判所の許可等の事実が存在する場合、これらの事実については、取消しを争う者が再抗弁として主張することとなる[6]。

---

6) 佐久間毅『民法の基礎1 総則〈第3版〉』（有斐閣・2008年）97頁等。

第 2 章
法律行為

I 法律行為に関する改正のポイント

1 法律行為制度の改正全般

(1) 法律行為とは何か

ア 法律行為の制度

　民法典は第1編「総則」の第5章「法律行為」において、第1節「総則」(90条～92条)、第2節「意思表示」(93条～98条の2)、第3節「代理」(99条～118条)、第4節「無効及び取消し」(119条～126条)、第5節「条件及び期限」(127条～137条) の規定を置く。この構成は改正によって変わっていない。以下では、法律行為制度の基礎となる第1節と第2節 (および第4節) を中心に検討し、第3節は項目を改めてとりあげる。

　法律行為とは、「それを行う者の意思表示の内容通りの法的効果が発生する行為」をいい[1]、あるいは、意思表示を要素とする法律要件 (権利・義務の発生、変動という法律効果を発生させる原因となるもの) であり、法がその意思表示の内容に従って私法上の法律効果を発生せしめる行為、あるいはそのような制度をいう[2]。民法の法律行為制度の趣旨は、私たちが法的に保障されるような状態 (たとえば所有権の取得) を作り出すことを欲して行為したとき、その意思を尊重し、その欲したところを実現する (たとえば所有権の移転を生じさせる) ことにある[3]との説明もある。

---

1) 大村敦志『基本民法 I 総則・物権総論〈第3版〉』(有斐閣・2007年) 17頁。
2) 淡路剛久『入門からの民法財産法』(有斐閣・2011年) 123～124頁。

以上のように、説明の仕方は少しずつ違っているが、法律行為が個人の意思あるいは意思表示を要素とし、その意思を実現するための法的な仕組み（法技術）であることがわかる。

　法律行為論は概して抽象的、一般的であり、とりわけ入門者には理解しがたいところがある。法律行為はドイツ民法に由来する制度であり、比較法的にはこの制度は一般性、普遍性を有するものではないということから、法律行為論に対しては批判がある[4]。

　法律行為論は意思表示論でもあり、法律行為の項目のもとに意思表示論が深められてきた。新法は意思表示論をより明確にしているといえよう。

イ　法律行為の態様

　近代法として成立した民法典は、人の自由な活動を最大限に保障している。これを可能にする法技術が法律行為であり、法律行為を構成する意思表示、意思能力に関する規律である。法律行為の仕組みは近代法の理念である私的意思自治の原則に基づく。近代法は所有権絶対、契約自由、過失責任の3つの原則を掲げた。民法は社会経済の発展の基礎となったが、私的意思自治の原則が民法に導入され保障されたことが大きい。私たちの行動と規範意識の基礎に私的意思自治の原則が存在していることは疑いがないであろう。

　なお、法制審議会民法（債権関係）部会において決定された民法改正の中間試案では、法律行為の概念に関する規定を置くことが提案され、法律行為の意義として、①法律行為は、法令の規定に従い、意思表示に基づいてその効力を生ずるものとする、②法律行為には、契約のほか、取消し、解除、遺言その他の単独行為が含まれるものとするとしていた（以上のような規定を設けないという意見もあった）。新法はこのような規定を盛り込まなかった。

ウ　法律行為と意思能力

　第1編「総則」第2章「人」は、第1節：権利能力（3条）、第2節：意思能力（3条の2）、第3節：行為能力（4条～21条）について定める。

　法律行為がその目的を達するためには、個々人が意思能力を有することが必要である。意思能力は、民法における私的意思自治の原則が機能するための前提となる概念である。

---

3)　高島平蔵『民法制度の基礎理論』（成文堂・1987年）186頁以下、189頁。
4)　内田貴『民法Ⅰ 総則・物権総論〈第4版〉』(東京大学出版会・2008年) 341頁以下。

論理的には、意思能力がなければ当該法律行為の要素である意思表示は無効であり、法律行為も無効となるのが自然である。しかし、旧法はこれを自明のこととして、特に規定を置かなかった。新法は意思能力の規定を新設し、「法律行為の当事者が意思表示をした時に意思能力を有しなかったときは、その法律行為は、無効とする。」と定めた（新法3条の2）。もっとも、新法は意思能力の定義規定は置いていない。中間試案では法律行為制度の存置について疑問が述べられたが、かりにこれを存置するなら法律行為の概念や法律行為能力の定義が必要であるとの考え方に立ち、意思能力については「その法律行為をすることの意味を理解する能力」としていた。

　新法の規定について、「行為能力がもっぱら法律行為論の次元で用いられるのとは異なり、意思能力は人間の尊厳に根差す「意思」について「無能力」と断定する（法律行為論の次元を超える要素を含む）のであるから、法律学の分野においても、このような概念は可能な限り用いないで済むように努力すべきである。」と批判する見解がある[5]。これは、法律概念としての意思をより実質的にとらえ、人間尊厳の思想から導かれた意見といえる。

(2) 法律行為の有効要件

　法律行為が有効に成立するためには、法律行為の内容が、①確定できること、②実現可能であること、③適法であること（強行規定に違反しないこと）、④社会的妥当性を有すること（公序良俗に反しないこと）が必要である。

■　公序良俗

　公序良俗に反する法律行為に法的効果を付与する必要はなく、また付与することは有害であるから、民法はこれを無効としている。旧法は、「公の秩序又は善良の風俗に反する事項を目的とする法律行為は、無効とする。」としていたが、新法は「公の秩序又は善良の風俗に反する法律行為は、無効とする。」と定めた。

　公序良俗違反の行為類型としては、人倫に反する行為、著しく射幸的な行為、犯罪等の不正行為に関連する行為などが挙げられているが、何が公序良俗（違反）かは時代によって変わりうる。

---

5)　田山輝明「民法（債権法）改正―意思無能力規定について（試論）」季刊比較後見法制2号（2015年）94頁。

改正作業では、公序良俗に関して、暴利行為について民法典への明文化が提案された[6]が、見送られた。

(3) 意思の不存在、欠陥（瑕疵）のある意思表示

ア 心裡留保、虚偽表示（新法93条、94条）

心裡留保、虚偽表示に基づく意思表示は、真意（意思）が欠けており、無効である。そして、意思表示の無効は善意の第三者に対抗することができない。心裡留保にこの規定はなかったが新法（93条2項）では明記し、虚偽表示の規定（94条）と同様にした。

旧法の下では、錯誤も、真意が欠けているととらえ錯誤もここに位置づけていた。

イ 錯誤（新法95条）

錯誤（新法95条）とは、内心（内心の効果意思）と表示の不一致をいう。誤解や錯覚による意思表示が錯誤に近い。錯誤の態様には、内容の錯誤、表示の錯誤、動機の錯誤がある。

旧法は、「意思表示は、法律行為の要素に錯誤があったときは、無効とする。ただし、表意者に重大な過失があったときは、表意者は、自らその無効を主張することができない。」としていた。要素の錯誤とは当該意思表示の重要な部分に錯誤があったことをいう。錯誤による無効は表意者のみが主張できると解された。

錯誤は、意思表示における真意と表示がくい違っており（意思と表示の不一致）、真意が欠けていることから従来、このような意思表示は無効とされた。また、動機と表示が不一致である動機の錯誤については、内心と表示が一致していれば錯誤とはならず意思表示は有効であるが、これでは本人の真意に沿わない。学説のなかには、動機の錯誤も内容や表示の錯誤もいずれも、表示に対応する真意が欠けているとして同質であり無効と解すべきであるとする見解があったが、通説は動機が表示されていれば錯誤となると解した。

新法は錯誤を心裡留保、虚偽表示のグループ（意思の不存在〈意思の欠缺〉）から外し、詐欺、強迫と同じグループ（欠陥のある意思表示）に位置づけ、錯

---

6) 内田貴『民法改正のいま―中間試案ガイド』（商事法務・2013年）83頁。

誤の効果を無効から取消しの事由に改めた。また、「要素の錯誤」の意味は、旧法では解釈に委ねられていたが、「その錯誤が法律行為の目的及び取引上の社会通念に照らして重要なものであるとき」と定めた。

取り消すことができるのは、①意思表示に対応する意思を欠く錯誤と、②表意者が法律行為の基礎とした事情についてのその認識が真実に反する錯誤である。このうち②は、従来、動機の錯誤とよばれていた類型のものであり、②による意思表示の取消しは、その事情が法律行為の基礎とされていることが表示されていたときに限り、することができると定めた。

新法は、錯誤による意思表示の取消しは、善意でかつ過失がない第三者に対抗することができないと定め、善意だけでなく無過失を要求した。無過失の明示は、詐欺による取消しについても同様である（新法96条2項・3項）。

以上のように、新法は、錯誤をめぐる解釈論上の争いについて立法による態度を示した。

ウ 詐欺・強迫（新法96条）

新法96条は、「詐欺又は強迫による意思表示は、取り消すことができる。」(1項)、「相手方に対する意思表示について第三者が詐欺を行った場合においては、相手方がその事実を知り、又は知ることができたときに限り、その意思表示を取り消すことができる。」(2項)、「前2項の規定による詐欺による意思表示の取消しは、善意でかつ過失がない第三者に対抗することができない。」(3項)と定めた。

旧法の「知っていた」を「知り、又は知ることができた」に改め、同条3項中「善意の」を「善意でかつ過失がない」に改めた。これは取引安全の利益を受ける者について善意だけでなく無過失を要求するものである。

(4) 無効および取消し

「無効及び取消し」は、第5章「法律行為」の第4節に置かれている制度である。

ア 取消権者（新法120条）

法律行為は一定の場合に、取消権者として法定された者のみが取り消すことができる。一定の者に限定されているのは、誰でも取り消すことができるとすると取引秩序を乱し取引安全を害するからである。

取消権者について新法（120条）は、旧法の「制限行為能力者」の下に「（他の制限行為能力者の法定代理人としてした行為にあっては、当該他の制限行為能力者を含む。）」を加え、「詐欺」を「錯誤、詐欺」に改めた。すなわち、「行為能力の制限によって取り消すことができる行為は、制限行為能力者（他の制限行為能力者の法定代理人としてした行為にあっては、当該他の制限行為能力者を含む。）又はその代理人、承継人若しくは同意をすることができる者に限り、取り消すことができる。」(1項)、「錯誤、詐欺又は強迫によって取り消すことができる行為は、瑕疵ある意思表示をした者又はその代理人若しくは承継人に限り、取り消すことができる。」(2項) と定めた。

イ　取消しの効果（新法121条）

取り消された行為は、初めから無効であったものとみなされる（新法121条）。旧法のただし書、すなわち「ただし、制限行為能力者は、その行為によって現に利益を受けている限度において、返還の義務を負う。」は削除され、原状回復義務に係る1条が追加された。

ウ　原状回復の義務（新法121条の2）

旧法は取消しの効果である原状回復義務については規定を置かず、不当利得の法理に委ねていた。

新法は原状回復義務について明記した（新法121条の2）。すなわち、「無効な行為に基づく債務の履行として給付を受けた者は、相手方を原状に復させる義務を負う。」(1項)、「前項の規定にかかわらず、無効な無償行為に基づく債務の履行として給付を受けた者は、給付を受けた当時その行為が無効であること（給付を受けた後に前条の規定により初めから無効であったものとみなされた行為にあっては、給付を受けた当時その行為が取り消すことができるものであること）を知らなかったときは、その行為によって現に利益を受けている限度において、返還の義務を負う。」(2項)、「第1項の規定にかかわらず、行為の時に意思能力を有しなかった者は、その行為によって現に利益を受けている限度において、返還の義務を負う。行為の時に制限行為能力者であった者についても、同様とする。」(3項) と定めた。

エ　追認の要件（新法124条）

本人は、取り消すことができる行為について、一定の要件のもとで追認することができる。

旧法は、「追認は、取消しの原因となっていた状況が消滅した後にしなければ、その効力を生じない。」(1項)、「成年被後見人は、行為能力者となった後にその行為を了知したときは、その了知をした後でなければ、追認をすることができない。」(2項)、「前2項の規定は、法定代理人又は制限行為能力者の保佐人若しくは補助人が追認をする場合には、適用しない。」(3項) としていた。新法は、1項で「取り消すことができる行為の追認は、取消しの原因となっていた状況が消滅し、かつ、取消権を有することを知った後にしなければ、その効力を生じない。」とし、2項で「次に掲げる場合には、前項の追認は、取消しの原因となっていた状況が消滅した後にすることを要しない。」として、「法定代理人または制限行為能力者の保佐人もしくは補助人が追認をするとき」(1号)、「制限行為能力者（成年被後見人を除く。）が法定代理人、保佐人または補助人の同意を得て追認をするとき」(2号) を掲げた。

2 公序良俗

(1) 改正の内容

旧法では、「公の秩序又は善良の風俗に反する『事項を目的とする』法律行為は、無効とする。」と規定されていたが、新法では『事項を目的とする』という文言が削除された。

この改正は、これまでの裁判例の考え方をふまえてのものである。旧法は、その文理上、法律行為の内容が公序良俗に反する場合を指すと解釈されうるものであった。しかし、裁判所は、公序良俗に反するかどうかの判断にあたり、法律行為の内容のみならず、法律行為が行われた過程その他の諸事情を考慮してきた。このような裁判例の考え方を条文上も明示するため、端的に公序良俗に反する法律行為を無効とする旨の規定に改められたのである（「部会資料73A」24頁）。

したがって、今回の改正による実務への影響は少ないものと思料される。

(2) 暴利行為に関する規定の不採用

中間試案では、公序良俗の一般原則を具体化した規定として、いわゆる暴利行為に関する準則を明文化すべきであるとの提案がなされていた。具体的に

は、新法の第2項として、「相手方の困窮、経験の不足、知識の不足その他の相手方が法律行為をするかどうかを合理的に判断することができない事情があることを利用して、著しく過大な利益を得、又は相手方に著しく過大な不利益を与える法律行為は、無効とするものとする。」というものである。これについては、暴利行為に関する代表的な判例である大判昭和9年5月1日民集13巻875号の準則に従って「①相手方の窮迫、軽率又は無経験に乗じて著しく過当な利益を獲得する法律行為は無効とする」旨の規定を設けるとの考え方があったほか、規定を設けないとの考え方もあった。

　法制審議会でも議論が重ねられてきたところであるが、改正法では、この種の規定を設けることは見送られた。今後、この種の法律行為については、改正前の民法におけるのと同様、今後も90条の枠組みを用いて、これまでの支配的見解と同様に、判断されることになると推測される。

(3) 裁判例の傾向と学説の展開

ア　制定当時の90条の理解

　制定当時、「公の秩序」とは、主として行政警察、司法などに関わる国家秩序を、「善良の風俗」は性風俗を指すものと理解されてきた。そして、契約自由の原則に対して、公序良俗違反を理由として無効とされるのは、例外的な場合であると理解されてきた[7]。

イ　社会的妥当性説と類型分け

　しかし、「公の秩序又は善良の風俗」という言葉は、早い段階から「公序良俗」と略称され、「公序」と「良俗」が区別されることはなくなっていった。学説でも、公序良俗は個人の意思を制限する例外ではなく、法を支配する根本理念であって、「公序」と「良俗」を明瞭に区別できるものではなく、前者が国家社会の秩序を、後者が道徳観念を主眼とする差があるだけであるとし、両者が合して行為の社会的妥当性を意味するものとして理解すべきという説が登場する[8]。

　そのうえで、この社会的妥当性説は、裁判例の分析を通じて、次の諸類型に分類・整理する（いわゆる我妻分類）。

---

7) 立法過程については、大村敦志『公序良俗と契約正義』（有斐閣・1995年）11頁以下を参照。
8) 我妻榮ほか『我妻・有泉コンメンタール民法－総則・物権・債権〈第4版〉』（日本評論社・2016年）206頁。

我妻分類

類　型	例
人倫に反するもの	配偶者のある者との婚姻予約[9]、愛人契約
犯罪行為など正義の観念に反するもの	談合[10]、不正行為を助長する契約[11]
個人の自由を極度に制限するもの	芸娼妓契約[12]
営業の自由の制限	競業禁止契約[13]
生存の基礎たる財産の処分	部落民の生存を支える灌漑用水を放棄する契約[14]
暴利行為	過大な賠償額の予定[15]
著しく射倖的なもの	賭博に関する契約[16]

ウ　近年の動向

公序良俗違反については，伝統的に上記(2)のような類型化が行われてきた。ところが，近時の裁判例においては，公序良俗違反性が争われる事案には，次のような変化が見られるようになった[17]。

ⓐ　経済活動に関するケースの増加

公序良俗違反として争われる行為の典型が、伝統的な道徳観に反する行為（たとえば、人倫に反するもの）から、経済活動に関する行為（たとえば、取引関係や労働関係に関する行為）に移ってきている。

ⓑ　法令違反に関するケースの増加

経済秩序に関する法令を中心に、法令違反を理由の一つとして、公序良俗違

---

[9]　大判大正9年5月28日民録26輯773頁（関係維持のために扶養料の給付を約束したケース）。
[10]　大判昭和14年11月6日民集18巻1224頁。
[11]　大判大正8年11月19日刑録25輯1133頁（贓物故買の委託に関する契約）。
[12]　最判昭和30年10月7日民集9巻11号1616頁（芸娼妓としての稼働契約のみならず、その契約の対価としてされた金銭消費貸借契約も、一体をなすものとして無効とされた）。
[13]　大判昭和7年10月29日民集11巻1947号は、競業禁止が無制限である場合は無効であるが、期間・場所の限定が行われていれば有効である旨判断している。
[14]　大判昭和19年5月18日民集23巻308頁。
[15]　大判昭和19年3月14日民集23巻147頁。
[16]　最判昭和61年9月4日判時1215号47頁（賭博の用に供されることを知って行われた金銭消費貸借契約）。
[17]　山本敬三『民法講義Ⅰ総則〈第3版〉』（有斐閣・2011年）267頁、同『公序良俗論の再構築』（有斐閣・2000年）183頁以下。

反を認めるケースが増えてきている。

　このような傾向の前提には、法令違反行為の位置づけが従来の学説と異なってきていることが挙げられよう。かつて、法令上の取締規定に違反する行為の効力に関しては、強行規定違反に関する規定だと解釈されていた91条の問題であるとされていた。しかし、裁判例が法令違反行為を無効とするに際して、ただ法令違反というだけで無効とすることは少なく、当該違反行為に公序良俗違反といえる事情の有無を考慮しているとして、90条の問題として捉える見解が有力になってきている[18]。

ⓒ　個人の権利・自由の保護に関するケースの増加

　個人の権利・自由を保護するために、公序良俗違反を認めるケースが増えてきている。営業・職業の自由、憲法上の自由や平等権の侵害、相手方の窮迫・無知等を利用したケースが目立つようになってきている。

(4)　公序良俗論の再体系化

　社会的妥当性説をもとにした伝統的な類型（いわゆる我妻分類）は、膨大な数の裁判例について一定の方向性を与えるものであった。しかし、上記**イ**の分類を見ても、ただ雑然と並べられているという印象はぬぐえない。また、上記**ウ**のとおり、公序良俗違反として争われる行為の傾向に変化が見られ、従来の考え方とは発想が異なる裁判例がかなり積み重ねられてきた。このような裁判例の状況をふまえて、公序良俗論の再体系化が進められている。

　第1は、山本敬三教授による基本権保護請求論である[19]。この見解は、90条が私的自治・契約自由を制限するものであるが、これらの究極的な根拠は憲法13条にまで遡るのであって、こうした基本権を国家がみだりに侵害してはならず、公序良俗の内容も私的自由に対する不当な介入であってはならないとする。そして、介入が正当化される根拠として①個人の基本権を他人による侵害から保護すべき場合、②個人の基本権がよりよく実現するよう様々な措置を講ずべき場合を導き、介入の根拠となる特別の法令が存在するかに応じて、下記のとおり類型化している。

---

18)　大村敦志「取引と公序」同『契約法から消費者法へ』（東京大学出版会・1999年）191頁以下。
19)　山本・注17前掲（『民法講義Ⅰ』）268頁以下。

基本権保護請求論による分類

法令型＝基本権保護型	法令が保護しようとしている基本権を侵害する法律行為
法令型＝政策実現型	法令の政策目的によると許されない法律行為
裁判型＝基本権保護型	一方当事者の基本権を侵害する法律行為

　第2は、大村敦志教授による経済的公序論である。公序良俗違反の領域が経済問題にシフトしていることに着目し、一方で契約自由に対抗する「契約正義」の原理が、消費者保護や競争維持といった市場環境の整備のための「経済的公序」が、それぞれ生成しつつあるとして、そのような観点から公序良俗論を再体系化するものである[20]。

　いずれの見解も、公序良俗を契約に対する外部的な制約と見る態度は取っていない。契約をめぐる取引秩序は国家によって支えられており、国家ぬきに契約を語ることはできないことを正面から認め、自由を方向づけ・支援する公序を指向するものである。その意味で、伝統的な見解とは異なる視点で公序良俗論を精緻化する理論であり、さらなる深化が待たれるところである。

(5) 要件事実に関して

　公序良俗規定は、規範的な評価をもって法律要件が記載されている一般条項であるから、公序良俗違反の効果を求める側が、そのような評価を根拠づける具体的な事実を主張立証する必要がある。他方、公序良俗違反を争う側としては、公序良俗違反という評価を障害する具体的な事実を主張立証する必要がある。公序良俗違反という評価を根拠づける事実、障害する事実は事案によって大きく異なるものであって、今回の改正による具体的な主張立証活動への影響は少ないと思料される。

---

[20]　大村敦志『新基本民法1総則編』（有斐閣・2017年）90頁。

3 心裡留保

(1) はじめに

前記「**1** 法律行為制度の改正全般」においてふれたように、新法における心裡留保に関する改正の最大のポイントは、第三者の保護に関する規定が93条2項として新設されたことである。また、旧法93条によって規律されてきた内容は、若干の文言の修正を経て、新法93条1項として維持されることとなった。以下では、まず新法93条1項における文言修正の意義について確認する。その後、新法93条2項において新たに設けられた第三者保護制度について、これまでの判例、学説における議論を振り返りながら、その意義を確認する。

(2) 新法93条1項における文言修正

ア 修正箇所の確認

新法93条1項は、旧法93条の規律内容を基本的に維持するものであるが、若干の文言修正がなされている。すなわち、旧法93条ただし書には「相手方が表意者の真意を知り、又は知ることができたときは、その意思表示は、無効とする。」とあったところが、新法93条1項ただし書では「相手方がその意思表示が表意者の真意でないことを知り、又は知ることができたときは、その意思表示は、無効とする。」と修正されているのである。ここでは、このような文言の修正がいかなる意義をもつものであるのかについて確認する。

イ 旧法93条ただし書の意義

そもそも心裡留保とは、一般的には、表意者がその真意でないことを知りながらあえて真意と異なる意思を表示することをいい、「意思の欠缺」ないし「意思の不存在」が問題となる場面の一つとしてこれまで整理されてきたところである。自らの意思によって法律関係を形成してゆくべきとの私的自治ないし意思主義の原則からすれば、意思が不存在である心裡留保のような場面では法律行為の効力は無効ということになる。しかしそれでは、そのような意思表示を信頼した相手方を害することがある。これに対して、あえて真意と異なる意思を表示した表意者を保護すべき要請は必ずしも高くない。そこで民法上、心裡留保による意思表示は原則として無効とならないこととされ、相手方の保護が

図られてきたのである（旧法93条本文、新法93条1項本文）。

　他方で、真意に基づかない意思表示を信頼した相手方を保護するという趣旨からすれば、そのような意味での信頼をしていない相手方は保護に値しないといえる。そこでこれまでは、「相手方が表意者の真意を知り、又は知ることができたときは」（旧法93条ただし書）心裡留保に基づく意思表示であっても無効となるとされてきたのであった。

ウ　新法93条1項ただし書における文言修正の意義

　しかし、「相手方が表意者の真意を知り」という旧法の文言については、これまで「隠れた意思を知ることを必要とする意味ではなく、単に真意でないことを知れば足りると解すべき」[21]であるとの指摘がなされてきたところである。確かに、心裡留保による意思表示の相手方において、表意者の意思表示が真意に基づかないものであることを知っていた（あるいは知ることができた）という場合には、たとえ表意者の真意が何であるかまでは知らなかった（あるいは知りえなかった）としても、やはりそのような相手方は保護に値しないといえる。そこで新法93条1項ただし書は、旧法下の文言を修正し、「相手方がその意思表示が表意者の真意ではないことを知り、又は知ることができたときは、その意思表示は無効とする」こととしたのである。つまり、今次の文言修正は、これまで学説と実務において広く受け入れられてきた解釈を反映したものであるといえる。

(3)　第三者保護規定（新法93条2項）の新設

ア　問題の所在

　新法における改正ポイントの第2点は、心裡留保によって意思表示が無効となった場合の第三者保護規定が新設された点である（新法93条2項）。旧法は第三者保護規定を欠いていたために、たとえば表意者Aの心裡留保による意思表示を受けた相手方Bが「表意者の真意を知り、又は知ることができた」（旧法93条ただし書）ためにAの意思表示が無効となる場合に、Bから目的物をさらに譲り受けたような第三者Cの保護のあり方はもっぱら解釈に委ねられていたのである。

---

21)　我妻榮『新訂民法総則（民法講義Ⅰ）』（岩波書店・1965年）288頁。

イ 旧法下での取扱い

それでは、上記の問題は旧法下ではいかに対処されてきたのか。この点について、判例・学説は旧法94条2項の類推適用による解決を図ってきた。

判例としては、(代理権濫用にかかわるものであるが)最判昭和44年11月14日(民集23巻11号2023頁)がある。事案は次のようなものであった。

X1およびX2(第一審原告、被控訴人、被上告人)は訴外AからY1(Aに手形振出しにかかる権限を与えていた。第一審被告、上告審では訴外)名義の手形計8通の振出しを受けた。右各手形にはY2による支払保証がなされていたが、右保証はY2の代表者でもあったAが自らの利益を図る目的で代理権を濫用してなしたものであった。XらがY1に手形の支払いを求めたところ拒絶されたため、XらはYらを相手取って手形金の支払いと遅延損害金の支払いを求めて訴えを提起した。第一審でXらの主張が認容されたためY2が控訴した。原審からは、X1の滞納した税金を徴収するためにX1が有する本件手形のうちの1通を差し押さえたとしてX3(原審では参加人、被上告人)が訴訟参加した。原審では、Y2による本件保証がAによる正当な権限に基づくものでなかったことを知らなかったことにつきXらに過失があったと認定されたものの、これは軽過失であるからY2による悪意の抗弁は認められないとされ、Xらの主張が容れられた。そこでY2から上告がなされたのである。

以上のような事実関係の下で最高裁は、次のような判断を示した。まず、Y2とX1およびX2との関係については、「〈X1およびX2〉は、〈Y2〉の手形保証について、同人の直接の相手方というべきであるから、民法93条但書の規定の類推適用により、右〈X1およびX2〉に対しては、Y2が右手形上の保証人としての責を免れることができると解すべきことは、当裁判所の判例の趣旨とするところである……。原判決は、法人の代表者がその権限を濫用し自己の利益を図るために手形行為をした場合においては、相手方にこの点につき悪意または重過失のない限り、法人において相手方に対し手形上の債務の履行を拒絶することができないというが、この見解は、当裁判所の採らないところである」と述べて、X1およびX2のY2に対する請求を認容した原判決を破棄した。次いでY2とX3との関係については、「〈Y2〉は、〈X1〉において、〈A〉が自己の利益を図る目的のもとに権限を濫用して本件手形保証をしたことを知りうべきであつた事実を主張立証したのであるから、〈Y2〉は、〈X3〉に対し

ても、右手形上の保証人としての責を免れるものである。もつとも、〈X3〉が、右差押当時、右事実を知らなかつたことを主張立証した場合には、民法94条2項の規定を類推し、〈Y2〉は、善意の第三者である〈X3〉に対し、前記民法93条但書の類推による本件手形保証の無効を対抗することができないものと解すべきであるが……、記録によつても、〈X3〉がその主張立証をしたことを認めることはできないのである」と述べて、やはり原判決を破棄したのである。

このように、心裡留保による意思表示が無効となる場合の第三者保護を旧法94条2項の類推適用に求める判例がある一方で、学説においても、判例と同様の見解が通説的な立場であった[22]。

ウ 第三者保護規定新設の意義

そこで新法93条2項は、これまで判例・通説によって承認されてきた、心裡留保による意思表示が無効となる場合の第三者保護のあり方を明文化したものである。

(4) まとめ

以上にみてきたように、心裡留保に関する今次の改正は、従来の判例および学説において承認されてきた事柄を明文で確認したものということができ、その意味で、実務に与える影響は必ずしも大きくないといえよう。

4 錯　誤

(1) はじめに

前記「1 法律行為制度の改正全般」においてふれたように、今次の錯誤法改正のポイントは多岐にわたり、それぞれについて相当な議論の蓄積がある。いまここで、その改正点を改めて摘示すると次のようになる。

① 「法律行為の要素に錯誤があったとき」(旧法95条本文)という文言が「その錯誤が法律行為の目的及び取引上の社会通念に照らして重要なものであるとき」(新法95条1項柱書)に改められた。

② 錯誤の効果が「無効」(旧法95条本文)から「取り消すことができる」(新

---

[22] 我妻・注21前掲288頁参照。

③ いわゆる「動機の錯誤」(「表意者が法律行為の基礎とした事情についてその認識が真実に反する錯誤」) に関して明文規定が用意された (新法95条1項2号)。
④ 動機の錯誤に基づく取消しは「その事情が法律行為の基礎とされていることが表示されていたときに限り、することができる」ことが確認された (新法95条2項)。
⑤ 錯誤が表意者の重大な過失によるものであっても、「相手方が表意者に錯誤があることを知り、又は重大な過失によって知らなかったとき」(新法95条3項1号) または「相手方が表意者と同一の錯誤に陥っていたとき」(同2号) には取消しが可能であることが確認された。
⑥ 錯誤に基づく意思表示が取り消された場合の第三者保護規定が新設された (新法95条4項)。

このように、錯誤に関しては多くの改正がなされるが、ここではとりわけ錯誤の効果 (上記②) および動機の錯誤の取扱い (上記③④) を中心に、改正の意義を確認することとする。

(2) 錯誤の効果

ア 旧法下での効果——取消的無効

伝統的には、錯誤とは、「表示から推断される意思 (表示上の効果意思) と真意 (内心的効果意思) とが一致しない意思表示であって、その一致しないことを表意者自身が知らないものである」[23]と説明され、いわゆる「意思の欠缺」ないし「意思の不存在」の場面の一つであると整理されてきた。法律行為の効力の有無を当事者の意思の有無にかからしめる私的自治の原則ないし意思主義からすれば、このような錯誤による意思表示には効力がないはずであり、実際、旧法95条の下での錯誤の効果は無効とされていた[24]。

錯誤による意思表示の効果が無効であるとすると、そのような無効はだれからでも主張できるかのようにも思われる。しかし判例・通説は、錯誤無効は表意者を保護するための制度であるから、その無効は表意者のみから主張できるものとしてきた。すなわち、最高裁は、土地所有者から土地上建物の収去と明

---

[23] 我妻・注21前掲295頁。

渡しを求められた右土地の賃借人（賃借権の対抗要件は備えていない）が、所有者が右土地を取得するにあたって錯誤に陥っていたことを主張した事案において、「民法95条の律意は瑕疵ある意思表示をした当事者を保護しようとするにあるから、表意者自身において、その意思表示に何らの瑕疵も認めず、錯誤を理由として意思表示の無効を主張する意思がないにもかかわらず、第三者において錯誤に基づく意思表示の無効を主張することは、原則として許されないと解すべきである」（最判昭和40年9月10日民集19巻6号1512頁）との原審判断を肯定している。学説もこのような判例の立場を支持してきたのである。

このような旧法下における錯誤無効は、実質的には取消しに近いもの（「取消的無効」ないし「相対的無効」）として把握されてきた。もっとも、完全に取消しと同一の効果として把握されていたかというと、そうではない。「取消的無効」といえども「無効」には違いないのであるから、たとえば取消権のように時効ないし除斥期間によって消滅することはないと考えらえられてきた[25]。

なお、旧法95条には第三者保護に関する規定がなかった。そのため、錯誤による無効はいかなる第三者に対してであっても主張できるかのようであった。しかし、上に述べたように、錯誤無効はいわゆる「無効」ではなく「取消的無効」であり、相手方（または第三者）の欺罔行為による錯誤である詐欺に対する救済であるところの取消しに近いものとして考えられてきた。そこで学説においては、詐欺取消しについて第三者保護規定（旧法96条3項）が用意され

---

24) もっとも、このような説明は、いわゆる表示上の錯誤についてはともかく、動機の錯誤に関してはあてはまらない。動機の錯誤の場合、表示された意思と内心の効果意思との間に不一致はなく、ただ内心の意思を形成するにあたって影響した動機の部分で誤解があったにすぎないからである。判例・通説ともに一定の場合に動機の錯誤が旧法95条の対象になりうることを承認してきたわけであるから、その限りで本文の錯誤に関する定義は不十分である。動機の錯誤をも旧法95条の対象に含まれうることを意識した錯誤の定義としては、たとえば「意思表示をした者が、意思表示に至る過程もしくは意思表示そのものの過程において、事実と一致しない認識ないし判断をしていたということを、後になって発見した場合」（川島武宜『民法総則 法律学全集17』〔有斐閣・1965年〕284頁）や「意思表示の生成過程に表意者の主観（認識や判断）と現実との間のくいちがい（錯誤）があるために、表意者の意識しない、表示（表示上の効果意思あるいは表示のもつ意味内容）と真意との不一致を生じている意思表示を、錯誤による意思表示という」（四宮和夫『民法総則〈第4版〉』〔弘文堂・1986年〕173頁）、「意思表示自体または意思表示の生成過程において表意者の認識・判断と真意との不一致を生じている意思表示」（近江幸治『民法講義Ⅰ民法総則〈第6版補訂〉』〔成文堂・2012年〕212頁）などといったものがある。
25) もっとも、学説のなかには詐欺による取消しと錯誤無効とをより接近させ、消滅時効ないし除斥期間に関する126条を錯誤無効の場合にも類推適用すべきであると主張するものもあった（たとえば、近江・注24前掲222〜223頁）。

ていたこととの権衡上、錯誤による「取消的無効」の場合にも第三者を保護すべきことが説かれ、旧法96条3項を類推適用すべきことが主張されてきた[26]。

イ　新法における「錯誤取消し」

以上のような旧法下での議論を受けて、新法においては錯誤の効果が「取消し」に改められている。従来の「取消的無効」は、「取消し」とまったく同じ意味ではなく、たとえば時効によって消滅するか否かといった違いがあるなどとされてきたが、今次の改正によって錯誤による取消しも他の場合の取消しと同様の規律に服することとなった[27]。

加えて、新法では錯誤取消しの場合の第三者保護規定が新設された（新法95条4項）。すでに述べたように、旧法下においては、錯誤無効の場合の第三者保護は旧法96条3項を類推適用することによって図るべきであるとされていた。新法はこのような従来の議論を反映したものである。ただ、旧法96条3項は「善意の第三者」を保護するものであったところ、新法95条4項は「善意でかつ過失がない第三者」を保護するものとなっている。文言だけをみると、新法によって保護される第三者に制限がかけられたかのようであるが、実際には旧法下においても96条3項の「善意の第三者」を「善意・無過失の第三者」と読み替える解釈論を学説は提示していた[28]のであり、今次の改正はそのような事情を反映したものであるといえる。

(3)　動機の錯誤 [29]

ア　はじめに

錯誤に関する今次の改正のなかでもっとも議論が闘わされたテーマこそ、い

---

26) 我妻・注21前掲303～304頁など参照。
27) 磯村保「錯誤取消し」法律時報86巻12号46頁参照。もっとも、磯村は「錯誤者の取消権が被欺罔者の場合と同じ期間存続すると解する必要があるかどうかが疑問」であると（「あえていえば」との限定はつくものの）指摘している（同論文49頁）。すなわち、詐欺を行った者は、被欺罔者に認められる、意思表示を取り消すか否かの選択期間が長期にわたり、そのために法的に不安定な立場に置かれたとしてもやむをえない。これに対して、たとえば「軽過失によって表示錯誤に陥った者が、その錯誤に気が付いた場合に、被欺罔者と同じだけの期間、取消権行使の可能性を認められる必要はないように思われる」（同上）というのである。もっとも、同時に磯村は、「現行法の下で錯誤無効の効果により、詐欺取消しの場合よりも長期間無効主張が認められてきたことからすると、詐欺取消しとの均一化を図るにとどまったとしてもやむを得ないというべきかもしれない」（同上）として、新法の立場に理解を示してもいる。
28) たとえば近江・注24前掲230頁、内田貴『民法Ⅰ総則・物権総論〈第4版〉』（東京大学出版会・2008年）81頁など参照。

わゆる「動機の錯誤」である。動機の錯誤をめぐる法制審議会における議論は、最終盤になっても収斂することがなく、そのため新法における規定に解釈の余地が残されることとなった。ここでは、法制審議会における議論を詳細に追うことはできない[30]が、主にどのような点について見解が相違し、その相違が新法の解釈にどのような影響を与えうるのかについては確認しておく必要があるだろう。

イ 議論の分かれ目——動機の錯誤の要件をめぐって
ⓐ これまでの議論

　動機の錯誤も一定の場合には95条の対象となりうることについては、古くから判例・学説の認めるところであった。しかし、学説における動機の錯誤の受け止め方には、大きく二つのものがあった。すなわち、いわゆる表示上の錯誤と動機の錯誤とを峻別し、それぞれに異なる要件を設定する二元論と、表示上の錯誤と動機の錯誤とを一体のものとしてとらえて、統一的な要件を設定する一元論との間で議論が闘わされてきたのである。

　これに対して判例は、一貫して二元論的な立場を採用してきたと評価されている。しかし、判例による動機の錯誤の定式化、すなわち「意思表示の動機の錯誤が法律行為の要素の錯誤としてその無効をきたすためには、その動機が相手方に表示されて法律行為の内容となっていなければならない」という定式をどのように理解するのかについては、学説の分かれるところであった。

　通説的な理解によれば、動機は「表示」されて意思表示の内容となることによって95条の対象になるという。これは従来、動機の「表示」を重視する立場[31]として整理されてきた。

　これに対して学説では、動機が表示されたかどうかではなく、むしろ「動機が法律行為の内容となっているかどうか」を重視する見解も有力に主張されてきた。

---

29)　動機の錯誤に関する以下の記述については、中松櫻子「錯誤」星野英一ほか編『民法講座第1巻民法総則』（有斐閣・1984年）387頁、森田宏樹「民法九五条（動機の錯誤を中心として）」広中俊雄＝星野栄一編『民法典の百年Ⅱ』（有斐閣・1998年）141頁を参考にした。

30)　動機の錯誤をめぐる法制審議会での議論過程を分析したものとして、すでに挙げた磯村・注27前掲のほかに、鹿野菜穂子「錯誤・不実表示」法律時報86巻1号5頁、三枝健治「錯誤・不実表示」瀬川信久編『債権法改正の論点とこれからの検討課題』（別冊NBL147号）（商事法務・2014年）1頁、森田修「錯誤：要件論の基本構造を中心に」その1：法学教室428号66頁、その2：429号72頁がある。

31)　我妻・注21前掲297頁など参照。もっとも、従来の我妻説に対する理解には誤解があった可能性も指摘されている。磯村・注27前掲43頁。

このように、学説においては、判例による動機の錯誤の定式化の理解について、動機の「表示」を重視するか「法律行為の内容化」を重視するかというニュアンスの違いがあった。

　学説においてこのようなニュアンスの違いが生じた原因の一端は、判例の立場が必ずしも明確ではなかった点にあるといえる[32]。すなわち、判例には、動機が法律行為の内容となっていることを重視していると読めるもの（大判大正3年12月15日民録20輯1101頁、大判大正6年2月24日民録23輯284頁等）がある一方で、動機の表示の有無を重視していると読めるもの（最判昭和29年11月26日民集8巻11号2087頁、最判昭和38年3月26日判時331号21頁、最判平成元年9月14日判時1336号93頁等）もあり、統一的な理解が困難なのである。

ⓑ　**法制審議会における議論**

　このような見解の相違は、法制審議会における議論の場にも現れることになる[33]。当初は、「法律行為の内容化」を重視する見解が議論を主導していた。この立場に立つ論者は、次のようにいう。動機の錯誤とは、表意者が重視した事実に関する認識の誤りのリスクをだれが負担するかという問題であるところ、このようなリスクは原則として表意者が負担すべきである。このリスクを相手方に転嫁するためには、表意者がこの事実を一方的に表示し、相手方に認識可能性があったというだけでは足りない。動機の錯誤が認められるためには、当該事実に関する認識が法律行為の内容となっていることが必要である、と。

　これに対しては、「表示」を重視する立場（主に法曹実務界に多いとされる）から次のような反論がなされた。すなわち、動機が表示されていることに加えて法律行為の内容にまでなっていることを要求することは加重であり、判例もこのような見解には立っていない。かりに相手方の同意ないし承諾によって動機が法律行為の内容になっていることまで求めるとすると、動機の錯誤が認められる場面がこれまでよりも限定されてしまう、と。

---

32)　動機の錯誤をめぐる判例を分析した近時の研究として、山本敬三「『動機の錯誤』に関する判例の状況と民法改正の方向（上）（下）」上：NBL1024号15頁、下：1025号37頁がある。
33)　より厳密には、法制審議会で闘わされた見解は①動機が表示されていたかどうかを重視する見解、②動機が表示され、かつ表示された動機が法律行為の内容となることが必要であるとする見解、③重要であるのは動機が法律行為の内容となることであり、動機の表示は不可欠ではないとする見解の3つに大きく分かれる（磯村・注27前掲参照）。ここでは、議論の焦点を明確化するためにも、「表示」を重視する見解と「法律行為の内容化」を重視する見解の大きく2つに分けて整理している（森田・注30前掲参照）。

中間試案においては、「法律行為の内容化」を重視する立場に沿った提案がなされていた[34]が、これに対しては「表示」を重視する立場からの異論がおさまらず、議論は膠着状態の様相を呈した。結局、審議の終盤になって、事務局から「表示」を重視する立場に親和的な提案がなされ[35]、要項仮案の取りまとめに向けた最終段階である第96回会議では、「表意者が法律行為の基礎とした事情についてのその認識が真実に反する」という意味での錯誤は「当該事情が法律行為の基礎とされていることが表示されていたときに限り」取り消すことができる旨の提案がなされた（「部会資料83－2」1頁〈2錯誤(1)(2)〉を参照）。この提案を基礎としたものが要項仮案から要綱案となり、新法95条に結実したのである。

ウ　新法において明文化された「動機の錯誤」

新法95条は、まず「表意者が法律行為の基礎とした事情についてのその認識が真実に反する錯誤」についても「その錯誤が法律行為の目的及び取引上の社会通念に照らして重要なものであるときは、取り消すことができる。」と規定する（1項2号）。ただし、このような錯誤に基づく取消しは、「その事情が法律行為の基礎とされていることが表示されていたときに限り、することができる。」(2項)。

このような新法における「法律行為の基礎とした事情についてのその認識が真実に反する錯誤」に関するルールは、動機の錯誤に関する従来の判例法理を明文化することを目的としている。そのため、従来の動機の錯誤に関する判例法理は新法の下で今後も妥当する[36]。

もっとも、すでにみてきたように、問題はその判例法理に関する理解が必ずしも統一されていないという点にあった。判例法理を明文化することによって、判例法理の理解をめぐる上記の見解の相違が、今後は条文解釈上の見解の

---

[34] 「中間試案　第3、2(2)」(4頁)は、「目的物の性質、状態その他の意思表示の前提となる事項に錯誤があり、かつ、次のいずれかに該当する場合において、当該錯誤がなければ表意者はその意思表示をせず、かつ、通常人であってもその意思表示をしなかったであろうと認められるときは、表意者は、その意思表示を取り消すことができるものとする」としたうえで、「意思表示の前提となる当該事項に関する表意者の認識が法律行為の内容になっているとき」をそのような場合の一つとして挙げていた。

[35] 法制審議会第88回会議で配布された「部会資料78A」第1「錯誤」2（1頁）では「ある事項の存否又はその内容について錯誤があり、その錯誤がなければ表意者は意思表示をしていなかった場合」には「表意者が法律行為の効力を当該事項の存否又はその内容に係らしめる意思を表示していたこと」を要件として錯誤による取消しが可能となる旨の提案がなされている。

[36] 潮見佳男『民法（債権関係）改正法案の概要』（金融財政事情研究会・2015年）8頁。

相違として現れてくることになる。実際、新法の規定は従来の判例法理解釈のうち、いずれか一方を採用し、他方を排除するような類のものではないことが指摘されている[37]。

　従来の判例法理を動機の「表示」を重視するものとして理解する立場からは、新法95条2項にいう「その事情が法律行為の基礎とされていること」の「表示」とは事実行為としての表示を意味し、したがって「表意者が法律行為の基礎とした事情についてのその認識」が法律行為（合意）の内容になっていたことまでは錯誤取消しを認めるうえで要求されていないと解釈することになる。

　これに対して、従来の判例法理について動機が「法律行為の内容化」していることを重視していると理解する立場からは、新法95条2項の「その事情が法律行為の基礎とされていることが表示されていた」という文言は、当該事情が法律行為の基礎とされているとの表意者の認識が、相手方との合意を通じて「法律行為の内容となっていた」との意味で解釈することになる。このとき、2項の「表示」は事実行為としての表示ではなく、「意思表示」を意味し、「表示されていた」とは「意思表示の内容になっていた」とよむことになる[38]。

　このように、新法下での動機の錯誤（「法律行為の基礎とした事情についてのその認識が真実に反する錯誤」）規定は、立法当初から複線的な解釈の存在を前提としている。今後解釈論が収斂してゆくかは、実際の運用および判例の集積をまつこととなろう[39]。

(4) まとめ

　以上にみてきたところを、簡単にまとめておこう。新法では、錯誤の効果が「取消し」に変更され、第三者保護規定が新設された。さらに、動機の錯誤についても明文の規定が設けられた。このうち、錯誤の効果に関しては、従来の

---

[37]　森田・注30前掲（その2）76～77頁、79頁参照。
[38]　以上につき、潮見・注36前掲8～9頁。
[39]　従来の判例法理を動機の「法律行為の内容化」に重点を置いて理解する立場から、すでに要綱仮案（動機の錯誤の定式については新法と実質的には同じである）に対して次のような指摘があった。すなわち「錯誤の要件をめぐる要綱仮案の改正提案は、旧法における議論、とりわけ判例理論を適切に取り込む内容になっていない。かりに、このままのかたちで立法化されるとすれば、錯誤の要件論をめぐって、判例・学説の果たすべき役割はきわめて大きくなり、規定の文言を解釈するについて、技巧的な操作が必要となる」（磯村・注27前掲49頁）と。今次の改正法は動機の錯誤の定式化について要綱仮案を実質的に維持するものであるから、要綱仮案に対する右の指摘は新法についてもそのまま妥当しよう。

判例・学説に沿ったものとなっており、今後の運用に際しても大きな問題は生じないと思われる。他方で、動機の錯誤については、従来の判例法理をめぐる解釈の相違が新法下に持ち越されることとなり、波乱含みであるといえる。旧法下の判例の傾向を分析する作業が引き続き重要であるとともに、今後の新法下での判例の動向に注視する必要がある。

5　詐欺・強迫

(1)　はじめに

詐欺・強迫の制度については、基本的には旧法の規律内容や解釈がほとんどそのまま維持・反映されており、大幅な改正はない。改正のポイントを摘示すると次のようである。

① 第三者による詐欺の場合における相手方の保護要件が、善意から善意・無過失へと変更された。

② 詐欺による意思表示が取り消された場合の第三者保護要件が善意から善意・無過失へと変更された。

ここでは、それぞれのポイントごとに従来の議論を確認したうえで、改正の意義について確認する。

(2)　これまでの議論

ア　詐欺・強迫とは

詐欺・強迫による意思表示は、従来、瑕疵ある意思表示として整理されてきた。詐欺による意思表示も、強迫による意思表示も、ともに表示内容に対応する効果意思は一応存在するため、意思主義的な発想によれば、右のような意思表示であっても無効とはならないということになる。ただ、瑕疵ある意思表示の場合、表意者が効果意思を形成するにあたって外部から不当な影響が加えられ、表意者の自由な意思決定が妨げられた状態でなされたという問題がある。そこで民法は、そのような瑕疵ある意思表示をしてしまった表意者を保護するために、右意思表示を取り消しうるものとしたのである。

イ　第三者による詐欺

新法96条1項は、表意者が意思表示をした、その相手方が詐欺をはたらい

た場面を規律しており、旧法96条1項がそのまま維持されている。

　これに対して、第三者が詐欺をはたらき、それによって意思表示がなされた場面を規律する新法96条2項については、旧法から相手方保護要件に関して修正が加えられている。

　第三者による詐欺とは、たとえばCがAから借金をするにあたって保証人が必要となり、自己所有の不動産に抵当権を設定してあるから迷惑をかけることはない旨をBに告げてA・B間で保証契約を締結させたが、実際にはC所有不動産に抵当権が設定されていなかった場合などに問題となる。

　旧法下では、右のようなA・B間の保証契約は、AがCのBに対する詐欺を「知っていたときに限り」、すなわち悪意の場合に限って取り消すことができるとされていた。これを裏からいうと、少なくとも条文上は、Aは、CのBに対する詐欺について「善意」であれば保護される（意思表示を取り消されない）ということになる。

　このような旧法における規律内容に対しては、心裡留保による意思表示に対する相手方保護要件との対比から疑問視する向きが学説には強かった。すなわち、心裡留保による意思表示を受けた相手方は、「表意者の真意を知り、又は知ることができたときは」（旧法93条ただし書）[40]保護されない（意思表示は無効となる）。裏からいうと、心裡留保による意思表示の相手方が保護されるためには、右意思表示が表意者の真意に基づかないものであることについて「善意かつ無過失」であることが必要である。

　心裡留保による意思表示の場合、表意者は、自身の意思表示が真意に基づかないものであることを知りながらあえて意思表示をしているのであって、その帰責性は重大である。これにくらべると、第三者による詐欺によって意思表示をした表意者の帰責性は相対的に軽度であるといえる。そうであるにもかかわらず、相手方の保護に関しては、心裡留保による意思表示の場合のほうが要件が重い。すなわち、心裡留保による意思表示の場合、表意者の帰責性が相対的に重いにもかかわらず、相手方の保護のためには「善意・無過失」が必要であ

---

[40]　新法93条1項ただし書においては「相手方がその意思表示が表意者の真意でないことを知り、又は知ることができたときは」との文言に改められているが、規律内容は実質的には旧法下におけるものが維持されている。新法における心裡留保制度に関しては、本章本節「**3**　心裡留保」以下を参照。

る。これに対して、第三者詐欺による意思表示の場合、表意者の帰責性は相対的に軽度であるにもかかわらず、条文上は、相手方は「善意」でありさえすれば保護されることになる。これはアンバランスのように思われる。そこで学説では、心裡留保の場合との権衡から、第三者詐欺による意思表示についても、相手方保護要件として「善意・無過失」を要求するべきであるとの主張がなされてきたのである。

　　ウ　詐欺による意思表示が取り消された場合の第三者保護要件について

　今次の改正では、詐欺による意思表示が取り消された場合の第三者保護要件についても修正が加えられている。たとえば、AがBを欺罔してB所有の土地を購入し、これを第三者Cに転売したとしよう。その後、Bが詐欺を理由に土地売却の意思表示を取り消したとき、Cが保護される、すなわちBがAに対する意思表示の取消しをCに対抗しえなくなるのはどのような場合であろうか。旧法の下では、右のような場合にCが保護されるためには「善意」、すなわちBの意思表示がAの欺罔行為によるものであることをCが知らないことが必要であるとされていた（旧法96条3項）。裏からいえば、文言上Cは「善意」でありさえすれば保護されるとされていたのである。

　このような旧法96条3項の規律内容をどのように評価すべきかについて、学説は分かれていた。一方では、文言に忠実に、「善意」であれば第三者は保護されると解する立場があった。他方で、同条項における「善意」を「善意・無過失」の意に解すべきとの立場も有力に主張されてきた。論者曰く、「この規定も権利外観法理の一環であるから、94条2項の解釈論と同様、無過失を要求すべきだろう。そうしないと、虚偽表示（表意者がわざと外観をつくった場合）より表意者が保護される要件が緩くなり、換言すれば、表意者の保護が薄くなって、バランスを失するからである」[41]と[42]。

(3)　新法の確認

　上記のような議論のあった旧法96条であるが、新法では、まず第三者による詐欺に関して、相手方が保護されるための要件として「善意・無過失」を要求することとした。すなわち、新法96条2項は、第三者の詐欺による意思表

---

41)　内田・注28前掲81頁。

示は「相手方がその事実を知り、又は知ることができたときに限り」取り消すことができるとしたのである。

また、詐欺による意思表示が取り消された場合の第三者保護について、新法96条3項は「善意でかつ過失がない第三者」に対しては詐欺取消しを対抗できないとすることにした。

つまり、詐欺による意思表示に関する今次の改正は、従来の学説における多数説を反映したものとなっているのである。

(4) 補論①——強迫による意思表示をめぐる改正について

96条関係の今次の改正においては、上記したところ以外に目立った変更はない。したがって、旧法下においてあった、詐欺による意思表示と強迫による意思表示の取扱いの違いは、新法においても維持される。すなわち、第三者の強迫による意思表示は、相手方の善意・悪意を問わずに取り消されうる（新法96条2項の反対解釈）し、強迫による意思表示が取り消された場合の第三者は、善意・悪意を問わずに保護されない（新法96条3項の反対解釈）ということになる。

詐欺と強迫との、このような取扱いの違いは、表意者の要保護性の程度の違いという観点から説明されてきた。すなわち、被欺罔者も被強迫者も、ともに瑕疵ある意思表示をなした者ではあるが、後者のほうが前者にくらべてより保護に値する[43]との立法政策的な判断に基づくものである、と。立法論的には議論のありうるところではあるが、少なくとも今次の改正においてはこのような取扱いの違いが維持されることとなったことを付記しておく。

---

42) 本文では、94条2項に関する一定の解釈論（「善意」を「善意・無過失」に読み替える）を前提として96条3項を解釈する立場を引用したが、94条2項を文言どおりに解釈する立場であっても、96条3項の第三者については「善意・無過失」を要求するという解釈論を採用することはありうる。その場合、96条3項の第三者に「無過失」まで要求される根拠は、たとえば次のように説明される。すなわち、「この規定は、動的安全を保護するために、被欺罔者の静的安全を犠牲にして、善意の第三者を保護したものである。通謀虚偽表示の典型事例における通謀虚偽表示をした者とは異なり、被欺罔者は被害者であり、うっかり騙されたという点はあるにしても、強く非難されるべき立場にない。したがって、文言上は無過失は要求されていないが、第三者が保護されるためには、善意であるのみならず無過失であることも必要であると考える」（加藤雅信『新民法大系Ⅰ民法総則〈第2版〉』〔有斐閣・2005年〕259頁）といった事情が挙げられることになる。

43) 民法の起草者の一人は次のようにいう。「強迫ハ詐欺ト異ナリテ之ヲ避クルコト能ハサルガ故ニ表意者ノ過失ニ帰スルコトヲ得故ニ法律ノ保護ヲ完カラシメント欲シタルナリ」（富井政章『民法原論第1巻総論〈訂正増補復刻版〉』〔有斐閣・1985年〕463頁）と。

(5) 補論②——消費者契約法との関係

詐欺による意思表示をめぐる今次の改正によって、消費者契約法にも影響がある。すなわち、「民法の一部を改正する法律の施行に伴う関係法律の整備等に関する法律」の98条によれば、消費者契約法の「第4条第5項中『善意の』を『善意でかつ過失がない』に改める」とされているのである。これは、民法の改正によって、詐欺による意思表示が取り消された場合の第三者保護要件が「善意でかつ過失がない」に改められたことと平仄を合わせるための措置である。

もっとも、消費者契約法自体も平成28年に改正（施行は平成29年6月3日）されており、右整備等に関する法律にいうところの消費者契約法4条5項は、改正後は同6項となる点に注意が必要である。

6 効力発生と受領能力

(1) 改正個所の確認

前記「**1** 法律行為制度の改正全般」の部分でもふれられたように、意思表示の効力発生時期、および意思表示の受領能力に関する規定も今次の改正対象であった。いま具体的な改正のポイントを改めて摘示すると、次のようである。

① 旧法97条1項にあった「隔地者に対する」という文言が削除された（新法97条1項）。

② 相手方が正当な理由なく意思表示の通知の到達を妨げた場合を想定した規定が新たに新設された（新法97条2項）。

③ 旧法97条2項にあった「行為能力を喪失したとき」という文言が「行為能力の制限を受けたとき」に改められるとともに、表意者が意思能力を喪失した場合を新たに追加した（新法97条3項）。

④ 旧法98条の2に、相手方が意思表示の受領時に意思能力を喪失していた場合に関する規律を新たに盛り込んだ（新法98条の2）。

以下では、①②および③の点について、簡単に改正の意義を確認しよう。

(2) 「隔地者に対する」という文言の削除

旧法97条1項は、「隔地者に対する意思表示」は相手方に到達した時に効力

を生じるとして、いわゆる到達主義を採用している。意思表示のプロセスを子細に分析すると、それは次の4段階で把握することができる。すなわち、手紙で意思を表示する場面を想定すると、①表意者が手紙を作成する「表白」の段階、②表意者がその手紙をポストに投函するなどする「表示」の段階、③その手紙が相手方に「到達」する段階、④相手方が実際にその手紙を読み、内容を「了知」する段階の4段階である。したがって、立法論としては、意思表示の効力が発生する時期について上記4段階に即した主義がありうる（一般に、①から④に向けて、表意者に有利なものから相手方に有利なものとなる）。これらのうち、民法は③の時点を取って意思表示の効力発生時期の原則としたのである。

　もっとも、上記のとおり、民法は隔地者に対する意思表示に関する規定は用意していたものの、それ以外の場面、たとえば対話者に対する意思表示の場面を想定した規定は置いていなかった。そこで、対話者間の意思表示については上記の原則と別異に解すべきか否かが問題となりうる。この点について通説的な見解は「第97条は、実際上多く問題を生ずる場合について規定しただけで、対話者間に別な主義をとる意味ではない」[44]とし、対話者間の意思表示の場合にも到達主義が妥当すると解釈してきた。

　今次の改正は、このような通説的な見解を受けて、およそ相手方のある意思表示については到達主義が妥当するとの趣旨を明らかにすべく、旧法97条1項の「隔地者に対する」という文言を削除したのである。

(3) 相手方が正当な理由なく意思表示の通知の到達を妨げた場合

　旧法97条1項にいう「到達」について、判例は、実際に意思表示の相手方ないしその者から受領権限を与えられた者によって受領され、あるいは了知されることまでは必要ではなく「それらの者にとつて了知可能の状態におかれたことを意味するものと解すべく、換言すれば意思表示の書面がそれらの者のいわゆる勢力範囲（支配圏）内におかれることを以て足るものと解すべき」（最判昭和36年4月20日民集15巻4号774頁）であるとしてきた。

　さらに判例は、この立場を前提にして、意思表示の相手方が正当な理由なくその通知の受領を拒んだような場合には、その通知は通常到達すべきであった

---

[44]　我妻・注21前掲318頁。

時に到達したものとする解釈を採用してきた（最判平成10年6月11日民集52巻4号1034頁。相手方が不在のために内容証明郵便が受領されず、一定の留置期間を経て差出人に返送された場合に、相手方が不在通知書の記載等から内容証明郵便が送付されたことやその内容について推知することができ、かつ受領も容易にできたはずであるとの事情がある場合には、遅くとも留置期間が満了した時点で到達したものと認められるとした事案）。

今次の改正では、かような判例の立場を明文化し、「相手方が正当な理由なく意思表示の通知が到達することを妨げたときは、その通知は、通常到達すべきであった時に到達したものとみなす」(新法97条2項)こととされたのである。

(4) 制限行為能力者と意思無能力者の受領能力

旧法98条の2では、未成年者と成年被後見人の意思表示受領能力が制限されていた一方で、意思能力を欠く者の受領能力については特に定めがなかった。この点について、意思能力を欠く者が意思表示を受領した場合に、その意味内容を理解することができないにもかかわらず意思表示を対抗されてしまうのは意思無能力者の保護に欠けると指摘があった。そもそも、旧法98条の2は、意思表示の受領者に当該意思表示の内容を了知しうる精神的能力が備わっていないかぎり、意思表示の効力を発生させるべきでないという趣旨に基づくものであるところ、この趣旨は、受領者が意思能力を欠く場合にも妥当するはずである。そこで、今次の改正では意思能力を欠く者の意思表示受領能力に関する規律が設けられたのである。

もっとも、このような趣旨からすると、意思表示の受領時に相手方が意思能力を喪失していたとしても、その後右の意思表示に適切に対応することができる状態になったならば、意思表示を対抗されてもやむをえないというべきである。そこで新法では、まず、相手方が意思能力を欠いていたとしても、法定代理人がその意思表示を知った後は意思表示をもって対抗されるとしている（新法98条の2第1号。旧法98条の2ただし書と同趣旨）。また、意思表示の受領時に意思能力がなかったとしても、その後意思能力を回復して意思表示を知るに至れば自ら適切に対応することができる。そこで新法は、意思能力を欠く者が意思能力を回復した場合にも、意思表示をもって対抗されうると規定したのである（新法98条の2第2号）。

7 無効・取消し、取消権者

(1) はじめに

今次の改正では、「無効及び取消し」に関する諸規定にも改正が加えられた。ここでは、その主な改正箇所について、改正の意義を確認しよう。

(2) 取消権者の範囲

新法120条1項では、取消権者について定めていた旧法120条1項に括弧書で「他の制限行為能力者の法定代理人としてした行為にあっては、当該他の制限行為能力者を含む。」との文言が挿入されている。この改正の意義については、代理人の行為能力に関する民法102条の改正と併せて読む必要がある（新法102条の改正の意義についての詳細は、次章Ⅰ**2**を参照）。

すなわち、新法102条は、制限行為能力者であっても他人の代理人となることができ、かつそのような代理人がなした代理行為でもまったく有効（すなわち、取り消しえない）であることを原則としている（旧法102条と同旨）。しかし、この原則を貫くと、たとえば制限行為能力者が他の制限行為能力者の法定代理人として行為したような場合でも、その行為の効果は当該他の制限行為能力者に確定的に帰属することとなるが、これでは本人たる制限行為能力者の保護に欠ける。そもそも、法定代理人の選任に関して本人は直接関与するわけではないのだから、代理人が制限行為能力者であることのリスクを本人に負担させるべき根拠にも乏しいといえる（「部会資料66－A」15～16頁）。そこで新法102条は、そのただし書で、「制限行為能力者が他の制限行為能力者の法定代理人としてした行為については」取消しの対象となりうるとの規律を採用したのである。

新法102条における以上のような改正を受けて、同120条1項は、取消権を行使できる者の範囲について、先に述べたような改正を施したのである。

なお、錯誤の効果が「無効」から「取消し」に改められたことに伴って、新法120条2項では「錯誤」の文言を旧法120条2項に追加する改正も施されている（錯誤に関する改正の詳細については、本章Ⅰ**4**を参照）。

(3) 無効の場合における原状回復義務に関する規律の新設

　従来、法律行為が無効である場合（法律行為が取消しによって初めから無効であったものとみなされた場合を含む）にいかなる効果が生じるのかについての規定はなかった。そこで学説においては、無効な法律行為によって給付されたものは返還されるべきであることを出発点とし、その法律構成をいかにするか（不当利得の返還として構成するか、原状回復として構成するか）について議論が起きた。この点については、不当利得の返還として法律構成する立場が判例・通説であるとされてきたが、新法は、無効な法律行為によって給付がなされた場合に、給付を受領した者は相手方を原状に復させる義務を負担することを明らかにした（新法121条の2第1項）。なお、条文からは必ずしも明らかではないが、本条にいう「無効な行為」には取消しによって「初めから無効であった」（新法121条）ものとみなされる行為も含まれる。

　問題は、返還されるべき範囲である。原則は「相手方を原状に復させる」ことなのであるから、給付として受領したもののすべてを——受領者の善意・悪意にかかわらず——返還する必要がある[45]。しかし、このような原則を貫くことが不都合な場合もありうる。新法は、そのような場合に関して2つの例外を設けている。

　第1の例外は、無効な無償行為に基づいて給付を受けた者の返還すべき範囲である。すなわち、「無効な無償行為に基づく債務の履行として給付を受けた者は、給付を受けた当時その行為が無効であること（給付を受けた後に前条〔新法121条：引用者注〕の規定により初めから無効であったものとみなされた行為にあっては、給付を受けた当時その行為が取り消すことができるものであること）を知らなかったときは、その行為によって現に利益を受けている限度において、返還の義務を負う。」（新法121条の2第2項）とされているのである。これは、無効ないし取消可能な法律行為によって給付を受けた者は、右給付が

---

[45]　もっとも、無効ないし取消可能な法律行為に基づいて物ないし金銭を受領した者が、その返還に際して、受領時からの果実ないし利息を付さなければならないかについては、解釈に委ねられている。これは、法律行為が無効ないし取消可能となる原因としては様々なものがありうるところ、一律に果実ないし利息の返還を求めることは適切ではない（たとえば、詐欺や強迫の被害者が法律行為を取り消した場合に、果実や利息を付して返還しなければならないとするのは酷であるように思われる）との指摘があり、立法過程でのコンセンサスを形成できなかったことによる（「部会資料79－3」4頁）。

自身の財産に属するものであると信頼して消費したり処分したりすることが考えられるところ、この場合にも給付受領者に原状回復義務を課することは、右のような信頼を害し、給付受領者に不測の損害を与えることになるといった点が考慮されたことによる(「部会資料66-A」38頁)。たとえば、贈与契約が贈与者の錯誤を理由に取り消されたとして、受贈者が善意で贈与された物を処分してしまっていた場合、受贈者は贈与された物を返還(ないしその価格を償還)する義務を免れることとなる。

もっとも、上記のような例外はあくまでも無償の法律行為による給付についてのみ妥当するとされる。というのも、有償の法律行為においては、給付受領者は自身の負担する反対給付を履行しなければ受領した給付を自己に属するものとはできないところ、新法121条の2第2項の善意者保護の趣旨は、逸出すると考えていた反対給付の返還を求めつつ、受領した給付については現存利益がないことを理由に返還を免れるという結論まで認めるものではないからである(「部会資料66A」38頁)。たとえば、売買契約が買主の錯誤を理由に取り消された場合、売主は、買主から受け取っていた代金を――たとえ善意で消費してしまっていたとしても――返還しなくてはならない。新法121条の2第2項は、右のような売主が売買目的物の返還を受けつつ、代金については現存利益がないことを理由に返還することを拒むことを正当化する趣旨ではないのである。

第2の例外は、行為の時に意思能力を有しなかったか、行為能力の制限を受けていた者が返還すべき範囲である。すなわち、「行為の時に意思能力を有しなかった者は、その行為によって現に利益を受けている限度において、返還の義務を負う。行為の時に制限行為能力者であった者についても、同様とする。」(新法121条の2第3項)とされているのである。右条項は、旧法121条ただし書によって規律されていた内容(制限行為能力者の返還義務を現存利益に限定していた)を維持しつつ、意思無能力者の返還義務を制限する規律を新たに統合したものである。

(4) 旧法122条ただし書の削除

新法122条では、旧法122条を、そのただし書の規律(「ただし、追認によって第三者の権利を害することはできない」)を削除したうえで維持するものである。これは、旧法122条ただし書の規律が無内容である[46]とされてきたこと

を反映した改正である。

　旧法122条ただし書の規律が妥当しそうな場面としては、たとえば次のようなものが考えられる。すなわち、①未成年者AがBから債権の弁済を受Bに売却し、Bがその不動産を第三者Cに転売したような場合、②未成年者Aが単独で自己所有の不動産をBに売却し、他方で、Aの親権者であるDも同じ不動産を第三者Cに売却した場合、③未成年者Aが単独でBから債務の弁済を受けたところ、このAがBに対して有していた債権をAの債権者であるCが差し押さえた場合である。

　①の場面では、A・B間の売買契約が追認されたところでCの権利が害されることはない。したがって、この場合に上記ただし書の適用はない。次に②の場面では、A・B間の売買契約が追認されることによってDの権利取得の根拠が危うくなることが危惧されるが、そもそも、このような場合のB・D間における権利帰属の争いは公示の原則によって解決されるべきものである。すなわち、民法177条により、BとDとで先に登記を備えたほうが確定的に目的不動産に関する権利を取得すると解すべきなのであって、上記ただし書によってつねにDを優先させるとの解決をすべき事柄ではないのである。最後に③の場面であるが、この場合には、理屈のうえではA・B間の弁済行為が追認されることによってCによる債権の差押えが空振りに終わり、その限りでCの利益が害されるといえなくもない。しかし、そもそも取り消しうる法律行為は――浮動的にもせよ――有効なのであり、追認はその効力の確認にすぎない。つまり、③の場面におけるCの差押えはもともと空振りなのであって、上記ただし書によってそれを有効な差押えとしなければならない必然性はない。

　以上より、旧法122条ただし書はもともと適用される場面を想定しがたいものだったのであり、今次の改正によって削除されたのは当然の成行きであったといえよう。

(5) 追認の要件

　追認の要件について定めた新法124条1項は、旧法124条1項に「取消権を有することを知った後にしなければ」との文言を挿入したものである。これ

---

46)　我妻・注21前掲400頁以下。

は、追認が取消権の放棄に当たることから、追認するためには取消権が存在することを知っていなければならないという従来の判例理論(大判大正5年12月28日民録22輯2529頁等)を明文化したものである。旧法下でも、成年被後見人が追認をする場合に関しては右と同旨の規律が用意されていたが、新法はこれを一般化したものである(この改正に伴って、旧法124条2項は削除された)。

また、新法124条2項では、「法定代理人又は制限行為能力者の保佐人若しくは補助人が追認をするとき」(1号)、あるいは「制限行為能力者(成年被後見人を除く。)が法定代理人、保佐人又は補助人の同意を得て追認するとき」(2号)には、取消しの原因となっていた状況が消滅した後でなくとも追認をなしうるとされている。1号は、旧法124条3項の規律を維持するものであり、2号は旧法下において異論なく認められていた取扱いを明文化したものである。

(6) 法定追認の要件

新法125条は、旧法125条の規律内容をほとんど維持しつつ、「前条の規定により」という文言を削除している。これは、上にみたように、今次の改正によって追認の要件として「取消権を有することを知った後にしなければ」ならない旨が明示されたところ(新法124条)、法定追認の場合にもこの要件を維持すべきかについて解釈論的な争いがあった——判例(大判大正12年6月11日民集2巻396頁)には、法定追認の場合には取消権を有することを知らなくともよいとする旨のものがある——ことによる。もっとも、今次の改正によって、法定追認の場合に「取消権を有することを知った」ことが不要であるとの解釈論が採用されたわけではない点に注意を要する。むしろ、今次の改正の主眼は、条文的にはあくまでも中立的な立場を採用し、今後の解釈論の方向性を特定しないことにあったとされる[47]。

8 原状回復

旧法121条は、取消しの効果について「取り消された行為は、初めから無効であったものとみなす。ただし、制限行為能力者は、その行為によって現に利益を受けている限度において、返還の義務を負う。」とし、「遡及的無効」を規

---

47) 潮見・注36前掲30頁。

定する。しかしながら、無効および取消しとなった際の、既履行債務の返還については規定が存在しない。よって、旧法においてそれは、不当利得（703条以下）の問題として処理されると考えられてきた（ただし、契約の無効・取消しについては、不当利得規定によらず、「類型論」で処理するという説が有力である）。このように、旧法においては無効・取消し後の原状回復について規定が存在しなかったため、新法では121条の2として、行為が無効になった場合の原状回復義務が明文化された。また、旧法121条ただし書が削除されたが、これは新法121条の2第3項において、意思無能力者および制限行為能力者に関する規定が置かれたためである。

　まず新法121条の2第1項は、原則的な規定として「無効な行為に基づく債務の履行として給付を受けた者は、相手方を原状に復させる義務を負う。」とする。2項は無償行為について、「前項の規定にかかわらず、無効な無償行為に基づく債務の履行として給付を受けた者は、給付を受けた当時その行為が無効であること（給付を受けた後に前条の規定により初めから無効であったものとみなされた行為にあっては、給付を受けた当時その行為が取り消すことができるものであること）を知らなかったときは、その行為によって現に利益を受けている限度において、返還の義務を負う。」とし、3項は意思無能力者および制限行為能力者について、「第1項の規定にかかわらず、行為の時に意思能力を有しなかった者は、その行為によって現に利益を受けている限度において、返還の義務を負う。行為の時に制限行為能力者であった者についても、同様とする。」と規定する。

　また、新法附則8条1項は、原状回復義務について、適用の基準を、「施行日前に無効な行為に基づく債務の履行として給付がされた場合におけるその給付を受けた者の原状回復の義務については、新法第121条の2（新法第872条第2項において準用する場合を含む。）の規定にかかわらず、なお従前の例による。」と規定している。すなわち、無効の主張や取消しの意思表示の時点ではなく、無効ないし取消しとなった行為の時点を基準に、基準日以後の行為については新法を、基準日前の行為については従前どおり703条以下等を適用することになる。

9 追認・法定追認

　旧法122条は、取り消すことができる行為の追認として、「取り消すことができる行為は、第120条に規定する者が追認したときは、以後、取り消すことができない。ただし、追認によって第三者の権利を害することはできない。」と規定する。追認という行為は取消権の放棄であり、追認によって取り消すことができる行為は確定するため、二度と取り消すことができない。換言すれば、取り消されるまでは、その行為は、不確定ではあるものの有効な行為である。そして、その不確定で有効な行為を追認して有効性が確定すれば、その行為が第三者の権利を害することはありえない。よって、当該ただし書の規定は適用場面がなく不要な規定であると理解されてきた。

　このような理由により、新法では当該ただし書が削除されている。

　ここで、旧法および新法における、取り消すことができる行為の追認について検討する。旧法124条1項は「追認は、取消しの原因となっていた状況が消滅した後にしなければ、その効力を生じない。」、2項は「成年被後見人は、行為能力者となった後にその行為を了知したときは、その了知をした後でなければ、追認をすることができない。」、そして3項は、「前2項の規定は、法定代理人又は制限行為能力者の保佐人若しくは補助人が追認をする場合には、適用しない。」と規定する。これは、新法124条で以下のように改められた。

　1項「取り消すことができる行為の追認は、取消しの原因となっていた状況が消滅し、かつ、取消権を有することを知った後にしなければ、その効力を生じない。」

　2項「次に掲げる場合には、前項の追認は、取消しの原因となっていた状況が消滅した後にすることを要しない。

　一　法定代理人又は制限行為能力者の保佐人若しくは補助人が追認をするとき。

　二　制限行為能力者（成年被後見人を除く。）が法定代理人、保佐人又は補助人の同意を得て追認をするとき。」

　1項では、取り消すことができる法律行為の追認をするには、法律行為を取り消すことができるものであることを知ってする必要があるという判例法理（大判大正5年12月28日民録22輯2529頁）を明文化するために、追認権者が「取消権を有することを知った後」という要件が付け加えられた。この要件が付加

されたことによって、旧法124条2項が定める「行為能力者となった後にその行為を了知したとき」という要件が新法124条1項の要件と重複することとなるため、旧法124条2項は削除された。

　この改正は、法定追認の要件にも影響を及ぼすものと考えられる。旧法125条は、「前条の規定により追認をすることができる時以後に、取り消すことができる行為について次に掲げる事実があったときは、追認をしたものとみなす。ただし、異議をとどめたときはこの限りでない。
　一　全部又は一部の履行
　二　履行の請求
　三　更改
　四　担保の供与
　五　取り消すことができる行為によって取得した権利の全部又は一部の譲渡
　六　強制執行判例」
と規定する。

　法定追認については、判例（大判大正12年6月11日民集2巻396頁参照）が、「民法第125条の規定は取消権者が取消権の存否を知っていると否とを問わずその適用がある」としている。学説も、法定追認は、黙示の追認がされたという相手方の信頼を保護し、法律関係を安定させるために確定的に追認としての効果を認めたものであることから、これを支持するのが一般的である（ただし、成年被後見人については、124条2項の趣旨から、法定追認の場合でも行為の了知が必要であるとする）。また旧法125条は、「前条の規定により追認をすることができる時以後に」する必要があるとされているため、124条を上述のように改正すると、この判例法理と齟齬を生じることになる。すなわち判例の立場を維持しようとすれば、新法124条1項のうち（追認権者が）「取消権を有することを知った」という要件を法定追認には適用しない旨の規定を設ける必要がある。しかし法定追認は、明示的に追認する旨の意思を表示しなくても、当事者の追認の意思を推測させる事実を列挙し、追認が行われうる状態になった後にこれらの事実があったときは追認があったものとみなすこととしたものであり、追認の前提となる要件について、通常の追認と異なる扱いをする理由はないと考えられる。そこで追認権者が「取消権を有することを知った」という要件が法定追認にも適用されることを前提に、旧法125条における「前条の規定

により」という部分が削除されている。

　また、新法124条2項は、同条1項の追認の要件のうち「取消しの原因となっていた状況が消滅した後」であることを要しない場合に関する規定であり、2項1号が旧法124条3項の内容を維持するものである。他方同2号は、制限行為能力者（成年被後見人を除く）が法定代理人、保佐人または補助人の同意をもって取り消すことができる行為の追認をすることができることは異論なく認められていることをふまえ、このことを明文化するものである。いずれの場合も、追認権者が「取消権を行使することができることを知った後」という要件は必要であるとされている。

10　条件・期限

　旧法130条は、「条件が成就することによって不利益を受ける当事者が故意にその条件の成就を妨げたときは、相手方は、その条件が成就したものとみなすことができる。」とし、「条件成就の妨害」を規定する。条件の成就により不利益を受ける当事者が、故意にその条件成就を妨げておきながら、当該条件不成就を主張して利益を受けることは信義則違反であり、このような場合の相手方は、当該条件が成就したものとみなすことができるとするものである。では、これとは反対に、条件が成就することによって利益を受ける当事者が故意に条件を成就させた場合は、どのような効果が発生するのか。旧法ではこれに対する規定は存在しなかった。

　この点最高裁は、「条件の成就によって利益を受ける当事者が故意に条件を成就させたときは、民法130条の類推適用により、相手方は条件が成就していないものとみなすことができる。」と判示している（最判平成6年5月31日民集48巻4号1029頁）。この判決の事案は、共に有名かつらメーカーであるXとYの間で争われた、Xの特許権侵害に対する損害賠償事件において、①櫛歯ピン付部分かつらを製造販売しない旨および②これに違反した場合には違約金1,000万円を支払う旨の裁判上の和解がなされていたところ、Yの指示により、取引先のAがXの店舗に赴き、3Sピン（櫛歯ピンと異なる形状のピン）付部分かつらの購入を申し込み、その購入契約を締結したが、その後、当該かつらの製作作業が相当進んだ段階で、当該かつらには3Sピンが付いていることに気づいたYに再び指示を受け、「3Sピン付部分かつらであれば右購入契約を解約

したい、解約できないなら櫛歯ピンのようなピンを付けてほしい」旨申し入れ、困惑したXの従業員が、その要求を拒みきれず、櫛歯ピン付への変更を承諾したうえ、櫛歯ピン付部分かつらを引き渡した、というものである。本判決は、Xの従業員がAに櫛歯ピン付部分かつらを販売した行為が本件和解条項である上記①に違反する行為に当たるものであることは否定できないとして条件成就を肯定し、しかしながらYは、単に本件和解条項違反行為の有無を調査ないし確認する範囲を超えて、Aを介して積極的にXの従業員が本件和解条項①に違反する行為をするよう誘引したものであって、これは、条件の成就によって利益を受ける当事者であるYが故意に条件を成就させたものというべきであり、Yが条件成就を主張することは信義則に反し許されないとしている。

　上記判例を基に、新法130条では第2項が加えられ、「条件が成就することによって利益を受ける当事者が不正にその条件を成就させたときは、相手方は、その条件が成就しなかったものとみなすことができる。」とし、いわゆる「条件成就の誘引」が規定された。

II　法律行為に関する要件事実

　法律行為に関する改正は多岐にわたるが、心裡留保および錯誤を中心に取り上げる。

1　心裡留保

(1)　新法93条1項ただし書

　ある意思表示がされたことを前提とする請求に対し、当該意思表示が心裡留保を理由に無効であることが抗弁となる。

　旧法93条ただし書は、「表意者の真意を知り、又は知ることができたときは」と定めていたのに対し、新法93条1項ただし書は、「相手方がその意思表示が表意者の真意ではないことを知り、又は知ることができたときは」と規定し、悪意・有過失の対象が改められている。当該改正により、相手方は、表意者の

真意まで知らなくとも、表意者が真意でないことを知っていれば足りることが明確になった。

　当該要件については、意思表示の無効を主張する者が、相手方の内心の事実を主張立証する必要があるところ、それを直接立証することは難しいため、表意者の表意時前後の言動等から主張立証していくこととなる[48]。

(2) 新法93条2項

　旧法では規定がなかった第三者保護規定が明文化された。当該規定に関する要件事実を検討する[49]。

ア　事　例

　売主X・買主A間で、平成〇年2月1日、本件土地を代金1億円で売却する契約が、売主A・買主Y間で、同年3月1日、本件土地を代金1億円で売却する契約が、それぞれ締結された。

　その後、XはX・A間の売買契約について、心裡留保を理由に無効を主張し、Yに対して本件土地の引渡しを求めた。これに対し、Yは自らが善意の第三者であることを理由にXの請求は認められない旨主張した。

イ　訴訟物

　XのYに対する所有権に基づく返還請求権としての土地引渡請求権

ウ　要件事実

＜請求原因＞

❶　Xが、平成〇年2月1日当時、本件土地を所有していたこと

❷　Yが本件土地を占有していること

＜抗弁：所有権喪失＞

❸　XはAに対し、平成〇年2月1日、本件土地を代金1億円で売ったこと

＜再抗弁1：心裡留保・相手方の故意＞

❹　Xは、❸の売買契約の締結のとき、本件土地の売買をする真意（表示内容に対応する効果意思）を有していなかったこと

---

[48]　川島武宜＝平井宜雄編『新版 注釈民法(3)総則(3)』（有斐閣・2003年）290頁［稲本洋之助］、佐久間毅『民法の基礎1 総則〈第3版〉』（有斐閣・2009年）116頁参照。

[49]　田中豊＝土屋文昭＝奥田正昭＝村田渉編『債権法改正と裁判実務』（商事法務・2011年）82頁を参考とした。

❺　Xは、自らが❸の売買をする真意を有していないことを知っていたこと

❻　Aは、Xが❸の売買をする真意を有していないことを知っていたこと

＜再抗弁2：心裡留保・相手方の有過失＞

❼　❹と同じ

❽　❺と同じ

❾　Aは、Xが❸の売買をする真意を有していないことを知らなかったことについての過失を基礎づける評価根拠事実

※評価障害事実の存在が再々抗弁となる。

＜再々抗弁：善意の第三者（再抗弁1・2に対する再々抗弁）＞

❿　AはYに対し、本件土地を代金1億円で売ったこと

⓫　Yは、❿の売買契約のとき、❹の事実について知らなかったこと

（参考：狭義の心裡留保〔再抗弁2に対する再々抗弁〕）

⓬　Xは、❸の売買契約の締結のとき、Xが真意を有するものと誤信させるため、その真意でないことを秘匿したこと

エ　検討

ⓐ　善意の第三者（再々抗弁：❿⓫）

　旧法下における判例法理は、心裡留保の意思表示を前提として新たに法律上の利害関係を有するに至った第三者について、94条2項を類推適用して、その保護を図っていた（最判昭和44年11月14日民集23巻11号2024頁等）。本改正は、かかる判例法理を踏襲したものである。

　要件事実については、94条2項の場合と同様に、当該善意の第三者の主張が、予備的抗弁となるか再々抗弁となるかについて見解の対立が生じることが予想される[50]。本稿においては、再々抗弁として整理している。

ⓑ　狭義の心裡留保

　心裡留保を、相手方が表意者の真意に気づいてくれることを期待している場合（非真意表示）と、表意者が真意を秘匿し、相手方を誤信させようという意図をもって行う場合（狭義の心裡留保）の二つに区別し、狭義の心裡留保につ

---

50)　「善意の第三者」（94条2項）の主張について、司法研修所編『紛争類型別の要件事実〈改訂版〉』（法曹会・2007年）79頁、大島眞一『完全講義民事裁判実務の基礎〈第2版〉上巻』（民事法研究会・2014年）349頁等。

いては相手方の有過失を理由に心裡留保無効の主張を認めるべきではないとの見解がある[51]。そこで、新法に規定はないものの、狭義の心裡留保の再抗弁について参考として記載した[52]。

2 錯誤（新法95条）

ある意思表示がされたことを前提とする請求に対し、当該意思表示が錯誤を理由に取り消されたことが抗弁となる。新法95条は、表示の錯誤（1項1号）と動機の錯誤（同項2号）を分けて規定するとともに、錯誤の効果を取消しとする等とした。以下では動機の錯誤に関する要件事実を中心に検討する。

(1) 事 例[53]

XはYとの間で、本件土地を代金1億円で売却する契約を締結した。売買契約締結の際、YはXに対し、本件土地の近くにα鉄道の新駅が設置される計画があるため、店舗用地として本件土地を購入する旨述べた。しかしながら、α鉄道の新駅設置計画は存在しなかった。

その後、XがYに対し、本件売買契約に基づき、売買代金の支払いを請求した。これに対し、Yは動機の錯誤を理由に本件売買契約の取消しを主張した。

(2) 訴訟物

XのYに対する売買契約に基づく代金支払請求権

(3) 要件事実

＜請求原因＞

❶ XはYに対し、本件土地を代金1億円で売ったこと

＜抗弁：動機の錯誤＞

❷ Yが法律行為の基礎とした事情についてのその認識に、真実に反す

---

51) 山本敬三『民法講義Ⅰ 総則〈第3版〉』（有斐閣・2011年）149頁。
52) 債権法改正の基本方針においては、かかる区別を明文化することが提案されていた（「基本方針【1.5.11】（心裡留保）」、民法（債権法）改正検討委員会編『詳解 債権法改正の基本方針Ⅰ（序論・総則）』（商事法務・2010年）93頁、田中ほか編・注49前掲82頁参照）。
53) 司法研修所編『民事判決起案の手引』「巻末資料：事実摘示記載例集」（法曹会・2006年）22頁、33頁等を参考とした。

る錯誤があること（Yは、本件契約締結の当時、本件土地の近くにα鉄道の新駅が設置される計画がなかったにもかかわらず、当該計画があるものと信じていたこと）

❸ YはXに対し、❷の事情を表示していたこと（YはXに対し、本件契約締結の際に、当該計画があるため本件土地を店舗用地として買い受けると述べたこと）

❹ ❷の錯誤が法律行為の目的および取引上の社会通念に照らして重要なものであること

❺ YはXに対し、❶の売買契約を取り消す旨の意思表示をしたこと

＜再抗弁：表意者の重過失＞

❻ Yが❶の意思表示をしたことについて重大な過失があることを基礎づける評価根拠事実

※評価障害事実の存在が再々抗弁となる。

＜再々抗弁1：相手方の悪意＞

❼ XがYの❶の意思表示に錯誤があることを知っていたこと

＜再々抗弁2：相手方の重過失＞

❽ XがYの❶の意思表示に錯誤があることを知らなかったことについて重大な過失があることを基礎づける評価根拠事実

※評価障害事実の存在が再々抗弁となる。

＜再々抗弁3：共通錯誤＞

❾ XがYと同一の錯誤に陥っていたこと

(4) 検　討

ア　動機の錯誤（抗弁：❷❸）

　新法95条2項は、動機の錯誤に関する判例法理を明文化したものと考えられている。

　当該判例法理の理解は必ずしも統一されていなかったが、近時の判例においては、動機が法律行為の内容になっているかどうかが重要な意義を有しているとの理解から（最判平成元年9月14日集民157号555頁等）、動機が法律行為（意思表示）の内容とされた場合に限り、旧法95条本文の「錯誤」に当たるとの見解[54]が有力である。

かかる見解によると、「その事情が法律行為の基礎とされていることが表示されていた」(新法95条2項) との文言については、「当該事情が法律行為の基礎とされているとの表意者の認識が相手方に了解されて「法律行為の内容」となっていた (契約の場合には、当該事情が法律行為の基礎となっていた)」[55]と理解すべきことになる。

かかる理解によれば、❸の事実の主張立証として、動機を表示した事実のみならず、当該動機が相手方に了解されて法律行為の内容となっていた事実 (契約の場合には、法律行為の基礎とされた事情についての表意者の認識を相手方が了解し、合意の内容となっていた事実) まで必要になる[56]。

イ　法律行為の要素 (抗弁：❹)

新法95条1項柱書は、旧法95条本文の「法律行為の要素」を、「その錯誤が法律行為の目的及び取引上の社会通念に照らし重要なもの」と改めたが、「法律行為の要素」の判断枠組みを変更するものではない[57]。したがって、❹の事実については、旧法における解釈と同様に、主観的因果性 (その点についての錯誤がなかったら表意者は意思表示をしなかったであろうこと) と客観的因果性 (通常人が表意者の立場にあったとしても意思表示をしなかったであろうこと) によって判断されることとなる。

ウ　無効から取消しへの変更 (抗弁：❺)

新法95条1項は、錯誤の効果を無効から取消しに改めたため、取消しの意思表示の事実が要件事実として加わっている。当該改正により、錯誤の主張が、取消期間の制限を受けることとなるため、注意が必要である。

エ　相手方が悪意重過失の場合 (再々抗弁1・2：❼❽)

新法95条3項1号は、表意者の錯誤を相手方が知っていた場合、または知らなかったことについて重過失がある場合には、表意者に重過失があっても、相手方が表意者の重過失を理由として、錯誤取消しの主張を否定することができないとした。旧法における通説的見解を明文化したものである[58]。

---

54) 山本・注51前掲204頁、佐久間・注48前掲160頁参照。
55) 潮見佳男『民法 (債権関係) 改正法案の概要』(金融財政事情研究会・2015年) 8頁。
56) これとは異なる解釈も成り立ちうる可能性について、潮見・注55前掲9頁参照。
57) 潮見・注55前掲8頁。
58) 田中ほか・注49前掲122頁は、相手方が悪意・重過失の場合には、その信頼が保護に値するとはいえないことを理由に、動機の表示を要することなく、錯誤の事実と相手方の悪意または重過失のみを要件とする独立の抗弁を構成するとも考えうるとする。

オ　共通錯誤（再々抗弁3：❾）

新法95条3項2号は、相手方が表意者と同一の錯誤に陥っていた場合、表意者に重過失があっても、相手方が表意者の重過失を理由として、錯誤取消しの主張を否定することができないとした。これも、旧法における通説的見解を明文化したものであり、表意者の重過失の再抗弁に対する再々抗弁となる[59]。

❸　無効および取消し（新法121条の2）

旧法下においては不当利得の問題として処理されていた、無効な法律行為に基づき給付がされた場合の効果として、原状回復義務が規定された。

(1)　訴訟物

法律行為の無効を理由に給付物の返還請求を行う場合、改正前は、不当利得に基づく利得物返還請求権が訴訟物であった。これに対し、新法下では、法律行為の無効に基づく原状回復請求権としての目的物返還請求権が訴訟物となる[60]。

(2)　要件事実

原状回復請求に対し、無効な無償行為について善意であった者（新法121条の2第2項）および、行為時に制限行為能力または意思無能力であった者（同3項）は、現存利益の抗弁を主張することができる。

なお、受領者が金銭を返還するときの利息支払いの要否や、金銭以外の物を返還するときの果実返還の要否等についての規定は設けられておらず、解釈に委ねられている[61]。

---

[59]　大阪地判昭和62年2月27日判時1238号143頁は、共通の錯誤があり、その錯誤が意思表示の内容の重要な部分についてのものである場合に、動機の表示を要せず、意思表示を無効としている。当該裁判例の見解によれば、動機の表示を要することなく、錯誤の事実と共通錯誤の事実のみを要件とする独立の抗弁を構成するとも考えうる（大江忠『新債権法の要件事実』〔司法協会・2016年〕344頁）。

[60]　大江・注59前掲368頁参照。なお、現物返還ができない場合、受領者は価額償還義務を負う（潮見・注55前掲27頁）。

[61]　給付利得の類型における果実等の処理について、内田貴『民法Ⅱ債権各論〈第3版〉』（東京大学出版会・2011年）603頁以下。

第3章

代　理

I　代理に関する改正のポイント

1　代理制度の改正全般

(1)　代理とは何か

　代理は、民法典第5章「法律行為」第3節に置かれている（99条〜118条）。

　代理とは、代理人Bが、本人Aのためにすることを示して、相手方Cとの間で特定の法律行為をすることにより、その行為（BとCの取引）の効力が本人Aに直接帰属することができる仕組みをいう。代理は法律行為に位置づけられる制度であり、地域における私たちの生活の仕方にも密接に関係する。

　民法は、代理人がその権限内において本人のためにすることを示した意思表示は、直接本人に対して効力を生ずると定める（99条）。すなわち、代理がその効力を有するためには、当該行為について代理人が権限、すなわち代理権を有すること、および本人のためにすることを示して意思表示をすることが必要である。このうち、前者は当事者間の内的要素、後者は第三者との関係という外的要素ということができる。

　代理のうち代理権が法定されたものを法定代理といい、授権または契約によって代理権が付与されたものを任意代理という。任意代理は代理権の付与が本人意思に基づいており私的意思自治の原則が維持されているが、法定代理は親権、後見（未成年後見、成年後見）にみられるように代理権発生について本人意思の関与がないか、あっても部分的である。もっとも、法定後見の保佐類型、補助類型では、代理権付与は本人の意思に基づいている（保佐、補助の代理権

付与の審判には本人の同意が必要である。876条の4第2項、876条の9第2項）が、判断能力の低下が進むと本人の代理人に対する監督を期待することはできないことから、家庭裁判所や監督人による監督が手当てされている。

(2) 代理制度の機能

　法定代理も任意代理も、代理行為は本人の利益のために行使されることが要請されている。代理の機能は、代理の仕組みを利用することにより、①本人の行動範囲を拡大すること（私的自治の拡大）、あるいは②判断能力の低下・不十分さを補充すること（私的自治の補充）にある。法定代理の主たる役割は前者にあり、任意代理のそれは後者にある。

　グローバル化と高齢化が同時に進行する今日、代理の果たす機能はますます重要になっている。代理は契約に関連して用いられることが多い[1]。また、代理の仕組みは、法人制度を成り立たせるものである。

　代理制度については、判断能力の低下した人の自己決定権を阻害し行動の自由を制約する等の批判が成年後見制度改善の議論においてみられるが、これは成年後見のあり方の問題であり、代理が果たしている意義をあらためて確認することが必要であろう。より根本的には、とりわけ法定代理の前提とされる判断能力の未熟・低下や、任意代理における代理権授与（契約等）について、科学的、医学的な能力論を参考にすることが必要であろう。

(3) 代理行為の瑕疵

ア　代理行為の瑕疵（新法101条）

　旧法は、「①意思表示の効力が意思の不存在、詐欺、強迫又はある事情を知っていたこと若しくは知らなかったことにつき過失があったことによって影響を受けるべき場合には、その事実の有無は、代理人について決するものとする。」としていたが、新法は意思表示を「代理人が相手方に対してした意思表示」と明確にし、瑕疵の事情に錯誤を追加するとともに、「相手方が代理人に対してした意思表示の効力が意思表示を受けた者がある事情を知っていたこと又は知らなかったことにつき過失があったことによって影響を受けるべき場合には、

---

1)　淡路剛久『入門からの民法―財産法』（有斐閣・2011年）134頁。

その事実の有無は、代理人について決するものとする。」と定め（新法101条）、解釈論が分かれていたところを解決した。

代理の本質については、代理人行為説（通説）、本人行為説、両者の複合説が対立している[2]。代理行為は代理人が行っているか、それとも本人が行っているかという理論的問題について、新法は直接には扱っていないが、代理行為の瑕疵を代理人について決することを明示していた旧法の規律を、より明確にした。

イ　代理人の行為能力（新法102条）

行為能力者制度から制限行為能力者制度に変わったことに伴う改正である。旧法は「代理人は、行為能力者であることを要しない。」としていたが、新法は「制限行為能力者が代理人としてした行為は、行為能力の制限によっては取り消すことができない。ただし、制限行為能力者が他の制限行為能力者の法定代理人としてした行為については、この限りでない。」と定めた（新法102条）。

ただし書は、法定代理の場合には本人保護の必要性が高いことが考慮された。

(4)　代理権の濫用（新法107条）

代理権の濫用とは、代理権を有する者（代理人）が当該代理権の範囲でその権限を濫用した場合をいう。当該代理権を利用して自己または第三者の利益を図る場合が典型例である。旧法は、代理権の濫用について明文の規定を置かなかった。代理権濫用の場合に判例は、その行為は濫用があるとはいえ代理権の範囲内であるため原則として本人にその効力が生ずるが、取引相手方が濫用の事実を知りまたは知ることができたときは、本人に効果は及ばない（無効）と解した（93条ただし書の類推適用）。

新法はかかる判例法理を参考にし、合理的修正を加えて[3]、代理権濫用の規定を置いた。すなわち、「代理人が自己又は第三者の利益を図る目的で代理権の範囲内の行為をした場合において、相手方がその目的を知り、又は知ることができたときは、その行為は、代理権を有しない者がした行為とみなす。」と定めた（新法107条）。新法は代理権濫用の効果については、その行為は代理権を有しない者がした行為とみなすとし、無権代理と捉えている。

---

2) 近江幸治『民法講義Ⅰ民法総則〈第6版補訂〉』（成文堂・2012年）240頁、241頁。
3) 中間試案の解説につき、内田貴『民法改正のいま―中間試案ガイド』（商事法務・2013年）94頁。

(5) 無権代理と表見代理

代理人に当該行為について代理権限がない場合、本人の利益と取引相手方の利益をどのように調整するかという問題（取引安全に関する問題）について、民法はこれを有権代理、無権代理、表見代理のそれぞれの規定で調整している。広義の無権代理には表見代理が認められる場合（以下ア～ウ）と、認められない場合（狭義の無権代理）（エ）がある。表見代理について、判例はアとイ、ウとイの重複適用を認め、取引の動的安全を図っている。

ア 代理権授与の表示による表見代理（新法109条）

新法109条は、旧法の第1項は変更せず、2項として「第三者に対して他人に代理権を与えた旨を表示した者は、その代理権の範囲内においてその他人が第三者との間で行為をしたとすれば前項の規定によりその責任を負うべき場合において、その他人が第三者との間でその代理権の範囲外の行為をしたときは、第三者がその行為についてその他人の代理権があると信ずべき正当な理由があるときに限り、その行為についての責任を負う。」の規定を追加した。

イ 代理権を超える表見代理（新法110条）

新法110条は「前条本文」を「前条第1項本文」に改め、109条改正に伴う形式を整えた。

ウ 代理権消滅後の表見代理等（新法112条）

旧法は、代理権消滅後の表見代理として「代理権の消滅は、善意の第三者に対抗することができない。ただし、第三者が過失によってその事実を知らなかったときは、この限りでない。」としていた。

新法112条は、「他人に代理権を与えた者は、代理権の消滅後に、その代理権の範囲内においてその他人が第三者との間でした行為について、代理権の消滅の事実を知らなかった第三者に対してその責任を負う。ただし、第三者が過失によってその事実を知らなかったときは、この限りでない。」(1項)、「他人に代理権を与えた者は、代理権の消滅後に、その代理権の範囲内においてその他人が第三者との間で行為をしたとすれば前項の規定によりその責任を負うべき場合において、その他人が第三者との間でその代理権の範囲外の行為をしたときは、第三者がその行為についてその他人の代理権があると信ずべき正当な理由があるときに限り、その行為についての責任を負う。」(2項) と定めた。

代理権が①本人の死亡、②代理人の〈死亡、破産または後見開始の審判を受けたこと〉によって消滅する（111条）ことについては、新旧変更はない。

エ　無権代理人の責任（新法117条）

無権代理は、代理人と称する者に代理の権限がないから、代理の効果は生じない。

新法117条は、旧法の「証明することができず、かつ、本人の追認を得ることができなかったときは」を改め、「他人の代理人として契約をした者は、自己の代理権を証明したとき、又は本人の追認を得たときを除き、相手方の選択に従い、相手方に対して履行又は損害賠償の責任を負う。」と定めた（1項）。そして、「前項の規定は、次に掲げる場合には、適用しない。」とし、①他人の代理人として契約をした者が代理権を有しないことを相手方が知っていたとき（1号）、②他人の代理人として契約をした者が代理権を有しないことを相手方が過失によって知らなかったとき（ただし、他人の代理人として契約をした者が自己に代理権がないことを知っていたときは、この限りでない）（2号）、③他人の代理人として契約をした者が行為能力の制限を受けていたとき（3号）と定めた（2項）。

2　代理行為の瑕疵

(1)　改正の要点

ア　新法101条1項・2項（旧法101条1項）について

改正により、旧法101条1項は1項と2項に分けられた。

そして1項で代理人が相手方に対してした意思表示の効力を、2項で相手方が代理人に対してした意思表示について定めている。

旧法では、本人Xの代理人Aが相手方Yに対してした意思表示の効力を定めるにとどまっており、YがAに対してした意思表示の効力について直接定められていなかった。そのため、YのAに対する意思表示に瑕疵があった場合の法適用に関し、101条1項を適用すればよいと考える古い判例や、96条1項を直接適用すればよいという有力説もあって、争いがあった（「部会資料」）。

今回の改正によって代理行為においては、101条を適用することを明確にして、この争いに関し、決着をつけたといえる。

なお、意思表示の瑕疵の内容に関し、意思の瑕疵のなかには、錯誤も含まれることが1項で明示されている。

イ 新法101条3項（旧法101条2項）について

旧法101条2項では、「特定の法律行為の委託」に加えて「本人の指図」に従うことが要件となっていたが、「本人の指図」は改正により削除された。

なお、大判明治41年6月10日民録14輯665頁は、つねに必ずしも特定の法律行為について、「本人の指図」を要しないとする旨、判示していたが、新法も判例の見解に沿ったものとなっている。

また、任意代理の場合には、代理人が本人の指図に従ってその行為をした場合でなくても、本人が代理人の行動をコントロールする可能性があるかぎり、本人の主観的態様を考慮して適用範囲を拡張すべきだとの見解が有力だったが、これに沿って改正されたといえる。

(2) 新法101条1項

ア 具体例

YはBに、別荘を建てる土地の購入のため、代理権を授与した。Y代理人Bは、甲土地の所有者Xと、甲土地を2000万円で買い受ける旨の契約を締結した。売買価額を決めるにあたり、XはBに対し、実際にはそのような事実はないにもかかわらず「甲土地の近くに新幹線駅ができることが決まっている」と告げており、Bは真実と誤信してしまった。

甲土地はせいぜい800万円程度が適正な価額だった。

イ 実務でのヒント

Xの甲土地の代金支払請求に対し、Yは、XのBに対する詐欺を理由とする取消しを抗弁として主張することが考えられ、これに対し、Xは、再抗弁で、Yの悪意、重過失を主張することとなる。

(3) 新法101条2項

■ 具体例

Yは、X代理人Aとの間で、X所有の甲土地を2000万円で買い受ける旨の契約を締結した。売買価額を決めるにあたり、Yは、Aから甲土地の近くに新幹線駅ができることが決まっていると告げられており、真実と誤信したYは、

契約を締結した。しかし、実際にはそのような事実はなく、甲土地はせいぜい800万円程度が適正な価額だった。

(4) 新法101条3項

ア 具体例

XがY代理人Bとの間で、X所有の甲土地を2000万円で売却する旨の契約を締結した。売買価額を決めるにあたり、XはBに対し、甲土地の近くに新幹線駅ができることが決まっていると告げており、真実と誤信したBからそれを聞かされたYは、2000万円を支払うこととした。しかし、実際にはそのような事実はなかった。

イ 実務でのヒント

① Xの甲土地の代金支払い請求に対し、Yは、XのBに対する詐欺を理由とする取消しの抗弁を主張することになり、これに対し、Xは再抗弁として、Yの悪意の抗弁を主張し、Yは再々抗弁として、悪意の評価障害事実を主張することになる。

なお、旧法では、「本人が詐欺の前提となる事実（設例では、事実の不存在）を知っていたこと」に加え、「契約締結が本人Yの指図によること」まで主張する必要があったが、改正により、「本人の指図」は不要となった。

② 代理人の錯誤に関し、本人に重過失がある場合には、錯誤無効を主張することはできない。

＜参考＞

交通事故による損害賠償請求について、加害者YはA弁護士に損害賠償に関する交渉を委任したが、その際、A弁護士に自賠責保険から既払金があることを告げることを忘れていたため、A弁護士が被害者Xとの間で既払金分を差し引かずに和解契約を締結し、免責証書を作成した。後に、Yは、和解契約は無効であるとして既払い分の支払いを拒んだ。

→Yには代理人弁護士Aの錯誤について重大な過失があり、XはYに対して和解無効を主張することはできない（大阪高判平成17年4月28日判時1907号57頁〔旧法101条2項の類推適用としていた〕）。

(2) 新法102条：代理人の行為能力

ア 改正の要点

制限行為能力者も代理人に就任できるという点では旧法と変わりがないが、制限行為能力者が法定代理人となって代理行為をした場合についても取消しの対象とすることにより、これらの者の保護を図った。

本条の改正に連動して、新法13条1項では、被保佐人が保佐人の同意を要する行為の一つに、制限行為能力者の法定代理人となることが盛り込まれている（10号）。

イ 具体例

① 父親Aが被保佐人であり、Aの子どもYが未成年である場合に、Aが保佐人Bの同意を得ずに、Yの法定代理人としてXとの間で、Y所有の甲土地に根抵当権設定契約を締結した（法定代理）。

② 被保佐人Aは、知人Yの代理人として、Xとの間でX所有の乙土地を買い受ける旨の契約を締結したが、保佐人Bの同意を得ていなかった（任意代理）。

ウ 実務でのヒント

① 上記事例イ①のような事案において、保佐人の同意権の範囲については、あらかじめ、審判で定められる（家事事件手続法別表第1の18）のが通常である。その結果、同意なく被保佐人が行った場合には、取り消すことができる。

その結果、保佐人Bは、取消しの抗弁（1．Aが保佐開始の審判を受けたこと、2．BはAの保佐人であること、3．Bの取消しの意思表示）を主張し、Xは、保佐人の同意があったことを再抗弁で主張することとなる[4]。

なお、保佐人の同意は、法律行為の相手方に対して表示することを要しない（大判明治41年5月7日民録14輯542頁）。

② 上記事例イ②において、乙土地の価値についてXの言動からYが錯誤に陥っていた、あるいはXの詐欺により誤信していたというような場合で、Aが保佐人Bの同意を得ていなかったときには、YあるいはAはBの行為能力の制限を理由に取消しを主張することはできない。

したがって、このような事案は新法101条を適用することとなる。

---

[4] 大山忠『新債権法の要件事実』（司法協会・2016年）331頁。

3 代理権の濫用 (新法107条)

(1) 改正の要点

改正により、代理権の濫用に関する本条が新設された。

悪意、有過失の相手方との関係では、代理権濫用行為を無権代理とみなすと定められ、本人の追認（113条）や相手方の責任追及（新法117条）が認められることとなった。

(2) 無権代理との違い

「代理権濫用」は、代理人が自己または第三者の利益を図る目的で、「代理権の範囲内」の行為をする点で、「代理権の範囲外」の行為をする無権代理と異なる。

また、無権代理の場合には、本人に法律行為の効果が帰属せず、無効となるのが原則であるのに対し、代理権濫用の場合には、本人に効果が帰属するのが原則であり、無権代理の場合と原則と例外が逆転している。

(3) 従来の解釈論との関係

旧法下で判例は、代理権濫用事案について本人に効果が帰属するのを原則としつつ、心裡留保に関する93条ただし書を類推適用して、悪意有過失の相手方については、無効を主張できるとして、本人の保護を図っていた（最判昭和42年4月20日民集21巻3号697頁、最判昭和38年9月5日民集17巻8号909頁）。

ただ、有過失の相手方まで保護されないのは、取引の安全が害されるとの批判があった。

そこで、改正により、悪意有過失の相手方には、無権代理とみなすこととして、追認や無権代理人の責任追及を認めることで取引の安全との調整を図ることとされた。

(4) 具体例

① Xは、Y代理人Aとの間で、Y所有の乗用車甲を70万円で買い受ける旨の契約を締結し、引渡しを求めたところ、Yから、Aの行為は代理権濫用に

当たるので無権代理無効であるとして拒まれた。
　　→Xからの履行請求に対し、Yは、(i)代理人Aに、Aまたは第三者の利益を図る権限濫用目的があったこと、(ii)Xが、Aの目的を知っていたことまたは知ることができたことの評価根拠事実を代理権濫用の抗弁として主張すべきこととなる。
② Yは、自己所有の乗用車の甲が、AによってXに売却され、Xからさらに、Zに転売されていることを知った。そこで、Xに対し、X・Y間の売買契約はAの代理権濫用行為に当たり、無権代理無効であるとしてZに対し、甲の返還を求めた。
　　→Yの所有権に基づく返還請求に対し、Xは、(i)X・Y間の売買契約、(ii)Aの顕名、(iii)Y・A間の代理権授与行為を抗弁として主張し、Yは、Aの代理権濫用の抗弁を、Zは、再抗弁として、さらにXの過失の評価障害事実または、Z自身の善意無過失（94条2項）を主張することとなる。

(5) 実務でのヒント

① 判例は、代理権の濫用とは「代理人が自己又は第三者の利益をはかるため権限内の行為をしたとき」をいうと解していたので（最判昭和42年4月20日民集21巻3号697頁・判時484号48頁・判タ207号78頁）、本条はこれを明文化したといえる。

　　もっとも、親権者の法定代理権については、親権者の法定代理権の広範性、包括性を根拠に、「親権者に子を代理する権限を授与した法の趣旨に著しく反する特段の事情」が存するかどうかという観点から、濫用の場面を限定しており、注意が必用である（最判平成4年12月10日民集46巻9号2727頁・判時1445号139頁・判タ807号265頁）。
② 代理権濫用行為における転得者の保護については、従来どおり、94条2項、192条の即時取得等で主張していくこととなる。

■4 自己契約・双方代理（新法108条）

(1) 改正の要点

旧法では自己契約と双方代理を禁止することを定めるだけだったが、判例

は、その効果について、無権代理と同様に扱っていた（最判昭和47年4月4日民集26巻3号373頁）。

新法は、自己契約、双方代理に加え、利益相反行為もこの類型に関連づけて2項を新設するとともに、これらを無権代理とみなす旨明記した。

(2) 自己契約（新法108条1項）

自己契約とは、たとえば、代理人Aが自ら代理行為の相手方となる本人Xの代理人として、自己との間に契約を結ぶことをいう。
＜具体例＞
① Aが、本人Xから所有する土地の売却を依頼されたので、A自らその買主（相手方）となってXとの売買契約を締結する場合。
② Xの成年後見人Aが、X所有の土地を自己に贈与する旨の契約を締結する場合。

(3) 双方代理（新法108条1項）

双方代理とは、たとえば、代理人Aが売主Xと買主Y双方の代理人となって契約を結ぶことをいう。
＜具体例＞
① Xから所有する高級外車1台の売却について委任を受けたAが、さらにYから、中古の高級外車1台の購入について委任を受けて代理人となり、X・Y間の売買契約を締結するような場合。
　もし、あらかじめ、YがX所有の高級外車を見ており、これを購入することについて了解していたときには、単なる「債務の履行」となるので、この場合には、双方代理も許される。
② 司法書士Aが、すでに、X・Y間で不動産に関し売買契約が締結され、現金の授受と引渡しが終了している案件で、登記権利者である買主Xと登記義務者である売主Yの双方を代理して登記申請する場合。

(4) 実務でのヒント

自己契約、双方代理に当たる法律行為の効果発生を主張する者は、①法律行為、②顕名、③代理権授与に加え、④本人の事前の承諾、承認があったことを、

請求原因で主張する必要がある点では従来どおりである。

(5) 利益相反行為 （新法108条2項）

利益相反行為とは、自己契約、双方代理に該当しない行為であって、代理人となるAには利益であるが、本人であるXには不利益となりうる行為をいう。

民法には、826条（親権者）、851条4号（後見監督人）、860条（後見人）の明文規定がある。

なお、利益相反行為に当たるかどうかの判断については、代理人の意図や動機に着目するのではなく、行為の外形から客観的に判断する外形説が判例、通説である。

＜具体例＞
① 親権者AがXから事業資金を借り入れるのに際し、未成年の子Yを代理してY所有の土地に抵当権設定契約を締結した場合。
② 被相続人甲が亡くなり、相続人は妻であるAと未成年の子Xと成人した子Yがいた場合に、AがXの法定代理人としてA・Y間で遺産分割をする場合。
③ 成年被後見人Xの妻が亡くなり、相続人はXと成年後見人であるXの長男Aと二男Yである場合に遺産分割をする場合。
④ 主債務者AがYの代理人となって債権者Xとの間で物上保証契約を締結する場合。

＜実務でのヒント＞
① 未成年者、後見人等の法定代理人における利益相反行為においては、特別代理人が家庭裁判所にて選任され、後見監督人が選任されていれば、その者が本人の代理人を務めることとなる。
② 上記具体例④の事案で、YがAとYとの利益相反を理由に、X・Y間の契約に基づく抵当権設定登記の抹消を主張する場合、訴訟物は、所有権に基づく妨害排除請求権として抵当権設定登記抹消登記請求権となる。その結果、Xは登記保持権限のあることを抗弁で主張する必要がある。

Xの抗弁の中で、当該法律行為がA・Y間での利益相反行為に当たることが客観的外形的に出ていれば、このとき、Aが当該利益相反行為に関し、Yにあらかじめ許諾していたことを併せて主張しなければならないこととなる。

5 表見代理1（新法109条）：代理権授与の表示による表見代理

(1) 改正の要点

1項は、旧法と同文であり、実際には代理権を授与していないが、授与した旨の表示があり、当該代理人の立場にある者が代理権限内の行為をした場合に、善意無過失の相手方に対して責任を負う旨定めたもので、改正点はない。

これに対し、2項は、改正によって新設された。

実際には代理権を授与していないが、授与した旨の表示があり、当該代理人の立場にある者が代理権限外の行為をした場合に、善意無過失でありかつ代理権限外の行為についても代理権があると信じるにつき正当理由がある相手方に対して責任を負う旨定めたものであり、これまで109条と110条の重畳適用によって解決していた問題を、規定を明文化して、解決した。

(2) 具体例

ア 新法109条1項

代理権授与表示はあるが、代理権はない代理人が、その範囲内の行為をした場合。

① Xは、所有するベンツ甲をYに売却するため、Aに白紙委任状および印鑑証明書を預けたが、気が変わり、書類の返還を求めた。しかし、Aは、白紙委任状を補充して、YにXのベンツ甲を売却してしまった。

② 東京地裁が、職員の互助団体に「東京地方裁判所厚生部」という名称の使用を許していたところ、相手方は東京地方裁判所の一部局であると信じて売買契約を締結した（参考：最判昭和35年10月21日民集14巻12号2661頁）。

③ 知合いのAから、信販契約を締結して宝石を購入する際に名義を貸してほしいと頼まれ了解したXは、住所、氏名、生年月日の利用を了解した。後日、信販会社Xから、立替払い契約締結の確認の電話が入ったので、Xは肯定的な回答をしてしまった（参考：大阪地判昭和63年9月22日判時1320号117頁・判タ687号180頁）。

　→民法109条、商法24条などの法理によりXの責任を肯定

④ Xは、従業員Aの信用を高めるため、本当は、会社で何の権限も与えてお

らず、任せている事実もないのに、会社の商品甲の売買を任せている旨、Xに対して述べた。その後、Aは、Xに無断でYとの間で商品甲の売買契約を締結し、頭金を受領した。

イ　新法109条2項

代理権授与表示はあるが、代理権はない代理人が、その範囲外の行為をした場合。

① Xは、甲土地を長男に贈与することとし、移転登記手続のため、友人Aに白紙委任状、印鑑証明書および甲土地の権利証を預けたが、気が変わって司法書士に依頼することにしたので、XはAに書類の返還を求めた。しかし、Aは、Xから預かった白紙委任状を返却せずに無断で補充し、書類を悪用して、甲土地をYに売却した。

② Xは、Aから金銭を借りるにあたり、自己所有の土地および建物を担保として抵当権を設定することとし、その登記手続のため、当該不動産の権利証、X名義の白紙委任状および印鑑証明書をAに預けた。

　しかし、Aはこれらの書類を、自分がYから借入れをする際の担保設定手続に流用しようと考え、Bに交付したところ、Bは、X代理人と偽って、Yとの間で、根抵当権設定契約および停止条件付代物弁済契約を締結した。

(3) 実務でのヒント

① 新法109条2項は、従来の109条と110条の重畳適用事案といわれるものについて、規定を設けて解決したといえる。

② 白紙委任状の転得者については、本人が当初から直接の被交付者に限らず、転得者も含めて当初の意図の内容での代理権を授与する意図があった場合には、転得者も代理権が与えられていたことになるが、本人がそこまで意図していなかった場合には、本条の問題となる。

③ Yの主観的要件として、(i) AがYから代理権が授与されていると信じたことについての善意無過失および、(ii) 当該法律行為が代理権限内の行為であると信じたことに正当な理由があること（正当事由についての評価根拠事実）が必要となる。

④ XがYに対し、所有権に基づく妨害排除請求権としての抹消登記手続の請求をXに対して主張するのに対し、Yは、抗弁として、X代理人との契約が

有効に成立したことを主張することになる。

このときYは、(i) 補充された委任状の存在および、(ii) その委任状が正当に成立したものであると信じたこと（正当事由についての評価根拠事実）とについて主張すれば足り、あえて、「当該法律行為が代理権限の範囲内の行為であること」を主張する必要はないと思われる。

なぜならば、請求原因で出てきた法律行為の内容が、補充された代理権の範囲内の行為でなければ、本条による抗弁の主張自体が失当となるからである。

6　表見代理2（新法110条）：権限外の行為の表見代理

一応の代理権はある代理人が、それを超えて法律行為をした場合。

(1) 改正の要点

本条については、109条の改正に伴って文言の修正がされた以外に、変更点はない。

(2) 具体例

① Yは、携帯電話の契約名義の変更手続のための代理権をAに授与するとともに、手続のため、健康保険証を貸与した。Aは、Yの保険証を使って、Y名義での預金口座を甲銀行に開設してY名義のキャッシュカードを入手し、Yの保険証とキャッシュカードを悪用してX消費者金融の自動契約機にて、Y名義で20万円を借り入れた（参考：札幌地判平成12年3月17日判タ1089号172頁・金法1595号73頁）。

② Yは、ダイヤルQ2の登録のため、Aに実印と印鑑証明書を預けたところ、Aは、それを悪用して、X銀行からZが2000万円の借入れをする際、Yになりすましてzの連帯保証人として連帯保証契約を締結した（参考：東京地判平成11年9月22日金商1092号44頁）。

(3) 実務でのヒント

① 代理人が本人になりすまして権限外行為をした場合も本条が類推適用されることとなる（最判昭和44年12月19日民集23巻12号2539頁）。ただし、その場合には、正当理由は、「本人であると信じたこと」について必要となる。

② 正当理由の判断にあたり、本人と代理人との間に親族関係がある場合には、本人の実印を持っていたとしても、それだけで正当理由があることにはならない。

　また、金融機関についても、当該代理行為によって利益を受けるのが代理人である場合には、たとえ本人の実印を所持していたとしても、本人に対して代理権の有無を直接確認する義務を負い、それを怠っているときには特段の事情がないかぎり、正当理由は認められない。

7　表見代理3（新法112条）：代理権消滅後の表見代理

(1)　改正のポイント

　代理権消滅後の表見代理における「善意」とは、「過去に存在していた代理権が代理行為の前に消滅していたことを知らなかったこと」を指すとして、善意の内容について、条文で明確化した。

　そして、1項で、代理人だった者が、過去に存在した代理権の範囲内の行為をした場合を、2項では、代理人だった者が、過去に存在した代理権の範囲外の行為をした場合、すなわち、従来の112条と110条の重畳的適用事案（たとえば、大連判昭和19年12月22日民集23巻626頁）とされてきたものを条文化により解決した。

　その結果、1項は、第三者の善意無過失を、2項では、代理権消滅の事実に関する善意無過失に加えて、代理権の範囲内であると信じたことについての正当理由が必要となっている。

(2)　具体例

ア　新法112条1項

① X社は、所有する不動産甲を担保に入れてYから金員を借り入れることとし、代表取締役のAにその代理権を授与した。
② Aは、X社の代理人としてYに対し、X社の委任状、取締役会議事録、承諾書を示して甲の買戻特約付売買契約を締結したが、じつは、X社からAに対する代理権はその前日に取り消されていた（参考：東京地判平成2年7月31日判時1386号108頁）。

イ 新法112条2項

① Aは長男Yの未成年後見人だったが、Yが成人に達したため後見は終了した。Aは手元にあったYの実印、印鑑証明書、Y所有の甲土地の登記済権利証を利用して、Xとの間で、甲土地売買契約を締結した（参考：東京高判平成10年9月30日東高民時報49巻1～12号合併号22頁）。

② Xは、甲社が金融業者Zから1000万円を借り受ける際の連帯保証および担保提供を承諾し、この交渉と手続を兄Aに委任したが、兄Aはさらにこの手続を甲社社長Bに依頼し、Bは自社の営業担当者Cに依頼した。Cは、金融業者と交渉し無事に手続を済ませたが、手元に残っていたXの印鑑証明書と実印を利用して、さらに別の金融業者Yと交渉し、甲社に対する800万円の融資契約を締結するとともに、Yとの間で、Xの連帯保証契約および抵当権設定契約を締結した（参考：東京高判昭和47年7月10日金商336号5頁）。

(3) 実務でのヒント

① 相手方が代理権消滅の事実を知らなかったことの主張立証責任は代理行為の相手方に、相手方が過失によってその事実を知らなかったことについての主張立証責任は代理行為の本人にあるといわれている[5]。

② 本条の位置づけについては、再抗弁説と予備的請求原因説の争いがあるので、注意が必要である。

予備的請求原因説によれば、(i) 代理権の消滅について、善意無過失であることに加え、(ii) 権限外の行為について代理権があると信ずべき正当理由を、予備的請求原因事実として、主張することとなる点に注意[6]。

③ (2)イ①の事案に関し、東京高裁は「一般的に親が子の実印や登記済権利証を持ち出すことは他人以上に容易であり、親が子の利益に反する行為をすることも事例にこと欠かないのであるから、親が子を代理して土地の売買、担保設定等重要な行為をする場合、その取引の相手方は、取引の目的及び本人の意思の確認等について特に慎重な対応をすべきであり、単に親が子の実印や登記済権利証を所持しているというだけで親に子を代理する権限があると

---

5) 大江・注4前掲。
6) 司法研修所編『民事訴訟における要件事実（第1巻）〈増補版〉』（法曹会・1986年）96頁、岡口基一『要件事実マニュアル1〈第4版〉』（ぎょうせい・2013年）204頁。

信じるのは軽率」として正当事由の存在を否定している。
④　担保権者が金融機関である事案では、保証意思を直接確認しなかった場合には、過失があると判断する傾向にあり、表見責任は認められにくい（東京高判昭和47年7月10日金商336号5頁等）。

8　無権代理（新法117条）

(1)　改正の要点

ア　新法117条1項

　無権代理人が、自己の責任を免れるために、代理権の存在あるいは本人の追認を立証すべきことは当然であるが、旧法では、本人の追認の有無についてどちらが立証責任を負うかについては、条文上、不明確であるとの非難があった。

　改正により、条文上、無権代理人は、自己の責任を免れるために、①代理権の存在または、②本人の追認を得たことを立証すべきことが明確になった。

イ　新法117条2項

　無権代理人が責任を負わない場合を次の3つに類型化した。
- ・1号　無権代理について相手方が悪意の場合
- ・2号　代理人が無権代理であることを知らなかったことについて、相手方が有過失の場合
- ・3号　代理人が行為無能力の場合

　この3類型自体は、旧法と変わらないが、2号の「相手方が有過失の場合」に関しては、ただし書が新たに設けられた。

　その結果、無権代理人は、自分の無権代理について悪意でも、相手方も無権代理であることについて悪意のとき（1号）と自身が行為無能力者であるとき（3号）には責任を負わないが、相手方が有過失のときには、悪意の無権代理人は、本条の責任を免れないこととなった。

　取引の相手方が、無権代理人の責任を追及することを選択した場合、無権代理人は、①代理権の発生原因事実、または②当該法律行為に対する本人の追認を抗弁として主張することとなり、無権代理人の責任を追及する側は、代理人の無権代理であることについての悪意（新法117条2項2号ただし書）を再抗弁として主張すべきこととなる。

なお、無権代理人の責任は、表見代理が不成立の場合の補充責任ではなく、独立した責任であると解されている。

したがって、無権代理人は、表見代理の成立を抗弁として主張することは許されない（最判昭和62年7月7日民集41巻5号1133頁・判タ647号101頁）。

(2) 新法117条1項の具体例

① Aの長男Yは、Aに無断でYの実印、印鑑証明書を持ち出して、Aの代理人として、A所有の甲土地をXに売却した。

Xからの履行請求に対し、Aは本件売買契約が、Yの無権代理であり、追認を拒絶する旨主張してきたので、Xは、Yに対し、無権代理責任を追及することとした。

② Yは、友人Aから甲土地売却に関し、相談を受け、委任された。Yは、代理人としてA所有の甲土地をXに売却したが、じつは、Aは当該売買契約締結の数日前に、死亡していた。

(3) 新法117条2項の具体例

ア 無権代理についての悪意の例（1号）

111条に定める代理権消滅事由（本人の死亡、代理人の破産手続開始決定もしくは後見開始の審判を受けたこと、委任の終了の事実）を、代理行為の相手方が知っていたこと

イ 相手方が有過失の例（2号）〔※112条も参照〕

① 担保権者が金融機関である事案で、本人に代わり、代理人が本人との抵当権設定契約を締結する際、担当者が、本人に直接、保証意思を確認しなかった場合

② 本人が女性のはずなのに、代理人が持参した委任状の字が男性の字であるとき

③ 社会福祉法人の理事が退任登記後に当該法人の代表者として取引をした場合において、すでに退任登記がされているにもかかわらず、その事実を知らなかったとき（最判平成6年4月19日民集48巻3号922頁）

(4) 実務でのヒント

　本人である契約の相手方に対する履行請求と無権代理人に対する損害賠償請求を訴訟提起時から同時にする場合は、いわゆる主観的予備的併合（明文規定はなし）となる。原告としては、「両負け」の危険があるため、弁論が分離されないように同時審判の申出をしておくことが考えられる（民事訴訟法41条1項）[7]。

　ただ、判例（最判昭和43年3月8日民集22巻3号551頁・判タ221号122頁）は、否定的な態度をとっている。

Ⅱ　代理に関する要件事実

1　代理人の行為能力（新法102条）

　新法102条本文は、旧法102条の規定内容を明確化したものである。当該規定により、旧法下における理解と同様に、自己の代理人が制限行為能力者であることを理由とする抗弁は主張自体失当となる[8]。ただし、新法102条ただし書により、自己の法定代理人が制限行為能力者であること（たとえば、未成年者である本人の親権者が成年被後見人である場合等）を理由とする抗弁は認められることとなった。

2　代理権の濫用（新法107条）

　代理権の濫用については、旧法93条ただし書を類推適用して処理するのが旧法下における判例法理（最判昭和38年9月5日民集17巻8号909頁）であったが、新法107条が新設された。本条に関する要件事実を以下のとおり検討する。

(1) 事　例

　XがYの代理人Aとの間で、Yに対して絵画を100万円で売却する契約を締

---

[7]　岡口基一『民事訴訟マニュアル（上）〈第2版〉』（ぎょうせい・2015年）353頁。
[8]　司法研修所編『民事訴訟における要件事実（第1巻）〈増補版〉』（法曹会・1986年）75頁。

結した。XはYに対し、売買契約に基づく代金支払請求を行ったところ、Yは
Aの代理権濫用を理由に、売買代金の支払いを拒否した。

(2) 訴訟物

XのYに対する売買契約に基づく代金支払請求権

(3) 要件事実

＜請求原因＞
❶　XはAに対し、本件絵画を代金100万円で売ったこと
❷　Aが、❶の契約締結のとき、Yのためにすることを示したこと
❸　Yが、❶の契約締結に先立ち、Aに対し、同売買契約締結の代理権を与えていたこと

＜抗弁1：代理権濫用・悪意＞
❹　Aが❶の契約締結のとき、自己または第三者の利益を図る目的を有していたこと
❺　Xが、❶の契約締結のとき、❹の事実を知っていたこと

＜抗弁2：代理権濫用・有過失＞
❻　❹と同じ
❼　Xが、❶の契約締結のとき、❹の事実を知らなかったことに過失があることを基礎づける評価根拠事実
※評価障害事実の存在が再抗弁となる。

(4) 検討

ア　代理権濫用（抗弁：❹～❼）

代理権濫用の抗弁の要件事実は、旧法下においても、上記❹～❼と同様に考えられており[9]、改正による影響は少ない。

イ　追認の主張等

代理権濫用の効果は、旧法下において、無効（旧法93条ただし書を類推適用する結果）とされていたのに対し、新法下においては無権代理となった。その

---

9) 大島眞一『完全講義 民事裁判実務の基礎〈第2版〉下巻』(民事法研究会・2013年) 800頁参照。

ため、新法下においては、代理権の濫用の事実を争う側から、追認の存在等（旧法・新法116条等）が主張されうることとなる。

3 代理権授与の表示による表見代理等（新法109条）

本条は、1項については改正がない。2項は、旧法109条と110条が重畳適用される場面（本人から相手方に授権表示がされ、かつ代理人が表示された権限を超える行為をした場合：最判昭和45年7月28日民集24巻7号1203頁等）を明文化したにすぎず、改正前における要件事実の理解に変更はないと考えられる[10]。なお、当該条項は、一般市民にとってのわかりやすさを意識して表現されており、重畳適用事例における主張立証責任の構造を反映したものではない[11]。

4 代理権消滅後の表見代理（新法112条）

(1) 新法112条1項

本条1項は、旧法112条の表現を改めたものである。同条項の要件事実を以下のとおり検討する。

ア 事例

YはAとの間で委任契約を締結し、Yが所有する絵画を100万円で販売する代理権を与えていたが、後日委任契約を解除した。しかし、AはYとの委任契約解除後に、Yのためにすることを示してXとの間で本件絵画を100万円で売却する契約を締結した。

XはYに対し、売買契約に基づき絵画の引渡請求をした。Yは代理権消滅を理由にこれを拒否したが、Xは代理権の消滅を知らなかったことを主張した。

イ 訴訟物

XのYに対する売買契約に基づく絵画の引渡請求権

ウ 要件事実

＜請求原因＞
- ❶ AはXに対し、本件絵画を代金100万円で売ったこと
- ❷ Aが、❶の契約締結のとき、Yのためにすることを示したこと

---

10) 両条の重畳適用の場面における要件事実について、大島・注9前掲上巻180頁参照。
11) 潮見佳男『民法（債権関係）改正法案の概要』（金融財政事情研究会・2015年）21頁。

❸ Yが、❶の契約締結に先立ち、Aに対し、同売買契約締結の代理権を与えていたこと

＜抗弁：代理権消滅＞

❹ Yは、❶に先立ち、Aとの委任契約を解除したこと

＜予備的請求原因＞

❺ Xは、❶の契約締結のとき、Aの代理権の消滅を知らなかったこと

＜予備的請求原因に対する抗弁：相手方の過失＞

❻ Xが、❶の契約締結のとき、Aの代理権の消滅を知らなかったことに過失があることを基礎づける評価根拠事実

※評価障害事実の存在が再抗弁となる。

エ 検 討

ⓐ 再抗弁説と予備的請求原因説の対立（請求原因：①～③、予備的請求原因：❺）

旧法112条1項に基づく善意の主張が、代理権消滅の抗弁に対する再抗弁となるのか（旧法112条は表見代理の規定ではなく、代理権の消滅を善意の第三者に対抗できないことを定めたものと考える）、予備的請求原因となるのか（旧法112条は表見代理の規定と考える）については争いがある[12]。本稿は、予備的請求原因と考える見解によっている[13]。

この見解によると、相手方の過失の主張は、予備的請求原因に対する抗弁となる（❻）。

ⓑ 善意の対象（予備的請求原因：❺）

新法112条1項は、「他人に代理権を与えた者は、代理権の消滅後にその代理権の範囲内においてその他人が第三者との間でした行為について、代理権の消滅の事実を知らなかった第三者に対してその責任を負う。」と規定し、「善意」の対象が、過去に代理権が存在していたこと、および当該代理権が消滅したことの2つであることを明確化している[14]。これも、従来の判例法理（最判昭和32年11月29日民集11巻12号1994頁等）を明文化したものである。

---

[12] 旧法下における要件事実について、司法研修所・注8前掲97頁、大島・注9前掲上巻181頁等。

[13] 代理権消滅後の表見代理の要件事実は、上記❶～❺となるが、❶～❸によって有権代理の請求原因が成立することから、いわゆるa＋bに当たり、代理権消滅後の表見代理の主張を主位的請求原因と位置づけることはできない（岡口基一『要件事実マニュアル1〈第4版〉』〔ぎょうせい・2013年〕205頁）。

(2) 新法112条2項

本条2項は、旧法112条と同110条が重畳適用される場面（代理権消滅後に、元代理人が消滅した代理権の範囲を超える行為をした場合：最判昭和42年11月30日民集21巻9号2497頁等）を明文化したにすぎず、改正前における要件事実の理解に変更はないと考えられる[15]。なお、当該条項は、一般市民にとってのわかりやすさを意識して表現されており、重畳適用事例における主張立証責任の構造を反映したものではないと考えられている[16]。

5 無権代理人に対する請求（新法117条）

新法117条では、2項2号ただし書が追記されたほかは、（表現は改められているものの）内容的に大きな変更はない。2項2号ただし書においては、無権代理人が自己に代理権がないことについて悪意であった場合には、相手方に過失があったとしても責任を免れないという旧法下における通説的見解が明文化されている。

したがって、無権代理人に対する責任追及については、相手方の悪意または有過失の抗弁に対し、無権代理人自身が自己の代理権不存在について悪意であった旨の再抗弁が成立しうることとなる。

---

[14] 『「代理行為の時に代理権が存在しなかったことを知らなかったこと」（過去に代理権が存在したことを知っていた者が、その代理権が消滅したことを知らなかったというプロセスは不要である）』という立場には立たないということである（「部会資料66A」29頁）。
[15] 両条の重畳適用の場面における要件事実について村田渉＝山野目章夫編著『要件事実論30講〈第3版〉』（弘文堂・2012年）281頁参照。
[16] 潮見・注11前掲21頁。

第 4 章

時　効

I　時効に関する改正のポイント

1　時効制度の改正全般

(1)　時効に関する改正の概要

　今回、時効に関する改正の主だったポイントは、下記のとおりである（詳細は、「2　時効の援用」以下で解説されるので、参照されたい）。

ア　債権の消滅時効における原則的な時効期間と起算点

　旧法上、債権の消滅時効は、債権者が「権利を行使することができる時」から進行し（旧法166条1項）、時効期間は10年が原則とされ（旧法167条1項）、例外として商行為によって生じた債権の場合、「5年」に短縮されていた（商事消滅時効：商法522条）。

　新法は、商事消滅時効の制度を廃止し（商法522条の削除）、民事の消滅時効に一本化したうえ、起算点と期間につき、①債権者が「権利を行使することができることを知った時」から「5年」、②「権利を行使することができる時」から「10年」と整理した（新法166条1項）。

イ　定期金債権の消滅時効

　旧法上、定期金債権の消滅時効は、①第1回目の弁済期から20年間行使しないとき（旧法168条1項第1文）、②最後の弁済期から10年間行使しないとき（同項第2文）、③年またはこれより短い時期によって定めた金銭その他の物の給付を目的とする債権は、5年間行使しないとき（旧法169条）に、それぞれ消滅するものとされていた。

新法（168条）は、起算点に関し、債権の消滅時効に関する規制（新法166条）と平仄を合わせ、①各債権を行使することができることを知った時から10年間（新法168条1項1号）、②行使することができる時から20年間（同項2号）と、それぞれ整理した。

　ウ　職業別の短期消滅時効等の廃止

旧法は、職業別に細かな短期消滅時効の規制を設けていた（旧法170条～174条）。新法は、このような職業別の短期消滅時効に関する規定を削除した。

　エ　不法行為による損害賠償請求権の消滅時効

旧法は、不法行為による損害賠償請求権の期間制限につき、①被害者またはその法定代理人が損害および加害者を知った時から3年間、②不法行為の時から20年としていた（旧法724条）。

新法は、上記①②の規制を維持しつつ（ただ、ともに時効であることを明文化した。新法724条）、③人の生命または身体を害する不法行為による損害賠償請求権の消滅時効に関しては、（①を修正し）「被害者又はその法定代理人が損害及び加害者を知った時から5年間」とした（新法724条の2）。

　オ　時効の完成猶予・更新

旧法の時効の中断・停止に関する規定（旧法147条～161条）は、新法においては、時効の完成猶予・更新の規定として、改められ、整理された（新法147条～161条）。もっとも旧法158～160条の規律は見出しのみの改正で維持されている（新法158条～160条）。

　カ　時効の援用

時効援用権者につき、旧法は「当事者」と規定するのみであったが（旧法145条）、新法は、判例の内容を定式化したうえで取り入れ、「当事者（消滅時効にあっては、保証人、物上保証人、第三取得者その他権利の消滅について正当な利益を有する者を含む。）」と規定する（新法145条）。

(2)　コメント

①　時効制度は、もともと実体法的にも訴訟法的にも構成しうる制度であるほか、その制度趣旨についても、古くから、(ⅰ) 既成事実の尊重、(ⅱ) 証拠散逸への対応、(ⅲ) 権利の上に眠れる者を保護しないという3つが挙げられており、時効を実体法上の制度として位置づけるか否か（かりに位置づけると

して)、前記(1)エの①〜③をどのように整合的にとらえるかにつき（ただ、③は補完的なものではある）、大きな理解の隔たりがある。そして、時効観（時効学説）は、たとえば、時効援用権の法的性質といった個別の解釈論にも大きな影響を与える。

② 改正法は、このような「そもそも論」に分け入ることをせず（債権法改正の一環としての改正であるので、取得時効にまで踏み込むことはできず、一定の制約はあったのだろう）、いくつかのポイントごとに、制度を整理し簡素化することにした。大きくは、(i) 起算点の整理（主観的起算点の追加）、(ii) 期間の整理（短期消滅時効の廃止、商事時効との一本化等）、(iii) 時効障害事由の整理（時効の完成猶予・更新）、(iv) 不法行為債権についての特則の整備、(v) 援用権者の規定の整理等である。

③ 上記②のうち、(i)および(ii)は、制度の整理・簡素化に係る改正であり、(v)は、裁判例が具体化した「当事者」（保証人につき、大判大正4年7月13日民録21輯1387頁、物上保証人につき、最判昭和42年10月27日民集21巻8号2110頁、最判昭和43年9月26日民集22巻9号2002頁、第三取得者につき、最判昭和48年12月14日民集27巻11号1586頁）を明文で追加するものにすぎない[1]。

やや大きいといいうるのが、(iii)および(iv)であろう。(iii)は、時効の中断・停止を、完成猶予・更新に改めるものであり、立法への影響は整備法で対応するとして、従前の解釈が、改正法の下でどこまで通用するかが注目される（もっとも、新法の下でも、158条〜160条までの規律は維持されている）。

(iv)は、人の生命または身体を害する不法行為による損害賠償請求権の消滅時効について、規定を追加するとともに、724条後段を含め、「時効」に関する規定であることを明らかにしている。724条後段は、もともと除斥期間を定めたものであると解されていたところ（最判平成元年12月21日民集43巻12号2209頁）、いくつかの裁判例は、消滅時効に寄せた解釈をするに至っており[2]、その延長線上の改正といってよいのかもしれない。

---

[1] したがって、援用権の法的性質、援用権の喪失といった論点は、引き続き解釈に委ねられることになろう。

2 時効の援用

(1) 新法145条

時効は、当事者（消滅時効にあっては、保証人、物上保証人、第三取得者その他権利の消滅について正当な利益を有する者を含む）が援用しなければ、裁判所がこれによって裁判をすることができない。

(2) 時効の援用権者（「当事者」の範囲）

ア　旧法との相違点

新法145条は、時効の援用権者について定める。旧法との違いは、消滅時効の援用権者である「当事者」に、一定の第三者が含まれることを条文上明らかにした点である。

すなわち、旧法145条は、時効の援用権者を「当事者」とのみ規定していたが、具体的にどのような者が「当事者」に該当するのか条文の文言からは明らかではなかった。判例は、同条により消滅時効を援用することができる「当事者」とは、「権利の消滅により直接利益を受ける者」であるとして（最判昭和48年12月14日民集27巻11号1586頁）、具体的に以下の者が「当事者」に該当するとしていた。

① 保証人
② 連帯保証人
③ 物上保証人
④ 抵当不動産の第三取得者

---

2) 最判平成10年6月12日民集52巻4号1087頁は、「不法行為の被害者が不法行為の時から20年を経過する前6箇月内において右不法行為を原因として心神喪失の常況にあるのに法定代理人を有しなかつた場合において、その後当該被害者が禁治産宣告を受け、後見人に就職した者がその時から6箇月内に右損害賠償請求権を行使したなど特段の事情があるときは、民法158条の法意に照らし、同法724条後段の効果は生じないものと解するのが相当」と判示し、続いて、最判平成21年4月28日民集63巻4号853頁は、「被害者を殺害した加害者が、被害者の相続人において被害者の死亡の事実を知り得ない状況を殊更に作出し、そのために相続人はその事実を知ることができず、相続人が確定しないまま上記殺害の時から20年が経過した場合において、その後相続人が確定した時から6か月内に相続人が上記殺害に係る不法行為に基づく損害賠償請求権を行使したなど特段の事情があるときは、民法160条の法意に照らし、同法724条後段の効果は生じないものと解するのが相当」と判示する。

⑤ 売買予約の仮登記に後れる抵当権者
⑥ 仮登記担保の設定された不動産の第三取得者
⑦ 詐害行為の受益者

　このように、判例は、消滅時効を援用することができる「当事者」に、一定の第三者が含まれることを認めており、この点については学説上も異論をみなかった。しかし、「当事者」という文言からこのことを読み取るのは困難であったため、新法では、上記のとおり、消滅時効の援用権者である「当事者」に一定の第三者が含まれることを明文化した。

イ　正当な利益を有する者

　判例は、消滅時効の援用権者に当たるか否かの判断において、一貫して「権利の消滅により直接利益を受ける者」という基準を用いているものの、従来は間接に利益を受けるにすぎないとして援用権を否定していた抵当不動産の第三取得者（上記④）や仮登記担保の設定された不動産の第三取得者（上記⑥）について判例を変更し、援用権を肯定している。そのため、判例がいう「直接」と「間接」の実質的な判断要素は明らかではなく、判例の基準は有効に機能していないとの批判があった。

　以上のような議論の状況をふまえ、新法は、消滅時効の援用権者の範囲を示す用語として、判例の基準である「直接利益を受ける者」という文言は用いず、判例上援用権者と認められている代表的な者を例示したうえで、「正当な利益を有する者を含む」という文言を用いている。これは、一定の第三者に援用権が認められることを条文上明らかにするにとどめ、援用権者の具体的な範囲については引き続き解釈に委ねる趣旨であり、援用権者に関するこれまでの判例を変更することを意図するものではないとされる（「部会資料69A」24頁）。

(3)　取得時効の規律について

　新法145条は、取得時効についても適用される規定であるが、取得時効については、援用権者の範囲に関する判例の蓄積が少なく、学説上もそれほど確立した考え方が示されていない。そこで、取得時効については、改正前の規律が維持されている。

(4) 実務への影響

旧法の判例法理に基づいた改正であり、実務への影響は小さいと考えられる。

3 時効の完成猶予・更新

(1) 総論

① 新法は、時効の障害制度として、従来の「停止」に代わり「完成猶予」という制度を、「中断」に代わり「更新」という制度を設けた。

② 時効の「完成猶予」とは、権利行使の意思を明らかにしたと評価できる一定の事由（承認を除く旧法の時効中断事由）が発生した場合に、一定の期間（原則6か月、例外3か月）は、時効が完成しないとするものである。

　時効の「更新」とは、権利の存在について確証が得られたと評価できる一定の事由が発生した場合に、これまでの時効の進行を白紙に戻して、新たな時効が進行を始めるというものである。

③ 旧法では、時効の中断事由を列挙した条文（旧法147条）と取下げ等により手続が途中で終了した場合等に中断の効力を否定する条文（旧法149条〜152条、154条）とを分けて規定していたが、新法では、時効の完成猶予をもたらす事由ごとに条文を分けて、それぞれ完成猶予の期間を定めるとともに、当該事由が終了した時から新たな時効が進行する旨の時効の更新に関する規定を置いた（新法147条〜161条）。

④ 新法は、旧法には規定がなかった「協議による時効の完成猶予」に関する規定を新設した。

⑤ 時効の完成猶予および更新に関するポイントをまとめると、次頁の表のとおりである。

事　　由	権利不確定・満足時	権利確定・一部満足時
裁判上の請求 （147条1項1号・2項）	完成猶予 【原則】事由の終了時まで 【例外】権利不確定のまま事由が終了した場合、終了時から6か月	更新 →事由の終了時から新たに時効進行
支払督促 （147条1項2号・2項）	^	^
訴え提起前の和解、民事調停・家事調停 （147条1項3号・2項）	^	^
破産手続等参加 （147条1項4号・2項）	^	^
強制執行 （148条1項1号・2項）	完成猶予 【原則】事由の終了時まで 【例外】取下げ等によって事由が終了した場合、終了時から6か月	更新 →事由の終了時から新たに時効進行
担保権の実行 （148条1項2号・2項）	^	^
留置権による競売、形式的競売 （148条1項3号・2項）	^	^
財産開示手続 （148条1項4号・2項）	^	^
仮差押え、仮処分 （149条1号・2号）	完成猶予 →事由の終了時から6か月	―
催告（150条）	完成猶予 →催告時から6か月	―
協議を行う旨の合意（151条）	次のいずれか早い時まで ①合意時から1年 ②（1年未満の協議期間の場合）その期間 ③（協議続行を拒絶する通知がされた場合）その通知から6か月	―
承認（152条）	―	更新 →承認時から新たに時効進行
未成年・成年被後見人（158条）	完成猶予 →行為能力者となった時または法定代理人就職時から6か月	―
夫婦間の権利（159条）	完成猶予 →婚姻解消時から6か月	―
相続財産（160条）	完成猶予 →相続人確定時等から6か月	―
天災等（161条）	完成猶予 →障害消滅時から3か月	―

(2) 裁判上の請求等による時効の完成猶予および更新（新法147条）

ア 時効の完成猶予（新法147条1項）

① 次に掲げる事由が発生した場合は、「時効の完成猶予」が認められ、当該事由が終了するまでの間は、時効は完成しない。
 1. 裁判上の請求
 2. 支払督促
 3. 民事訴訟法275条1項の和解（訴え提起前の和解）または民事調停法もしくは家事事件手続法による調停（民事調停・家事調停）
 4. 破産手続参加、再生手続参加または更正手続参加

② これらの事由は、いずれも旧法では時効の中断事由とされ、それまで進行していた時効を白紙に戻す効果が認められていたが、新法では、当該事由が生じただけでは（すなわち、権利が不確定な間は）時効を白紙に戻す効果までは認められず、時効の完成を猶予する効果が付与されるにとどまっている（ただし、後述のとおり、権利が確定した場合は、その時点で「時効の更新」が認められ、時効が白紙に戻され、新たな時効が開始することになる）。

イ 裁判上の催告（新法147条1項柱書括弧書）

1項の事由が確定判決等によって権利が確定することなく終了した場合は、その終了の時から6か月を経過するまでの間は、時効は完成しない（1項柱書括弧書）。

これは「裁判上の催告」に関する判例法理を明文化したものである。すなわち、旧法は、催告および承認を除く時効の中断事由について、手続の申立て等により時効が中断すると規定しながら、他方で、一定の事由により手続が途中で終了した場合には、遡って時効中断の効力が生じないとしていた（旧法149条～152条、154条）。条文を形式的に解釈すれば、このような場合には時効中断の効力がはじめから生じなかったことになるはずであるが、判例は、裁判上の請求や破産手続参加について、いわゆる「裁判上の催告」としての効力を認め、手続の終了時から6か月以内に153条所定の手続をとれば時効が中断するものとしていた（最判昭和45年9月10日民集24巻10号1389頁等）。このような規律は、実務上も定着していたが、条文から読み取ることができなかったため、明文化する必要性が指摘され、今般の民法改正により実現したものである（「部

会資料69A」16頁)。

　ウ　時効の更新（新法147条2項）

　1項の場合に、確定判決等によって権利が確定した場合は、「時効の更新」が認められ、当該事由が終了した時から時効が新たに進行を始める。

　各事由において新たな時効の進行が始まる具体的な時点は、以下のとおりと解される（「部会資料69A」19頁）。

① 裁判上の請求——裁判が確定した時
② 支払督促——支払督促が確定した時
③ 訴え提起前の和解、民事調停・家事調停——和解または調停が成立した時
④ 破産手続参加等——権利の確定に至り、手続が終了した時

　エ　実務への影響

① 旧法は、催告および承認を除く時効中断事由が生じた場合に、時効の進行を直ちに白紙に戻す効果を認めたうえで、一定の事由により手続が途中で終了した場合には、遡って中断の効力が生じないものとしていた。これに対し、新法は、新たに時効の「完成猶予」と「更新」という概念を採用したうえで、従来の中断事由が生じた場合に、(i) まずは「完成猶予」の効果を認めたうえで、(ii) その後、権利が確定した時点で改めて「更新」の効果を認めるという規律を定めている。いわば時効完成を妨げる法的効果を2段階に分けて構成するものであり、条文の大幅な改正も相まって、実務に与える影響は無視できない。もっとも、裁判上の催告に関する判例法理を明文化するなど、基本的には判例実務の内容を反映した改正であり、これまでの実務上の取扱いに大幅な変更を迫るものとまではいえないと思われる。

② 債権管理の実務上留意すべき点としては、完成猶予事由が発生した時点（たとえば、訴えを提起した時）だけではなく、確定判決等によって権利が確定した時点も含めて記録・管理を行い、完成猶予の効果の発生時点と更新の効果の発生時点とを区別して把握しておくべきことなどが考えられる。

③ また、経過措置についても注意が必要である。施行日前に旧法147条に規定する時効の中断の事由または158条から161条までに規定する時効の停止の事由が生じた場合は、「なお従前の例による」とされている（附則10条2項）。他方、施行日前に発生した債権であっても、施行日前に時効期間が経過していなければ、施行日以降に発生した事由については、改正後の時効の

完成猶予、更新の規定が適用されることになる。

(3) 強制執行等による時効の完成猶予および更新（新法148条）

ア　時効の完成猶予（新法148条1項）

① 次に掲げる事由が発生した場合は、「時効の完成猶予」が認められ、当該事由が終了するまでの間は、時効は完成しない。
1．強制執行
2．担保権の実行
3．民事執行法195条に規定する担保権の実行としての競売の例による競売（留置権による競売、形式的競売）
4．民事執行法196条に規定する財産開示手続

② 旧法147条2号は、「差押え」があった場合に時効が中断するとしていた。そこで、差押手続を経る強制執行や担保権の実行に、時効中断の効果が認められることは条文上明らかであったが、差押手続を経ない代替執行や間接強制などの強制執行、担保権の実行としての競売（民事執行法1条、181条以下）、形式的競売（同法195条）、財産開示手続（同法196条以下）に時効中断の効果が認められるのかが不明確であると指摘されていた。この点に関し、新法は、(i)旧法が「差押え」に時効中断の効力を認めた趣旨（債権者が権利の実行に着手することにより、もはや権利の上に眠る者ではなくなり、永続した事実状態が変更される点）は差押えを経ない強制執行の手続や担保権の実行としての競売にも当てはまること、(ii)形式的競売は、直接的には債権者の権利を満足させることを目的とした手続ではないが、債権者としての権利行使の側面も否めないうえ、留置権に基づく競売においては、実務上留置権者に配当を行う場合もありうることから、「差押え」と同様に取り扱うのが相当であると考えられること、(iii)財産開示手続も、直接的には債権者の権利を満足させることを目的とした手続ではないが、債務名義を有する権利者による権利の実現に向けられた手続であるうえ、仮差押えや仮処分のような手続の暫定性はないことから、「差押え」と同様に取り扱うべきであると考えられることを理由に、差押えを経ない強制執行等の事由についても、差押えを経た場合と同様に、時効の完成猶予の効果を認めている。

イ　裁判上の催告（新法148条1項柱書括弧書）

申立ての取下げまたは法律の規定に従わないことによる取消しによってその事由が終了した場合には、その終了の時から6か月を経過するまでの間は、時効は完成しない。いわゆる「裁判上の催告」としての効果を認めるものであり、新法147条1項と同趣旨による改正である。

なお、旧法では、差押えが取消しや取下げによって終了した場合に、裁判上の催告としての効力が認められるのか否かについて、肯定説と否定説に見解が分かれていたが、新法は肯定説の立場に立ち、従来不明確であった点を明確にしている。

ウ　時効の更新（新法148条2項）

1項の場合に、同項各号に掲げる事由が終了した時に、「時効の更新」が認められ、時効が新たに進行を始めるとしたものである（取下げや取消しの場合を除く）。

エ　実務への影響

前記(2)エにおいて述べたのと同様である。

(4) 仮差押え等による時効の完成猶予（新法149条）

ア　時効の完成猶予

① 次に掲げる事由が発生した場合は、「時効の完成猶予」が認められ、当該事由が終了するまでの間は、時効は完成しない。

1. 仮差押え
2. 仮処分

② 旧法では、「仮差押え又は仮処分」（旧法147条2号）は時効の中断事由とされていたが、民事保全手続の開始に債務名義は不要であり、その後に本案の訴え提起または続行が予定されていることなど（保全手続の暫定性）から、結局、仮差押え等は、本案の訴えが提起されるまでの間、時効完成を阻止するものにすぎず、実質的には時効の停止事由として機能していると指摘されていた。そこで、今回の改正では、仮差押えおよび仮処分については、時効の更新事由とはせず、完成猶予事由に改められた（「部会資料69A」19頁）。

イ　実務への影響

上記のとおり、旧法が仮差押えおよび仮処分を時効の中断事由としていた点

を変更するものだが、時効の停止事由として機能していた実態に合わせた改正であり、実務に及ぼす影響は小さいと考えられる。

(5) 催告による時効の完成猶予（新法150条）

ア 時効の完成猶予（新法150条1項）

① 催告を完成猶予事由として、催告から6か月を経過するまでの間は、時効は完成しないとした。

② 旧法においても、「催告」（旧法147条1号、153条）の「中断」の効力はそもそも確定的なものではなく、6か月以内に153条所定の手続をとることによって中断の効力が認められるものとされていた。そこで、催告は時効の完成間際において一時的に時効完成を阻止するものにすぎないことから、実質的には時効の停止事由として機能していると指摘されていた。また、旧法は、このように一時的に時効の完成を妨げるにすぎない催告の効力（旧法153条）と、それまでに進行した時効がまったく効力を失い、新たな時効が進行を始めるという効力（旧法157条）を、いずれも「中断」という同一の用語で表現しており、このことが時効制度を難解にしている一因であるとも指摘されていた。そこで、今回の改正では、催告を時効の更新事由とせず、完成猶予事由として定めた（「部会資料69A」17頁）。

イ 再度の催告の効力（新法150条2項）

① 催告によって時効の完成が猶予されている間にされた再度の催告は、1項の規定による時効の完成猶予の効力を有しない。

② 裁判外の催告を繰り返しても中断の効力が生じないことは確立した判例法理であり（大判大正8年6月30日民録25輯1200頁）、これを明文化したものである。

　他方、再度の催告を裁判上で行った場合に、当該催告に時効完成猶予の効力が認められるか否かについては、近時最高裁判決が示されているものの（最判平成25年6月6日民集67巻5号1208頁）、その射程範囲をめぐり見解は確立されておらず、解釈に委ねられているとされている（「部会資料69A」24頁）。

ウ 実務への影響

旧法の判例実務に即した改正であり、実務に及ぼす影響は小さいと考えられる。

(6) 協議を行う旨の合意による時効の完成猶予（新法151条）

ア 時効の完成猶予（新法151条1項）

① 権利についての協議を行う旨の合意が書面でされたときは、次に掲げる時のいずれか早い時までの間は、時効は完成しない。

1. 合意があった時から1年を経過した時
2. 合意において当事者が協議を行う期間（1年に満たないものに限る）を定めたときは、その期間を経過した時
3. 当事者の一方から相手方に対して協議の続行を拒絶する旨の通知が書面でされたときは、その通知の時から6か月を経過した時

② 旧法では、当事者間で権利に関する協議の合意がされた場合に時効の完成を阻止する方法は特に規定されていなかった。そのため、当事者間において権利をめぐる争いを自発的に解決するために協議を継続していても、時効の完成が間際となった場合には、その完成を阻止するためだけに時効中断の措置をとらざるをえなかった。しかし、協議の継続中は、権利者が時効中断の措置をとらないことをもって権利行使を怠っているとはいえず、義務者の側にも、権利者が強硬な手段に出ることはないだろうという期待があるといえる。そこで、新法は、権利に関する協議の合意がされた場合に、時効完成を阻止する制度として、「協議を行う旨の合意による時効の完成猶予」を新設した。

③ 協議という概念は外延が不明確であり、その存否が判然としない場合がありうる。そこで、新法は、協議の存否を明確にし、後の紛争を防止するため、「書面」による合意を要件とした。

　また、時効完成が猶予される期間については、(i) 合意があった時から1年を経過した時、(ii) 合意において当事者が協議を行う期間（1年に満たないものに限る）を定めたときは、その期間を経過した時、(iii) 当事者の一方から相手方に対して協議の続行を拒絶する旨の通知が書面でされたときは、その通知の時から6か月を経過した時のいずれか早い時までとした。(i) は協議の合意をしたのみで協議が行われず、時効の完成が阻止された状態が長期間継続することを防止することを目的とし、(ii) は当事者が1年未満の協議期間を定めたときは、当該協議期間を完成猶予期間とすれば足り、完成猶予

期間をあえて1年に伸長する必要性はないことを理由とする。(iii)は協議の終了後、権利者が時効の更新に向けた措置を講ずるための期間を確保する必要があることから、催告の場合の完成猶予期間を考慮して、時効完成までに6か月の猶予を認めたものである。

本条項が定める時効の完成猶予の期間をまとめると、次のとおりとなる。

協議の合意	期間の定めがない場合	期間の定めがある場合	
		1年以上の期間の定めがある場合	1年未満の期間の定めがある場合
時効の完成猶予	合意時から1年を経過した時 (i) or 協議続行拒絶通知時から6か月を経過した時 (iii) →いずれか早い時まで	協議を行う期間を経過した時 (ii) or 協議続行拒絶通知時から6か月を経過した時 (iii) →いずれか早い時まで	

イ　再度の協議を行う旨の合意の効力（新法151条2項）

① 1項の規定により時効の完成が猶予されている間にされた再度の同項の合意は、同項の規定による時効の完成猶予の効力を有する。ただし、その効力は、時効の完成が猶予されなかったとすれば時効が完成すべき時から通じて5年を超えることができない。

② 協議を行う旨の合意により時効完成が猶予されている間に、再度の協議を行う旨の合意をした場合に、さらに時効の完成猶予の効力が認められることを規定したものである。ただし、消滅時効制度には、証拠の散逸による立証の困難から当事者を救済するという公益的な側面があることから、時効の完成猶予の効力を無制限に認めるのは妥当でない。また、当事者間の協議が5年を経過してもなお調わない場合には、もはや自発的な紛争解決の見込みは薄いと考えられる。そこで、協議の合意による時効の完成猶予の期間を、本来の時効期間の満了時から起算して最長で5年までとした。

　(i) 再度の催告によっては時効の完成が猶予されないこと（新法150条2項）、後記のとおり、(ii) 催告によって時効の完成が猶予されている期間中に、さらに協議の合意を行ったとしても、この合意に時効の完成猶予の効力は認められないこと、(iii) 協議の合意によって時効の完成が猶予されている期間中に、さらに催告を行ったとしても、その催告に時効の完成猶予の効力は認

められないこと（新法151条3項）などと混同しないよう注意が必要である。

ウ　催告との関係（新法151条3項）

① 催告によって時効の完成が猶予されている間にされた1項の合意は、同項の規定による時効の完成猶予の効力を有しない。同項の規定により時効の完成が猶予されている間にされた催告についても、同様とする。

② 本項は協議による時効の完成猶予と催告による時効の完成猶予が競合した場合の規律である。協議の合意による時効の完成猶予は、当事者間での自主的な紛争解決を図るための期間であると同時に、権利者が時効の更新に向けた措置を講ずるための期間でもあり、催告と同様の趣旨に基づく時効の完成猶予事由であるといえる。再度の催告に時効の完成猶予の効力が認められないこと（新法150条2項）からすれば、協議の合意による時効の完成猶予と催告による時効の完成猶予を重複して認める必要もない。そこで、催告によって時効の完成が猶予されている期間中に、さらに協議の合意を行ったとしても、この合意に時効の完成猶予の効力は認められず、また、協議の合意によって時効の完成が猶予されている期間中に、さらに催告を行ったとしても、その催告に時効の完成猶予の効力は認められないこととした。

エ　電磁的記録による合意、通知（新法151条4項・5項）

電磁的記録によってされた合意および通知が、書面によってされたものとみなされる旨の規定である。

オ　実務への影響

新法により新設された制度であり、協議の合意に関する書面をどのような内容とすべきか等、実務上検討すべき課題は多い。①当事者および権利の内容を特定するに足りる事項、②当該権利について協議を行う旨の合意、③合意をした日付は、最低限書面に記載する必要があろう（合意があった時を明確にするため、事案によっては、書面に公証人による確定日付を付しておくべき場合も考えられる）。

また、催告による時効の完成猶予と競合した場合の規律にも注意が必要である。協議を行う旨の合意の場合、5年を超えなければ、再度の合意により完成猶予期間の延長が自由に認められている。他方、すでに催告を行っていると、その後にいくら協議を行う旨の合意を行っても完成猶予の効力は認められない。そのため、時効の完成が迫っている場合には特に注意が必要である。

(7) 承認による時効の更新（新法152条）

ア 時効の更新（新法152条1項）
① 時効は、権利の承認があったときは、その時から新たにその進行を始める。
② 旧法では、承認（旧法147条3号）は時効の中断事由とされており、承認があった時から新たな時効が進行を始めるものと理解されていた（旧法157条1項）。本条項は以上のような一般的な解釈を明文化し、時効の承認を更新事由とすることで、旧法147条3号の規律を維持するものである。

イ 承認者の能力・権限（新法152条2項）
① 1項の承認をするには、相手方の権利についての処分につき行為能力の制限を受けていないことまたは権限があることを要しない。
② 旧法156条の規律を維持するものである。

ウ 実務への影響
旧法147条3号と同法156条の内容を変えずに条文を統合したものであり、実務への影響は小さいと考えられる。

(8) 時効の完成猶予または更新の効力が及ぶ者の範囲①（新法153条）

時効の完成猶予または更新の効力が及ぶ者の範囲を、完成猶予または更新の事由が生じた「当事者及びその承継人」に限定したものである。

旧法148条の規律を基本的に維持したものであり、実務に及ぼす影響は小さいと考えられる。

(9) 時効の完成猶予または更新の効力が及ぶ者の範囲②（新法154条）

強制執行等または仮差押え等に係る手続は、時効の利益を受ける者に対してしないときは、その者に通知をした後でなければ、時効の完成猶予または更新の効力を生じないとしたものである。

旧法155条の規律を基本的に維持したものであり、実務に及ぼす影響は小さいと考えられる。

(10) 天災等による時効の完成猶予（新法161条）

ア　時効の完成猶予

① 天災その他避けることのできない事変のため時効の完成猶予および更新の手続をとることができない場合は、その障害が消滅した時から3か月を経過するまでの間は、時効は完成しない。

② 旧法161条は、天災その他避けることのできない事変のため時効中断の措置をとることができない場合は、障害が消滅した時から「2週間」時効が停止するものとしていた。しかし、「2週間」という停止期間は、時効中断の措置をとるための準備期間としてはあまりに短期であり、特に、東日本大震災のような大規模な災害を念頭に置いた場合には、債権者にとって酷な結果をもたらすと考えられていた。そこで、新法161条は、時効の「停止」を改正後の用語である「完成猶予」に置き換えるとともに、改正前の時効完成の猶予期間である「2週間」を「3か月」に伸長している。

イ　実務への影響

東日本大震災の被災地域の裁判所では、通常の業務を再開するのに3週間ほどを要し、津波による浸水被害等を受けた一部の庁ではそれ以上の期間を要したとされている。今回の改正は、実務の要請に即した改正と評価することができる。

4　債権の消滅時効

(1) 職業別の短期消滅時効（旧法170条～174条）について

ア　旧法の内容とその問題点

旧法は、170条から174条において、原則的な債権の消滅時効期間（旧法167条1項）よりも短期の消滅時効期間として、次頁の表のとおり1年から3年の時効期間を定めている。

ここに規定されている債権は、日常頻繁に生ずる債権でありながら比較的少額であり、かつ受取証書が交付されないことが多く、交付された場合でも長期間保存されないことが多いことから、法律関係を早期に確定し、紛争の発生を防ぐために短期の消滅時効が規定されたとされる[3]。しかし、時代の変化によって

条　文	債権の内容	時効期間
170条1号	医師、助産師、薬剤師の診療、助産または調剤に関する債権	3年
170条2号	工事の設計、施工または監理を業とする者の工事に関する債権 （起算点：工事が終了した時）	
171条	弁護士、弁護士法人、公証人がその職務に関して受け取った書類に関する責任 （起算点：弁護士または弁護士法人は事件終了時、公証人は職務執行時）	
172条	弁護士、弁護士法人、公証人の職務に関する債権 （起算点：原因となった事件終了時）	
173条1号	生産者、卸売商人、小売商人が売却した産物または商品の代価に係る債権	2年
173条2号	自己の技能を用い、注文を受けて、物を製作しまたは自己の仕事場で他人のために仕事をすることを業とする者の仕事に関する債権	
173条3号	学芸または技能の教育を行う者が生徒の教育、衣食または寄宿の代価について有する債権	
174条1号	月またはこれより短い時期によって定めた使用人の給料に係る債権	1年
174条2号	自己の労力の提供または演芸を業とする者の報酬またはその供給した物の代価に係る債権	
174条3号	運送賃に係る債権	
175条4号	旅館、料理店、飲食店、貸席または娯楽場の宿泊料、飲食料、席料、入場料、消費物の代価または立替金に係る債権	
175条5号	動産の損料に係る債権	

　職業や契約内容が多様化し、これらの規定に列挙されたものに隣接する類型の職種等が生じたことにより、適用を受ける債権であるか否かの判断が困難になっている。また、このような職業別の区分を設けることそのものについて合理性があるのかという指摘もなされている。適用を受ける債権であるか否か判例で争われたものでは、農業協同組合や漁業協同組合が旧法173条1号の「卸売商人」に当たるのか（最判昭和37年7月6日民集16巻7号1469頁、最判昭和42年3月10日民集21巻2号295頁。いずれも否定）、土木建設用の機械であるショベルドーザーが、営業のために、数か月にわたり賃料毎月払いの約定で賃借された場合の賃借債権が旧法174条5号の「動産の損料」に当たるのか（最判昭

3）　川島武宜『注釈民法(5)　総則(5)』（有斐閣・1967年）333頁［平井宜雄］。

和46年11月19日民集25巻8号1331頁はこれを否定）などがある。これ以外でも、あん摩師やマッサージ師等に関する債権について、旧法170条1号が適用ないし類推適用されるのか、公認会計士や税理士、司法書士等の職務に関する債権について、旧法172条1項が適用ないし類推適用されるのかなどの点が指摘されている。どの債権が適用されるのか不明な点が問題であるとともに、いずれも、適用ないし類推適用されないとすると、その区別に合理性があるかが疑問視されている。

イ　新法の内容と実務への影響

新法は、職業別の短期消滅時効を廃止し、これらについても債権の消滅時効についての一般原則の適用を受けるとして、その統一化を図っている。その結果、旧法と比較して、これらの債権については、消滅時効期間は長期化することになり、これにより、債務者は、弁済の証拠として受取証書などを保存する負担が大きくなるといえる。しかし、前述したとおり、契約の類型が多様化・複雑化した現代社会においては、そのような負担を軽減すべき類型と、そうでない類型との区別はむずかしい。また、カード払いや口座振替などの決済方法が増えていること、さらに(2)で述べるように、債権の消滅時効の一般原則については主観的起算点から5年間という旧法より短い時効期間が規定されることからすれば、その負担は大きくないものと考えられたようである。

(2)　債権の消滅時効に関する一般原則

ア　旧法の内容とその問題点

旧法167条1項は債権の消滅時効期間を「10年」と規定し、その起算点は166条1項の「権利を行使することができる時」という客観的な起算点である。

(1)で述べたとおり、新法は職業別の短期消滅時効を廃止するとしていることから、この旧法を維持するとすれば、これまで短期消滅時効の適用があった債権については大幅に時効期間が長期化することになり、消滅時効制度が果たしている機能が害されるとの指摘がなされた。

また、旧法の母法国であるドイツでは2002年に、フランスでは2008年に債権の消滅時効期間を大幅に短くする法改正がなされており、ドイツでは同時に、起算点についても、請求権発生時から債権者の認識可能性を考慮するものに修正していることから、日本の消滅時効期間についても見直しを検討する状

況にあったともいえる。

イ　新法の内容と実務への影響

新法166条は、債権の消滅時効期間を、「権利を行使することができることを知った時」という主観的起算点から5年（1項1号）、「権利を行使することができる時」という客観的起算点から10年（同項2号）と二重の時効期間を規定する。いずれか早く完成すれば、その時点で時効消滅する。旧法の客観的起算点から10年という時効期間に加えて、主観的起算点から5年という短期の消滅時効を導入するものであるが、これは、権利を行使することができることを知った場合には、権利行使が期待できる一方で、権利行使を知らない場合にいつまでも時効が完成しないこととなるのは適当でないという考慮によるものである。

たとえば、売買契約に基づく代金債権など契約に基づいて生じる一般的な債権であれば、ほとんどの場合に「○月○日に弁済する」というように弁済期日

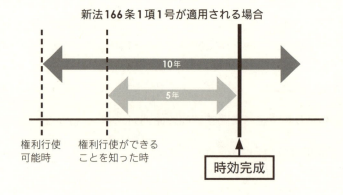

が定められているであろうから、このような場合には、いつから権利行使が可能かということを債権者は認識しているため、主観的起算点と客観的起算点は基本的に一致する。よって、このような債権については、主観的起算点がいつかということはあまり問題とならず、改正による影響はあまりない（もっとも、後述のとおり、商法522条は削除されたため、商事債権にも本条項が適用される）。これに対し、不当利得返還請求権や安全配慮義務違反に基づく損害賠償請求権などについては、権利行使が可能な時[4]に、権利行使が可能だと知らないことが多いだろうから、この場合には、主観的起算点と客観的起算点は異なる。

　問題となるのは主観的起算点はいつか、つまり、「権利を行使することができることを知った時」と認められるのは、具体的にはどのような事実をどの程度認識した時点を指すのか、ということであろう。まず、その前提となる客観的起算点である「権利を行使することができる時」については、旧法における解釈が維持される。すなわち、判例・通説によると、権利を行使するために法律上の障害がなく、かつ、権利の性質上、その権利行使を現実に期待することができることをいう（最大判昭和45年7月15日民集24巻7号771頁等）[5]。

　そうであれば、「権利を行使することができることを知った時」とは、そのような状況を知った場合ということになるが、債権は特定の者に対して特定の給付を請求することができる権利であるから、債務者を知ったことも含まれる。その結果、安全配慮義務違反に基づく損害賠償請求権の主観的起算点については、不法行為に基づく損害賠償請求権の消滅時効の起算点たる「損害及び加害者を知った時」（旧法724条前段、新法724条1号）の解釈が参考とされる。

---

[4]　判例は、債務不履行に基づく損害賠償請求権について、消滅時効の起算点たる「権利を行使することができる時」とは、本来の債務の履行を請求しうる時を原則としている（最判平成10年4月24日判時1661号66頁）。しかし、最高裁は、炭鉱労務によるじん肺罹患による損害について、炭鉱会社に対する安全配慮義務違反に基づく損害賠償請求をした事案において、じん肺は、いわゆる遅発性のある病変でありながら、粉塵に暴露した後も進行するものであり、元の状態に戻すための治療方法がないなど特異性がある病変であることを理由に、じん肺法所定の管理区分についての最終の行政決定を受けた時から進行すると判示している（最判平成6年2月22日民集48巻2号441頁）。さらに、じん肺による死亡に関する安全配慮義務違反に基づく損害賠償請求権について、死亡時を起算点とする判断もしており（最判平成16年4月27日判時1860号152頁）、被害者の主観的要素を考慮した判断を行っている。

[5]　法律上の障害がなくなった時と解する有力説もある。この立場からは、本文記載の昭和45年大法廷判決は、供託金取戻請求権に関するもので、権利行使が現実に期待できる必要があるとの判断は供託の特殊性によるものとして理解する可能性も指摘されている。山本敬三『民法講義Ⅰ総則〈第3版〉』（有斐閣・2011年）563頁。

というのも、損害の発生の事実を知ったとしても、一般人には不法行為に該当するかどうかの判断が困難な場合がある。下級審裁判例でも、損害賠償請求をすることが可能な程度の認識があったか否かを被害者の具体的な事情に即して判断されている。これを債務不履行に基づく損害賠償に置き換えれば、債務不履行に該当するか否かの判断が可能な程度に事実を知ったといえるか、当該事案における債権者の具体的な権利行使の可能性を考慮して判断されると考えることができる（「部会資料78A」10頁）。また、不当利得返還請求権についても、客観的起算点たる不当利得返還請求権の発生時（大判昭和12年9月17日民集16巻1435頁）を前提とすれば、主観的起算点は、債権者が不当利得返還請求権の発生を知った時となるが、一般人が不当利得返還請求権を行使することができるとの判断をすることは困難な場合もある。よって、不当利得返還請求権を行使することができるか否かの判断が可能な程度に事実を知ったといえるか、当該事案における債権者の具体的な権利行使の可能性を考慮した判断がされると考えられる（「部会資料78A」11頁）。

　民法における債権の原則的な消滅時効において、主観的起算点から5年間という時効期間を設けることに伴い、現行商法522条は廃止される。今後は、商事債権についても新法166条1項が適用されることとなる。なお、製造物責任法5条1項、不正競争防止法15条には主観的起算点から3年という、新法より短期の消滅時効期間の規定があるが、規定の形式は改正されているものの、時効期間は維持されている。製造物責任法5条2項や大気汚染防止法25条の4等は消滅時効期間が改正されているが、これは、生命、身体の侵害による損害賠償請求権に関する規定であるから、新法と平仄を合わせるものである。

(3) 人の生命または身体の侵害による損害賠償請求権の消滅時効

ア　旧法の内容とその問題点

　生命・身体等の侵害については、法益の要保護性が高く、被害者が被る損害は物理的、経済的、精神的に深刻なものであるから、債務者は他の場合にくらべて負担が重くてもやむをえない、そして、そのような侵害を受けた場合には時効完成を阻止する措置をとることが困難状態にあることも考えられるため、消滅時効期間を長くすべきであるとの見解がある。旧法は、不法行為に基づく損害賠償請求権については不法行為時から20年という長期の時効期間を規定

している（旧法724条後段）が、生命、身体等の侵害による損害賠償請求権であれば、契約に基づく債務不履行、たとえば安全配慮義務違反についても同一の扱いがなされるべきと考えられる。

イ　新法の内容と実務への影響

新法167条は、人の生命、身体の侵害による損害賠償請求権について、客観的起算点からの時効期間を20年とする。主観的起算点から5年という新法166条1項1号も同じく適用される。新法724条の2は、不法行為に基づく損害賠償請求権についても人の生命、身体の侵害による場合には、「損害及び加害者を知った時」から5年と規定するため、新法の下では、債務不履行、不法行為によるとを問わず、生命、身体の侵害による損害賠償請求権については、主観的起算点から5年、客観的起算点から20年の時効期間となる（「生命、身体の侵害」の内容については、後述する新法724条の2に関する**6**(2)イを参照）。主観的起算点から5年との時効期間は旧法より短くなるが、部会資料は、被害者が権利行使の具体的な可能性を知った後、時効中断（新法では時効の更新）の措置をとることができない状況が5年以上継続することは実際上それほど多くはないことから実質的な弊害はそれほど多くないと説明している（「部会資料78A」18頁）。時効完成前に、時効中断の措置がとれない場合のためには、時効の完成猶予の規定があることからもそのようにいえるかと思われるが、重大な法益侵害に関係する内容だけに、実務上は注意が必要であろう。

(4)　定期金債権の消滅時効について

ア　旧法の内容とその問題点

扶養料や年金などのように定期に一定の金銭その他の代替物を給付させることを目的とする債権を定期金債権という。各期に一定の給付を請求する権利（支分権）と、これを発生させる基本の債権（基本権）は区別され、旧法168条1項は基本権たる定期金債権について消滅時効を定め、旧法169条は支分権について消滅時効を定めている。なお、一定の期日の到来によって債権が成立する場合であっても、たとえば、売買代金を分割して月賦にしたり、借金を月賦で返済する場合のように一定の債権額を単に分割する場合には、基本権と支分権の関係になく、ここでいう定期金債権に当たらず、分割払債権の時効は一般の債権の消滅時効の規定が適用される。

さて、旧法168条1項は、定期金債権は、第1回の弁済期から20年間または最後の弁済期から10年間行使しないときに消滅し（同条前段）、また最後の弁済期から10年間行使しないときも消滅する（後段）と規定する。「第1回の弁済期」とは、確定した第1回の弁済期を意味すると解するのが通説である。これは、一般の債権の消滅時効と同じく「権利を行使することができる時」を起算点とすると、最後の支分権の弁済期が起算点となるが、存続期間が長いことが前提である定期金債権では、時効期間が著しく長期になる（終身年金であれば、そもそも消滅時効にかからないことになる）ことから起算点を「第1回の弁済期」としたものである。しかし、起算点を「第1回の弁済期」とするのみであれば、「第1回の弁済期」から10年で時効消滅することとなり、長期の存続期間を前提とする定期金債権がきわめて短い期間で消滅時効にかかることになる。そこで、20年という一般債権よりも長い時効期間が規定されたわけである[6]。

一方、支分権たる定期給付債権は、旧法169条では、5年間行使しないときに消滅するとされる。ここでいう定期給付債権は、基本権たる定期金債権から発生する支分権であって、その支分権発生が1年以内の周期のものをいう（大判大正10年6月4日民録27輯1062頁）。支分権たる定期給付債権は、通常、支払いが怠られると累積しがちであり、性質上少額であることが多いため支払いをなされても受取証書が交付されない場合も多く、交付されたとしても受取証書を保存する者が少ないことを理由に、短期消滅時効が設けられたものと説明されている[7]。

なお、旧法168条1項後段については、立法者は、残り10年未満となった定期金債権について、弁済がなされなかった場合には、その時から20年で時効消滅することになり（たとえば、期間30年の定期金債権について、25年目に弁済がなされなかった場合には、そこから20年後、最後の弁済期から15年で消滅することになる）、10年間で消滅する一般債権とのバランスを失するため、このような規定が必要であると説明する。しかし、弁済がなされなくとも、最後の弁済期が到来すれば、各期の支分権が独立の債権となっているから、旧法167条によりその弁済期より10年の消滅時効にかかるか、旧法169条により5年の消滅時効にかかる。そのため、旧法168条1項後段は、当然のことを注意的に

6) 川島・注3前掲327頁［平井］。
7) 川島・注3前掲333頁［平井］。

規定したものと解されている。

イ 新法の内容と実務への影響

今回の改正は、定期金債権について、旧法と同様に特則を置くことは維持しつつ、一般の債権と同様に、二重期間構成を採用し、168条1項後段および169条を削除するものである。

新法168条1項は、各支分権を行使できることを知った時から10年、各支分権を行使できる時から20年消滅時効期間を定める。一般の債権の消滅時効期間の2倍の期間という点では、旧法を維持しているといえる。また、旧法は、「第1回の弁済期から」と起算点を規定し、一度も弁済がされなかった場合を想定させるため、支分権について何度か弁済がなされた後、ある時期から弁済がされなくなった場合に、最後の弁済がなされた時点が起算点となるのか、未払いとなった支分権の弁済期が起算点となるのかが条文上明らかでなかった。そこで、法制審の部会では当初、「第1回の弁済期から20年間行使しないとき」「最後に弁済があった時において未払となっている給付がある場合には、最後の弁済の時から20年間行使しないとき」「最後に弁済があった時において未払となっている給付がない場合には、次の弁済期から20年間行使しないとき」と3つに分けて規定を設けることを前提としていた（「部会資料69A」4頁以下）。しかし、この場合分けは支分権の弁済が基本権の承認に当たることを前提に、それぞれの場合における支分権を行使することができる時を確認的に記載するものにすぎないとして、「各支分権を行使することができる時から20年間行使しないとき」との条文のみで足りるとされた。このような経緯から、この文言には、上記3つの場合を含むと解釈することになろう。

また、旧法168条1項後段は、不要な規定であるとして削除し、支分権の消滅時効については、前記のとおり一般の債権の消滅時効についての改正法が主観的起算点から5年とする時効期間を規定していることから、これによりカバーできるとして、同じく旧法169条を削除している。

5 判決で確定した権利の消滅時効

(1) 旧法の内容と問題点

旧法174条の2は、確定判決や、裁判上の和解、調停その他確定判決と同一

の効力を有するものによって確定した権利の消滅時効期間を10年と規定する。これは、その権利がもともとは短期消滅時効の対象となるものであっても、確定判決等によって確定した場合には10年の消滅時効にかかることを意味する。短期消滅時効の趣旨は、短期間に決済するべき債権債務について弁済の証拠の不明確さを防ぐことにあるが、確定判決等があれば、債権の存在は公に確定され、強い証拠力が与えられた以上、短期消滅時効の適用は不要である。また、債権者からすれば、裁判で確定判決等を得たにもかかわらず、再び短期消滅時効にかかることになれば、時効完成を阻止するために、短期間のうちに再び訴え提起を強いられることになる。このようなことが考慮され、昭和13年の民法改正（法律18号）の際に、追加されたのが旧法174条の2である。

　この旧法174条の2に関して、特に、解釈上争いのあるような論点は存しないが、**4**で述べたとおり、新法が職業別の短期消滅時効を廃止しつつ、債権の消滅時効の一般原則として主観的起算点から5年間という時効期間を導入することから、本規定をどのようにするかが問題となる。

(2) 新法の内容と実務への影響

　新法169条は、若干文言が変わっているものの、旧法174条の2の規定を維持している。この旧法の内容維持の方針は、法制審での検討が始まってすぐに示され、特に異論がなかったようである[8]。維持すべきとする見解の根拠としては、確定判決等によって確定された債権は、確定判決等によって債権の存在が公に確定されたといえること、再び消滅時効が完成することを避けるために債務者が再び訴え提起を強いられるべきではないことに加えて、確定判決後に債務者が履行しない場合には、債権者は民事執行手続をとらざるをえなくなるところ、確定判決等によって確定された債権の消滅時効が短くなれば、債権者を無益な執行手続へと追い立てることになり、それは、社会的にも無益なコスト負担を生じさせることが指摘されている[9]。

---

[8]　法制審議会民法（債権関係）部会第34回会議議事録50頁［鎌田薫部会長発言］。なお、この発言の後、松本恒雄委員が「時効期間の短縮を御提案される側が、10年は長すぎる、短くしろという提案がされているのが原則だという声が全く出てこないのがちょっと不思議なのです」と述べているが、その後、松本委員も対立する提案をする趣旨ではないと述べている。

[9]　民法（債権法）改正検討委員会編『詳解・債権法改正の基本方針Ⅲ—契約および債権一般(2)』（商事法務・2009年）191頁以下。

旧法の内容が維持されることから、この点についての実務への影響は条文番号の変更にとどまると思われる。

6 不法行為に基づく損害賠償請求権の消滅時効

(1) 消滅時効であることの明記

ア 旧法の内容と問題点

旧法724条は、不法行為に基づく損害賠償請求権について、前段において被害者またはその法定代理人が損害および加害者を知った時から3年間行使しないときは時効によって消滅するとし、後段において不法行為の時から20年間行使しなかったときも「同様とする」と規定している。この文言を素直に読めば、前段、後段ともに消滅時効を定めたものと解されるが、判例は、除斥期間であるとする立場を維持している（最判平成元年12月21日民集43巻12号2209頁）。その理由として、前段で3年の短期の時効について規定し、さらに同条後段で20年の長期の時効を規定していると解することは、不法行為をめぐる法律関係のすみやかな確定を意図する同条の規定の趣旨に沿わず、むしろ同条前段の3年の時効は損害および加害者の認識という被害者側の主観的な事情によってその完成が左右されるが、同条後段の20年の期間は被害者側の認識のいかんを問わず一定の時の経過によって法律関係を確定させるため請求権の存続期間を画一的に定めたものと解するのが相当であると説明する。しかし、中断の余地がない除斥期間と解したうえで、除斥期間の主張が信義則違反または権利濫用であるとの主張は主張自体失当とする判例の立場によれば、不法行為時から20年経過すれば、損害賠償請求権は絶対的に消滅することになる。このような解釈に対しては、被害者保護の観点から、また条文の文言からしても不当ではないかとの批判が強い。判例も、実質的にみて、損害賠償請求権の時効消滅を認めることが正義・公平の理念に照らして妥当でない事例においては、時効の停止に関する規定の「法意に照らし」、消滅時効の完成を否定する判断をしている（最判平成10年6月12日民集52巻4号1087頁、最判平成21年4月28日民集63巻4号853頁）。しかし、判例のこのような判断については、除斥期間であるとしながら時効の停止に関する規定を類推適用する点で理論的整合性がないと思われるし、時効の停止事由に該当する事実がない場合には正

義・公平を図ることができないのではないか。そうであれば、旧法724条後段についても端的に消滅時効であると解すべきでないかと考えられる[10]。

イ　新法の内容と実務への影響

新法724条は、旧法724条の前段後段を同条1号・2号に分けて規定しており、形式的な変化はあるものの、文言の内容については改正がされていない。しかし、1号・2号について同条柱書に「時効によって消滅する」と規定していることから、2号についても除斥期間ではなく消滅時効であると明記し、除斥期間であるとする従来の判例の立場を採用しないことを明示している。

これにより、20年の期間制限も消滅時効とされることになるから、時効の更新・完成猶予も認められることとなり、また時効の効果を主張するためには、援用が必要となる。その結果、時効の援用を信義則違反あるいは権利の濫用であるとして、その効果を否定することも可能となる。

(2)　生命・身体の侵害の場合の時効期間の改正

ア　旧法の内容と問題点

旧法724条前段は、「損害及び加害者を知った時」から3年という時効期間を規定する。旧法において、一般の債権の消滅時効が10年であることにくらべれば短期であるといえるが、このような短期の消滅時効期間を定めた理由は、時間が長くたつにつれて、加害者の責任の有無および損害額の確定・立証が困難になること、さらに、3年もたてば、被害者の感情が平静に戻ってくると考えられるので、その後に再び当事者間の関係を紛糾させるのは妥当でないのみならず、長らく放置して不法行為による損害・苦痛などを忘れている者には、法的保護を与える必要がないとの考慮によると説明される[11]。しかし、生命・身体の侵害については、精神的、経済的、社会的な損害を被るものであり、被害者の感情が短期間に平静に戻るとは考えにくく、そのような被害を受けているのであれば、3年の間権利行使が困難な状況に陥ることも考えられることから、3年という期間は短すぎないかとの指摘がなされている。

なお、今回の改正では、一般の債権の消滅時効について、主観的起算点から

---

10)　本文中に述べた最判平成21年4月28日には、旧法724条後段について消滅時効と解すべきであるとする田原睦夫裁判官の意見が付されていた。
11)　加藤一郎編『注釈民法(19)債権(10)』(有斐閣・1965年) 376頁 ［植林弘］。

5年という規定が置かれることとなったが、この主観的起算点は「損害及び加害者を知った時」という3年の消滅時効の起算点とほぼ重なると考えられ、そうであれば、不法行為による損害賠償請求権の消滅時効が、一般の債権の消滅時効よりも短くなる。法制審では、不法行為による損害賠償請求権の短期消滅時効を3年から5年として、一般の債権の消滅時効と同じとするべきとの意見も出されたが、そのような改正をするためにはその他の不法行為に関する規定についての議論が必要であるとして、今後の検討課題としている[12]。

イ 新法の内容と実務への影響

　法制審は、上記のように、旧法724条前段の消滅時効期間が一般の債権の消滅時効に比し短すぎるとの問題意識をもちつつも、今後の検討課題としたうえで、生命・身体の侵害による損害賠償請求権についてのみ主観的起算点から5年とする特則（新法724条の2）を置くこととした。

　このような特則を設ける趣旨は、生命・身体の侵害という重要な法益の侵害を受け、時効完成の阻止に向けた措置をとることが困難な状態が長期期間続く被害者に、十分な権利行使の機会を保障する点にある。身体の侵害には軽重があるが、程度を問わないとするのが法制審部会の素案である。たとえば、ハラスメント等によるPTSDなどについても、上記の新法724条の2の趣旨からすれば時効完成の阻止に向けた措置をとることが困難な状態がある程度の長期期間続くといえるのであるから、身体の侵害によるとして本条の適用があると解すべきであろう[13]。これに対し、名誉権その他の人格権については、「生命・身体の侵害」に該当するとはいえず、実質的にも、時効完成の阻止に向けた措置を講ずるのが困難な状況が長期期間続くとは考えられないため、本条の適用はないと考えるべきであろう（「部会資料63」9頁以下参照）。

---

[12] 法制審議会民法（債権関係）部会第92回会議議事録17頁［鹿野菜穂子委員発言］など。
[13] なお、**4**(2)イで述べたように、具体的な事情のもとで、被害者が損害賠償請求をすることが可能な程度の認識がなかったとされる場合には、そもそも起算点たる「損害及び加害者を知った時」に当たらないとされることになる。

II 時効に関する要件事実

1 時効の完成猶予・更新（新法147条、148条）

新法は、旧法における「時効の停止」を「時効の完成猶予」、「時効の中断」を「時効の更新」と言い換えたうえで、147条においては裁判上の請求、支払督促、裁判上の和解、民事調停または家事調停の申立て、倒産手続への参加に関する時効の完成猶予および更新について、148条においては強制執行、担保権の実行、形式的競売、財産開示請求に関する時効の完成猶予および更新について、それぞれ規定している。以下、裁判上の請求を理由とする時効の完成猶予に関する要件事実を検討する[14]。

(1) 事例

XはYとの間で、絵画を代金100万円で売却する契約を締結した。しかし、Yが代金を支払わないため、XはYに対して売買契約に基づく代金支払請求訴訟を提起した。

ア　Yは5年の消滅時効が完成した旨の主張をした。これに対し、Xは裁判上の請求を理由とする時効の完成猶予を主張した。

イ　Yは裁判上の請求の終了後、5年の消滅時効が完成した旨の主張をした。

(2) 訴訟物

XのYに対する売買契約に基づく代金支払請求権

(3) 要件事実

＜請求原因＞

❶　XはYとの間で、本件絵画を代金100万円で売買する契約を締結したこと

◎事例ア

---

[14] 田中豊＝土屋文昭＝奥田正昭＝村田渉編『債権法改正と裁判実務』（商事法務・2011年）178頁、大江忠『新債権法の要件事実』（司法協会・2016年）377頁を参考とした。

＜抗弁1：消滅時効＞
- ❷ ❶の時から5年が経過したこと
- ❸ YがXに対し、消滅時効の援用の意思表示をしたこと

＜再抗弁1（訴訟提起）：抗弁1に対する再抗弁＞
- ❹ XがYに対し、❶に基づく売買代金支払請求訴訟を提起したこと

◎事例イ

＜抗弁2：消滅時効＞
- ❺ ❹と同じ
- ❻ ❹の手続が訴えの取下げにより終了したこと
- ❼ 5年より❶の時から❹の時までの期間を引いた残りの期間が、❻の時から経過したこと
- ❽ （❼の経過時が❻の時から6か月未満の場合）❻の時から6か月が経過したこと
- ❾ YがXに対し、消滅時効の援用の意思表示をしたこと

(4) 検討（抗弁2：❺～❾）

　従前の判例法理では、裁判上の請求について「裁判上の催告」としての効力を認め、手続の終了時から6か月以内に民法153条所定の手続をとれば時効が中断するとされていた（破産の申立てを取り下げた場合について最判昭和45年9月10日民集24巻10号1389頁）。新147条1項かっこ書は、かかる判例法理を明文化したものである。

2 催告による時効の完成猶予（新法150条）

　旧法においては、「催告は、六箇月以内に裁判上の請求……をしなければ、時効の中断の効力を生じない。」（旧法153条）と規定されており、時効の中断を主張する者は、催告の事実および催告の時から6か月以内に裁判上の請求等をしたことを主張立証する必要があった[15]。

　これに対し、新法下においては、催告の事実のみを主張立証すれば、催告時から6か月間経過までの間は、催告による時効の完成猶予の主張をなしうるこ

---

15) 司法研修所編『10訂 民事判決起案の手引』「巻末資料：事実摘示記載例集」（法曹会・2006年）33頁。

ととなる（新法150条）。

3 協議を行う旨の合意による時効の完成猶予（新法151条）

権利についての協議の合意に関する新設規定である。消滅時効の抗弁に対して、書面（電磁的記録を含む）による協議の合意の存在が再抗弁となりうる。また、消滅時効の効果を主張する者が、協議の合意の成立を前提に、協議の合意成立後、一定期間の経過（新法151条1項1号から3号のいずれかの事実の存在）を理由とした消滅時効の抗弁も成立しうる。

4 債権等の消滅時効（新法166条）

(1) 債権の消滅時効（新法166条1項）

新法166条1項により、債権の消滅時効の抗弁については、主観的起算点（「債権者が権利を行使することができることを知った時」）から5年間経過したことを理由とするものと（1号）、客観的起算点（「権利を行使することができる時」）から10年間経過したことを理由とするもの（2号）の2つが成立しうることとなった。

契約に基づく債権を行使する場合の大半は、債権者は契約締結時（または権利行使の期限到来時）に「権利を行使できることを知った」と評価されよう。したがって、主観的起算点から5年間経過したことを理由とする消滅時効の主張がされる場面が多くなると考えられる[16]。

(2) 債権または所有権以外の財産権の消滅時効（新法166条2項）

旧法167条2項の規定を維持するものであり、旧法下における要件事実の理解には影響がないと考えられる。

---

16) 大江・注14前掲390頁。

5 人の生命または身体の侵害による損害賠償請求権の消滅時効（新法167条）、不法行為による損害賠償請求権の消滅時効（新法724条）、人の生命または身体を害する不法行為による損害賠償請求権の消滅時効（新法724条の2）

被雇用者が雇用者の安全配慮義務違反により身体を侵害された場合の損害賠償請求のように、債務不履行に基づく損害賠償請求権と不法行為に基づく損害賠償請求権の双方が成立する場合に、両条の適用が問題となる。

旧法においては、両請求権の時効期間が異なっていたことから、両請求に対する消滅時効の抗弁の成否も異なることがあった。

しかしながら、当該改正により、いずれの損害賠償請求についても、主観的起算点から5年間、客観的起算点から20年間で時効にかかることとなり、請求権相互における時効期間の齟齬がなくなった。そのため、消滅時効の抗弁の成否が、債務不履行と不法行為で異なる場面は相当少なくなると考えられる[17]。

---

17)「不法行為と債務不履行とで、各規定の主観的起算点・客観的起算点の表現は異なるものの、実質的には同じ時点となるであろうことが前提とされている」（潮見佳男『民法（債権関係）改正法案の概要』〔金融財政事情研究会・2015年〕44頁）。

第 3 編

債 権 総 論

第 1 章

総　則

I　債権に関する改正のポイント

1　債権制度の改正全般

(1)　債権法の構成

　債権とは、ある人に対して一定の行為を請求する権利をいい、債権に関する法を債権法という。民法典はパンデクテン方式のもとに、財産権を物権と債権に峻別し、そのうえで物権および債権のそれぞれに共通するルール（さらには民法全体に共通するルール）を総則編にまとめている。かかる形式のもとに、債権法では債権の一般的規定を債権総則としてまとめている。

　第3編「債権」の第1章「総則」は、次のような構成になっている。

第1節：債権の目的（399条～411条）

第2節：債権の効力

　　第1款：債務不履行の責任等（412条～422条の2）

　　第2款：債権者代位権（423条～423条の7）

　　第3款：詐害行為取消権

　　　第1目：詐害行為取消権の要件（424条～424条の5）

　　　第2目：詐害行為取消権の行使の方法等（424条の6～424条の9）

　　　第3目：詐害行為取消権の行使の効果（425条～425条の4）

　　　第4目：詐害行為取消権の期間の制限（426条）

第3節：多数当事者の債権及び債務

　　第1款：総則（427条）

第2款：不可分債権及び不可分債務（428条〜431条）
　　第3款：連帯債権（432条〜435条の2）
　　第4款：連帯債務（436条〜445条）
　　第5款：保証債務
　　　　第1目：総則（446条〜465条）
　　　　第2目：個人根保証契約（465条の2〜465条の5）
　　　　第3目：事業に係る債務についての保証契約の特則(465条の6〜465条の10)
　第4節：債権の譲渡（466条〜469条）
　第5節：債務の引受け
　　第1款：併存的債務引受（470条・471条）
　　第2款：免責的債務引受（472条〜472条の4）
　第6節：債権の消滅
　　第1款：弁済
　　　　第1目：総則（473条〜493条）
　　　　第2目：弁済の目的物の供託（494条〜498条）
　　　　第3目：弁済による代位（499条〜504条）
　　第2款：相殺（505条〜512条の2）
　　第3款：更改（513条〜518条）
　　第4款：免除（519条）
　　第5款：混同（520条）
　第7節：有価証券
　　第1款：指図証券（520条の2〜520条の12）
　　第2款：記名式所持人払証券（520条の13〜520条の18）
　　第3款：その他の記名証券（520条の19）
　　第4款：無記名証券（520条の20））。
以上の第1章が、債権総則に位置づけられる。そして、債権各論（債権各則）として、
　第2章：契約（521条〜696条）
　第3章：事務管理（697条〜702条）
　第4章：不当利得（703条〜708条）
　第5章：不法行為（709条〜742条の2）

が配置されている。債権はその発生原因に着目すると、契約によって発生するもの（当事者の意思に基づいて発生するものであり、約定債権という）と、法律上の原因、すなわち事務管理、不当利得、不法行為の各事由によって発生するもの（当事者の意思とは関係なく発生するものであり、法定債権という）、とがある。

以下、債権総則のうち、多数当事者間の債権関係の制度、債権消滅の制度については、それぞれ項目を改めてとりあげる。

(2) 財産権としての債権

第1に、新法は、債権の対外的効力である債権者代位権（第1章第2節「債権の効力」の第2款）、債権者取消権（同第3款第1目「詐害行為取消権の要件」、第2目「詐害行為取消権の行使の方法等」、第3目「詐害行為取消権の行使の効果」、第4目「詐害行為取消権の期間の制限」）の合理化を図った。

第2に、債権も、物権と同様、財産権として譲渡の対象になりうる。新法は債権の財産権としての価値を評価し、市場の実態に沿うべく債権譲渡法の合理化を図った（第4節：債権の譲渡〔466条～469条〕）。

第3に、債権は人と人の関係を構築する。人々の生活および生活関係は債権の方法によって行われるところが大きく、債権法のあり方をどのように捉えるかは近代法における重要テーマとされた[1]。このたびの民法改正は、私たちの生活の根幹に関する民法規範のあり方を問うものであった。

我妻榮が1953年に『近代法における債権の優越的地位』を発表して相応の年が経過しており、債権法の新しい姿を整理、提示することは意義深い。債権制度の現状を把握し、グローバル社会に通用する契約法および契約制度を創設する必要がある。民法改正はこれに応えようとするものであることが強調された。

(3) 法定利率の引下げ

ア 新法404条

法規範はひとたび実定法の規定として明記されると、その後の社会経済の変化や実態との乖離を避けることができない。かかる乖離は、第1次的には解釈論で対応されるが、解釈論には限界があり、解釈論（さらに運用）で対応でき

---

1) 我妻榮『近代法における債権の優越的地位』（有斐閣・1953年）、水本浩『借地借家法の基礎理論』（一粒社・1966年）。

ない場合には立法による対応が必要である。この意味において法と実態とは緊張関係にある。

民法の規定が社会の実態と乖離している典型例として、法定利率（民事法定利率）の規定が指摘されていた。旧法404条は、「利息を生ずべき債権について別段の意思表示がないときは、その利率は、年5分とする。」と定め、民事法定利率を5％と定めた。これは超低金利が続く実勢金利を大きく超過していた。

イ　3％、変動制

新法404条は、「利息を生ずべき債権について別段の意思表示がないときは、その利率は、その利息が生じた最初の時点における法定利率による。」とし、法定利率を年3％とした。新法はまた、変動制を採用し、法定利率は、3年を一期とし、一期ごとに、一定の方式により変動するものとした。ちなみに、商行為によって生じた債務については、商事法定利率として商法の規定により年6％とされていた（商法514条）が、民法改正に伴い民法に統一されることとなった。

新法は、私たちの経済活動について、現下の市場金利との乖離を是正するとともに、将来にわたって実態に即して公平を実現しようとするものである。

法定利率の3％は、当事者に特約がなければ利息も遅延損害金も同様に適用される。また、法定利率の引下げは、中間利息控除（新法417条の2）に連動する。

(4)　履行期、履行遅滞、履行不能、受領遅滞

ア　履行期と履行遅滞（新法412条）

期限には、期限の到来が確定している確定期限と、期限の到来が確定していない不確定期限がある。確定期限があるとき、および期限を定めなかったときについては、新法412条は旧法と変わらない。すなわち、「債務の履行について確定期限があるときは、債務者は、その期限の到来した時から遅滞の責任を負う。」（1項）、「債務の履行について期限を定めなかったときは、債務者は、履行の請求を受けた時から遅滞の責任を負う。」（3項）と定める。

他方、不確定期限については、「債務者は、」の下に「その期限の到来した後に履行の請求を受けた時又は」を、「知った時」の下に「のいずれか早い時」を加えた。「債務の履行について不確定期限があるときは、債務者は、その期限の到来した後に履行の請求を受けた時又はその期限の到来したことを知った

時のいずれか早い時から遅滞の責任を負う。」（2項）と定めた。
　　イ　履行不能（新法412条の2）
　新設。「債務の履行が契約その他の債務の発生原因及び取引上の社会通念に照らして不能であるときは、債権者は、その債務の履行を請求することができない。」（1項）、「契約に基づく債務の履行がその契約の成立の時に不能であったことは、第415条の規定によりその履行の不能によって生じた損害の賠償を請求することを妨げない。」（2項）と定めた。
　　ウ　受領遅滞（新法413条、413条の2）
　旧法は、受領遅滞について413条にのみ規定を置き、「債権者が債務の履行を受けることを拒み、又は受けることができないときは、その債権者は、履行の提供があった時から遅滞の責任を負う。」としていた。
　新法（413条）は遅滞の責任の内容や、受領遅滞の要件に係る履行の提供の効果を明記した。すなわち、「債権者が債務の履行を受けることを拒み、又は受けることができない場合において、その債務の目的が特定物の引渡しであるときは、債務者は、履行の提供をした時からその引渡しをするまで、自己の財産に対するのと同一の注意をもって、その物を保存すれば足りる。」（1項）、「債権者が債務の履行を受けることを拒み、又は受けることができないことによって、その履行の費用が増加したときは、その増加額は、債権者の負担とする。」（2項）と定めた。
　さらに、新法（413条の2）は、履行遅滞中または受領遅滞中の履行不能と帰責事由について「債務者がその債務について遅滞の責任を負っている間に当事者双方の責めに帰することができない事由によってその債務の履行が不能となったときは、その履行の不能は、債務者の責めに帰すべき事由によるものとみなす。」（1項）、「債権者が債務の履行を受けることを拒み、又は受けることができない場合において、履行の提供があった時以後に当事者双方の責めに帰することができない事由によってその債務の履行が不能となったときは、その履行の不能は、債権者の責めに帰すべき事由によるものとみなす。」（2項）と定めた。

(5)　履行の強制（新法414条）

　債務が履行されない場合に、最終的には国家による履行の強制の制度が設け

られている。

　新法は旧法で用いられた「強制履行」の概念を止め、「履行の強制」に改めた。そして、「債務者が任意に債務の履行をしないときは、債権者は、民事執行法その他強制執行の手続に関する法令の規定に従い、直接強制、代替執行、間接強制その他の方法による履行の強制を裁判所に請求することができる。ただし、債務の性質がこれを許さないときは、この限りでない。」(1項)、「前項の規定は、損害賠償の請求を妨げない。」(2項) と定めた。

(6)　債務不履行による損害賠償

ア　債務不履行の規律 (新法415条)

　債務不履行をどのように規律するかは、このたびの改正作業における最大の論点の一つとされた。

　旧法は、「債務者がその債務の本旨に従った履行をしないときは、債権者は、これによって生じた損害の賠償を請求することができる。債務者の責めに帰すべき事由によって履行をすることができなくなったときも、同様とする。」としていた。これについて、債務不履行の性質、構造、債務者の帰責性の要件等をめぐって議論が行われた。

　新法は、「債務者がその債務の本旨に従った履行をしないとき又は債務の履行が不能であるときは、債権者は、これによって生じた損害の賠償を請求することができる。ただし、その債務の不履行が契約その他の債務の発生原因及び取引上の社会通念に照らして債務者の責めに帰することができない事由によるものであるときは、この限りでない。」(1項) と定めた。また、「前項の規定により損害賠償の請求をすることができる場合において、債権者は、次に掲げるときは、債務の履行に代わる損害賠償の請求をすることができる。」(2項) とし、①「債務の履行が不能であるとき。」(同1号)、②「債務者がその債務の履行を拒絶する意思を明確に表示したとき。」(同2号)、③「債務が契約によって生じたものである場合において、その契約が解除され、又は債務の不履行による契約の解除権が発生したとき。」(同3号)、と定めた。

　契約各則の分野になるが、旧法の瑕疵担保責任に関する規定 (旧法570条、566条) は、新法では566条において定められ、瑕疵担保責任は債務不履行責任の特則として位置づけられた。伝統的な法定責任説に代わり、契約責任説に

基づく修正が行われ、瑕疵担保責任論における長年の論点について立法的解決を試みた。

イ　損害賠償の範囲（新法416条）

債務不履行による損害賠償の範囲について、旧法は予見可能性を要素としたが、新法は予見義務を要素とする。すなわち、旧法は「特別の事情によって生じた損害であっても、当事者がその事情を予見し、又は予見することができたときは、債権者は、その賠償を請求することができる。」（2項）としていたが、新法は、特別事情の損害について、旧法の「予見し、又は予見することができた」を「予見すべきであった」に改め、「特別の事情によって生じた損害であっても、当事者がその事情を予見すべきであったときは、債権者は、その賠償を請求することができる。」（2項）と定めた。

以上の改正について、改正の前後で規律の内容に変更はないとする見方も散見されるが、予見可能性と予見義務の概念は必ずしも同一ではなく、新法は予見に関する規範をより濃密にしたと捉えることもできる。今後の判例の動向に注目したい。

なお、本条は旧法の下では相当因果関係論の根拠として位置づけられていたが、この点は新法の下でも変わらないであろう。学説における相当因果関係論と区分論（事実的因果関係、保護範囲、損害の金銭的評価）との対立は不法行為法を含む債権法の課題であるが、新法はここには立ち入らなかった。

(7)　中間利息の控除（新法417条の2）

新法は、中間利息の控除について新設し、規律の明確化を図った。すなわち、「将来において取得すべき利益についての損害賠償の額を定める場合において、その利益を取得すべき時までの利息相当額を控除するときは、その損害賠償の請求権が生じた時点における法定利率により、これをする。」（1項）、「将来において負担すべき費用についての損害賠償の額を定める場合において、その費用を負担すべき時までの利息相当額を控除するときも、前項と同様とする。」（2項）と定めた。

法定利率が5％から3％に変わり、変動制が導入されたことについては前述した。

損害賠償額の算定にあたり被害者の将来の逸失利益を現在価額に換算するた

めに控除すべき中間利息の割合について、最近の市場経済の実態から乖離していることが各分野から指摘されてきた。裁判上も問題とされ、下級審のなかには民事法定利率5％を採らず3％、4％を基準にするものもあったが、最高裁判決は5％を維持し（後掲最判平成17年6月14日民集59巻5号983頁）、立法的課題となっていたものである。

　参考までに、旧法における判例（最判平成17年6月14日民集59巻5号983頁）の考え方を掲げる。

「民法404条において民事法定利率が年5％と定められたのは、民法の制定に当たって参考とされたヨーロッパ諸国の一般的な貸付金利や法定利率、我が国の一般的な貸付金利を踏まえ、金銭は、通常の利用方法によれば年5％の利息を生ずべきものと考えられたからである。そして、現行法は、将来の請求権を現在価額に換算するに際し、法的安定及び統一的処理が必要とされる場合には、法定利率により中間利息を控除する考え方を採用している。例えば、民事執行法88条2項、破産法99条1項2号（旧破産法（平成16年法律第75号による廃止前のもの）46条5号も同様）、民事再生法87条1項1号、2号、会社更生法136条1項1号、2号等は、いずれも将来の請求権を法定利率による中間利息の控除によって現在価額に換算することを規定している。損害賠償額の算定に当たり被害者の将来の逸失利益を現在価額に換算するについても、法的安定及び統一的処理が必要とされるのであるから、民法は、民事法定利率により中間利息を控除することを予定しているものと考えられる。このように考えることによって、事案ごとに、また、裁判官ごとに中間利息の控除割合についての判断が区々に分かれることを防ぎ、被害者相互間の公平の確保、損害額の予測可能性による紛争の予防も図ることができる。上記の諸点に照らすと、損害賠償額の算定に当たり、被害者の将来の逸失利益を現在価額に換算するために控除すべき中間利息の割合は、民事法定利率によらなければならないというべきである。」

(8)　過失相殺（新法418条）

　新法は、旧規定の「不履行」の下に「又はこれによる損害の発生若しくは拡大」を加え、「債務の不履行又はこれによる損害の発生若しくは拡大に関して債権者に過失があったときは、裁判所は、これを考慮して、損害賠償の責任及

びその額を定める。」と定めた。判例・学説を考慮したものである。

(9) 金銭債務の特則（新法419条）

　旧法（1項）は、「金銭の給付を目的とする債務の不履行については、その損害賠償の額は、法定利率によって定める。ただし、約定利率が法定利率を超えるときは、約定利率による。」としていた。新法は、「額は、」の下に「債務者が遅滞の責任を負った最初の時点における」を加え、「金銭の給付を目的とする債務の不履行については、その損害賠償の額は、債務者が遅滞の責任を負った最初の時点における法定利率によって定める。ただし、約定利率が法定利率を超えるときは、約定利率による。」（1項）と定めた。「前項の損害賠償については、債権者は、損害の証明をすることを要しない。」（2項）、「第1項の損害賠償については、債務者は、不可抗力をもって抗弁とすることができない。」（3項）は、旧法と変わらない。

　3項については、不可抗力による免責を否定することに疑問を呈する見解があったが、今後の課題とされた。金銭債務の特則については画一的処理を行うこと等について検討されたが、法定利率の合理化の改正を受けての改正にとどめられた。

(10) 賠償額の予定（新法420条）

　旧法は「当事者は、債務の不履行について損害賠償の額を予定することができる。この場合において、裁判所は、その額を増減することができない。」としていたが、新法は後段を削り、「当事者は、債務の不履行について損害賠償の額を予定することができる。」（1項）と定めた。「賠償額の予定は、履行の請求又は解除権の行使を妨げない。」（2項）、「違約金は、賠償額の予定と推定する。」（3項）は、旧法と変わらない。

　各事例において予定された賠償額の適切性（過大、過小）については、それぞれの解釈に委ねられた。

(11) 代償請求権（新法422条の2）

　新設。「債務者が、その債務の履行が不能となったのと同一の原因により債務の目的物の代償である権利又は利益を取得したときは、債権者は、その受け

た損害の額の限度において、債務者に対し、その権利の移転又はその利益の償還を請求することができる。」と定めた。

2 不能による選択債権の特定に関する改正 (新法410条)

(1) 改正のポイント

　選択債権の目的とされた給付の一部が、当事者双方の過失によらないで給付不能となった場合について、選択権者の選択の自由を奪わずに、不能の給付を選択して契約を解除することなどを可能とした。

　選択権者の解決手段の選択肢を広げることで、より柔軟な事案の解決を可能にする趣旨である。

　これにより、旧法410条1項は根本的に改正されるとともに、同条2項は削除された。

(2) 改正の背景

　旧法410条は、選択債権の目的である給付のなかに不能のものがある場合、原則として残った給付に債権の対象が集中（特定）し、不能となった給付を選択することはできないものとしていた。例外的に、選択権者でない当事者の過失によって不能となった場合のみ、当事者の公平の観点から、その不能の給付を選択する余地を認めて事案の柔軟な解決を図ろうとしていた。そのため、当事者双方の過失によらず給付が不能となった場合は、原則どおり、不能となった給付を選択することはできなかった。

　しかし、当事者双方の過失によらず給付が不能となった場合にも、選択権者の選択権を奪わないほうが事案の柔軟な解決を図るには合理的である。また、選択権者でない当事者は、もともと選択権者による自由な選択権の行使に従わざるをえない立場にあるのだから、当事者双方が無過失の場合に選択権者の選択の自由を確保しても、選択権者でない当事者に特段の不利益はないといえよう（「部会資料68A」41頁）。

　そこで、新法は、410条1項について、給付の不能が選択権を有する者の過失によるものである場合に限り不能となった給付を選択肢から除外するものとして、規律を根本的に改めた。旧法410条2項は削除された。

不能の原因	選択権者の第三者を含む過失	選択権を有しない当事者の過失	当事者双方に過失なし
旧法	○	◆	○
新法	○	◆	◆

○：残存する給付に特定　◆：特定せず不能の給付を選択可能

(3) 原始的不能の扱い等

旧法410条1項では、「初めから不能であるもの又は後に至って不能となったものがあるとき」というように、原始的不能と後発的不能を区別し書き分けていたが、新法410条では、一括して「不能のものがある場合」としている。これは、原始的不能と後発的不能を区別しない考え方（原始的不能のみを理由に契約が無効になることはないという考え方[2]）を前提とするものである（「部会資料68A」42頁、新法412条の2第2項参照）。

また、新法410条が選択権を有する「当事者」ではなく選択権を有する「者」としているのは、選択権を有する第三者も含む趣旨である（「部会資料68A」41頁）。

(4) 見送られた改正項目

選択債権に関連する改正項目として、①409条1項（第三者の選択権）の改正、②411条ただし書（選択の効力）の削除[3]、③任意債権[4]に関する規定の新設、が検討されていたが、見送られた。

(5) 実務への影響

たとえば、買主が選択権をもつ売買契約のケースで、給付が不能となったことにつき当事者双方に過失がない場合、買主は、残存する給付を選び代金を支払ってもよいし、不能の給付を選択して契約を解除することもできる。このように選択権者の選択の余地がふえ柔軟な解決を選ぶことができるようになった。

選択債権がよくみられるのは片務契約たる贈与契約である[5]が、贈与者が選択権者である場合、旧法では残存する給付に特定していたものが、新法では、

---

2) 潮見佳男『プラクティス民法　債権総論〈第4版〉』（信山社・2012年）51頁。
3) 中田裕康『債権総論〈第3版〉』（岩波書店・2013年）57頁。
4) 中田・注3前掲56頁。

贈与者は不能の給付を選択して実質的に贈与契約を解消することができることになる。

3 特定物の引渡しの場合の注意義務に関する改正（新法400条）

(1) 改正のポイント

旧法400条の「善良な管理者の注意」という文言に、「契約その他の債権の発生原因及び取引上の社会通念に照らして定まる」との修飾語が加えられた。

これまで「善良な管理者の注意」という文言については、特定物の引渡しを目的とする債権（特定物債権）における保存義務の内容が契約等の個別具体的な債権発生原因から離れて客観的に定まるという誤解を生じさせるおそれがあると指摘されてきた。

そこで、上記修飾語を加えることにより、特定物の引渡しの場合の注意義務の内容が、客観的・一般的に定まるものではなく、契約等の個別具体的な債権発生原因に照らして定まるものであることを明確化する趣旨である。新たな要件や解釈を付け加える改正ではないと説明されている。

本条は任意規定である。

(2) 旧法400条の廃止論

旧法400条に関しては、改正法の審議過程で廃止（不要）論が有力であった。廃止論は、契約によって生じた特定物債権を念頭に、「特定物ドグマ」（「部会資料15−2」9頁）[6]が否定されることや、特定物債権における保存義務の問題は、結果債務と行為債務[7]を区別して考えるべきことなどを立論の基礎に据える[8]。以下、条文の構造に即して、廃止論の内容を述べる。

---

5) 能見善久=加藤新太郎編『論点体系 判例民法〈第2版〉4 債権総論』（第一法規・2015年）33頁［野澤正充］。
6) 特定物売買においては、当事者はその物の個性に着目して売買の目的物を選択するから、当該売買の目的物は当事者が選択した「この物」以外にはありえない。そのため、「この物」を給付すれば、買主が期待した品質・性能でなかったとしても、売主の債務不履行責任は生じない。すなわち、特定物については、物の品質・性能は債務の内容にならないとする考え方をいう。
7) 中田・注3前掲31頁。結果債務（obligation de résultat）とは、債権者に対して一定の結果をもたらすべき債務であり、行為債務（obligation de moyens）とは、債務者が達成すべき任務に適した手段をとり、慎重かつ勤勉に、最善を尽くすことを約束するが、結果のいかんは必ずしも問題とならない債務である。

旧法400条は、①特定物債権の債務者は、引渡しのみならず債務の内容として保存義務を負うことと、②その保存義務の程度につき「善良な管理者の注意」をもって行うべきことを定めている。

しかしながら、廃止論からは、①の保存義務について次のような疑問が呈されてきた。すなわち、特定物債権の債務者の債務不履行の成否の判断において、契約等の個別具体的な債権発生原因を捨象して、また、結果債務・手段債務の別を問わず、保存義務の履行の態様をつねに問題とする必要はないとの指摘である。

たとえば、特定物債権の典型は、特定物売買の買主の目的物引渡請求権＝売主の目的物引渡義務であるが、これは「結果債務」と一般に理解されている[9]。また、新法は「特定物ドグマ」を否定し、特定物売買の売主も契約の内容に適合した物の引渡義務を負うとする（新法562条）。そうすると、特定物売買において、売主が契約で定められた品質・性能を有する目的物を引き渡したかという「結果」を問題とすれば売主の引渡義務の不履行を判断するのに十分であり、売主の保存義務を問題とする必要はないこととなる。当然、売主が善良な管理者の注意をもって目的物を保存したのかという引渡しまでの保存義務の程度、履行態様を問題にする必要もない。このように、目的物の品質・性能が債務内容に含まれうるとする立場からは、瑕疵の存在が売買契約の内容に適合しないと評価されるかぎり、債務者は契約責任を免れず、保存義務を尽くしたか否かを問題にする意味はない（保存義務を尽くしたとしても免責されない）こととなる。特定物売買の場面で旧法400条の適用の余地はないとされるところである[10]。

②の保存義務の程度についても、売買、贈与、賃貸借、使用貸借、寄託等の契約類型や、契約の解除ないし取消し後の原状回復・不当利得による返還義務[11]など、債権の発生原因および取引上の社会通念に照らして定まるのであり、また、債権者の受領遅滞など契約の局面ごとに保存義務の程度は変わる[12]のであって、一般的に「善良な管理者の注意」という程度によるべきものではない。し

---

8) 森田宏樹『債権法改正を深める―民法の基礎理論の深化のために』（有斐閣・2013年）29頁、51頁。
9) 森田・注8前掲53頁。
10) 潮見佳男『債権総論Ⅰ〈第2版〉』（信山社・2003年）51頁。
11) この場合に旧法400条の適用はないとする見解もある。遠藤浩編『基本法コンメンタール 債権総論〈第4版・新条文対照補訂版〉』別冊法学セミナー（日本評論社・2005年）8頁［平井一雄］。

たがって、個別の契約類型・契約の局面ごとに保存義務の程度を規定するのであればともかく、特定物債権の通則として債権総則に規定を置く意義に乏しく、その弊害も指摘される。たとえば、贈与者には旧法400条が適用される結果、売主と同じ保存義務を負い、無償受寄者より重い責任となり、妥当でないとされる（「部会資料19－2」4頁）。

また、保存義務の程度に関する規定を存置するとしても、「善良な管理者の注意」という文言では契約の趣旨等から離れて客観的に保存義務の内容が定まると誤解されるおそれがあり問題であると廃止論はいう。

以上を要約すれば、廃止論からは、特定物債権の典型である特定物売買などでは旧法400条の適用の余地がなく、また、保存義務の程度についても個々の契約類型に従いその程度が定まるのであって、債権総則に保存義務に関する一般的規定を置く意義に乏しいとする[13]。

しかしながら、新法においても、上述のとおり、「契約その他の債権の発生原因及び取引上の社会通念に照らして定まる」との修飾語を加えて、旧法400条の内容が存置されることとなった。

存置派の理由は、引き渡した目的物が契約の趣旨に適合していなかった場合に債務者が保存義務を尽くしていれば一律に免責されるものではないとの点には同意しつつ、しかし、契約の趣旨に適合した目的物を引き渡さなかった債務不履行による損害賠償につき免責事由が認められるか否かの判断にあたって、保存義務を尽くしていたか否かが一つの考慮要素となりうるからだとする（「中間試案補足説明」91頁）。

そのほかに契約の解釈によって保存義務の内容を確定できないことも多いので、デフォルトルールを設けておくべきとの意見など、「善良な管理者の注意」という文言をなくすことには反対する意見が多かった（「部会資料64－6」2頁）。

存置派の主張には廃止論と議論がかみ合っていない面もあった[14]が、新法は、特定物の引渡しの場合の保存義務に関する規定にはなお存在意義があると

---

12) 債権者が受領遅滞に陥った場合、その効果として、債権者に対価危険が移転する（新法413条2項、536条2項、567条2項）とともに、債務者の保存義務は「自己の財産に対するのと同一の注意」に軽減される（新法413条1項）から、ここでも旧法400条は適用の余地がないこととなる。

13) 沿革より、旧法400条は所有権移転義務を伴う引渡義務、すなわち売買と贈与を想定している（平井宜雄『債権総論〈第2版〉』〔弘文堂・1994年〕21頁）とされるにもかかわらず、両契約に本条の適用はないことになる。

考えられるとして、必要な修正を施したうえで、これを維持するものとした。

(3) 付加文言の審議の経緯

中間試案の段階では、契約によって生じた特定物債権については、「契約の趣旨に適合する方法」により保存しなければならないものとして、「善良な管理者の注意」との文言は削除されていた。

その後、「善良な管理者の注意」の文言は維持されることとなり、「契約の趣旨に照らして定まる」との修飾語が加えられることとなった。

「契約の趣旨」は、契約の内容（契約書の記載内容等）のみならず、契約の性質（有償か無償かを含む）、当事者が契約をした目的、契約の締結に至る経緯をはじめとする契約をめぐるいっさいの事情を考慮し、取引通念をも勘案して、評価・認定される（「部会資料68A」2頁）。

その後さらに、要綱仮案の原案において、「契約の趣旨に照らして」との文言からは取引通念が考慮されるべきであることが読み取りにくいとの理由で、「取引上の社会通念に照らして定まる」との表現が加えられたが、規律の内容を変更する趣旨ではないとしている（「部会資料79－3」7頁）。契約の趣旨を探求する際には取引上の社会通念を考慮することが当然要請されるし、また、契約の趣旨が明らかでない場合には補充的に取引上の社会通念に従い判断されるからである。

注意すべきは、「契約その他の債権の発生原因」と「取引上の社会通念」とが並列を表す「及び」で接続されているが、たとえば、売買契約上の特約条項によって保存義務の内容が確定できる場合に、「取引上の社会通念」を理由として特約の内容が修正されるものではないことが、審議過程において強調されている点である（「部会資料79－3」8頁）。

ドイツ型の「過失責任の原則」の不採用は、今回の改正に通底する考え方[15]であり、400条の審議においても契約の趣旨等から離れて客観的に保存義務の

---

14) たとえば、デフォルトルールが必要という存置派の主張についていえば、特定物売買のように保存義務自体を問題とする必要のない契約類型がある、保存義務が問題となるケースでもすべての契約類型に共通した注意義務の程度を設定することの意義は乏しい、契約の解釈から保存義務の内容が確定できない場合に「善良な管理者の注意」という文言から注意義務の程度が明らかになるものでもない、等の点が廃止論のそもそもの出発点であったと思われる。

15) 森田・注8前掲28頁。

内容が定まるとの過失主義的な解釈に対する警戒感が示されていた。

(4) 実務への影響について

　新法400条については、新たな要件や解釈を付け加える改正ではないと説明されている。

　しかしながら、伝統的学説においては、ドイツ法学の学説継受により、旧法400条の規定は、直接には特定物債権における債務者の保存義務についてのものであるが、単にそれにとどまらず債務の履行に関する一般原則であると解され、「過失責任の原則」の重要な根拠規定とされてきた[16]。

　これに対し、新法400条は、注意義務の内容が、客観的・一般的に定まるものではなく、契約等の個別具体的な債権発生原因に照らして定まるものであることを明確化して、「過失責任の原則」から「契約の拘束力」にシフトする改正である。理論面でのパラダイム転換は大きい[17]。

　今般の改正は、契約類型ごとの保存義務の有無、程度の解釈や、結果債務・行為債務に関する解釈の深化を促すものと思われる。

4　利息（法定利率、中間利息控除、遅延損害金）に関する改正

(1)　法定利率に関する改正（新法404条）

ア　改正のポイント

　法定利率につき、利率を引き下げるとともに完全固定制を改め、市中金利の変動を反映した「緩やかな変動制」とした。ポイントは次のとおりである。

ⓐ　5％から3％へ

　旧法の年5％の法定利率は、市中金利の水準から乖離していたため、引き下げられた。改正当初の法定利率は3％である。

　3％とする理由は必ずしも明確でないが、国内銀行の貸出約定平均金利が年1％弱、中小企業事業基準金利等は2％程度の水準であり、住宅ローンが年2％強、貸金業者の個人向け貸出金利は年12.8％と高いものの金融取引全体の残

---

[16]　吉田邦彦「債権の各種―『帰責事由』論の再検討」星野英一ほか編『民法講座別巻Ⅱ』（有斐閣・1990年）13頁。
[17]　潮見佳男「債権法改正と『債務不履行の帰責事由』」法曹時報68巻3号634頁。

高ではそれほど大きな割合を占めないことや現行の5％からの円滑な移行が可能な利率が望ましいなどの理由による。

なお、後述の基準割合が新法施行時に1％を下回る見込みであることから、法定利率は3％未満にはならない。

ⓑ　固定制から変動制へ

これまでの完全固定制を改め、市中金利の動向等に連動して法定利率が自動的に変動する仕組み（変動制）を採用することとした。法定利率を合理的な水準に保つためである。法改正によって適宜対応するのでなく変動制を採用したのは、法定利率の値は債権者と債務者の利益が先鋭に相反する事柄であり、客観的な基準をあらかじめ策定して機械的に変動させるほうが、様々な事情により改正の時期を逸することもなく、社会全体としての予測可能性が高いとみてのことである。ドイツ・フランスなど諸外国でも一定のルールに基づき法定利率を変動させる仕組みが採用されている。

ⓒ　3年ごとに見直し

変動制を採用するとして、どのくらいのスパンで見直しをするかだが、法定利率は、制度の安定性や簡明性等を重視する必要があり、あまりに短い間隔での見直しは適当でない。一方、シミュレーションの結果によれば、法定利率の見直しの間隔をあまり長くすると、直近の市中金利との大きな乖離が生ずる可能性が高くなる（たとえば5年間隔とすると市中金利と大きな乖離が生ずる可能性が高い）。また、自動車保険や傷害保険の参考純率（損害保険会社が自社の保険商品に係る保険料を計算する際に基とする数値）の改定は、2〜3年に1度の頻度で行われており、固定資産税の評価換えは原則として3年ごとに評価額を見直すこととされている。

以上のような諸事情をふまえて、法定利率の見直しの頻度は3年を1期とし、1期ごとに見直すこととした。

ⓓ　基準割合・1％単位の増減

どのような指標に連動して利率を変動させるかについて、中間試案の段階では基準貸付利率（かつての公定歩合）が考えられていたが、基準貸付利率の変動と市中金利の変動との関連性は弱い（「部会資料74B」5頁）などの理由から、新法は、国内銀行の「新規」（各月において銀行が新たに行った貸付）かつ「短期」（貸付期間が1年未満のもの）の貸出約定平均金利を採用した。

そして、貸出約定平均金利の過去5年間（60か月）の平均値を「基準割合」とし、法定利率に変動があった期のうち直近のもの（直近変動期）の基準割合と当期の基準割合との差が1％以上生じた場合に、1％以下の部分を切り捨てたうえで、その差を直近変動期の法定利率に加算または減算して、当期における法定利率とすることとした。金利計算の簡明、事務処理の便宜から1％単位で変動させるものである。

　ⓔ　商事利率の廃止

　商事債権についても新法404条を適用することとし、商法514条は廃止された（民法の一部を改正する法律の施行に伴う関係法律の整備等に関する法律案）。

イ　「利息が生じた最初の時点」(新法404条1項)について

① 　利息を生ずべき債権について別段の意思表示がないときは、その利率は、その利息が生じた最初の時点における法定利率によることとされている。つまり、いったん適用される法定利率が定まれば、その後に法定利率が変動しても適用利率は変わらない。債権管理の事務負担を考慮したものである。

　　ここで、「利息が生じた最初の時点」とは、その利息を支払う義務が生じた最初の時点（利息計算の基礎となる期間の開始時点）をいい（「中間試案補足説明」100頁、「部会資料81B」7頁）、利息の弁済期ではないことに注意すべきである。

② 　具体的には次のように解される[18]。

　　利息の特約がある消費貸借の利息については、「借主が金銭その他の物を受け取った日以後の利息を請求することができる。」(新法589条2項)ことから、金銭その他の物を受け取った日の法定利率が適用となる。

　　売買契約の代金債権については、支払期限につき当事者の特約がなければ、「買主は、引渡しの日から、代金の利息を支払う義務を負う。」(新法575条2項)ので、引渡しの日の法定利率が適用となる。

　　その他、連帯債務者間の求償権については、「弁済その他免責があった日」、受任者が委任者に引き渡すべき金銭を自己のために消費した場合は、「その消費した日」、受任者の委任事務処理費用等の償還請求権は、費用の「支出の日」の法定利率が適用となる。

---

[18]　山野目章夫「変動法定利率」金融法務事情2023号7頁。

ウ　実務への影響

法定利率の変動制が導入されたことにより、利息計算の実務への影響は大きいと考えられる。

また、法定利率の基準時につき、今後、様々な債権に関して論点が生じる可能性がある。

(2) 中間利息控除に関する改正（新法417条の2）

ア　改正のポイント

旧法には置かれていなかった中間利息控除に関する規定を新設し、その際には法定利率により控除すべきものと定めた。

本条は、不法行為に基づく損害賠償に準用される（新法722条1項）。

イ　審議の経緯

中間利息控除は、損害賠償額の算定にあたり、将来の逸失利益や出費を現在価値に換算するために、損害賠償額の基準時から将来利益を得られたであろう時までの利息相当額（中間利息）を控除するものである（「部会資料74B」9頁）。

旧法には、中間利息控除に関する規定は置かれていなかったが、損害賠償の実務においては広く中間利息の控除が行われていた[19]。

そして、裁判実務で中間利息控除を行うときには、法定利率を用いるのが一般的であり[20]、最判平成17年6月14日民集59巻5号983頁も、主として法的安定および統一的処理の必要性を理由に、「損害賠償額の算定に当たり、被害者の将来の逸失利益を現在価額に換算するために控除すべき中間利息の割合は、民事法定利率によらなければならない」とした。

そこで、新法で法定利率を変動制に改めた場合、中間利息の控除にはやはり法定利率を用いるべきか、用いる場合にどの時点の法定利率を適用するかが問題となった（「部会資料74B」10頁）。

そもそも中間利息の控除は本来的には損害賠償額の算定方法の問題であって、法定利率の改正問題とは切り離し、損害賠償額の算定方法のあり方そのも

[19)]　中間利息の控除は、損害賠償を一時金方式で支払う場合に行われるのであり、定期金方式では行われない。
[20)]　平成11年、東京地裁、大阪地裁、名古屋地裁の各交通部の共同提言（「交通事故による逸失利益の算定方式についての共同提言」判時1692号162頁）。

のとして検討すべきとの考え方があり、中間利息の控除については、根本的部分から意見の対立が激しいところである[21]。その点は措いて、現行実務を前提に一定の利率で割り引くとした場合、大きく、法定利率にかかわらず固定利率（年5％）によるとする意見と、法定利率を用いるとする意見の2つがあった[22]。中間試案の段階においては、年5％の固定利率によるとの見解がとられていた。

しかしながら、①中間利息控除は原則として運用利率に近い利率で行うべきであり5％は高すぎる、②法定利率に比し中間利息控除だけ高い利率のまま固定されることは被害者の救済の観点から著しく不合理である、といった反対意見が寄せられ、見直しを余儀なくされた（「部会資料71－3」12頁）。

その後の審議経過で、法定利率の変動制につき、利率の見直し頻度を3年に1度と緩和し、また、基準割合を貸出約定平均金利の過去5年間という長い期間の平均値へと修正し、より緩やかな変動制としたことにより、中間利息控除についても法定利率を用いることで意見がまとまった[23]。

いずれにせよ、中間利息控除の問題については、複利計算で控除するライプニッツ方式は妥当か、より長期間の運用利率の統計に基づき中間利息控除に独自の利率を法定すべきか、一時金賠償方式か定期金賠償方式か、事故時の収入を基礎収入として固定する現行実務の計算方式ではなく被害者の就労可能期間中の年齢に応じた収入額を基礎とする計算方式としてはどうか[24]など、損害賠償額算定のあり方自体の問題として、総合的に議論すべきものと思われる。

ウ　中間利息控除と基準時

新法417条の2第1項は、中間利息控除には、「損害賠償の請求権が生じた時点における法定利率」を用いると定める。

不法行為に基づく損害賠償請求権の場合は、不法行為の時点が中間利息控除に用いられる法定利率の基準時となる。ここで、後遺障害逸失利益については、症状が固定してはじめて労働能力喪失期間や喪失率が確定し、損害賠償額の算定、請求が可能となるが、その場合でも法定利率の基準時は、症状固定時ではなく不法行為時であると解される（「部会資料81B」7頁）。

---

21) 中井康之「債権法研究会報告（第8回）法定利率」金融法務事情2021号56頁。
22) 法律上規定せず解釈に委ねるとの意見もあった。「部会資料74B」10頁。
23) この間の審議経過については、中井・注21前掲56頁。
24) 加賀山茂＝竹内尚寿「逸失利益の算定における中間利息控除方式の問題点について」判タ714号17頁。

さらに、後遺障害逸失利益については、どの時点の現価を算定すべきか（現価計算についての基準時）が問題となる[25]。①不法行為時の現価とする不法行為時説、②症状固定時の現価とする症状固定時説、③口頭弁論終結時の現価とする口頭弁論終結時説がある[26]が、新法417条の2はいずれかの説をとるものとは解されず、解釈に委ねられた問題であると考えられる[27]。

エ　実務への影響

法定利率が当初3％に下げられたことから、中間利息控除後の損害賠償額は増額となり、被害者に有利となる。反面、保険金支払額の増加が見込まれ保険料の値上げにつながる可能性がある。

(3)　遅延損害金に関する改正（新法419条1項）

ア　改正のポイント

新法が法定利率につき変動制を採用したことに合わせて、遅延損害金につき、「遅滞の責任を負った最初の時点における法定利率」を適用すべきことを定めた。

イ　立法の趣旨

法定利率について変動制を採用した場合、遅延損害金についても、いつの時点の法定利率を適用するのか、基準時についての規律が必要となる。新法419条1項は、「遅滞の責任を負った最初の時点」の法定利率によることとしたが、これは利息に関する法定利率の適用のあり方とパラレルに規律するものである（「中間試案補足説明」101頁）。

なお、債務不履行へのペナルティや早期履行を促進するとの観点から、法定利率より高い利率とすべきとの意見（「部会資料19－2」9頁、「中間試案補足説明」12頁、「部会資料31」54頁）[28]もあったが、見送られた。

---

25)　北河隆之「債権法改正と中間利息控除」法律時報1092号65頁。
26)　①説が最も中間利息控除が多く賠償額は少なくなり、③説はその逆となる。被害者にとって①説が最も不利である。
27)　この点、大塚直「不法行為との関係―中間利息の控除を中心として」法律時報1079号54頁の「この点は現在必ずしも一致していない扱いを統一することを目指したものといえよう。」という記載の意味が、新法417条の2が不法行為時説を採用したという理解であるならば、疑問である。
28)　ドイツ民法288条は、遅延利息につき基礎利率に年5％を上乗せした額とする（「部会資料31」63頁）。

ウ 基準時の解釈[29]

① 確定期限がある債務は、「期限の到来した時」(新法412条1項)が属する日の翌日が基準時である。

② 不確定期限がある債務は、「履行の請求を受けた時」と「期限の到来したことを知った時」のいずれか早い時(新法412条2項)の属する日の翌日が基準時である。

③ 期限の定めのない債務は、「履行の請求を受けた時」(新法412条3項)の属する日の翌日が基準時であるが、重要な例外として不法行為に基づく損害賠償請求権があり、不法行為の日が基準時となると解される(最判昭和37年9月4日民集16巻9号1834頁)。

継続的不法行為(土地の不法占有など)については、日々、新たな不法行為が発生していると解されることから、基準時は日ごとに更新される。

実務への影響が考えられる問題として、不法行為に基づく損害賠償請求権につき、訴状において訴状送達の日の翌日からの遅延損害金を請求する場合の問題がある[30]。結論として、不法行為時が基準時となると解するが、処分権主義や弁論主義との関係で問題をはらむ。

エ 中間利息控除の基準時との関係

遅延損害金の基準時は、「遅滞の責任を負った最初の時点」であり、中間利息控除の基準時は、「損害賠償の請求権が生じた時点」であることから、基準時がずれることがある。

具体的には、安全配慮義務違反に基づく債務不履行責任については、事故発生時に損害賠償請求権が発生しているので、中間利息控除に用いる法定利率は事故時のものとなる。一方、遅延損害金の算定に用いる法定利率は請求を受けた時の翌日が基準時となることから、債権者の請求の時期に左右される。

オ 実務への影響

期限の定めのない債務については、債権者の請求日によって適用される法定利率が左右されることとなる。

また、上述のとおり、訴状送達の日の翌日を遅延損害金の起算日として請求する実務のあり方については、変更の必要があるかもしれない。

---

29) 山野目・注18前掲8頁。
30) 山野目・注18前掲9頁。

なお、利息を超過する損害が発生した場合に、その賠償請求ができるかについては、立法が見送られたが、旧法419条2項・3項が維持されたからといって、利息超過損害の賠償が否定されたものではない（「部会資料53」41頁）。

5 不確定期限付債務の履行遅滞に関する改正（新法412条2項）

(1) 改正のポイント

不確定期限のある債務の履行期につき、旧法412条2項は債務者が期限の到来を知った時は催告を待たず遅滞になるとしていたが、新法はこれに付加して、「期限の到来した後に履行の請求を受けた時」にも遅滞の責任を負うものとした。①債務者の期限到来の確知、②債権者による期限到来後の催告、のいずれか早い時から遅滞になる。

期限の到来後に債権者の催告があれば、債務者が期限の到来を確知していなくても遅滞になるというのが従来からの通説[31]であり、これを立法化したものである[32]。

(2) 実務への影響

学説で異論がないとされてきたところを明文化した改正であり、実務への影響はないと考えられる。

6 履行不能（原始的不能を含む）に関する改正（新法412条の2）

(1) 改正のポイント

新法412条の2第1項は、履行請求権の限界として、履行が「不能」の場合には行使できなくなることを定める。

同条2項は、いわゆる「原始的不能」の契約につき、これを無効と解する伝

---

[31] 我妻榮『新訂 債権総論（民法講義Ⅳ）』（岩波書店・1964年）104頁、於保不二雄『債権総論〈新版〉』（有斐閣・1972年）91頁、林良平ほか『債権総論〈第3版〉』（青林書院・1996年）90頁、潮見・注2前掲144頁、中田・注3前掲104頁。

[32] 民法（債権法）改正検討委員会編『詳解・債権法改正の基本方針Ⅱ 契約および債権一般(1)』（商事法務・2009年）256頁の提案では、「債権者が債務者に対して期限到来の事実を通知した時」となっているが、通説の理解、表現としてやや適切ではなかったのではないかと思われる。

統的な見解を排して、「不能」というだけでは契約はその効力を妨げられず、損害賠償請求等が可能であることを示すものである。

412条の2は新設規定である。

(2) 「不能」の概念

債権の効力の一つに、債権者が債務者に対し任意に履行せよと請求できる権能、すなわち履行請求権があることはわが国では当然のこととして認められている[33]。もっとも、履行請求権には一定の限界があり、そのような限界があることと具体的な限界事由を条文上明確にするのが望ましいことから、新法では規定を設けることにした。

ここで、履行請求権の限界事由をどのように規定するかが課題となる。審議過程においては、物理的に履行が不可能な場合や履行に過分の費用を要する場合というように具体的な限界事由を規定し[34]、併せて「契約の趣旨に照らして、債務者に債務の履行を請求することが相当でない」との包括的な限界事由を置くことも検討された（「中間試案補足説明」106頁）が、基準として明確でない（「部会資料68A」2頁）などの理由から、従来からの用法に従い、「不能」概念に一元化して履行請求権の限界を画することとした。

ただ、「不能」の意味は、物理的な履行の不可能に限られず、「社会通念上の不能」というように解釈上拡張してきている。判例においても、不動産の二重譲渡で一方の買主が登記を具備した場合（最判昭和35年4月21日民集14巻6号930頁）、目的物の取引が法律上禁止された場合（大判明治39年10月29日民録12輯1358頁）、他人物売買において正当な相続人が相続回復を訴求しその土地所有権を回収するに至った場合（最判昭和30年5月31日民集9巻6号844頁）、他人物賃貸借の賃借人が、目的物につき真の権利者とさらに賃貸借契約を締結した場合（最判昭和49年12月20日判時768号101頁）、賃借人の賃貸物返還義

---

[33] 英米法系においては、履行がなされない場合、原則として損害賠償のみを求めることができ履行の強制は認められないことにつき、潮見佳男『債権総論Ⅰ〈第2版〉』（信山社・2003年）152頁、中田・注3前掲91頁。

[34] 海外の立法では、具体的な限界事由として、①物理的履行不可能、法律上または事実上の履行不可能、②履行の合理的期待可能性がないこと、履行の経済的不合理性（給付に伴う債務者の負担と給付から受ける債権者の利益との重大な不均衡）、③履行内容が一身専属的である場合の不履行、④代替取引の合理的可能性、⑤不履行を知るべきであった時から合理的期間内に履行請求権を行使しなかったことなどが規定されている。「部会資料5－2」13頁。

務につき、火災の結果、原状回復のためには外部構造にも修復工事が必要となり相当高額な費用を要する場合（東京地判昭和62年3月26日判時1260号21頁）など、「社会通念上の不能」の場合にも履行は「不能」とされている。

　このように、「不能」の概念には、物理的不能のほか、法律的・社会的不能も含まれるとされることから、新法は、「不能」であるか否かは、「契約その他の債務の発生原因及び取引上の社会通念に照らして」判断することとした。ここに「契約その他の債務の発生原因及び取引上の社会通念に照らして」とは、契約の内容（契約書の記載内容等）のみならず、契約の性質（有償か無償かを含む）、当事者が契約をした目的、契約の締結に至る経緯をはじめとする契約をめぐるいっさいの事情を考慮し、取引通念をも勘案して、評価・認定することを意味している（「部会資料79－3」7頁）。

　なお、上述の審議経過および請負に係る旧法634条1項ただし書に対応する規律が新法にはないという立法措置に鑑み、債務者が履行により得る利益とくらべて履行に著しく過大な費用を要する場合も、社会通念上の不能に含まれるものと解される。

(3)　原始的に不能な契約の効力

　新法412条の2第2項は、売買契約を締結した時点ですでに目的物が滅失していた場合のように、債権の目的が契約の締結当初から実現不可能な、いわゆる原始的不能の契約の効力について、規定を置いた。

　旧法は特段の規定を設けていなかったが、伝統的な見解は、そのような契約は無効であるとしてきた。この「原始的不能は債務を生じさせない（impossibilium nulla est obligation）」という原則（「原始的不能のドグマ」）はローマ法に由来し、2001年改正前のドイツ民法はこの原則を採用していた[35]。原始的不能のドグマは、契約当事者が、もし履行不能を知っていれば、その給付を目的とする債務を約束していなかったであろうとの契約当事者の意思に結び付けられて正当化されてきた。

　判例（最判昭和25年10月26日民集4巻10号497頁）も、他人物売買の効力に関する判示の傍論にて、「一般に契約の履行がその契約締結の当初において客

---

[35]　平井宜雄『債権総論〈第2版〉』（弘文堂・1994年）60頁、潮見・注33前掲35頁、「部会資料11－2」9頁。

観的に不能であれば、その契約は不可能な事項を目的とするものとして無効」であると述べている。

　しかし、近時は、原始的不能のすべての場合を一律に無効とすべき必然性はなく、履行不能が契約締結の前であるか後であるかという偶然によって契約の有効性や損害賠償の範囲などについて結論が大きく異なるのは妥当ではないなどと批判し、原始的不能のドグマを否定する見解が有力となっている（「部会資料41」8頁）。国際的な立法の潮流においても、たとえば、ドイツ民法は、2001年改正により、原始的不能を無効とする規定を削除し、「履行障害が契約締結時に既に存在することは、契約の効力を妨げない。」（ドイツ民法311a条）とするなど、伝統的な見解はその礎を失いつつあった（「部会資料11－2」9頁）。そこで新法は、原始的不能のドグマを排することとした。

(4)　原始的不能のドグマを否定する諸説

　原始的不能のドグマを否定する立場にも様々なニュアンスのものがあるが、大きく2つに整理できる[36]。1つは、原始的不能の契約もつねに有効とするものである。他方は、原始的不能の場合のすべてを一律に無効とする必然性はないとして、当事者が契約の締結にあたって対象の存否および給付の可能性についてどのような認識をもち、どのようなリスク負担を想定して契約を締結したのかとの視点から、契約の有効性を判断する見解[37]である。新法が採用したのは後者の立場といえる。

　原始的不能のケースには、①履行の請求が可能であるかどうかを当事者が特に意識しないまま契約をする場合、②滅失の可能性を認識しつつ当事者が投機的な取引を行う場合、③債務者が履行可能であると保証したうえで契約を締結する場合、④原始的不能の事実が契約の有効性の解除条件となっている場合など、様々なものが考えられる。これらを一律に有効または無効とするのは適当でなく、契約の効力はその契約の解釈によって判断すべきこととなる。もっとも、「契約はそのためにその効力を妨げられない」といった消極的な規定ぶりでは具体的にどのような法的効果が導かれるのかが明らかでないとの指摘が

---

[36]　民法（債権法）改正検討委員会編『詳解　債権法改正の基本方針Ⅱ契約および債権一般(1)』（商事法務・2009年）36頁、潮見・注33前掲43頁、中田・注3前掲26頁。

[37]　潮見・注33前掲46頁。

あった。そこで、新法は、契約の効力が妨げられないことによって実現される最も代表的な法的効果として損害賠償を取り上げ、契約に基づく債務の履行がその契約の成立の時に不能であったことは、その債務の履行が不能であることによって生じた損害の賠償を請求することを妨げないことを明記することとしたものである（「部会資料83 − 2」35頁）。

(5) 原始的不能と法的効果

原始的不能のドグマを認める伝統的な見解では、債権者は、「契約締結上の過失」の理論により、信義則上の注意義務違反のある債務者に対して信頼利益の賠償[38]を求めることができると解してきた[39]。

これに対し、新法が採用した原始的不能のドグマを否定する立場からは、まず、契約の有効、無効を契約の解釈によって導く必要がある。契約が有効な場合、履行は不能であることから債務の履行を請求することはできず（新法412条の2第1項）、履行に代わる損害賠償と契約の解除が救済手段となる。損害賠償の範囲については、信頼利益の賠償に限定されないが、つねに履行利益の賠償[40]まで認められるのかどうか、その効果についても様々な見解が示されている[41]。

上記(4)であげた原始的不能のケースのうち、原始的不能の事実が契約の有効性の解除条件となっている場合には、契約は無効と解釈されるであろうし、また、履行の請求が可能であるかどうかを当事者が特に意識しないまま契約をした場合には、錯誤による無効を主張できるケースが多いと考えられる。

契約が無効と判断された場合の債権者の救済についても見解は分かれるが、「契約締結上の過失」や不法行為の要件をみたすかぎり、債務者は損害賠償責任を負うと考えられる[42]。

---

38) 契約が有効と信じたことによって被った損害の賠償。
39) 我妻榮『債権各論上巻（民法講義V1）』(岩波書店・1954年) 39頁、於保・注31前掲106頁。
40) 契約が有効に成立し履行されていれば得られたであろう利益の賠償。
41) 潮見・注33前掲44頁、中田・注3前掲109頁。
42) ドイツ民法122条は、錯誤者に信頼利益の賠償につき無過失責任を課す一方、悪意または過失ある相手方は保護されない。四宮和夫=能見善久『民法総則〈第8版〉』(弘文堂・2010年) 231頁、「部会資料12 − 2」27頁、39頁。

(6) 実務への影響

新法412条の2第1項は、履行請求権の限界を「不能」に一元化して定め、この不能には法的・社会的不能も含まれる。今後、「不能」の意味をどのように解釈するかということがこれまで以上に問題になる可能性があると思われる[43]。

同条2項については、原始的不能の契約はそれほど多いとは考えられないが、契約が有効な場合の賠償の範囲は信頼利益の賠償に限定されないことから、実務への大きな影響もありうる。

7 受領遅滞

(1) 改正の概要

旧法413条は、債権者が債務の履行を受けることを拒み、または受けることができないときについて、その債権者は、履行の提供があった時から「遅滞の責任を負う」と定めている。

新法は、この規律を変更し、受領遅滞の規律を下記のとおり個別に規律することにした。

ア 注意義務の軽減（新法413条1項）

新法は、債権者が債務の履行を受けることを拒み、または受けることができない場合において、その債務の目的が特定物の引渡しであるときについて、債務者は、履行の提供をした時からその引渡しをするまで「自己の財産に対するのと同一の注意をもって、その物を保存すれば足りる」と定めた。

これは、受領遅滞になったときに目的物の保管義務が軽減されること（自己の財産に対するのと同一の注意をすれば足りること）を明記したものである。

イ 増加費用の負担（新法413条2項）

新法は、債権者が債務の履行を受けることを拒み、又は受けることができないことによって、その履行の費用が増加したときについて、「その増加額は、債権者の負担とする」と定めた。

これは、受領遅滞になったことを原因として増加した費用について、償還請

---

43) 山本敬三「契約責任法の改正―民法改正法案の概要とその趣旨」法曹時報68巻5号（2016年）1229頁。

求権を明記したものである。

ウ　受領遅滞中の履行不能（新法413条の2）

新法は、債権者が債務の履行を受けることを拒み、または受けることができない場合において、履行の提供があった時以後に当事者双方の責めに帰することができない事由によってその債務の履行が不能となったときについて、「その履行の不能は、債権者の責めに帰すべき事由によるものとみなす」（2項）と定めた。

これは、受領遅滞中に生じた債務者の責めに帰することのできない事由による履行不能について「債権者の責めに帰すべき事由」によるものと「みなす」ことにより、①債権者が契約を解除することができないこと、および、②双務契約にあっては反対債務の履行拒絶をすることができないことを意味している。

(2)　実務への影響

ア　効果を明文化したことの影響

旧法413条における「遅滞の責任を負う」という文言から具体的効果を読み取ることは容易ではないため解除の可否等について見解は対立していた[44]。

しかし、「部会資料68A」36頁にあるとおり、①保存義務が、善管注意義務から自己の財産に対するのと同一の注意義務へ軽減されること、②受領遅滞により増加した保存費用その他の履行費用が債権者の負担となること、③債権者の受領遅滞の後に生ずる履行不能の危険が債権者の負担となること（いわゆる危険の移転）については、「実務上も学説上も異論なく認められている」。

新法が定める上記(1)の**ア**ないし**ウ**は、受領遅滞の効果として従来から認められてきた解釈を明文化したものにすぎないから、実務を変えるような影響はない（いわゆる危険の移転に関する条文の適用については下記イで述べる）。

なお、「部会資料68A」37頁のとおり「債権者が受領遅滞にある間は、債務者は履行遅滞による債務不履行責任を負わないこと」については、受領遅滞の

44）最判昭和40年12月3日民集19巻9号2090頁は、受領遅滞を理由とする解除を否定したものであるが、その理由として「債務者の債務不履行と債権者の受領遅滞とは、その性質が異なるのであるから、一般に後者に前者と全く同一の効果を認めることは民法の予想していないところというべきである。民法414条・415条・541条等は、いずれも債務者の債務不履行のみを想定した規定であること明文上明らかであり、受領遅滞に対し債務者のとりうる措置としては、供託・自動売却等の規定を設けているのである」と指摘していた。

効果ではなく、弁済の提供の効果として整理された（新法492条)[45]。

イ　受領遅滞中の履行不能

新法は、受領遅滞中に生じた債務者の責めに帰することのできない事由による履行不能について「債権者の責めに帰すべき事由」によるものと「みなす」ことにした（新法413条の2第2項）。

同条1項は、履行遅滞中の履行不能について、上記と同内容の規律を定めている。受領遅滞であっても履行遅滞であっても、遅滞中に履行不能となったときの規律には共通性がある（遅滞について責任を負う者が不能についても責任を負うべきである）ため、その関係を明確にするため、パラレルな内容の規律を一つの条文として規定したものである。

受領遅滞中に生じた債務者の責めに帰することのできない事由による履行不能について「債権者の責めに帰すべき事由」によるものと「みなす」ことは、以下の2つの効果が生じることを意味している（「部会資料83－2」12頁参照）。

① 債権者は、契約の解除をすることができない。この規律は、債権者に帰責事由があるときは契約の解除をすることができない旨を定める新法543条による。すなわち、新法は、債務の不履行が「債権者の責めに帰すべき事由によるものであるとき」は、契約関係からの離脱を認めるのは相当ではないため解除を否定しているから、債権者の責めに帰すべき事由によるものとみなすことによって、反対給付について履行拒絶権がないという帰結が導かれる。

② 双務契約にあっては、反対債務の履行拒絶をすることができない。この規律は、債権者に帰責事由があるときは反対給付の履行を拒むことができない旨を定める新法536条2項による。すなわち、新法は、「債権者の責めに帰すべき事由」によって債務を履行することができなくなったときは「債権者は、反対給付の履行を拒むことができない」と定めているから、債権者の責めに帰すべき事由によるものとみなすことによって、反対給付について履行拒絶権がないという帰結が導かれる。

---

[45]　法務省民事局参事官室『民法（債権関係）の改正に関する中間試案の補足説明』（商事法務・2013年）149頁に「受領遅滞については、給付を受領しなかったという債権者の行為に結び付けられた効果を規定することとし、弁済の提供については、債務者が行うべき提供行為をしたことによる効果を規定するという整理を採用した」とあり、同289頁には「弁済の提供の効果として履行遅滞を理由とする損害賠償の責任を免れることを、民法第492条に具体的に例示するものである。これによって、現在は不明瞭であるとされる受領（受取）遅滞の効果との関係を整理し、ルールの明確化を図るもの」とある。

8 履行強制

(1) 改正の概要

ア 履行請求権に関する規律

旧法には、履行の強制（旧法414条）や債務不履行による損害賠償（旧法415条）など、債務が任意に履行されない場合に債権者がとりうる方策に関する規定が置かれているが、その前提として、債権者が債務者に対して履行を請求できること（訴求力を有する）ことについては明示的な規定がない。

新法は、履行請求権について明示的には規定していないが、「債務の履行が契約その他の債権の発生原因及び取引上の社会通念に照らして不能であるときは、債権者は、その債務の履行を請求することができない」と定めた（新法412条の2第1項）。「部会資料83－2」8頁に「債務の履行が不能であるときは債権者はその債務の履行を請求することができない旨を定めれば、債権者が債務者に対してその債務の履行を請求することができる旨の規律も表現されているとみることができる旨の指摘がある」と記載されているとおり、上記規定は、履行請求権があることを含意している[46]。

イ 強制執行概念の明確化（414条）

旧法414条は、債務者が任意に債務の履行をしないときについて、債権者は「その強制履行」を裁判所に請求することができるとする（1項本文）。

新法414条は、この場面について、債権者は、「民事執行法その他強制執行の手続に関する法令の規定に従い、直接強制、代替執行、間接強制その他の方法による履行の強制」を裁判所に請求することができるとした（1項本文）。

なお、「債務の性質がこれを許さないとき」に関する例外規定は維持された（同項ただし書）。また、「損害賠償の請求を妨げない」という規律も維持された

---

[46] 中間試案では「債権者は、債務者に対して、その債務の履行を請求することができるものとする」という規律を設けることが提案されており、その理由について「中間試案補足説明」106頁では「債権者が債務者に対し、その債務を任意に履行するよう請求する権能（訴求力）が認められることには、異論がない」「民法上の基本的な原則は、それが専門家にとっては自明なものであったとしても、国民一般が読むことを念頭にできる限り条文上明らかにするという考え方に基づく」とあった。さらに同109頁には「国家の助力を得て強制的にその実現を図ることができること（履行の強制が可能であること）自体は債権の実体法的効力の一つであるとするのが、近時の学説の一般的な理解であると思われる」とある。

(旧法2項・3項削除〔下記ウ参照〕により4項が新法2項となった)。

ウ 手続法との整理（414条）

旧法414条は、①債務の性質が強制履行を許さない場合において、その債務が作為を目的とするときは、債権者は、債務者の費用で第三者にこれをさせることを裁判所に請求することができること（2項本文）、②法律行為を目的とする債務については、裁判をもって債務者の意思表示に代えることができること（2項ただし書）、および、③不作為を目的とする債務については、債務者の費用で、債務者がした行為の結果を除去し、または将来のため適当な処分をすることを裁判所に請求することができること（3項）を定めている。

新法414条は、これらの規定を削除し、併せて、旧法414条2項本文または3項に規定する請求に係る強制執行について定める民事執行法171条について所要の修正をすることとした。

(2) 実務への影響

ア 履行請求権に関する規律の影響

新法が、履行請求権があることを前提とする規定を設けたことは、争いのない内容の明文化であるため、実務を変えるような影響はないと思われる。

イ 強制執行概念明確化の影響

旧法414条1項の「強制履行」については、強制執行の方法の一つである直接強制のみを意味すると解する見解もあった。「部会資料68」4頁のとおり、新法は、旧法の「強制履行」という文言を「履行の強制」に改め、その履行の強制は「民事執行法その他強制執行の手続に関する法令の規定に従い、直接強制、代替執行、間接強制その他の方法」によることを明記するものであり、「債務の性質が強制履行を許さない場合」には代替執行を請求することができる旨の2項を削除することとあいまって、①同条1項は直接強制のみに関する規定ではないこと、②同項は債権者が国家の助力を得て強制的にその債権の内容を実現することができることを定めた規定であることを明確にするものである[47]。

また、これにより、新法414条1項ただし書の「債務の性質がこれを許さないとき」という文言についても、債務の性質が直接強制を許さない場合という意味ではなく、債務の性質が国家の助力を得た強制的な債権の実現（履行の強制）になじまない場合（画家の絵を描く債務など）という意味であることが明確

になる。

　新法が、強制執行の概念を明確化したことは、上記のような議論の混乱を生じさせないためのものであり[48]、実務を変えるような影響はないと思われる。

ウ　手続法との関係を整理したことの影響

　旧法414条2項・3項は強制執行の方法について規定していたが、これについては実体法である民法中に規定するのにふさわしくないと指摘されていた。そこで、新法は、これらの条項を削除したうえで、これらの規定を引用して代替執行について定めている民事執行法171条1項などについて所要の修正をすることとした。

　この改正は、手続法に関する規律は民事執行法に委ねることとしたものであり、適用条文が明確になるとはいえ、実務を変えるような影響はないと思われる。

9　履行不能（415条）

(1)　改正の概要

ア　債務不履行の概念

　旧法は、「債務者がその本旨に従った履行をしないとき」に損害賠償請求できるとしたうえで（415条前段）、「債務者の責めに帰すべき事由によって履行をすることができなくなったとき」も同様としている（同条後段）。

　新法は、「その債務の本旨に従った履行をしないとき又は債務の履行が不能であるとき」に損害賠償請求できる（415条1項本文）としたうえで、ただし書において、債務者の帰責事由がないときを例外とした（帰責事由の意味については、下記イで述べる）。

　新法が「その債務の本旨に従った履行をしないとき」と「債務の履行が不能であるとき」を「又は」でつないだのは、「履行をしない」という表現のなか

---

47)　潮見佳男『民法（債権関係）改正法案の概要』（きんざい・2015年）58頁は「民事執行法への架橋を成す意味で書きとどめられたものであると同時に、『その他の方法』という表現を付記することにより、直接強制、代替執行、間接強制以外の執行方法が登場した場合の備えを施したもの」と指摘している。

48)　内田貴『民法Ⅲ〈第3版〉』（東京大学出版会・2007年）121頁は414条をめぐる解釈論争について「論争と立法の変遷は、沿革や比較法に関する学問的知見が解釈論や立法を動かした例として、大変興味深い」とする。

に履行不能が文言上入らないという疑問を避けるためである。この点について、「部会資料83－2」8頁に、前段の文言は「履行することができるのにしないという意味に読めてしまい、同条後段の場合を含むことが読み取れないことから、同条前段に加えて同条後段を設けた」という旧法の起草過程を受けて、これらを統合する際の表現を工夫したものである[49]。

なお、規定の構造について、「部会資料83－2」9頁は「発生根拠と免責事由とは密接に関連するものであることから、本文とただし書の形式とする方が適切である」とし、同「部会資料68A」6頁に「債務者の側でその債務不履行が債務者の責めに帰することができない事由によるものであることを主張立証しなければならないことを明確にするもの」とある。

イ　帰責事由の明確化

新法は、「債務者の責めに帰すべき事由」という概念を維持したうえで、「契約その他の債務の発生原因及び取引上の社会通念に照らして」という判断基準を加えて、債務不履行一般を対象とする免責を認めた（新法415条1項ただし書）。この規定構造は、帰責事由についての主張・立証責任が債務者にあること（帰責事由がないことを債務者が立証できたときに免責されること）を示している。

なお、「その他の当該債務の発生原因」とされるのは、不法行為（709条）等の法定債権を想定している。

ウ　塡補賠償について

旧法は、どのような場合に債務の履行に代わる損害賠償（塡補賠償）を請求できるかについて明示していない。

新法415条2項は、損害賠償請求できる場合のうち、①「債務の履行が不能であるとき。」（1号）、②「債務者がその債務の履行を拒絶する意思を明確に表示したとき。」（2号）、および、③「債務が契約によって生じたものである場合において、その契約が解除され、又は債務の不履行による契約の解除権が発生したとき。」（3号）、債権者は「債務の履行に代わる損害賠償」を請求できるとした。

---

[49]　潮見・注47前掲60頁は「債務不履行一元論が否定されていないことは、ただし書の『債務の不履行』という用語の選択に含意されている」とする。

(2) 実務への影響

ア 債務不履行概念の整理の影響

旧法415条の「債務者の責めに帰すべき事由によって」という文言が履行不能についてのみ規定されていることからは、帰責事由は履行不能に限って要件とされ、同条前段の不履行責任には帰責事由の存否は関係ないことになりそうであるが、実際には、債務不履行一般について帰責事由のない場合には免責が認められてきた[50]。

そのため、債務不履行に関する規律が整理されたことは、実務には格別の影響を与えないものと思われる。

イ 帰責事由の明確化による影響

新法415条が「債務者の責めに帰すべき事由」という概念を維持したことは、帰責事由が規範的に判断されるべきものであることを示す意味において重要である[51]。

帰責事由については「故意・過失または信義則上これと同視すべき事由」と解する見解が通説であったのに対し、過失責任主義は債務者の行動の自由を前提とするものであり、契約関係に持ち込むことは妥当でない（契約したことにより債務者は行動の自由を制約されている）という批判があり、「契約によって引き受けていない事由」に変更することも検討された。しかし、この表現では、契約書等における当事者間の合意によって免責事由の存否が判断されると解釈されるおそれがあるため、帰責事由の概念を維持したうえで判断基準を加えることとされた[52]。

このことによって、契約書の記載だけが過度に強調されるのでなく、当事者

---

50) 内田・注48前掲140頁は「伝統的に通説・判例は、過失責任主義という民法の基本原理から、債務不履行による損害賠償責任一般に帰責事由が要件となるとしている」という。
51) 高須順一「民法（債権法）改正に関するささやかなテクスト」『債権法の近未来像』(酒井書店・2010年) 68頁に「筆者が重視するのは、債務不履行責任の発生要件を検討する場合には、その規範的価値あるいは信義則の支配という観点を看過してはならないという点である。筆者が審議会の第3回会議において、『べき基準』という言葉で説明したところのものである」とある。
52) 高須・注51前掲68頁は「仮に免責事由的なものを、『契約によって引き受けていない事由』という表現で説明するならば、やはり、当事者が契約書に何を記載したかだという観点から理解される危険がある。つまり、この表現を用いた場合には、契約の趣旨・解釈以前の裸の合意そのものが大きな影響力を持つ可能性を払拭できないのである。この点は、『責めに帰すべき事由』という表現が規範的であったのと比べて大きな差異である」とする。

の合意した内容、その目的、契約の締結に至る経緯などいっさいの事情を考慮し、取引通念をも勘案したうえで、帰責事由の存否が判断されることになる。この点について「部会資料79－3」7頁は、「契約に『照らして』定まるものである以上、契約の内容のみならず、契約をめぐる一切の事情を考慮して定まることは明らかであるし、また、取引通念が考慮されるべきであることは、素案に明示することとしたため、疑義を生ずる余地はない」とする。

　このように諸事情を考慮することは、現在の実務においても行われているところであるが、帰責事由の判断基準および主張立証責任の所在が明らかになったことは、訴訟実務に影響するだけではなく、契約書作成などにも影響すると思われる。

ウ　填補賠償に関する影響

　新法は、填補賠償すなわち「履行に代わる損害賠償」が認められる場合を列記した。なお、下記ⓐおよびⓑ後段では、履行請求権と填補賠償請求権とが併存する事態が生じる[53]。

ⓐ　債務の履行が不能である場合（新法415条2項1号）

　債務の履行が不能である場合に填補賠償請求ができることは、従来から認められてきた。

　なお、履行不能か否かは、「契約その他の債務の発生原因および取引通念に照らして不能である」かによって判断される（新法412条の2第1項）。

ⓑ　債務者がその債務の履行を拒絶する意思を明確に表示した場合（新法415条2項2号）[54]

　債務者が債務の履行を拒絶する意思を明確に表示した場合には、債務の履行の見込みのない状況になっており、債務の履行が不能である場合と同様に取り扱うことが合理的である。この履行拒絶の意思の表示は、履行期の前であっても認められる。

　ただし、履行不能と同様の効果を認めることからすれば、「債務の履行を拒絶する意思を明確に表示した」というためには、拒絶の意思表示は終局的・確定的なものである必要がある。交渉過程において債務の履行を拒絶する趣旨の

---

[53]　潮見・注47前掲61頁は「本条は、履行請求権が不能または解除によって填補賠償請求権に転形するという立場を採用していない」とする。
[54]　この概念は、無催告解除が認められる要件でもある（新法542条1項2号）。

発言をしたときには、それが終局的・確定的な履行拒絶の意思表示であるのか、それとも暫定的なものかを判断する必要がある。

「部会資料82－2」4頁は、「履行不能の場合と同様に扱ってよい程度の状況が必要であり、例えば債権者と債務者との間の交渉の過程で債務者がその債務の履行を拒絶する趣旨の言葉を発しただけでは要件を満たさない」とある。

ⓒ 債務が契約によって生じたものである場合において、その契約が解除され、または債務の不履行による契約の解除権が発生したとき（新法415条2項3号）

前段は債権者により債務不履行解除がなされた場合に限らず、債務者が契約を解除した場合や合意解除の場合であっても、債務不履行による損害賠償（新法415条1項）の要件を満たすときは塡補賠償請求を認めるものである。

後段は、債権者が相当の期間を定めて履行の催告をしたにもかかわらず債務者がその期間内に履行をしなかった場合など、債務不履行を理由とする契約の解除権が発生した場合には、契約の解除をしなくても塡補賠償請求をすることができるとした。これによって、たとえば、継続的供給契約の給付債務の一部に不履行があったときに、継続的供給契約自体は存続させたままで（解除権は発生しているが行使せずに）、不履行となった債務について塡補賠償を請求できることになると思われる[55]。

10 損害賠償の範囲

(1) 416条の改正点

旧法416条は、損害賠償の範囲を定める。1項は「債務の不履行に対する損害賠償の請求は、これによって通常生ずべき損害の賠償をさせることをその目的とする。」とし、2項は「特別の事情によって生じた損害であっても、当事者がその事情を予見し、又は予見することができたときは、債権者は、その賠償を請求することができる。」と規定している。

新法は、2項につき、「予見し、又は予見することができたとき」を「予見

---

[55] 潮見・注47前掲61頁は「多くの場合は、後者で捕捉されよう。なお、後者で想定されているのは、履行遅滞後に債権者が履行の催告をしたにもかかわらず、相当期間を経過してもなお債務者が履行しなかったような場合である〔履行遅滞を理由とする塡補賠償。大判昭和8・6・13民集12巻1437頁〕」とする。

すべきであったとき」と改めた。

改正の理由については、同条は予見可能性により賠償範囲を画するものと一般に解されているところ、予見可能性とは、「ある損害が契約をめぐる諸事情に照らして賠償されるべきか否かを判断するための規範的な概念であるとされており、そのことをより明確に法文上表現するのが適切であるから」と説明されている（「部会資料53」38頁以下等）。

(2) 改正における問題意識

旧法416条については、当初、次の点が検討事項として示された。

すなわち「『通常生ずべき損害』や『特別の事情によって生じた損害』等の文言の意義が必ずしも一義的ではないため、規定の意味や読み方について、条文の文言からは読み取り難い複数の解釈がされている。例えば、同条には『相当性』等の文言がないにもかかわらず、判例の中には、同条を相当因果関係理論が規定されたものであるかのように解釈するものがあるところ、この解釈を批判する見解も有力とされている。このような点を踏まえ、損害賠償の範囲に関する規定の在り方について、どのように考えるか。」という点である。

(3) 学説の整理

ア 相当因果関係説

416条については、相当因果関係理論を採用したものとするのが通説・判例といわれている。

相当因果関係理論は、完全賠償主義を採用するドイツにおいて、無限定に広がりうる賠償の範囲を制限する概念として提唱されたものであるが、制限賠償主義を採用する日本においても、同条の解釈において、「通常生ずべき損害」とは、当該債務不履行によって一般に生ずるであろうと認められる損害、すなわち債務不履行と相当因果関係があると法的に評価される損害であるとする相当因果関係説が提唱され、実務において広く定着することとなった。いわゆる富喜丸事件判決（大連判大正15年5月22日民集5巻386頁）も、「民法416条の規定は、共同生活の関係に於て人の行為と其の結果との間に存する相当因果関係の範囲を明にしたるもの」としている。

相当因果関係理論によると、賠償の対象となるのは、まずは債務不履行によ

り一般に生ずるであろうと認められる損害（通常損害）である（416条1項）。

さらに、「特別な事情によって生じた損害」（特別損害）についても、特別の事情が当事者に予見可能であった場合には、賠償の範囲に含まれることとなる（416条2項）。

なお、ここでいう当事者とは、通常は債務者のみを指すと解してよいとされている（大判大正7年8月27日民録24輯1658頁）。特別な事情について、債務者に予見可能性があれば賠償の範囲を広げても問題はなく、債権者の予見可能性を問題とする必要はないためである。

債権者は、当該損害が「通常損害」であることを主張し立証できればその賠償を受けることができるが、当該損害が「特別損害」とされた場合には債務者の予見可能性を主張立証することが必要となる。

この点、通常損害とは、履行遅滞の場合には遅滞の期間の使用価値、履行不能の場合には目的の交換価値であり、不完全履行の場合には、追完が可能かどうかによって遅延賠償（使用価値）または塡補賠償（交換価値）を考えることとなり、不完全履行から通常生じると考えられる積極損害を含むともいわれる[56]。

イ　相当因果関係説に対する批判と学説

相当因果関係説に対しては、条文にない文言を用いてわざわざドイツ法における相当因果関係論を持ち込む必要はない等の批判がなされ、「今日ではこのような批判が広く受け入れられている」との指摘もあるところである[57]。

近時は、相当因果関係説に対し、「予見可能性ルール（保護範囲説・契約利益説）」が有力となっている。

この考え方は、損害賠償の範囲の確定は、①賠償を求められている損害が債務不履行と事実的因果関係に立つかどうかを判断し、次に、②事実的因果関係に立つ損害のうち賠償される範囲（保護範囲）を判断（評価）すべきとするもので、416条はその評価（規範的・評価的作業）のルールとして予見可能性ルールを採用したものとする考え方である[58]。

これによれば、416条1項は、通常生ずべき損害につき、予見可能性の有無

---

[56]　我妻榮＝有泉亨＝清水誠＋田山輝明『我妻・有泉コンメンタール民法──総則・物権・債権〈第4版〉』（日本評論社・2016年）768頁以下。

[57]　内田貴『民法Ⅲ〈第3版〉』（東京大学出版会・2007年）160頁。

[58]　平井宜雄『債権各論Ⅱ不法行為』（弘文堂・1992年）109頁以下、「部会資料5－2」36頁以下等。

を問わず賠償されるとしたもの、2項は、特別損害については、予見可能性のある場合に限って賠償されるべきとしたものと解釈される。

ウ 損害の金銭評価の問題

さらに学説には、賠償されるべき損害の範囲の問題と、損害の金銭的評価の問題とを区別すべきとするものもある[59]。

これに対し、損害賠償の範囲の問題と、金銭評価の問題は重なることがあり（履行期後に価格が急騰した場合等における金銭評価の基準時の問題等）、その区別は容易ではないという指摘もある[60]。

エ 問題点

相当因果関係説に対する批判は、大きくとらえれば、「相当因果関係」という概念が「多義的かつ不明確であって理論的にも実務的にも解釈の道具として用をなさない」[61]という点にあるものと考えられる。

この点、今日では判例や学説等で相当因果関係という用語が用いられる場合も、「民法416条のもとで賠償すべき損害の範囲を示す言葉として（その意味では無意味な内容として）、使われていることが多い」という指摘もある。

他方、保護範囲説・契約利益説に対しても、相当因果関係説と、実際の結論がどれほど異なるのかは疑問という指摘もあるところである（「部会資料5-2」37頁等）。

(4) 改正の経緯と検討された論点

今回の改正の過程においては、上記(3)で指摘したような従前の議論をふまえ、損害賠償の範囲確定のルールを明確化すべく、規定のあり方の再考も試みられたが、結局はコンセンサスが得られず、冒頭で示した改正にとどまった。

また、それ以外にも条文上明確であることが望ましいとも考えられた論点について検討もなされたが、結局、ほとんどの点について、その結論を改正に盛り込むことは見送られた。

以下、検討された論点をいくつか紹介する。

---

59) 平井・注58前掲等。
60) 内田・注57前掲162頁以下。
61) 平井・注58前掲109頁。

ア　予見の主体および時期等

損害賠償の範囲確定において、改正後も「予見可能性」を問題とすることを前提とする議論である。

まず、予見の主体については、前述のように、旧法416条2項は、予見の主体を「当事者」としているが、これは通常債務者であると考えられている。そのため、文言を「債務者」と変更するかが検討されたが、コンセンサスを得られず「当事者」のままとされた。

予見の時期については、①不履行時とする考え方と②契約締結時とする考え方が存するところ、前記大判大正7年8月27日は、債務者が債務不履行をする際に、特別事情について予見可能である以上はそれによる損害は賠償されるであるという理由から「不履行時」を採用している。これに対し、契約締結時とする考え方は、契約に基づく損害のリスク分配を重視し、契約締結時の合意によって債権者の保護されるべき利益が定まるのであるから、契約時の予見可能性を問題とすべきというもので、さらに、③上記②に加えて契約後に予見できた特別事情（損害）も賠償範囲に含むべきとする考えや、④締結後に予見できた事情（損害）のうち、債務者が損害回復の合理的措置をとらなかったものを範囲に加えるべきとする考え方なども存した。

中間試案では、いったんこのなかの④の考え方が採用されたが、パブリックコメントを検討した結果、条文に明記はせず、従来どおり条文の解釈・認定による解決に委ねることとされた。

イ　予見の対象

予見の対象、すなわち特別の「事情」か特別の「損害」か、さらに「損害」とする場合そこに「損害額」も含むのかといった点も議論となった。中間試案では「損害」とされていたが、最終的には現行のままとされた。

ウ　故意・重過失による債務不履行における損害賠償の範囲の特則の要否

債務不履行につき故意・重過失がある場合にはすべての損害を賠償しなければならない等の特則を設けるか（さらには「背信的悪意」や「害意」に限定した規定とするか）という問題提起もなされたが、採用はされなかった。

エ　損害額の算定基準時の原則および損害額の算定ルールについて

損害額の算定基準時については、いくつかの判例が存する。

まず、物の引渡しを目的とする債務の履行不能による賠償については、①原

則として履行不能時の目的物の時価が損害となるとする判例があり（最判昭和35年12月15日民集14巻14号3060頁等）、②目的物の価格が騰貴しつつあるという特別の事情があり、かつ債務者が履行を不能にした際その事情を知っていたかあるいは知りうべかりしときは、騰貴した現在の価格によって賠償請求できるが、騰貴前に処分したであろうと予想されるときはこのかぎりではなく、騰貴後下落した場合に中間最高価格で賠償請求するためには騰貴したときに転売その他の方法で確実に利益を収めたと予想されることが必要とするもの（最判昭和37年11月16日民集16巻11号2280頁）、③二重譲渡され引渡しが履行不能となった不動産につき、価格が騰貴を続けており、売主がそのような特別事情を知りまたは知りえたときは、買主が転売目的で購入したのではなくとも口頭弁論終結時の高騰した価格を基準に賠償請求できるとするもの（最判昭和47年4月20日民集26巻3号520頁）、さらには、④買主が第三者との間で転売締結を契約しており、売主の不履行により契約を解除したときは、転売利益が通常損害となるというもの（大判大正10年3月30日民録27輯603頁等）などが存する。

　これらの判例の結論について、旧法の条文から読み取ることは困難であるため、損害額確定ルールの透明性確保という観点から、基準時に関する規定や損害額についての規定を設けるか等も検討された。

　しかしながら、コンセンサスが得られないという事情から、最終的には規定は置かれず、新法も、裁判官の自由裁量に委ねられることとなった。

(5)　不法行為による損害賠償への影響

　一般には、416条は、不法行為にも類推適用されると解されている（前掲大判大正15年5月22日）。

　そのため、改正の過程では、不法行為による損害賠償への影響についても検討された。

　不法行為による損害賠償の範囲との関係では、同条をそのまま維持するのが現実的という意見、実際の裁判所の判断においては、416条が定める枠組みによって不法行為の損害賠償の範囲が処理されているかも不明確であるという意見、さらには416条の類推適用を否定する意見などがあったが、最終的には416条について大きな改正はなされなかった。

したがって、416条と不法行為による損害賠償との関係については、今後も議論が続くことになろう。

11 金銭債務の特則

(1) 改正点

旧法は、419条において金銭債務の特則の規定を設けている。新法は、このうち1項本文を改正することとし、「金銭の給付を目的とする債務の不履行については、その損害賠償の額は、債務者が遅滞の責任を負った最初の時点における法定利率によって定める。」とした。なお、1項ただし書および2項、3項の変更はない。

新法419条1項本文の立法趣旨は、新法404条において、利息を生ずべき債権について別段の意思表示のないときには、その利率は利息が生じた最初の時点における法廷利率によるものとしたことや（1項）、法定利率について変動制を定めたことに鑑み（3項）、金銭債務の不履行の場合の規律についても同規定の改正点との整合を図ることとしたものといえる。

改正点を具体的にみると、まず、金銭債務の不履行の場合の損害（損害ではあるが、実務上、遅延利息と呼ばれている）については、債務者が遅滞の責任を負った最初の時点における法定利率によることとなる。

また、金銭債務の不履行の場合における法定利率は、新法404条において、当面の法定利率を年3パーセントと定めたことから（新法404条2項）、約定のないかぎり、当面は年3パーセントとなる。

(2) 従前の議論の整理

新法における419条の改正点は以上のとおりであるが、新法を理解するにあたり、旧法の規定や解釈、改正をめぐる従前の議論を整理することは有益であると考えられ、以下、これらについて述べる。

ア 旧法419条の規定・解釈・判例について
ⓐ 規定について

旧法の419条は、金銭債務の不履行の場合の規定として、以下の3点を定める。なお、金銭債務については履行不能や不完全履行を観念できないことか

ら、以下では履行遅滞として論ずる。
① 法定利率または約定利率によること　まず、金銭債務の履行遅滞の場合、損害の額は、原則として法定利率によって定められ、法定利率を超える約定利率が定められているときは約定利率が適用される（1項）。
② 損害の証明の必要がないこと　次に、金銭債務の履行遅滞が生じた場合、債権者は、債務者に対して損害を請求するにあたり、損害の証明をすることを要しない（2項）。
　1項および2項の立法趣旨は、たとえ債務者からの支払いが遅れたとしても、金銭自体は必ず他から調達することができるため、調達に要する費用として、法定利率またはこれを超える約定利率に相当する金額を損害とみなす、という点にあるといえる。
③ 不可抗力免責の否定　さらに、金銭債務の履行遅滞については、債務者はたとえ不可効力であっても抗弁することはできず、免責されない（3項）。
　3項の立法趣旨は、上記のとおり、金銭については他からの調達が可能であるため、たとえ不可抗力によって履行遅滞の場合が生じたとしても、履行するために必要な金銭を調達できなかったとの抗弁を認める必要性に乏しい、という点にあるといえる。
　ここでいう不可抗力とは、たとえば大地震や戦争等といった、外部的な事情をいうものといえる。
　このように、旧法によると、たとえ債務者が不可抗力によって金銭債務の履行遅滞に陥った場合であっても、債権者としては、特に遅延損害の証明を要することなく、法定利率または法定利率を超える約定利率に基づく賠償を受けることが可能となる。

ⓑ 解釈について（利息超過損害の否定）
　以上のとおり、旧法は、金銭債務の履行遅滞の場合に、債権者が損害の証明を要することなく法定利率またはこれを超える約定利率に基づく損害を求めることを可能とし、債務者が不可抗力によっても免責されないとした。
　他方、その裏返しとして、かりに実際に債権者に生じた損害が法定利率または約定利率を上回り、かつ、損害の証明が可能であった場合であっても、債権者によるその超過部分の損害賠償の請求（いわゆる利息超過損害）は、明文のある場合や（647条、669条、873条2項、会社法582条2項）、当事者間において損

害賠償額の予定をした場合（旧法420条1項）を除き、認められないことになる（概ね通説と考えられる）。

ⓒ　判例について

判例も、金銭債務の不履行による損害賠償として、債権者が債務者に対して弁護士費用その他の取立費用を請求した事案について、「民法419条によれば、金銭を目的とする債務の履行遅滞による損害賠償の額は、法律に別段の定めがある場合を除き、約定または法定の利率により、債権者はその損害の証明をする必要がないとされているが、その反面として、たとえそれ以上の損害が生じたことを立証しても、その賠償を請求することはできないものというべく、したがつて、債権者は、金銭債務の不履行による損害賠償として、債務者に対し弁護士費用その他の取立費用を請求することはできないと解するのが相当である。」と判断し、債権者の同請求を否定した（手形金等請求事件：最判昭和48年10月11日集民110号231頁・判時723号44頁）。

そのため、判例も上述の解釈論と同様、利息超過損害を否定したものと解される。

イ　改正をめぐる議論

ⓐ　中間試案

これに対して、法務省の民法（債権関係）部会の決定したいわゆる中間試案では、法定利率の適用の基準時の提案のほか、利息超過損害および不可抗力免責についても肯定する旨の提案を行った（詳細については、「中間試案」17頁、「民法（債権関係）の改正に関する中間試案のたたき台」45～46頁、「部会資料33－2」198～220頁、「部会資料34」15～16頁、「中間試案補足説明」100～101頁、126～129頁等を参照されたい）。

(i)　金銭債務の不履行の場合の利率の適用の基準時

まず、中間試案では、金銭の給付を目的とする債務の不履行について、損害賠償の額は、その債務について債務者が履行遅滞の責任を負った最初の時点の法定利率によることを提案した。

その理由は、中間試案において、民法404条の利息に関する法定利率について、利息を支払う義務が生じた最初の時点の法定利率を適用しようとしたことに鑑み、金銭債務の不履行の場合においても、同様の規律を図ろうとした点にあるといえる。

(ⅱ) 利息超過損害の肯定

次に、中間試案では、契約によって生じた金銭債務の履行遅滞の場合について、債務不履行の一般原則と基軸を合わせ、利息超過損害を認めることを提案した。

その理由として、利息超過損害については、金銭は他から調達はできるものの必ずしも法定利率または約定利率の範囲内で調達できるとはかぎらず、たとえば諾成的消費貸借に基づく貸付債務の不履行の場合等について、利息超過損害の賠償を認めるべきとの実際上の必要性があるとの点や、流動性の高い目的物の引渡債務等を念頭に、非金銭債務と金銭債務とで損害賠償の範囲に差異を設ける合理性は乏しい点等が挙げられる。

(ⅲ) 不可抗力免責の肯定

さらに、中間試案では、金銭債務の履行遅滞のうち、不可抗力の場合に免責を認める規定を置くことを提案した。

その理由として、起草者は、金銭は利息さえ払えば入手できるため調達不可能の場合は考えられないとして、不可抗力免責規定を設けたものの、かかる取扱いは比較法的に異例である点や、近時の阪神淡路大震災や東日本大震災の場合等の大規模な自然災害が発生したような場合、地域の送金システムが打撃を受けたり、あるいは債務者自身の生活基盤を破壊されて預金等を当面の食料確保のために充当せざるをえない等、債務者に特段の帰責事由のない理由によって送金等がきわめて困難になったときであっても、いっさい免責が認められないとすることは、債務者にとって著しく酷であり、具体的妥当性を欠く場合があること等が挙げられる。

ⓑ 改正法案

しかし、上記のとおり、新法419条では、1項本文のみ改正されることとされ、利息超過損害や不可抗力免責については導入が見送られた。

(ⅰ) 利息超過損害について

また、利息超過損害の導入については種々の反論があった。たとえば、不履行による損害の特定が困難であるとの金銭債務の特殊性に鑑みれば、利息超過損害を否定した前述の判例は合理的であるとの点や、金銭債務の不履行による損害は広範になりがちであり、利息超過損害の賠償を認めると、消費者や中小企業等が債務者である場合に債務者に過重な負担が生ずるおそれがある点、金

銭の用途は多様であるから、金銭債務の不履行による損害を判断するのはむずかしいうえ、現実の損害は予想外に高額になることがあり、そのすべてを債務者に賠償させるのは適当でない点である。

そのため、これらの点等を総合的に考慮したうえ、導入が見送られたものと解される。

(ⅱ) **不可抗力免責について**

また、不可抗力免責についても、種々の反論、たとえば、実務上反復的かつ大量に発生する金銭債務について、逐一面積の可否を問題とすることは紛争解決のための費用を不必要に高めるおそれがある点や、金銭債務について利息超過損害の賠償義務を否定することとの調整を図るべき点等があり、総合的に考慮した結果、導入が見送られたものと解される。

(3) 今後の実務上の影響について

金銭債務の不履行の事例は、債権債務者の間に契約関係がある場合と契約関係のない場合とが考えられる。

この点、契約関係にある当事者間において、あらかじめ約定利率を定めているような場合であれば、約定利率が適用され法定利率は排除されることから、新法419条1項については、利率の適用時の点を除けば、実務上への影響は限定的になるものと解される。

もっとも、実務上、たとえ債権債務者間に契約関係があった場合であっても、必ずしもすべての場合に約定利率が定められているものではないといえる。また、このことと同様に、債権債務者間であらかじめ損害賠償額の予定（新法420条1項）がなされている場合も、必ずしも一般的ではないといえる。

したがって、404条の改正と連動して419条1項を改正し、いわゆる変動性の法定利率を導入することは、今後、実務的にも相当の影響が生じるものと予測される。

他方、新法419条1項は、特に金銭債務の債権者にとっては、利息超過損害の導入が見送られたことも併せ考えれば、損害賠償額の制限につながるものといえる。

そのため、今後、契約関係に入る企業等の当事者間において、あらかじめ約定利率を定める事例や、あるいは損害賠償額の予定を定める事例の増加も十分

に予想されるといえる。この点は、新法の施行後、実務上の事例の集積が待たれるところである。

12　過失相殺

(1) 418条の改正点

418条は、過失相殺について規定している。

旧法418条は、「債務の不履行に関して債権者に過失があったときは、裁判所は、これを考慮して、損害賠償の責任及びその額を定める。」としているが、新法は、「債務の不履行」の次に、「又はこれによる損害の発生若しくは拡大」を加え、「債務の不履行又はこれによる損害の発生若しくは拡大に関して債権者に過失があったとき」に過失相殺がなされるものとした。

従来の判例・通説においても、旧法418条は、債務不履行について債権者に過失がある場合だけでなく、損害の発生について債権者に過失がある場合や、損害の拡大について債権者に過失がある場合も適用となると解されていた。債権者には、債務の履行に協力すべき信義則上の義務があり、損害の拡大についてもこれを防止する義務があるという発想に基づく。

旧法の条文の規定では、損害の発生や拡大についての債権者の過失を考慮できるかどうかは不明確であったことから、新法においてこの点が明確にされた。

(2) 改正において検討された点

ア　損害軽減義務の発想導入の検討

改正に先立ち、中間試案では、旧法418条について、「債務の不履行に関して、又はこれによる損害の発生若しくは拡大に関して、それらを防止するために状況に応じて債権者に求めるのが相当と認められる措置を債権者が講じなかったときは、裁判所は、これを考慮して、損害賠償の額を定めることができるものとする。」とする案が示された。

418条にいう「過失」は、主観的な不注意、落ち度といった709条の「過失」と同様の意味であるとは解されておらず、損害の公平な分担という見地から、債権者が損害を軽減するために、契約の趣旨や信義則に照らして期待される措置をとったか否かが判断されているとの考えを前提に、これを明文化したもの

である。

「状況に応じて」とは、契約の趣旨や信義則をふまえて、損害の軽減等のために、不履行または損害の発生・拡大が生じた時点において債権者にいかなる措置を期待することができたかを検討すべきという趣旨とされている。

この中間試案に対しては、いろいろな反対意見等が出され、新法ではほぼ旧法どおりの規定が維持されることとなった。

意見としては、過失相殺が認められる場面が広くなり債権者にとって酷であるという指摘、逆に過失相殺が認められる場面が狭くなるから妥当でない旨の指摘があった。

また、過失相殺にいう「過失」は、実務上定着した概念であるうえに、必ずしも一般市民にとってわかりにくいものではないとの指摘もあり、結局、旧法の規定がほぼ維持されるかたちとなった。

なお、検討の過程で、債権者の損害軽減措置に関しては、債権者が措置を講ずるのに要した費用を合理的な範囲内で債務者に請求することができる旨の規定を設けるべきという考え方があることも指摘されたが、これも新法では採用されなかった。

イ　過失相殺の効果

過失相殺の効果を、必要的減免から任意的減軽に改めるべきかについても検討がなされた。また、損害賠償額の減額のみならず全額の免除も可能とする旧法の規定を維持するか否かの検討もなされた。

旧法418条は、債権者の過失を考慮して「損害賠償の責任及びその額を定める」としており、過失相殺は必要的で、かつ、過失相殺により損害賠償の責任そのものを否定することも可能と解されている。

他方で、不法行為に関する722条は、過失相殺を裁量的なものとし、被害者に過失がある場合にもこれを斟酌しないこともできるとされ、また、責任の否定はできないものと解されている。そのため、債務不履行に関する過失相殺に関しても不法行為と同様の扱いをすべきか否かが検討された。

中間試案では、旧法722条に合わせ、過失相殺をするか否かについては裁判所の裁量に委ねること、過失相殺の効果として損害賠償の減額のみをすることができる（全額の免除まではできない）旨を明記する案が示された。

これに対し、最終的には新法では、旧法の規定（必要的減免と、全額の免除も

可能）が維持された。

　その理由としては、不法行為による損害賠償の場合には、過失割合が「被害者10：加害者0」であるときはそもそも不法行為が成立しないため、不法行為が成立していることを前提に損害賠償の責任を否定する必要がある場面は存在しないのに対し、債務不履行による損害賠償の場合には、過失割合が「債権者10：債務者0」であるときであっても債務不履行責任が成立することがありうるため、債務不履行責任が成立していることを前提に債務者の損害賠償の責任を否定する必要がある場面が存在しうる、という点が指摘されている。

　また、債務不履行にいう債務者の帰責事由は、少なくとも不法行為における過失とは次元の異なるものとして捉えられているところ、過失相殺における過失がどのようなものか、債務不履行における過失と不法行為における過失のいずれを意味するのか（あるいはいずれとも異なるのか）については、十分な解明がされていないとの指摘もあり、過失相殺の効果については、旧法418条が維持されることとなった。

ウ　その他

　債務者の故意・重過失による債務不履行の場合に過失相殺を制限する規定の要否についても、検討対象として指摘された。

　詐欺的商法のような消費者被害に係る事案において、被害者にも欲を出した等の過失があるなどとして大幅な過失相殺がされることは不当であるとの問題意識に基づく指摘である。

　この指摘に対しては、債務不履行における債務者の故意・重過失をどのようなものと考えるのか、どのように限定するかという問題があり、また、故意・重過失による債務不履行の場合の過失相殺を一律に否定することがそもそも妥当か否かという問題意識も示され、新法では採用はされなかった。

(3)　不法行為責任への影響

　722条2項は、「被害者に過失があったときは、裁判所は、これを考慮して、損害賠償の額を定めることができる。」と定める。

　この規定は、418条と同様、公平の理念（最大判昭和39年6月24日民集18巻5号854頁）に基づくものと解されている。

　そして、裁判実務においては、「損害の発生」のみならずその「拡大」につ

いての被害者の過失も、被害者の過失として斟酌されており、この点についても債務不履行責任とは異ならない。

他方で、上記昭和39年の判例によれば、722条2項における「過失」は単なる不注意で足り、また、被害者には事理弁識能力が備わっていればよく責任能力は不要であるとされているが、債務不履行における過失相殺における過失については、前述のとおり、不法行為における過失相殺と同様に解されているとはいえない。

以上のような点から、418条の改正は、不法行為における過失相殺の解釈・適用に関しては、大きな影響を与えるものではないのではないかと思われる。

13 賠償額の予定・代償請求権

(1) 賠償額の予定

ア 概 要

債務不履行に基づく損害賠償請求をする場合、債権者が損害を立証する必要がある。しかしながら、その立証は容易でない場合が少なくなく、また損害額につき争いが生じることも少なくない。そこで、立証が困難となる場合の回避、債務者の履行の確保および事前のリスク把握を容易にする観点から、債務不履行が生じた場合の損害賠償額をあらかじめ当事者間で合意しておくことがある。それが損害賠償額の予定である（420条、421条）。債権者は、現に生じた損害の額が予定された損害賠償額より小さい場合でも予定された損害賠償額を請求することができるが、反対に、現に生じた損害の額が予定された損害賠償額よりも大きい場合でも予定された損害賠償額までしか請求できない。

旧法420条1項後段は、「この場合において、裁判所は、その額を増減することができない。」と、裁判所が当事者間で合意された予定の損害賠償額を増減できないと規定していた。これは、当事者が訴訟を回避し、またかりに訴訟になっても損害を証明する負担を回避することなどを目的として損害賠償額をあらかじめ合意したにもかかわらず、裁判所がその額を増減できるとすれば、この制度の実益を損なうためである[62]。

---

62) 奥田昌道『注釈民法(10)債権(1)』(有斐閣・1987年) 685頁。

しかしながら、後述のとおり、判例・学説において、裁判所は公序良俗違反を理由として過大な損害賠償額の予定の効力を否定することができると解されていたことから、1項後段は削除された。

なお、本条2項および3項に変更はない。

イ　損害賠償額の予定の制限

契約自由の原則から当事者間で損害賠償額の予定を合意することができるが、損害賠償額の予定が不当に過大あるいは過小である場合にはその効力が制限または否定されることがある。

第1に、当事者間の情報や交渉力に格差がある場合の取引を規律するような特別法において、損害賠償額の予定の効力を制限または否定するものがある（消費者契約法8条・9条、利息制限法4条、特定商取引法10条、割賦販売法6条など）。

第2に、当事者間の力関係により不当に過大あるいは過小な損害賠償額の予定がなされたような場合には、90条の公序良俗違反を理由として損害賠償額の予定の効力が無効となる場合がある。改正前には、当事者間で合意された損害賠償額の予定を裁判所が増減することはできないと規定されていたものの、損害賠償額の予定が不当である場合には公序良俗違反により無効となることがある旨学説上強調され、裁判例においても、現に生じた損害の額や損害賠償額の予定をした目的等を考慮して、損害賠償額の予定のうち著しく過大であると認められる部分等については、90条の公序良俗違反等を理由に無効とされている[63]。

旧法420条1項後段はいかなる場合にもいっさい減額が認められないとの誤解を生じかねないため、当事者間で損害賠償額の予定がなされた場合であっても、過大な損害賠償額の予定等がされているときに、90条[64]を理由として裁判所が当事者間の合意を無効としたり、あるいは予定された損害賠償額を減額したりすることを認めるために、旧法420条1項後段は削除された（「部会資料68A」20頁）。

---

[63]　社会的に相当と認められる額を超える部分を無効としたものとして東京高判平成8年3月28日判時1573号29頁。
[64]　損害賠償額の予定の制限が90条のうち暴利行為に限定されるかについては学説上相違がある（奥田・注62前掲695頁）。

ウ 実務への影響

旧法420条1項後段の削除は、裁判所が損害賠償額の予定を無効としたり減額したりすることの障害にもなりうることから削除されたものであり、改正前における理論と実務を変更するものではないと考えられる。

もっとも、旧法420条1項後段の削除により、裁判所が当事者間で予定された損害賠償額を増額することができることになるわけではない[65]。予定された損害賠償額が過小である場合、想定される損害の額よりも小さい額で損害賠償額が合意されるのは責任を制限する趣旨であることが多く、減免条項としての意義を有する[66]。また、裁判所が損害賠償額を増額できるということは、当事者が合意をしていないところまでの金額を裁判所が増額できることを意味し、私的自治・自己決定に対する重大な干渉にもなりえ、損害賠償額が過大である場合とは状況を異にするためである[67]。

加えて、損害賠償額の予定が90条により無効とされる場合、どの範囲で無効とされるのか、すなわち、過大な損害賠償額のうち相当な額を超える部分が無効（一部無効として相当額まで減額）となるのか、あるいは合意が全部無効とされたうえで任意法規によって補充されるのかは、従前どおり解釈に委ねられている[68]。

(2) 代償請求権

ア 概 要

新法422条の2は代償請求権について新設されたものである。

有効に成立した債権の履行が不能となった場合、債権者は本来の給付の実現を債務者に請求することができない。しかし、履行不能を生じさせたのと同一の原因によって債務者が権利や利益を得ている場合、債権者は、目的物の代償と考えられる権利や利益の移転を債務者に求めることができる。これを代償請求権という。

旧法においても条文はないものの、公平の観念により、判例（最判昭和41年

---

65) 潮見佳男『民法（債権関係）改正法案の概要』（金融財政事情研究会・2015年）66頁。
66) 奥田・注62前掲712頁。
67) 民法（債権法）改正検討委員会『詳解 債権法改正の基本方針Ⅱ—契約および債権一般(1)』（商事法務・2009年）292頁。
68) 潮見・注65前掲66頁。

12月23日民集20巻10号2211頁[69])・学説によって認められていた。

本条は、旧法下で認められていた代償請求権を明文化したものである[70]。

なお、何が代償に当たるかについては本条に明記されていないことから、従前どおり解釈に委ねられている。たとえば、債務者が第三者に対して有する不法行為に基づく損害賠償請求権、代金の一部を先払いした場合や贈与した場合の土地収用に係る補償金相当額の支払請求権、債務者が受領した火災保険金または取得した火災保険金請求権、不動産の二重譲渡により履行不能となった第一譲受人との関係で譲渡人が第二譲受人から受領した代金の支払請求権などが代償に当たると考えられる[71]。

上記贈与の場合に関し、代償請求権は双務契約における対価的均衡を確保する制度であるとして、代償請求権が認められるのは双務契約に限られ、片務・無償契約には認められないとする見解もある。しかしながら、片務・無償契約あるいは双務・有償契約であっても、債権者には履行の目的物に相当する価値の実現を受ける地位が保障されるべきであるから、債務者が履行の目的物に代わる権利や利益といった代償を得たのであれば、それを債権者に移転させ債権者に満足を得させるべきであるとの観点から、代償請求権の導入を企図したとされている[72]。

イ 債権者の損害額が上限であること

代償請求権は債務者による履行が不可能となった場合に債権者が目的物を得たのと同等の価値的状態を確保するためのものであるという代償請求権の目的に照らし、債務者の得た権利や利益といった代償が目的物の価値を上回らない限度で代償の移転を認めるのが相当であることから、上限(「その受けた損害の額の限度において」)が設けられている[73]。

---

69) 本判例は、目的物である建物が焼失により引渡しが不能となる一方、建物の焼失によって債務者が保険金を取得した事案において、「一般に履行不能を生ぜしめたと同一の原因によって、債務者が履行の目的物の代償と考えられる利益を取得した場合には、公平の観念にもとづき、債権者において債務者に対し、右履行不能により債権者が蒙りたる損害の限度において、その利益の償還を請求する権利を認めるのが相当である」として代償請求権を認めている。なお、本判例は代償請求権の根拠を「民法536条2項但書〔旧法2項後段〕の規定は、この法理のあらわれである」としているが、危険負担の制度が代償請求権を根拠づけるわけではないとも解されている(中田裕康『債権総論〈新版〉』〔岩波書店・2011年〕189頁)。
70) 潮見・注65前掲66頁。
71) 民法(債権法)改正検討委員会・注67前掲223頁。中田・注69前掲189頁。
72) 民法(債権法)改正検討委員会・注67前掲224頁。

ウ 代償請求権の補充性

代償請求権は、債務者に帰責事由がある場合も認められるか、あるいは債務者に帰責事由がない場合にのみ認められるか、代償請求権の発生要件として債務者に帰責事由がないことまで必要であるかについて改正前から学説の対立があった。

代償請求権は、債権者が債務者に対し履行不能による損害賠償請求が可能か否かにかかわりなく、権利や利益といった代償を債権者に得させることによって目的物を得たのと同等の価値的状態を債権者に実現することで債権者の利益を確保すべきとの考慮に出たものであるとの見解がある[74]。一方、債権者が債務者の財産管理に介入しうるのは民法上例外的であり、代償請求権は公平の観点により、他の制度を補完する必要のある場合に限って認められるべきとの見解もある[75]。

中間試案においては、代償請求権の要件として履行不能による損害賠償を請求することができないことを必要とし、代償請求権の補充性を認める立場がとられていたが、その後、当該要件は削除された（「部会資料68A」12頁)[76]。

そして、最終的に本条には代償請求権の補充性を認める文言はない。しかし、本条は債務者の帰責事由を不要とする立場を採用したわけではなく、当該要件を書かないことによって、債務者の帰責事由を今後の解釈に委ねたものであるとされている[77]。

エ 実務への影響

旧法においても代償請求権は判例・学説において認められており、新法422条の2はそれを明文化したものであることから、実務への影響はないと考えられる。

債務者の帰責事由の要否については解釈に委ねられているが、債務者に帰責事由がある場合にも代償請求権が認められるとする見解に立てば、債権者は債務者に対し損害賠償請求権と代償請求権の両方を併せもつことになるが、代償

---

73) 民法（債権法）改正検討委員会・注67前掲223頁。
74) 奥田昌道『債権総論〈増補版〉』(悠々社・1992年) 151頁。
75) 中田・注69前掲189頁。
76) 代償請求権の補充性を不要とする理由として、債務者の責任財産が十分でない場合に代償請求権を行使することができずに債務者からの履行に依存せざるをえないとするのは債権者の保護に欠けること、債権者に代償請求権と損害賠償請求権の選択を認めることによる特段の不都合はないことが挙げられている。
77) 潮見・注65前掲66頁。

請求権を行使して権利や利益といった代償の移転を受けたときは、その分だけ損害賠償請求権が縮減することになる[78]。

II 債権に関する要件事実

1 特定物の引渡しの場合の注意義務（新法400条）

新法400条は、善管注意義務の程度を、「契約その他の債権の発生原因及び取引上の社会通念に照らして」定めることとした。

当該改正により、特定物の売買契約において引き渡された目的物が契約の内容に適合していなかった場合で、買主が売主に対して契約不適合（不完全履行）を理由に損害賠償請求を行ったとき、売主による保存義務を尽くしたとの抗弁は、主張自体失当として認められないこととなる[79]。

2 履行不能（新法412条の2）

新法412条の2は、旧法に規定のなかった履行不能について規定したものである。旧法においても、債権の履行請求に対して、債務者は履行不能の抗弁を主張しうるとされていたが、以下の2つの見解の対立があった。

① 債務の履行が原始的に不能の場合は、契約自体が無効となるため、履行不能の問題が生じないとする見解

履行不能の抗弁については、「履行が不能であること」に加え、「当該履行不能が後発的不能であること」を要件事実とする[80]。

② 原始的不能の場合でも契約は有効とする見解

履行不能の抗弁については、「履行が不能であること」のみが要件事実であり、「当該履行不能が後発的不能であること」は要件事実とならないとする[81]。

---

78) 中田・注69前掲188頁。
79) 潮見佳男『民法（債権関係）改正法案の概要』（金融財政事情研究会・2015年）49頁。
80) 倉田卓次『要件事実の証明責任債権総論』（西神田編集室・1986年）63頁等。
81) 山本敬三『民法講義IV-1契約』（有斐閣・2005年）95頁等。

新法においては、原始的不能の場合にも契約が有効に成立することが前提とされている（新法412条の2第2項等）。したがって、新法下における履行不能の抗弁については、②のとおり理解し、「履行が不能であること」のみが要件事実となる。

3 履行遅滞中または受領遅滞中の履行不能と帰責事由（新法413条の2）

新法413条の2は、履行遅滞中（1項）または受領遅滞中（2項）の履行不能と帰責事由について定めたものである。以下、本条に関する要件事実を検討する[82]。

(1) 事　例

YはXとの間で、絵画を100万円で売却する契約を締結したところ、以下の事情が生じたため、XがYに対して、本件絵画の引渡債務の履行不能に基づく損害賠償請求を行った。

ア　Yの帰責性により履行の提供期限を徒過していたところ、双方の帰責性なく絵画が滅失した場合（1項）。

イ　YはXに対して期限どおりに履行の提供を行ったところ、Xが受領を拒んだ。その後、双方の帰責性なく絵画が滅失した場合（2項）。

(2) 訴訟物

XのYに対する売買契約に基づく絵画引渡債務の履行不能に基づく損害賠償請求権

(3) 要件事実

◎事例ア（新法413条の2第1項）
＜請求原因＞
❶　YはXに対し、本件絵画を100万円で売ったこと
❷　本件絵画が滅失したこと
❸　損害の発生およびその数額

82）　大江忠『新債権法の要件事実』（司法協会・2016年）186頁以下を参考とした。

＜抗弁＞

❹ 契約その他の債務の発生原因および取引上の社会通念に照らしてYの責めに帰することができない事由によるものであることを基礎づける評価根拠事実

※評価障害事実の存在が再抗弁となる。

＜再抗弁＞

❺ ❶の契約において、本件絵画の引渡期限を定めたこと

❻ ❺の経過

❼ XはYに対し、❺の期限の経過前に、売買代金の支払いまたはその提供をしたこと

❽ ❻の後に❷が生じたこと

＜再々抗弁＞

❾ Yが遅滞なく❶の債務を履行していたとしても、Xに❸と同じ損害が発生していたこと

◎事例イ（新法413条の2第2項）

＜請求原因＞

❿ ❶〜❸と同じ。

＜抗弁＞

⓫ ❺と同じ。

⓬ YがXに対して、❺の期限までに本件絵画の引渡しの提供をしたこと

⓭ Xは⓬の受領を拒絶したこと

⓮ ⓭の後に❷が生じたこと

(4) 検討（事例ア 再々抗弁：❾）

たとえば、履行遅滞後に地震が発生した場合で、売主が絵画を保管していた場所のみならず、買主が絵画を保管する予定であった場所まで倒壊したときには、履行遅滞と損害発生との間の因果関係が否定され、買主の売主に対する履行不能を理由とした損害賠償請求権の行使が認められないと考えられている[83]。

したがって、この場合には、債務者は履行遅滞がなくとも同一の損害が発生

---

83) 潮見・注79前掲57頁、田中豊＝土屋文昭＝奥田正昭＝村田渉編『債権法改正と裁判実務』（商事法務・2011年）337頁。旧法下における議論として、倉田・注80前掲72頁等参照。

したことを主張できる。

4 債務不履行による損害賠償（新法415条）

(1) 新法415条1項

ア 帰責性の不存在の抗弁について

債務不履行に基づく損害賠償請求において、「帰責性の不存在」は抗弁に回ることが、新法415条1項ただし書の文言からも明確になっている。

具体的には、「契約その他の債務の発生原因及び取引上の社会通念に照らして債務者の責めに帰することができない事由によるものであることを基礎づける評価根拠事実」が抗弁に、「契約その他の債務の発生原因及び取引上の社会通念に照らして債務者の責めに帰することができない事由によるものであることを基礎づける評価障害事実」が再抗弁になる。

イ 履行補助者の故意過失の理論

本改正は、履行補助者の故意・過失の理論に影響を及ぼす。従前、履行補助者の故意・過失は、信義則上、債務者の故意・過失と同視されていたため（最判昭和35年6月21日民集14巻8号1487頁）、履行補助者の故意・過失の議論は、帰責性の不存在の抗弁の問題と理解されてきた[84]。

しかしながら、1項ただし書において、帰責事由の有無は「契約その他の債務の発生原因及び取引上の社会通念に照らして」判断される[85]（過失責任原則を否定している）ことから、履行補助者の過失という概念自体が成り立たなくなると考えられている[86]。

---

84) 倉田・注80前掲47頁、59頁、71頁等。
85) 新法において、本条1項ただし書以外の「責めに帰すべき事由」「責めに帰することができない事由」との文言には、「契約その他の発生原因及び取引上の社会通念に照らして」という文言が付けられていない。これは、本項ただし書の箇所でかかる修飾語が付されていれば、他の箇所でも同様に解釈されることとなるとの法制執務的な判断に基づくものである（潮見・注79前掲60頁）。
86) 「履行補助者の行為を理由とする債務者の損害賠償責任の問題は、①債務不履行の有無（債務からの逸脱）を契約内容に即して確定する際に、履行補助者の『行為』をどのように組み込むかというレベル（本旨不履行の確定レベル）と、②債務不履行が認められた場合に、契約および取引上の社会通念に照らして債務者の責めに帰することができない事由が存在するかどうかを判断する際の考慮要素として履行補助者の『行為』をどのように評価するかというレベル（免責レベル）の問題に解消される」（潮見・注79前掲61頁）と考えられている。

(2) 新法415条2項

本項は、旧法において解釈により認められていた填補賠償について明文化するものである。債務不履行に基づく損害賠償請求における要件事実（①債務の発生原因事実、②債務の不履行の要件事実、③損害の発生および額、④前記②と③の間に因果関係があること[87]）および本項1号から3号のいずれかの事実が、要件事実となる。

5 損害賠償の範囲（新法416条）

本条1項は改正がない。2項は、旧法の「予見し、又は予見することができた」との文言を、「予見すべきであった」と改めた。かかる改正により、「予見」が事実概念ではなく規範的概念であることが明確になった。

6 代償請求権（新法422条の2）

代償請求権に関する従前の判例法理（最判昭和41年12月23日民集20巻10号2211頁）を明文化するものである。以下、本条の要件事実について検討する。

(1) 事 例

XはYとの間で、平成〇年2月1日、本件建物を賃料月額10万円、賃貸期間を同日から2年の約定で賃貸する契約を締結した。その後、本件建物が火災により滅失し、Yは火災保険金を取得した。そこで、XはYに対して、賃貸借契約の目的物返還債務の債務不履行に基づく代償請求を行った。

(2) 訴訟物

XのYに対する賃貸借契約の債務不履行に基づく代償請求権

(3) 要件事実

＜請求原因＞

❶ XはYとの間で、平成〇年2月1日、本件建物を賃料月額10万円、

---

87) 潮見佳男『プラクティス民法債権総論〈第3版〉』（信山社・2007年）106頁。

期間を同日から2年の約定で賃貸したこと
❷ XはYに対し、❶に基づき本件建物を引き渡したこと
❸ 本件建物が火災により滅失したこと
❹ Xの損害額
❺ Yが債務（本件建物の目的物返還債務）の履行が不能となったのと同一の原因（火災）により債務の目的物の代償である権利または利益（火災保険金）を取得したこと

(4) 検　討

「債務者に帰責事由がないこと」を代償請求の要件とするか否かについては、旧法下において争いがあった。本条には債務者の帰責事由に関する文言はないものの、不要説を採用したというわけではなく、債務者の帰責事由の要否について今後の解釈に委ねたものである[88]。

　本書では、旧法における通説[89]・判例（最判昭和41年12月23日民集20巻10号2211頁）に従い、不要説を前提としている。

---

88) 潮見・注79前掲66頁。
89) 潮見・注87前掲82頁参照。

第 2 章

債権者代位権、詐害行為取消権

I 債権者代位権、詐害行為取消権に関する改正のポイント

1 債権者代位権、詐害行為取消権の改正全般

(1) はじめに

　債権者代位権、詐害行為取消権は、実体法的には、債権の対外的効力として理解されているが、実際のところは、きわめて訴訟法的な権利であるといってよい。そして、前者は、民事保全と近接し、後者は倒産法における否認権と近接し、それぞれ相互間の優劣が問題とされる。加えて、両権利とも、債権者、債務者、相手方（第三債務者）の三面関係からなる法律関係を組成し、そのなかで中間である債務者に関する手続保障がとりわけ問題となる。

　かような観点から、新法は、基本的には従来の判例・通説に沿いつつ、規定を整備することにした。

(2) 債権者代位権に関する改正の概要

　今回、債権者代位権に関する改正の主だったポイントは、下記のとおりである（詳細は、「**2** 債権者代位権」以下で解説されるので、参照されたい）。

ア 債権者代位権の要件1

　新法は、旧法の規律を基本的に維持したうえで、「保全するため」の後に「必要があるときは」の文言を付加し、保全の必要性を要件とすることを明確にした。他方で、無資力要件についての明文化は見送られ、引き続き解釈に委ねることになった。

イ　債権者代位権の要件2

　新法は、利用実績がない裁判上の代位の制度（旧法423条2項）を廃止したうえ、債権の期限未到来の間は、保存行為を除いて、債権者代位権を行使することができないものとした（新法423条2項）。また、新法は、被代位権利としての適格性を有しない権利として、「差押えを禁じられた権利」を付加するとともに（新法423条1項）、「強制執行により実現することのできない債権」が被保全債権たりえないことを明示した（同3項）。後者は、従来から認められてきた解釈（東京高判平成20年4月30日金判1304号38頁）を明文化したものである。

ウ　代位行使の範囲

　新法は、代位権を行使するにあたり、被代位権の目的が可分であるときは、自己の債権の額の限度においてのみ、当該権利を行使できることができる旨の新設条文を設けた（新法423条の2）。判例（最判昭和44年6月24日民集23巻7号1079頁）の立場を明文化した改正である。

エ　直接の引渡し等

　新法は、従来からの一般的理解に従い、被代位債権が金銭の支払いまたは動産の引渡しを目的とするものであるときに、債権者代位権を行使する債権者自身への直接の支払い・引渡しを求めることができ、かかる支払い・引渡しがなされた場合には、被代位債権は消滅するものとした（新法423条の3）。

オ　相手方の抗弁

　新法は、債権者代位権の行使にあたり、相手方（第三債務者）は、債務者に対して主張することができる抗弁をもって債権者に対抗することができる旨の規定を新設する（新法423条の4）。判例（大判昭和18年12月22日民集22巻1263頁）の立場を明文化するものである。

カ　債務者の取立てその他の処分の権限等

　新法は、①代位権が行使された場合における、債務者は管理処分権を失わないものとしたうえで、②相手方（第三債務者）の弁済禁止効を否定するものとした（新法423条の5）。①は旧法の立場を変更するものであり、②は解釈上争われていたものにつき、立法的解決を図ったものである。両者相まって、債権者代位権の「事実上の優先弁済機能」を弱める規律であり、債権者代位権の手続的構造に関する解釈に影響を与えうる改正といえる[1]。

キ　訴訟告知（新法423条の6）

新法は、債権者代位権が裁判上行使された場合、遅滞なく債務者に対して訴訟告知をしなければならない旨の規定を新設する。

ク　登記または登録の請求権を被保全債権とする債権者代位権（新法423条の7）

新法は、「いわゆる債権者代位権の転用型」を規律するにあたり、一般的な「転用型」に関する条文を設けるのではなく、代表例である登記または登録の請求権を被保全債権とする場合についてのみ、明文の規定を置くことにした。

(3)　詐害行為取消権に関する改正の概要

詐害行為取消権に関する改正の主だったポイントは、下記のとおりである（詳細は、「**3**　詐害行為取消権」以下で解説されるので、参照されたい）。

ア　受益者に対する詐害行為取消権の要件

旧法では、受益者に対する詐害行為取消しと転得者に対する詐害行為取消しを1つの条文で規律していたが、新法は両者を分けて規律することにした。新法は、最初に基本型である前者について規定を置く（新法424条1項）。

加えて詐害行為取消しの対象につき、旧法は「法律行為」とするが、新法は、「行為」という表現に改めた。時効完成猶予事由としての債務承認なども含める趣旨である。

さらに、新法は、詐害行為取消しの際の被保全債権につき要件を明確化し、詐害行為の「前の原因に基づいて生じたものである場合に限」る旨の明文規定を置くことにした（新法424条3項）。詐害行為前に被保全債権が発生していた場合（大判大正6年1月30日民録23輯1624頁、最判昭和33年2月21日民集12巻2号341頁）のみならず、具体的債権が発生していなくても、債権発生の原因たる事実が発生していた場合（最判平成8年2月8日集民178号215頁、最判昭和46年9月21日民集25巻6号823頁、名古屋高判昭和56年7月14日判タ460号112頁等）にも、詐害行為取消しを認める判例の立場を明文化したものである。

イ　取消対象に関する規定の新設

新法は、従前の判例の立場を明文化し、相当の対価を得てした財産の処分行為の特則（新法424条の2）、特定の債権者に対する担保の提供等の特則（新法424条の3）、過大な代物弁済等の特則（新法424条の4）として、新たに規定を

---

1) 石井教史「債権者代位権」金法2009号（2015年）61頁。

置くことにした。
ウ 転得者に対する詐害行為取消権の要件
前述のとおり、新法は、転得者に対する詐害行為取消しに関し、受益者に対する詐害行為取消しとは別に規定を置くことにしたので、転得者に対する詐害行為取消権の要件につき、条文が新設された（新法424条の5）。
エ 詐害行為取消権の行使の方法
新法は、詐害行為取消権の行使方法につき、次のとおりの新設規定を置くことにした。

- 詐害行為取消権の行使にあたって、債権者は、①債務者がした行為の取消しとともに、②受益者・転得者に移転した財産の返還を請求することができる（新法424条の6第1項）。②につき、受益者・転得者が当該財産の返還をすることが困難であるとき、債権者は、価額の償還を請求することができる（新法424条の6第2項）。
- 前記の請求に係る訴えについては、受益者または転得者を被告とし（新法424条の7第1項）、債権者は、前記訴えを提起したときには、遅滞なく、債務者に対し、訴訟告知をしなければならない（新法424条の7第1項）。

オ 詐害行為の取消しの範囲
新法は、詐害行為取消権においても、債権者代位権と同様、行使しうる範囲（新法424条の8）、直接の引渡し（新法424条の9）につき、ほぼ同様の規定を置くことにした。
カ 詐害行為の取消しの効果
新法は、詐害行為取消しの効果は、すべての債権者だけでなく「債務者」に対しても、その効力を生ずる旨規定する（新法425条）。旧法下において、詐害行為取消権の効果は債務者には及ばないとされていたが（相対効）、かかる取扱いを変更するものである。
キ 受益者・転得者の反対給付・債権
新法は、取消しに伴う、受益者・転得者の反対給付・債権の帰趨についても明文規定を置くことにした（新法425条の2〜425条の4）。
ク 期間制限
旧法は、詐害行為取消権の行使期間につき、①債権者が取消しの原因を知った時から2年、②行為の時から20年としていた（旧法426条）。

新法は、②につき、10年に短縮することにした（新法426条）。

2 債権者代位権

(1) 従来の議論および改正の方向性

ア 本来型の債権者代位権

債権者代位権は、本来的には、金銭債権を有する代位債権者が、債務者の責任財産を保全して強制執行の準備をするための制度であるといわれている。

イ 転用型の債権者代位権の明示

他方で、債権者代位権は、責任財産の保全とは無関係に、非金銭債権（特定債権）の内容を実現するための手段としても用いられている（転用型の債権者代位権）。

転用型の債権者代位権については、債権者代位権の制度趣旨を逸脱し、無資力でない債務者の財産管理に対する不当な干渉になるとの批判もあるが、判例上、不動産登記請求権を被保全債権とする不動産登記請求権の代位行使（大判明治43年7月6日民録16輯537頁）や、債権譲渡通知請求権を被保全債権とする債権譲渡通知請求権の代位行使（大判大正8年6月26日民録25輯1178頁）などが広く認められており、これらの判例の結論自体は広く支持されていたため、転用型の債権者代位権について明文の規定を設ける必要性が指摘されていた（「部会資料35」2頁）。

そのため、新法423条の7は、旧法の規定を基本的に残しつつ、転用型の債権者代位権について個別に根拠規定を設けることとした。もっとも、転用型の債権者代位権に関する一般的な根拠規定を設けることについては見送られたため、本条以外にどのような場合に転用型の債権者代位権が認められるのかは、個別の事案に応じた解釈に委ねられている。

ウ 債務者や第三債務者の手続保証

判例は、代位債権者が第三債務者に対し、被代位権利の目的物である金銭を直接自己に引き渡すことを認め、新法423条の3はこの結論を明文化したため、債権者は受領した金銭の債務者への返還債務と自己の被保全債権を相殺することによって、事実上の優先弁済を受けることが可能となる。

民事執行制度においては、債務名義（民事執行法22条）が必要であるうえ、

執行裁判所から債務者や第三債務者に対し差押命令が送達されるなど、債務者や第三債務者の利益のために手続が保障されているにもかかわらず、債権者代位権を行使して上記のとおり事実上の優先弁済を受けた場合にはこれらの手続が必要とされないため、制度的に整合しないとの批判があった。そのため、新法は債務者や第三債務者の手続を保障するための規定を整備している（新法423条の4〜423条の6）。

エ　裁判上の代位の制度の廃止

旧法423条2項は、被保全債権の履行期が未到来の場合は、裁判上の代位によらなければ債権者代位権を行使することができないと規定していたが、最高裁判所の調査によれば、裁判上の代位による債権者代位権の行使は利用例が乏しく[2]、廃止すべきとの意見があり、新法423条2項は、こうした指摘をふまえ、裁判上の代位の制度を廃止した。

これにより、被保全債権の履行期が未到来の場合は、保存行為を除き、債権者代位権の行使が否定されることとなるが、被保全債権が法定債権の場合には履行期が到来していることが通常であるし、約定の期限付債権である場合には、期限の利益喪失条項を定めることで対応可能であるため、実務上問題となりうる場合はそれほど多くないと考えられる（「部会資料35」51頁）。

(2)　債権者代位権の要件

ア　被代位権利について

旧法423条1項は、債務者の一身に専属する権利は代位行使が許されないと規定していたところ、債権者代位権は債務者の責任財産を保全して強制執行の準備をするための制度であるから、一身専属権のみならず、差押えが禁止された権利（民事執行法152条、恩給法11条3項等）についても、債務者の責任財産を構成するものではない以上は代位行使が許されないとの見解が支配的であったため、新法423条1項はこれを明文化した。

イ　被保全債権について

また、同様に、債権者代位権が債務者の責任財産を保全するための制度であるとの理由に基づき、強制執行により実現することのできない債権（不執行合

---

[2] 民法（債権法）改正検討委員会編『詳解 債権法改正の基本方針Ⅱ 契約および債権一般(1)』（商事法務・2009年）447頁。

意のある債権やいわゆる自然債務）を被保全債権とする代位行使は許されないと解されているため、新法423条3項はこの点について明文化した。

(3) 行使方法および内容

ア 代位行使の範囲

債権者代位権の行使は、責任財産の保全を図るという目的達成に必要な範囲で許されるべきであり、債務者の財産管理に対する干渉を最小限に抑えるべきであるとの観点から、判例は、被保全債権および被代位債権がともに金銭債権である場合には、代位債権者は被保全債権額の範囲においてのみ、債権者代位権を行使することができるとしている（最判昭和44年6月24日民集23巻7号1079頁）。新法423条の2はこの点について明文化した。

イ 債務者への支払いまたは引渡し

また、判例は、債権者が金銭債権を代位行使する場合に、相手方に対し、直接、自己へ金銭を支払うことを請求できるとしていたが（大判昭和10月3月12日民集14巻482頁）、新法423条の3はこれを明文化し、被代位権利が金銭の支払いまたは動産の引渡しを目的とする場合には、直接自己に引き渡すよう請求できる旨規定した。

債権者代位権がこのような機能を有することについては、先に述べたとおり従来から批判があり、裁判所ないし供託所において金銭を保管させるべきであるとして代理受領に反対する学説がある一方、強制執行制度を補完するものとして積極的に評価する学説もあるため（「部会資料73A」31頁）、新法は、相殺を禁止することの実務上の影響等もふまえ、相殺を禁止する条項を規定しなかった。

したがって、このような相殺が許されるのか否かについては、今後の実務の運用や解釈に委ねられている（たとえば、相殺権濫用の法理などによる相殺の制限等）。

(4) 相手方の抗弁

ア 抗弁による対抗

新法423条の4は、第三債務者は債務者に対して有する抗弁を代位債権者に対しても主張することができるとしている。

債権者代位権が行使された場合に、債務者自らが被代位権利を行使するときとくらべて第三債務者が不利な地位に置かれるのは不当であるとの指摘があり、判例も、第三債務者は債務者に対する抗弁をもって債権者に対抗することができるとしていたため（大判昭和11年3月23日民集15巻551頁）、新法はこれを明文化した。

そのため、第三債務者は、債務者に対して有するすべての抗弁（弁済の抗弁、相殺の抗弁、同時履行の抗弁等）をもって債権者に対抗することができる。

イ　代位権行使後に債務者がなした処分行為に基づく抗弁

旧法では、代位の申請を許可した裁判の告知または債権者から代位行使に着手した旨の通知があったときは、債務者が処分権を失う結果、第三者は、その時点以降に債務者がなした処分行為に基づいて取得した抗弁をもって債権者に対抗しえないと解されていた[3]。

しかし、後述するとおり、新法423条の5により、債権者が債務者の権利を代位行使後も、債務者の処分権限が制限されないこととなったため、第三債務者は、代位行使後に債務者がなした処分行為に基づいて取得した抗弁（たとえば、訴訟提起後に債務者が和解した場合あるいは相殺や免除をした場合）をもって債権者に対抗できるものと考えられる。

(5) 債権者代位権の態様

ア　債務者の取立てその他の処分権限

新法423条の5は、債権者が被代位権利を行使した後も、債務者が被代位権利について取立てその他の処分をする権限を失わない旨定めることとした。

判例（最判昭和48年4月24日民集27巻3号596頁）は、債権者が被代位権利の行使に係る訴えを提起したことを債務者に通知し、または債務者が了知したときは、債務者は被代位権利について訴訟を提起することができなくなる旨判示し、裁判外の代位についても、債権者から代位行使に着手した旨の通知があったときまたはこれを知ったときは、債務者は、相手方に対する権利の処分ができないとしていた（大判昭和14年5月16日民集18巻557頁）。

しかしながら、もともと債権者代位権は、債務者の権利行使には干渉でき

3）　奥田昌道『新版 注釈民法(10)Ⅱ』（有斐閣・2011年）750頁。

ず、債務者が自ら権利行使をしない場合に限って認められるものであること等から、債務者の処分権限を奪うのは過剰であるとの批判があったため（「部会資料35」40頁）、判例の結論を改め、債権者の権利行使後も債務者が第三債務者に対して権利行使することを認めることとした。

　もっとも、債権者代位訴訟が提起された場合には、債務者が同一の権利を目的として別訴を提起することは、重複訴訟の禁止（民事訴訟法142条）に抵触する。

　この場合に債務者が被代位権利について自らの地位を訴訟において主張しようとする場合、債務者は、共同訴訟参加（同法52条）あるいは補助参加（同法42条）することができ、あるいは、被保全債権の不存在を主張するために独立当事者参加をすることができる[4]。

　また、債務者に対して債権を有する他の債権者は、債権者代位訴訟が提起されて債務者に訴訟告知がされた場合であっても、同一の被代位権利について債権者代位権を行使することができ、当該被代位権利を訴訟物とする債権者代位訴訟の当事者適格を喪失しないと解されていることから、他の債権者も係属中の債権者代位訴訟に共同訴訟参加することができるほか、補助参加（共同訴訟的補助参加）をすることも妨げられない。また、独立当事者参加を認める余地もありうる（東京高判昭和52年4月18日下民集28巻1=2=3=4号389頁。以上につき、「部会資料35」47頁）。

　なお、債権者が、第三債務者の債務者に対する履行を禁止するためには、裁判所に仮差押えや差押えの手続を申し立てる必要がある。

イ　訴えにより債権者代位権を行使する場合の訴訟告知

　新法423条の6により、債権者代位訴訟を提起した債権者には、債務者への訴訟告知が義務づけられることとなった。

　債権者代位訴訟における代位債権者の地位は、株主代表訴訟における株主と同じく法定訴訟担当と解されており、その判決の効力は被担当者である債務者にも及ぶとされているにもかかわらず（民事訴訟法115条1項2号）、債務者が手続に関与する機会が保障されていないため、手続保障の観点から設けられることとなった。

---

[4]　潮見佳男『民法（債権関係）改正法案の概要』（金融財政事情研究会・2015年）72頁。

もっとも、新法423条の5により、債権者が代位訴訟を提起し、債務者に対し訴訟告知をした場合でも、債務者が第三債務者に対し取り立てることは可能であるし、第三債務者から債務者への弁済も禁止されない。

なお、新法423条の6は、「遅滞なく、債務者に対し、訴訟告知をしなければならない」と規定しているが、「遅滞なく」の期間や、訴訟告知が訴訟要件となるのか否か（訴訟告知がなされない場合には訴えが却下されるのか）といった点、訴訟告知書の送達に関する手続（債務者が無資力の場合には、債務者が行方不明になっていることも多く、その場合に公示送達等の手続が要求されるのか否か等）については今後の解釈に委ねられている。

3 詐害行為取消権

(1) 定義および従来の議論

ア 詐害行為取消権とは

詐害行為取消権とは、債務者が債権の共同担保（責任財産）の不足することを知りつつ財産減少行為をした場合に、その行為の効力を否認して責任財産の保全を図ることを目的とする制度である[5]。

イ 詐害行為取消権についての改正点

詐害行為取消権は、すでに行われた債務者の財産処分行為を取り消すものであって、債務者や受益者に与える影響も少なくなく、慎重に適用されるべきである。しかしながら、旧法では、424条から426条の3か条が規定されているのみであるため、詐害行為取消権の要件が不明確かつ広範であって、経済的危機に直面している債務者と取引をしようとする場合に、相手方が、詐害行為取消権を行使される可能性を過度に意識して萎縮してしまうことが指摘されているほか（「部会資料35」65頁）、平成16（2004）年の法改正により見直しがなされた破産法上の否認権との整合性を図る必要も指摘されている[6]。新法は、これらの点をふまえ、詐害行為取消権について具体的な要件等を定めている。

---

5) 奥田・注3前掲762頁。
6) 岡島芳伸＝大久保拓也＝松嶋隆弘編『民法（債権関係）改正と実務への影響』（三協法規出版・2013年）152頁。

(2) 受益者に対する詐害行為取消権の要件

ア 対象行為

新法424条1項は、詐害行為取消権の対象は厳密な意味での法律行為に限らず、弁済や、時効の更新事由としての債務の承認などを含むと解されることから、対象が法律行為に限定されないことを明らかにするため、詐害行為取消しの対象を「法律行為」から「行為」に改めた。また、上記改正に関する経過措置については、「施行日前に旧法第424条第1項に規定する債務者が債権者を害することを知ってした法律行為がされた場合におけるその行為に係る詐害行為取消権については、なお従前の例による。」とされている（新法附則19条）。

イ 被保全債権

新法424条3項は、被保全債権が詐害行為の前の原因に基づいて生じた債権であることを要求している。これは、詐害行為時に被保全債権が発生していなくても、債権発生の基礎となる法律関係はすでに存在する場合や、債権発生の蓋然性を見越して、債務者があらかじめ財産を処分したような場合には、行為後発生した債権を被保全債権として取消権の行使を認めてよいとの思慮から設けられた[7]。判例には、被保全債権の遅延損害金が、詐害行為後に発生した場合でも被保全債権に含まれるとしたもの（最判昭和35年4月26日民集14巻6号1046頁）や、保証人が保証義務を履行した場合に他の共同保証人が全額を弁償すべき約束をしたところ、保証義務履行に先立って乙がその所有地を丙に譲渡して無資力となった場合に、甲がその後保証債務を弁済した後に取消権を行使することを認めたもの（大判大正5年10月21日民録22輯2069頁）があるが、新法において一般原則として規定されたことで、詐害行為取消権が認められる場面が増えていくと考えられる。

同条4項は、強制執行により実現することのできない債権（たとえば、不執行合意のある債権やいわゆる自然債務）を被保全債権とすることは許されないとする通説を明文化した。

ウ 相当の対価を得てした財産の処分行為に関する特則

新法424条の2は、相当の対価を得てした財産の処分行為については原則詐

---

[7] 奥田・注3前掲832頁。

害行為に該当しないとしたうえで、例外的に、同条記載の要件をすべて満たした場合に限って詐害行為として取り消しうるとし、要件については破産法161条1項と同様の規定を設けることとした。債務者が、新たな借入と同時に、債務者の所有する財産に担保を設定する行為（同時交換的行為）についても、新法424条の2が適用される。

エ　特定の債権者に対する担保の供与等の特則

新法424条の3第1項は、特定の債権者に対する弁済が他の債権者の共同担保を減少させる場合においても、原則詐害行為に該当しないとしたうえで、詐害行為取消しの対象を、債務者が支払不能の時に行われた既存の債務についての担保の供与または債務の消滅に関する行為とし、破産法上の否認権（162条1項1号）と同様の規律を採用するとともに、詐害行為取消権の行使のためには通謀的詐害の意思を必要とする判例法理（最判昭和33年9月26日民集12巻13号3022頁、最判昭和52年7月12日金法834号38頁）についても採用して、破産法上の否認権よりも要件を加重している。なお、「通謀して他の債権者を害する意図」があったか否かについては、判例法上、厳格な運用がなされ、債務消滅行為に対する詐害行為取消権の行使は限定的な場面でのみ認められている（「部会資料35」80頁）。

同条2項は、債務者の義務に属しない債務の消滅行為（代物弁済）や期限前での弁済についても、破産法162条1項2号と同様の規律を採用したうえで、1項と同様に、通謀的詐害意思を必要とすることで要件を加重している。

なお、新法424条の3第1項1号および2項1号は、債務者が事後的に支払不能の状態から回復したときは詐害行為取消権の要件を満たさないことを当然の前提としている（「部会資料73A」44頁）。

オ　過大な代物弁済等の特則

新法424条の4は、代物弁済や、債務者が財産を第三者に対し適正価格で売却してその売却代金を債務の弁済に充てる場合について、新法424条の3の要件に該当しない場合であっても、債務者が債権者を害することを知って当該行為をしたときは、過大な部分に限って詐害行為取消請求を認めるものであり、破産法160条2項と同様の規律を設けるものである。

(3) 転得者に対する詐害行為取消権の要件

新法424条の5第1号は、受益者からの転得者を相手方とする場合には、①受益者に対する詐害行為取消請求が認められるための要件を満たしていることおよび、②転得の当時、転得者が、債権者を害すべき事実について悪意であることを必要としている。転得者の「悪意」とは、転得の当時に、当該行為が債権者を害することを知っていたことで足り、受益者が悪意であることについて転得者が知っていることまでは必要とされない。また、転得者の悪意については取消債権者が主張・立証責任を負う[8]。なお、破産法170条1項1号は、転得者が前者に対する否認の原因のあること（すなわち、受益者が悪意であること）を知っていた場合に限り転得者に対しても否認権を行使できるとしていたが（いわゆる「二重の悪意」）、今回の民法改正に伴い、破産法170条1項も、新法424条の5の内容に沿うかたちで改正が予定されている。

新法424条の5第2号では、他の転得者からの転得者を相手方とする場合、①受益者に対する詐害行為取消請求が認められるための要件を満たしていることおよび、②当該転得者およびその前に転得したすべての転得者が、債権者を害すべき事実について悪意であったことを要件としている。判例は、受益者が悪意、転得者が善意、転々得者が悪意の事例で、債権者取消権の行使を認めていたが（最判昭和49年12月12日集民113号523頁）、新法によれば、転得者が善意である以上は債権者取消権の行使が認められないこととなる。

(4) 詐害行為取消権の行使方法

ア　財物の返還または価額の償還請求

判例（大連判明治44年3月24日民録17輯117頁）は、詐害行為取消権を、債務者の詐害行為を取り消し、かつ、逸出した財産の取戻しを請求する制度であると捉えている（折衷説）。また、財産の返還方法について、判例は、現物返還を原則とし、現物返還が困難であるときは価額償還を請求できるとしている（大判昭和7年9月15日民集11巻1841頁）。新法424条の6はこれらの判例法理を明文化した。

---

[8]　潮見・注4前掲82頁。

イ 被告の範囲および債務者に対する訴訟告知

新法424条の7第1項は、詐害行為取消訴訟において、債務者を被告とする必要はないとする判例法理（前掲大連判明治44年3月24日）を明文化するものである。

また、同条2項は、詐害行為取消訴訟を認容する確定判決が債務者にも効力を及ぼす点に鑑み（新法425条）、債務者への手続保証のため、債務者に対する訴訟告知を要することとした。「遅滞なく、債務者に対し、訴訟告知をしなければならない」の要件に関し、「遅滞なく」の期間や、訴訟告知が訴訟要件となるのか否かといった点、訴訟告知書の送達手続については、債権者代位権と同様に、解釈の余地がある。

ウ 詐害行為の取消しの範囲

新法424条の8第1項は、詐害行為の客体が可分であるときは、債権者取消権は債権者の被保全債権額を上限とする判例法理（大判大正9年12月24日民録26輯2024頁）を明文化した。

詐害行為の客体が不可分であるときは、従来の判例法理に従い、詐害行為全部を取り消すことができるが（最判昭和30年10月11日民集9巻11号1626頁）、現物返還が困難であるとして価額償還の請求がされるときは、同条2項により、被保全債権額が上限となる。

エ 直接の引渡し

新法424条の9は、取消債権者が、逸出財産の返還として金銭や動産を直接引き渡すよう求めることを認めた判例法理（最判昭和39年1月23日民集18巻1号76頁）を明文化したものである。この結果、取消債権者が金銭を受領した場合、債務者に対する返還義務と、債務者に対する債権とを相殺することにより、事実上、優先弁済を受けることができることとなる。もっとも、新法425条により詐害行為取消しの効果が債務者にも及ぶとされた結果、詐害行為取消しを認容する判決が確定すれば、債権者だけでなく、債務者も、受益者・転得者に対し逸出財産の返還ないし償還を請求できることとなり、受益者・転得者が債務者に対して当該財産を返還ないし償還したときは、取消債権者は受益者・転得者に対し引渡しを請求することはできず[9]、財産の返還を受けた債務

---

[9] 潮見・注4前掲87頁。

者に対し債務の履行を請求していくこととなる。

(5) 詐害行為取消権行使の効果

ア　認容判決の効力が及ぶ範囲

　新法425条は、詐害行為取消しの効果は訴訟当事者たる債権者と受益者または転得者との関係においてしか生じず、債務者には及ばないとする判例法理（前掲大連判明治44年3月24日）を変更し、債務者およびそのすべての債権者に対してもその効力を生じるとした。この債権者には、詐害行為の時または判決確定の時より後に債権者となった者も含まれる（「部会資料73A」56頁）。

　なお、転得者に対してされた詐害行為取消しの効果は、債務者のほか当該転得者に対し及ぶものの、受益者や、当該転得者の前に位置する転得者に対しては及ばず、転得者が債務者に対して財産の返還ないし価額償還をした場合も、転得者は受益者ないし前に位置する転得者に対し反対給付の返還等を請求することはできない[10]。

イ　債務者の受けた反対給付に関する受益者の権利

　新法425条の2は、詐害行為取消請求を認容する判決が債務者に対しても効力が及ぶとされたことを受け、受益者が詐害行為により逸出した財産またはその価額を取消債権者または債務者に対して返還した場合に、受益者が債務者に対して反対給付の返還または価額償還を請求できることを明文化した。破産法168条1項と同様の規律を設けるものである。もっとも、受益者の債務者に対する価額償還請求権は、受益者が、詐害行為により逸出した財産またはその価額を取消債権者または債務者に対して返還することが先履行となることを前提としていることから[11]、受益者が、債務者に対する価額償還請求権と、債務者に対する財産または価額の返還義務とを相殺することはできない。

ウ　受益者の債権の回復

　新法425条の3は、債務者の受益者に対する弁済や代物弁済が取り消された場合には、受益者の債務者に対する債権が回復するとする判例法理（大判昭和16年2月10日民集20巻79頁）を明文化するものであり、破産法上の否認権における規定（破産法169条）と同趣旨の規定である。

---

10)　潮見・注4前掲87頁。
11)　潮見・注4前掲89頁。

エ　詐害行為取消請求を受けた転得者の権利

　新法425条の4は、受益者に関する425条の2および425条の3と同様の規定を転得者についても整備したものである。なお、転得者が受益者の債務者に対する権利を行使するときは、425条の4柱書のただし書において上限が設けられている。

(6)　詐害行為取消権の期間の制限

　新法426条は、詐害行為取消の行使期間の起算点について、「債権者が、債務者が債権者を害することを知って法律行為をした事実」を知ったときとする判例法理（最判昭和47年4月13日集民105号561頁）を明文化した。また、旧法426条は2年間の行使期間を消滅時効として捉えていたが、これを除斥期間ないし出訴期間に改めるとともに、後段の20年の期間制限を10年に短縮している。なお、除斥期間ないし出訴期間とすることで、時効の中断等に関する規定は適用されないこととなる（「部会資料73A」63頁）。

II　債権者代位権、詐害行為取消権に関する要件事実

1　債権者代位権（新法423条〜423条の5）

　新法423条から423条の5は、債権者代位権について各種の改正を行っている。以下、債権者代位権の行使が問題となる典型的な事例をもとに、要件事実を検討する。

(1)　事　例

　XがAとの間で、絵画を100万円で売却する契約を締結したが、AはXに対して売買代金を支払わない。他方、AはYに対し、弁済期を平成〇年3月1日として100万円を貸し付けた。XはAに対する売買契約に基づく代金支払請求権を保全するために、AのYに対する消費貸借契約に基づく貸金返還請求権を代位行使した。

(2) 訴訟物

AのYに対する消費貸借契約に基づく貸金返還請求権

(3) 要件事実

＜請求原因＞

❶　XはAに対し、本件絵画を代金100万円で売ったこと
❷　❶の債権の保全の必要性（Aの無資力）
❸　AはYに対し、100万円を、弁済期を平成〇年3月1日として貸し付けたこと
❹　❸の弁済期（平成〇年3月1日）の到来

［被保全権利に関する抗弁］

＜抗弁1：期限＞

❺　❶の売買代金支払請求権に期限があること

［被保全権利に関する再抗弁］

＜再抗弁1：期限の到来（抗弁1に対する再抗弁）＞

❻　❺の期限が到来したこと

＜再抗弁2：保存行為（抗弁1に対する再抗弁）＞

❼　❶の行使は保存行為であること（時効中断等）

［被代位権利に関する抗弁］

＜抗弁2：債務者の権利行使＞

❽　❸の債権をAが自ら行使したこと

＜抗弁3：第三債務者の債務者に対する抗弁＞

❾　YがAに対して主張できる抗弁（弁済、相殺等）

(4) 検　討

　全体として、新法下における債権者代位権に関する要件事実については、旧法下における理解に大きな影響はないと考えられる[12]。新法に関連する部分は以下のとおりである。

---

12)　旧法下における債権者代位権に関する要件事実については、倉田卓治『要件事実の証明責任 債権総論』（西神田編集室・1986年）160頁以下、大島眞一『完全講義 民事裁判実務の基礎〈第2版〉上巻』（民事法研究会・2013年）493頁以下等参照。

ア 第三債務者の債務者に対する抗弁（抗弁5：⑨）

旧法においても解釈上認められていた、第三債務者の債務者に対する抗弁が明文化された（新法423条の4）。

イ 債務者の処分権限喪失の再抗弁の不成立

旧法下においては、債務者は、債権者が代位行使に着手したことを知った後は、被代位債権の処分権限を失うとされていた（大判昭和14年5月16日民集18巻557頁）。したがって、第三債務者の債務者に対する抗弁の内容が処分行為（債務の免除等）である場合、債権者は、第三債務者の債務者に対する抗弁に対する再抗弁として、「当該処分行為は、債務者が、債権者代位権行使の事実を知った後にされたこと」を再抗弁として主張しうると考えられていた[13]。

しかしながら、新法においては、債権者代位権が行使された後においても、債務者の被代位権利の処分権は制限されない旨規定された（新法423条の5。判例法理の変更）。したがって、かかる再抗弁は成立しなくなった[14]。

2 登記または登録の請求権を保全するための債権者代位権
（新法423条の7）

本条は、転用型の債権者代位権を認める従前の判例法理（大判明治43年7月6日民録16輯537頁等）を明文化したものである。以下、本条の要件事実について検討する。

(1) 事 例

XがAとの間で、土地を1億円で売却する契約を締結し、その後、Aは当該土地をYに対して1億円で売却する契約を締結した。しかし、土地の所有権登記名義はXのままになっているので、YがAに対する売買契約に基づく所有権移転登記請求権を保全するために、AのXに対する売買契約に基づく所有権移転登記請求権を代位行使した。

---

[13] 倉田・注12前掲171頁、近藤昌昭「債権者代位権」伊藤滋夫ほか編『民事要件事実講座3 民法Ⅰ債権総論・契約』（青林書院・2005年）113頁。
[14] 債権者代位訴訟において代位債権者が自己に直接弁済すべき旨の勝訴判決を得て、当該判決が確定した後においても、第三債務者が債務者に対して債務を履行すれば、被代位債権は消滅してしまう（潮見佳男『民法（債権関係）改正法案の概要』（金融財政事情研究会・2015年）71頁。

(2) 訴訟物

AのXに対する売買契約に基づく所有権移転登記請求権

(3) 要件事実

＜請求原因＞

❶ AはYに対し、本件土地を代金1億円で売ったこと
❷ XはAに対し、本件土地を代金1億円で売ったこと

(4) 検　討

ア　訴訟物

上記では、債権的登記請求権を訴訟物としたが、AのXに対する物権変動的登記請求権を訴訟物とすることも可能である。特に、債権自体が時効消滅している場合等に、物権変動的登記請求権を訴訟物として主張する実益がある。

その場合の請求原因は、被保全債権の発生原因事実（❶）は上記と同様だが、被代位債権の発生原因事実（❷）は、「Xは本件土地をもと所有していたこと」および「XはAに対し、本件土地を代金1億円で売ったこと」の2つとなる[15]。

イ　無資力要件

転用型においては、旧法下における理解と同様に、債務者の無資力は要件とならない。

③　詐害行為取消請求（新法424条）

以下、本条に関する要件事実について検討する。

(1) 事　例

XはAに対して、平成〇年2月1日に、絵画を1000万円で売却する契約を締結したが、Aは売買代金を支払わない。その後、AはYに対し、同年3月1日に、現金800万円を贈与した。そこで、XはYに対し、詐害行為取消権を行使し、贈与契約の取消しと、800万円の返還を請求した。

---

[15]　加藤新太郎=細野敦『要件事実の考え方と実務〈第2版〉』（民事法研究会・2006年）276頁。

(2) 訴訟物

詐害行為取消権[16]

(3) 要件事実

＜請求原因＞

❶　XはAに対し、平成〇年2月1日、本件絵画を代金1000万円で売ったこと
❷　AはYに対し、平成〇年3月1日、800万円を贈与したこと
❸　❷の行為は、❷の行為の時点においてXを害することを基礎づける評価根拠事実
※評価障害事実の存在が抗弁となる。
❹　Aの❸の悪意

＜抗弁：善意＞

❺　Yの❸の善意

(4) 検討──被保全債権の発生時期（請求原因：❶）

　旧法下においては、被保全債権は詐害行為前に発生していることが必要であると考えられていたが（最判昭和33年2月21日民集12巻2号341頁）、厳密には詐害行為前に発生していないと評価できる債権を被保全債権に含める裁判例も存在した[17]。新法424条3項は、被保全債権の範囲について「第1項に規定する行為の前の原因に基づいて生じたものである場合に限り」と規定しており、詐害行為の前に発生することまでは必要ないことを明文化したものである。

4　相当の対価を得てした財産の処分行為の特則（新法424条の2）

　旧法下において明文の規定がなかった相当価格処分行為の詐害行為取消しを

---

[16]　司法研修所編『10訂 民事判決起案の手引』「巻末資料：事実摘示記載例集」（法曹会・2006年）17頁、村田渉＝山野目章夫編著『要件事実論30講〈第3版〉』（弘文堂・2012年）566頁等参照。なお、大島眞一『完全講義 民事裁判実務の基礎〈第2版〉上巻』（民事法研究会・2013年）498頁は、訴訟物は正確には、取消権と請求権（本事例であれば贈与契約の取消権および金員返還請求権）とする。

[17]　将来の婚姻費用の支払いに関する債権を被保全債権とする詐害行為取消権の行使を認める旨判示した最判昭和46年9月21日民集25巻6号823頁、詐害行為後に発生した遅延損害金を被保全債権に含める旨判示した最判平成8年2月8日民集178号215頁。

明文化するものである。新法424条の2は、相当価格処分行為について原則として詐害行為性を否定し、破産法161条と同様の要件を定めることとした。以下、本条の要件事実を検討する。

(1) 事　例

XはAに対して、絵画を1000万円で売却する契約を締結したが、Aは売買代金を支払わない。その後、Aは自らが所有する土地を800万円でYに売却して、所有権の移転登記をした。そこで、XはYに対し、詐害行為取消権を行使し、売買契約の取消しと、所有権移転登記の抹消登記を請求した。

(2) 訴訟物

詐害行為取消権

(3) 要件事実

＜請求原因＞

❶　XはAに対し、本件絵画を代金1000万円で売ったこと
❷　Aは❸当時、本件土地を所有していたこと
❸　AはYに対し、❶の後、本件土地を代金800万円で売ったこと
❹　AはYに対し、本件土地につき、❸の売買契約に基づき、所有権移転登記手続をしたこと
❺　❸により、AはYから相当な対価を取得したこと
❻　❸のAの行為が、Xを害する処分（隠匿等の処分）をするおそれを現に生じさせるものであること
❼　Aは、❸の行為の当時、対価として取得した金銭その他の財産について、隠匿等の処分をする意思を有していたこと
❽　Yは、❸の行為の当時、❼を知っていたこと

(4) 検討——受益者の悪意（請求原因：❻）

受益者の悪意について、本条においては、債権者側による主張立証が必要となるが[18]、破産法161条2項のような推定規定は設けられなかった。これは、民法上の他の制度との関係における規律の密度等のバランス等を考慮した結果

であり、実務上は、同項の類推適用や事実上の推定等によって対応することが想定されている（「部会資料73A」42頁参照）。

5 特定の債権者に対する担保の供与等の特則（新法424条の3）

新法424条の3は、偏頗行為についても詐害行為取消権の対象とすることを前提に、偏頗行為についての特則を定めている。破産法162条と類似した規定であるが、下記のとおり破産法上の否認権よりも要件が加重されている。本旨弁済その他の債務の消滅に関する行為（新法424条の3第1項）について、以下のとおり要件事実を検討する。

(1) 事　例

XはAに対して、平成〇年2月1日、売買代金の支払期限を同年3月1日として、絵画を1000万円で売却する契約を締結したが、Aは売買代金を支払わない。他方、YはAに対し、同年1月1日、現金800万円を、弁済期を同年4月1日、利息なしの条件で貸し付けていた。そして、同年4月1日、AはY・A間の消費貸借契約に基づく貸金返還債務の履行として、Yに対して800万円を支払った。そこで、XはYに対し、詐害行為取消権を行使し、弁済行為の取消しと、800万円の返還を請求した。

(2) 訴訟物

詐害行為取消権

(3) 要件事実

＜請求原因＞
- ❶ XはAに対し、平成〇年2月1日、本件絵画を代金1000万円で売ったこと
- ❷ YはAに対し、平成〇年1月1日、弁済期を平成〇年4月1日として、800万円を貸し付けたこと
- ❸ AはYに対し、❷の債務を弁済したこと
- ❹ ❸の行為が、Aが支払不能の時に行われたものであること（支払不

---

18) 潮見・注14前掲77頁。

能に該当することを基礎づける評価根拠事実）

※評価障害事実の存在が抗弁となる。

❺ ❸の行為が、AとYとが通謀して他の債権者（X等）を害する意図をもって行われたものであること

※非義務行為（新法423条の3第2項）に基づく詐害行為取消権を行使する場合は、請求原因❶・❷・❸・❺は上記と同様となり、❹は「❸の行為が、債務者が支払不能になる前30日以内に行われたこと」となる。さらに、「❸の行為が、債務者の義務に属せず、又はその時期が債務者の義務に属しないものであること」という要件事実が追加されることとなる。

(4) 検 討

ア 支払不能（請求原因：❹）

支払不能については、規範的要件と考えられていることから[19]、評価根拠事実が請求原因となる。

イ 推定規定の不存在

支払不能（請求原因：❹）、債務者と受益者とが通謀して他の債権者を害する意図を有していたこと（請求原因：❺）について、いずれも債権者側の主張立証が必要となる。

新法においては、これらの事実について、破産法162条2項・3項のような推定規定は設けられなかった。これは、民法上の他の制度との関係における規律の密度等のバランス等を考慮した結果であり、実務上は、同項の類推適用や事実上の推定等によって対応することが想定されている（「部会資料73A」46頁参照）。

6 過大な代物弁済等の特則（新法424条の4）

新法424条の4は、代物弁済等（所有財産を第三者に適正価格で売却し、当該売却代金を債務の弁済に充てる場合も含まれる）を財産減少行為として捉え、過大な部分についての一部取消しを認めることとした。以下、本条に関する要件事実を検討する。

---

19) 北秀昭「倒産関係と要件事実」伊藤滋夫ほか編『民事要件事実講座2総論Ⅱ』（青林書院・2005年）153頁、松嶋英機＝伊藤眞＝園尾隆司編『専門訴訟講座8倒産・再生訴訟』（民事法研究会・2014年）518頁参照。

(1) 事　例

XはAに対して、平成〇年2月1日、売買代金の支払期限を、同年3月1日として、絵画を1000万円で売却する契約を締結したが、Aは売買代金を支払わない。他方、YはAに対し、同年1月1日、現金800万円を、弁済期を同年4月1日、利息なしの条件で貸し付けていた。そして、同年4月1日、本件絵画を、AはY・A間の消費貸借契約に基づく貸金返還債務の履行として、代物弁済した。そこで、XはYに対し、詐害行為取消権を行使し、過大部分である200万円について代物弁済行為の取消しと、同金員の返還を請求した。

(2) 訴訟物

詐害行為取消権

(3) 要件事実

＜請求原因＞

❶ XはAに対し、平成〇年2月1日、本件絵画を代金1000万円で売ったこと
❷ YはAに対し、平成〇年1月1日、弁済期を平成〇年4月1日として、800万円を貸し付けたこと
❸ AはYに対し、平成〇年4月1日、❷の債務の弁済に代えて、本件絵画の所有権を移転するとの合意をしたこと
❹ Aは平成〇年4月1日当時、本件絵画を所有していたこと
❺ AはYに対し、❸に基づき、本件絵画を引き渡したこと
❻ Yの受けた給付の価額（❸～❺）がその行為によって消滅した債務の額（❷）より過大であること
❼ AがXを害することを知って❸～❺の行為をしたこと
❽ ❸～❺の行為によって消滅した債務の額に相当する部分以外の額

＜抗弁：善意＞

❾ Yが❸～❺の行為の時においてXを害することを知らなかったこと

(4) 検　討

代物弁済は非義務行為（新法424条の3第2項）に該当することから、同条項

の要件を満たせば、代物弁済全体が詐害行為取消しの対象となる[20]。新法424条の4に基づく主張は、新法424条の3第2項による代物弁済全体の詐害行為取消しの主張とともに、主張される場面が多いと考えられる。

7 転得者に対する詐害行為取消請求（新法424条の5）

新法424条の5は、1号で受益者からの転得者を、2号で他の転得者からの転得者を、それぞれ相手方とする詐害行為取消権の行使に関する要件を定めている。以下では、新法424条の5第1号の要件事実を検討する。

(1) 事　例

XはAに対して、絵画を1000万円で売却する契約を締結したが、Aは売買代金を支払わない。その後、本件絵画については、AがBに、BがYに、それぞれ贈与した。そこで、XはYに対し、詐害行為取消権を行使し、贈与契約の取消しと、本件絵画の返還を請求した。

(2) 訴訟物

詐害行為取消権

(3) 要件事実

＜請求原因＞
- ❶ XはAに対し、本件絵画を代金1000万円で売ったこと
- ❷ AはBに対し、本件絵画を贈与したこと
- ❸ ❷の行為は、❷の行為の時点においてXを害することを基礎づける評価根拠事実

※評価障害事実の存在が抗弁となる。

- ❹ Aの❸の悪意
- ❺ BはYに対し、本件絵画を贈与したこと
- ❻ Yは、❺の行為の時点において、❷のAの行為がXを害することを知っていたこと

---

[20]　潮見・注14前掲81頁。

※新法424条の5第2号の場合（上記事例にCが登場し、A→B→C→Yと本件絵画が贈与されたとする）、❶～❹までは上記と同様で、その後は、❺受益者(B)は転得者1(C)に対し、本件絵画を贈与したこと、❻転得者1(C)は、❺の行為の時点において、❷のAの行為がXを害することを知っていたこと、❼CはYに対し、本件絵画を贈与したこと、❽転得者2(Y)は、❼の行為の時点において、❷のAの行為がXを害することを知っていたこと、となる。

＜抗弁：受益者の善意＞
❼　Bが❷の行為の時においてXを害することを知らなかったこと

(4) 検　討

ア　転得者の悪意（請求原因：❻）

旧法下においては、転得者が善意の主張立証責任を負うと考えられていたが（最判昭和37年3月6日民集16巻3号436頁参照）、新法下においては、転得者の悪意については債権者が主張立証責任を負うこととなる。転得者の悪意の対象は、「債務者の行為が債権者を害すること」であり、受益者が悪意であることについて転得者が知っている必要はないことに注意が必要である[21]。

イ　受益者の善意（抗弁：❼）

「受益者に対して詐害行為取消請求をすることができる場合」（新法424条の5柱書）であることが必要なので、そもそも受益者が悪意であることが必要である[22]。したがって、本条の場合は、受益者の悪意が請求原因となるとも考えられるが、新法424条と同様に、受益者の善意が抗弁になると考える[23]。

---

21) 潮見・注14前掲82頁。
22) 潮見・注14前掲81頁。なお、旧法下においては、「民法424条所定の詐害行為の受益者又は転得者の善意、悪意は、その者の認識したところによって決すべきであって、その前者の善意、悪意を承継するものではないと解すべきであり、また、受益者又は転得者から転得した者が悪意であるときは、たとえその前者が善意であっても同条に基づく債権者の追及を免れることができないというべきである。」（最判昭和49年12月12日集民113号523頁）とされていた。
23) 「転得者を相手方とする場合における受益者の善意・悪意の主張立証責任につき、文言上は、受益者の悪意についても取消債権者が主張立証責任を負うようであるが、受益者を相手方とする場合には受益者が自己の善意につき主張立証責任を負うとされていることとの均衡を考えると、転得者が受益者の善意につき主張立証責任を負う（受益者の善意が抗弁に回る）との見解も成り立ち得る。」（大江忠『新債権法の要件事実』〔司法協会・2016年〕214頁）。

第 3 章

多数当事者間の債権関係

I 多数当事者間の債権関係に関する改正のポイント

1 多数当事者間の債権関係の改正全般

(1) 多数当事者間の債権と債務の制度

　債権（債務）関係にある当事者の数をみると、債権者A対債務者Bというように、債権者と債務者がそれぞれ単独の場合ばかりでなく、一方または双方に複数の債権者・債務者が登場する事例が少なくない。債権と債務は表裏の関係にあるから、債権における利益状況は債務における利益状況に通ずるところがある。民法はこのような複数の債権関係、あるいは複数の債務関係が生じる場合をまとめて、多数当事者間の債権関係と称し債権と債務について規律している（以下、両者を「多数当事者間の債権関係」ともいう）。

　今日、私たちの生活関係は高度化し、これに伴い多数当事者間の債権関係も複雑化しており、これに対する適切かつ合理的な規律が要請されている。多数当事者間の債権関係の制度は、現代社会における様々な取引を可能にするものである。

　民法は、多数当事者間の債権関係の規律の態様として、不可分債権、不可分債務、連帯債権（新法によって導入）、連帯債務、保証債務を挙げている。原則形は、複数の債権・債務がそれぞれ独立する分割債権、分割債務である（427条）。これに対して、それぞれが連帯関係にある場合には連帯債務、連帯債権といい、それが不可分な場合には不可分債務、不可分債権となる。なお、商行為における債務は原則として連帯債務になることを定めている（商法511条1項）。

多数当事者間の債権関係では、債権者と債務者との間の関係はもちろん、複数債権者間、あるいは複数債務者間の公平を図ることが重要である。多数当事者間の債権関係は、資本主義経済社会を存立させるものであり、人々の経済活動のあり方を問うものである。

旧法は「多数当事者の債権及び債務」の節の下に、

第1款：総則（427条）

第2款：不可分債権及び不可分債務（428条～431条）

第3款：連帯債務（432条～445条）

第4款：保証債務

　第1目：総則（446条～465条）

　第2目：貸金等根保証契約（465条の2～465条の5））

を配置した。

新法は同節の下に、

第1款：総則（427条）

第2款：不可分債権及び不可分債務（428条～431条）

第3款：連帯債権（432条～435条の2）

第4款：連帯債務（436条～445条）

第5款：保証債務

　第1目：総則（446条～465条）

　第2目：個人根保証契約（465条の2～465条の5）

　第3目：事業に係る債務についての保証契約の特則（465条の6～465条の10）

について規律する。新旧各規定の対応がやや複雑である。

(2) 不可分債権

不可分債権とは、債権の目的がその性質上または当事者の意思表示によって不可分である場合において、数人の債権者があるときに、その債権をいう。

ア 不可分債権の履行（新法428条）

不可分債権について、旧法は「各債権者はすべての債権者のために履行を請求し、債務者はすべての債権者のために各債権者に対して履行をすることができる。」としていた。新法は、「次款（連帯債権）の規定（第433条及び第435条の規定を除く。）は、債権の目的がその性質上不可分である場合において、

数人の債権者があるときについて準用する。」と定めた。

イ 不可分債権者の一人との間の更改または免除（新法429条）

新法は、旧法の見出し「（可分債権者の一人について生じた事由等の効力）」を「（不可分債権者の一人との間の更改又は免除）」に改め、同1項中「分与される」を「分与されるべき」に改め、同条2項「前項に規定する場合のほか、不可分債権者の一人の行為又は一人について生じた事由は、他の不可分債権者に対してその効力を生じない。」を削った。すなわち、「不可分債権者の一人と債務者との間に更改又は免除があった場合においても、他の不可分債権者は、債務の全部の履行を請求することができる。この場合においては、その一人の不可分債権者がその権利を失わなければ分与されるべき利益を債務者に償還しなければならない。」と定めた。

(3) 不可分債務（新法430条）

不可分債務とは、債務の目的がその性質上または当事者の意思表示によって不可分である場合において、数人の債務者があるときに、その債務をいう。

旧法は「429条の規定及び次款（連帯債務）の規定（434条から440条までの規定を除く）は、数人が不可分債務を負担する場合について準用する。」としていた。新法は、「第4款（連帯債務）の規定（第440条の規定を除く。）は、債務の目的がその性質上不可分である場合において、数人の債務者があるときについて準用する。」と定めた。

(4) 連帯債権

連帯債権とは、債権の目的がその性質上可分である場合において、法令の規定または当事者の意思表示によって数人が連帯して債権を有する場合に、その債権をいう。

新法は連帯債権の規定を新たに設けた。

ア 連帯債権者による履行の請求等（新法432条）

連帯債権について、「各債権者は、全ての債権者のために全部又は一部の履行を請求することができ、債務者は、全ての債権者のために各債権者に対して履行をすることができる。」と定めた。

イ　連帯債権者の一人との間の更改または免除（新法433条）

新法は、「連帯債権者の一人と債務者との間に更改又は免除があったときは、その連帯債権者がその権利を失わなければ分与されるべき利益に係る部分については、他の連帯債権者は、履行を請求することができない。」と定めた。

ウ　連帯債権者の一人との間の相殺（新法434条）

新法は、「債務者が連帯債権者の一人に対して債権を有する場合において、その債務者が相殺を援用したときは、その相殺は、他の連帯債権者に対しても、その効力を生ずる。」と定めた。

エ　連帯債権者の一人との間の混同（新法435条）

新設。「連帯債権者の一人と債務者との間に混同があったときは、債務者は、弁済をしたものとみなす。」と定めた。

オ　相対的効力の原則（新法435条の2）

新法は、「第432条から前条までに規定する場合を除き、連帯債権者の一人の行為又は一人について生じた事由は、他の連帯債権者に対してその効力を生じない。ただし、他の連帯債権者の一人及び債務者が別段の意思を表示したときは、当該他の連帯債権者に対する効力は、その意思に従う。」と定めた（435条の2）。

(5)　連帯債務

連帯債務とは、債務の目的がその性質上可分である場合において、法令の規定または当事者の意思表示によって数人が連帯して債務を負担する場合に、その債務をいう。なお、新法の条文は旧法の条文と異なっているところがある。

ア　相対的効力の原則（新法441条）

旧法440条は、「第434条から前条までに規定する場合を除き、連帯債務者の一人について生じた事由は、他の連帯債務者に対してその効力を生じない。」と、相対的効力を原則としつつ、絶対的効力を広く認めていた。これは連帯債務者間の主観的な共同関係があることが考慮されたものである。

しかし、連帯債務に生ずる事由は複数あり、その態様は同じではない。これに伴い、連帯債務者間の共同関係が強いものから弱いものまでいろいろである。そこで、新法441条は、「第438条、第439条第1項及び前条に規定する場合を除き、連帯債務者の一人について生じた事由は、他の連帯債務者に対してその効力を生じない。ただし、債権者及び他の連帯債務者の一人が別段の意

思を表示したときは、当該他の連帯債務者に対する効力は、その意思に従う。」と定めた。ただし書は新設された。

新法441条は1人に対する債務の免除、1人のための時効の完成、1人に対する履行の請求を相対的効力にした。これらは旧制度では絶対的効力とされた。連帯債務者の一人についての法律行為の無効等は、旧法と同様、相対的効力である。また、更改、相殺、混同は、債務の履行と同様の状況をもたらすことから、旧法と同様に絶対的効力とされた。

イ 連帯債務者に対する履行の請求（新法436条）

新法は、「債務の目的がその性質上可分である場合において、法令の規定又は当事者の意思表示によって数人が連帯して債務を負担するときは、債権者は、その連帯債務者の一人に対し、又は同時に若しくは順次に全ての連帯債務者に対し、全部又は一部の履行を請求することができる。」と定めた（旧法432条→新法436条）。

ウ 連帯債務者間の求償権（新法442条）

旧法は、「連帯債務者の一人が弁済をし、その他自己の財産をもって共同の免責を得たときは、その連帯債務者は、他の連帯債務者に対し、各自の負担部分について求償権を有する。」（1項）、「前項の規定による求償は、弁済その他免責があった日以後の法定利息及び避けることができなかった費用その他の損害の賠償を包含する。」（2項）としていた。

新法は、「連帯債務者の一人が弁済をし、その他自己の財産をもって共同の免責を得たときは、その連帯債務者は、その免責を得た額が自己の負担部分を超えるかどうかにかかわらず、他の連帯債務者に対し、その免責を得るために支出した財産の額（その財産の額が共同の免責を得た額を超える場合にあっては、その免責を得た額）のうち各自の負担部分に応じた額の求償権を有する。」（1項）、「前項の規定による求償は、弁済その他免責があった日以後の法定利息及び避けることができなかった費用その他の損害の賠償を包含する。」（2項）と定めた。

エ 連帯保証と連帯保証人について生じた事由の効力（新法458条）

連帯保証とは、主たる債務者が保証人と連帯して債務を負担する保証をいう。旧法は、連帯保証人について生じた事由の効力について、「第434条から第440条までの規定は、主たる債務者が保証人と連帯して債務を負担する場合について準用する。」としたが、新法は、「第438条、第439条第1項、第440

条及び第441条の規定は、主たる債務者と連帯して債務を負担する保証人について生じた事由について準用する。」と定めた。

(6) 保証人の保護の強化

保証人は、主たる債務者がその債務を履行しないときに、その履行をする責任を負う（446条）。

保証債務は債権者と保証人との間の契約によって成立し、債権者が債務者から弁済を得られないときに債務者に代わって保証人から弁済を受けることを内容とするものである。

従来、保証契約のもとで、保証人はしばしば過剰な責任を負担してきた。これに対しては、保証人の保護が社会的、法的に要請され、平成16（2004）年の改正によって一定の改善が図られた。このたびの改正では保証人保護の要請をさらに徹底している。

ア 保証人への情報提供義務

新法は保証人への情報提供義務について、次の3点を定めた。

ⓐ 主たる債務の履行状況に関する情報提供義務（新法458条の2）

第1に、主債務者の委託を受けた保証・根保証契約について、主たる債務の履行状況に関する情報の提供義務を定める。すなわち、「保証人が主たる債務者の委託を受けて保証をした場合において、保証人の請求があったときは、債権者は、保証人に対し、遅滞なく、主たる債務の元本及び主たる債務に関する利息、違約金、損害賠償その他その債務に従たる全てのものについての不履行の有無並びにこれらの残額及びそのうち弁済期が到来しているものの額に関する情報を提供しなければならない。」（新法458条の2）と定めた。

ⓑ 主たる債務者が期限の利益を喪失した場合における情報提供義務（新法458条の3）

第2に、個人保証・根保証契約について、主たる債務者が期限の利益を喪失した場合における情報提供義務を定める。すなわち、新法（458条の3）は、「主たる債務者が期限の利益を有する場合において、その利益を喪失したときは、債権者は、保証人に対し、その利益の喪失を知った時から2箇月以内に、その旨を通知しなければならない。」（1項）、「前項の期間内に同項の通知をしなかったときは、債権者は、保証人に対し、主たる債務者が期限の利益を喪失した時から同項の通知を現にするまでに生じた遅延損害金（期限の利益を喪失しな

かったとしても生ずべきものを除く。）に係る保証債務の履行を請求することができない。」(2項)、「前2項の規定は、保証人が法人である場合には、適用しない。」(3項) と定めた。

ⓒ　契約締結時の情報の提供義務（新法465条の10）

新法465条の10は、第1に、「主たる債務者は、事業のために負担する債務を主たる債務とする保証又は主たる債務の範囲に事業のために負担する債務が含まれる根保証の委託をするときは、委託を受ける者に対し、次に掲げる事項に関する情報を提供しなければならない。」とし、①財産および収支の状況、②主たる債務以外に負担している債務の有無ならびにその額および履行状況、③主たる債務の担保として他に提供し、または提供しようとするものがあるときは、その旨およびその内容、を掲げた（1項）。

第2に、情報提供義務違反の効果について、「主たる債務者が前項各号に掲げる事項に関して情報を提供せず、又は事実と異なる情報を提供したために委託を受けた者がその事項について誤認をし、それによって保証契約の申込み又はその承諾の意思表示をした場合において、主たる債務者がその事項に関して情報を提供せず又は事実と異なる情報を提供したことを債権者が知り又は知ることができたときは、保証人は、保証契約を取り消すことができる。」(2項)と定めた。

第3に、「前2項の規定は、保証をする者が法人である場合には、適用しない。」(3項) と定めた。

イ　個人根保証契約における保護

ⓐ　根保証人の責任の範囲を限定（新法465条の2～465条の5）

新法は、根保証人の責任の範囲を限定することによって根保証人の保護を図っている。すなわち、個人根保証契約（新法465条の2）、個人貸金等根保証契約（新法465条の3）、個人根保証契約（新法465条の4）、法人根保証人の主債務者に対する求償権を保証する個人保証・根保証契約（新法465条の5第1項）、法人貸金等根保証人の主債務者に対する求償権を保証する個人保証・根保証契約（新法465条の5第2項）の規定など、重要な改正をした。

ⓑ　個人根保証契約の保証人の責任等

根保証契約とは一定の範囲に属する不特定の債務を主たる債務とする保証契約をいい、保証人が法人でないものを「個人根保証契約」という。個人根保

契約には、資金等債務など主たる債務の内容を問わず、極度額の定めが義務づけられた。極度額の定めのない根保証契約は無効になる。

新法465条の2は、旧法の見出しを「(個人根保証契約の保証人の責任等)」に改め、同条1項中「その債務の範囲に金銭の貸渡し又は手形の割引を受けることによって負担する債務(以下「貸金等債務」という。)が含まれるもの(保証人が法人であるものを除く。以下「貸金等根保証契約」という。)」を「保証人が法人でないもの(以下「個人根保証契約」という。)」に、「すべて」を「全て」に改め、同条2項および3項中「貸金等根保証契約」を「個人根保証契約」に改めた。

ちなみに、保証人が法人である根保証契約において、新法465条の2第1項に規定する極度額の定めがないときは、その根保証契約の保証人の主たる債務者に対する求償権に係る債務を主たる債務とする保証契約は、その効力を生じないとし、効力要件とした(新法465条の5第1項)。

ⓒ 個人貸金等根保証契約の元本確定期日

個人貸金等根保証契約とは、個人根保証契約であってその主たる債務の範囲に金銭の貸渡しまたは手形の割引を受けることによって負担する債務(「貸金等債務」という)が含まれるものを、「個人貸金等根保証契約」という。新法465条の3は見出しを「(個人貸金等根保証契約の元本確定期日)」に改め、「貸金等根保証契約に」を「個人根保証契約であってその主たる債務の範囲に金銭の貸渡し又は手形の割引を受けることによって負担する債務(以下「貸金等債務」という。)が含まれるもの(以下「個人貸金等根保証契約」という。)に」に、「貸金等根保証契約の」を「個人貸金等根保証契約の」に改め、同条2項から4項までの規定中「貸金等根保証契約」を「個人貸金等根保証契約」に改めた。

ⓓ 個人根保証契約の元本の確定事由(新法465条の4)

一定の元本確定事由が発生した場合には、保証人が弁済義務を負う債務の額が確定する。元本の確定によって保証人を保護するものである(新法465条の4)。

ウ 事業に係る債務についての保証契約の特則(新法465条の6〜465条の10)

新法は、「事業に係る債務についての保証契約の特則」の規定を新設し、事業に係る貸金等債務について、個人保証の契約締結を制限した(新法465条の6〜465条の10)。事業のために負担する貸金等債務を主債務とする個人保証・根保証契約(新法465条の6、465条の7)、事業のために負担する貸金等債務を

主債務とする保証・根保証に関し、当該保証人の主債務者に対する求償権を保証する個人保証・根保証契約（新法465条の8）がこれに当たる。他方、いわゆる経営者保証における上記の例外も設けた（新法465条の9）。さらに、契約締結時の情報の提供義務（新法465条の10）について定めている。

エ　公正証書の作成と保証の効力

新法465条の6は、事業のために負担した貸金等債務を主たる債務とする保証契約または主たる債務の範囲に事業のために負担する貸金等債務が含まれる根保証契約は、その契約の締結に先立ち、①その締結の日前1か月以内に作成された公正証書で、②保証人になろうとする者が保証債務を履行する意思を表示していなければ、その効力を生じない（1項）、①の公正証書を作成するには、一定の方式に従わなければならない（2項）と定めた。保証人保護のために、事前に公正証書の作成を義務づけるなど、要件の厳格化を図った。

例外として、①主たる債務者が会社で、保証人がその取締役である場合、②主たる債務者が会社で、保証人がその会社の議決権の過半数を保有している場合、③主たる債務者が個人事業主で、保証人がその共同経営である場合がある。

2　連帯債務

(1)　改正の要点

従来、連帯債務は、債務の内容が性質上可分であるものについて、これを連帯債務とする法律上・契約上の定めがあるときに成立するとされてきた。このこと自体に変更はない。ところが、従来、債務の内容が性質上可分であるものについて、これを、当事者の合意によって「不可分債務」とすることもできるとされていた。そこで、債務の内容が性質上可分であるものについて、合意に基づき連帯債務が生じる場合と不可分債務が生じる場合とが存し、それらの違いは、絶対的効力が生じる事由の範囲にあると解されてきた。しかし、今般の改正において、連帯債務・不可分債務における絶対的効力事由の違いを極小化したのに合わせ、両者の区別は、債務の内容が性質上可分か否かによることとされた（新法430条、436条）。そして、この区別により不可分債務とされるものには、混同の絶対的効力（新法440条）を除き、連帯債務の規定が準用される（新法430条）。不可分債務では、混同には相対的効力しか生じず、この点は、

絶対的効力の生じる連帯債務と扱いが異なる。

＜具体例＞

　AがAの物をBに売却する契約をした場合において、Aが死亡し、Aの地位を、C・D・Eが相続した。Aの負っていた物引渡債務は性質上不可分であるので、C・D・Eは、それぞれ不可分債務を負う（新法430条）。Bの地位が混同によりCに属することとなったとしても、CのD・Eに対する物引渡債権は失われない。Dが売買目的物を占有しているときは、Cは、Dに物引渡を請求できる。

　C・D・Eが共同事業のためにBから融資を受けることになった場合において、3者が連帯して債務を負う旨の合意があったときは、3者は連帯債務を負う（新法436条）。Bの地位が混同によりCに属することとなったときは、当該債務は消滅し、Cは、D・Eに支払いを請求することができない（新法440条）。もっとも、求償権は生じる（新法442条）。

　対外的関係（連帯債務者と債権者との関係）については、従来、一人の連帯債務者に生じた事由が他の連帯債務者の債務に影響を及ぼすか否かの点について、これを肯定する絶対的効力を認める範囲に関して、旧法の規定はこれを広く認めすぎているという批判があった。この批判を受けて、新法では、いくつかの事由（請求、消滅時効の完成、免除）について、絶対的効力が相対的効力へと改められた。また、連帯債務者の一人が相殺権を有する場合をめぐる問題点についても、改正が行われた。

　求償関係（債務を消滅させた連帯債務者が他の連帯債務者へと応分の負担を求める関係）については、求償の要件としての通知義務について規定を若干改め、一部弁済のときの求償、求償者・資力ある者のすべてが負担部分を負わない場合の解釈等についても明文が置かれた。

(2) 対外的関係

ア　履行の請求

　旧法434条は、履行の請求に絶対的効力を認めていたが、これは、請求を受けない連帯債務者にとっては、自ら認識しないうちに消滅時効の中断（新法の更新に相当）を受けるなどの不測の損害を被るおそれがあるとして、立法論として批判があった。

そこで、新法において、請求には、原則として、相対的効力しか認めないこととされた（新法441条本文）。ただし、夫婦が連帯債務者となって住宅ローンを組む場合など、むしろ絶対的効力を認めるのにふさわしいケースもあるので、当事者が望むときは、請求に絶対的効力を認める合意ができることとされた（同条ただし書）。

請求の絶対的効力が廃止されることに伴い、金融機関である債権者にとっては、所在不明の連帯債務者の時効更新の手段を確保することが問題となろう。別段の合意に基づいて絶対的効力を生じさせることは認められているので、融資の契約においてその旨を合意することが対応として考えられよう。

＜具体例＞

A・B・Cが連帯債務として30万円の債務を負っていた。債権者がAに対して裁判上の請求を行い、これによってAの債務の消滅時効が更新された。しかし、これによってB・Cの債務の時効の更新は生じない。消滅時効期間が経過すれば、B・Cは消滅時効の援用をすることができる（新法441条本文）。

イ　免除・消滅時効の完成

旧法437条および439条は、免除および消滅時効の完成による債務の消滅について、負担部分の範囲での絶対的効力を認めていた。しかし、この絶対的効力事由に対しては、長年、連帯債務の担保的機能（同一の債務について複数の債務者に請求することができるようにして当該債務の履行を確実にする機能）を弱めるものであるとの批判があった。さらに、免除を受けたのではない連帯債務者に対する請求額が減少することは債権者の意思に反する、時効に関する絶対的効力を前提とすると、連帯債務者のすべてに時効中断の措置を講じておかないかぎり、債権者は、請求できる額が縮減するという不測の不利益を受けかねないという問題が指摘されてきた。

そこで、新法において、免除・時効に、原則として、相対的効力しか認めないこととされた（新法441条本文。ただし、当事者が望むときは絶対的効力を認める合意をする余地は残された〔同条ただし書〕）。これにより、連帯債務の担保的機能は、旧規定よりも強められた。

旧法437条・439条の絶対的効力の実質的機能は、債権者との関係で債務を免れたはずの連帯債務者が、他の連帯債務者から求償を受けることで、債務の

免脱という利益を奪われることを阻止する点にあった。新法は、連帯債務の担保的機能を重視して、このような絶対的効力を廃止するものである。したがって、一人の連帯債務者が、免除・時効により、債権者との関係で債務を免れたとしても、他の連帯債務者が弁済等により債務を消滅させたときは、後者から求償を受けることとなる（新法445条）。

＜具体例＞

A・B・Cが連帯債務として30万円の債務を負っていた。負担部分は10万円ずつであった。消滅時効によりBの債務のみが消滅した。債権者は、Bには請求ができなくなるが、A・Cには、なお、30万円全額の請求ができる。Aが30万円を支払った場合、Aは、BおよびCに対して、それぞれ10万円の求償をすることができる（新法442条、445条）。

ウ　相　殺

新法439条1項は、旧法436条1項を引き継ぎ、相殺について絶対的効力を定めている。相殺は、弁済と同様に債権から生じる利益を完全に債権者に実現するので、絶対的効力を認めることに異論はない。

旧法436条2項は、連帯債務者の一人が債権者に反対債権を有し、したがって相殺権を有するとき、その連帯債務者の負担部分について、他の連帯債務者が、「相殺を援用」できると規定していた。この文言の解釈について、判例は、他の連帯債務者が、反対債権を有する連帯債務者の相殺権を行使できる趣旨であると解していた（大判昭和12年12月11日民集16巻1945頁）。しかし、相殺権を有する連帯債務者の意思に関係なく、反対債権を有しない他の連帯債務者に、債権の消滅という処分的効果を伴う強い権利（相殺権）の行使を許すのは、適当ではないとの批判があった。

この批判を容れて、新法439条2項は、一人の連帯債務者に相殺権が存するとき、その連帯債務者の負担部分について、他の連帯債務者は、債権者に対して、履行拒絶権を有することとした。旧法436条2項の趣旨は、一人の連帯債務者に相殺権が存するのに他の連帯債務者が全額の支払いをさせられるとすると、いわゆる「求償の循環」が生じてしまうが、これは、無資力者が現れると求償が貫徹せず不都合であるという点にある。確かに、他の連帯債務者にも相殺権を与えることで、この不都合は防ぎうる。しかし、相殺権でなく、債権者に対する履行拒絶権を認めるだけでも、同じ目的は達することができる。そこ

で、後者の抗弁権的構成が採用されたのである。

<具体例>

A・B・Cが、Dに対して連帯債務として30万円の債務を負っていた。負担部分は10万円ずつであった。AがDに対して物を売却し、30万円の代金債権を取得した。DがBに履行を求めてきたとき、Bは、Aに相殺権があることを理由に、Aの負担部分10万円の範囲で支払いを拒むことができる。これにより、Bは、Dから30万円全額の支払いを強いられた場合に生じる求償時のAの無資力リスクを負わされることを回避できる[1]。

(3) 求償関係

ア 通知義務の要件

弁済など自己の財産によって共同の免責を得た(以下、弁済による免責に即して記述をする)連帯債務者は、他の連帯債務者に求償をすることができるが、その要件として、求償しようとする連帯債務者は、弁済の前および後に、他の連帯債務者への通知をしなければならない。事前の通知を怠ると、他の連帯債務者が有していた抗弁の対抗を受け、事後の通知を怠ると、他の連帯債務者が重ねて弁済をしてしまったとき、この後の弁済が有効となってしまう(新法443条)。これらの通知義務は、他の連帯債務者が抗弁行使の機会を失うことや誤って二重に弁済することを防止する趣旨のものであり、仕組みの基本については、改正による変更はない。

旧法443条の規定ぶりは、事前および事後の通知の義務が、求償をしようとする連帯債務者が、他の連帯債務者が存することを知らないときにも生じうる内容であったが、他の連帯債務者があることを知らないにもかかわらず通知義務が生じるのは妥当ではないから、他の連帯債務者があることを知っていることを要件とすることとされた[2]。

---

1) 同じリスクの回避は、Aの有する相殺権の行使をBにも認めることでも図ることができるが、その場合、Aの意に反する場合でも、Aは、反対債権(代金債権)を失ってしまう。これでは、その反対債権がすでに不履行に陥っていた場合に、契約を解除して反対給付債務(物引渡債務)を消滅させること(物が引渡済みであれば返還請求をすることも含む)などの法的手段の選択についてAが制約を受けるおそれがあり、適当ではない。
2) また、旧法443条1項は、事前に通知するべき内容を「債権者から履行の請求を受けたこと」としていたが、通知されるべきは、むしろ、弁済などによって共同の免責を得ようとしていることであるから、新法ではこの点が明確にされた。

イ　負担部分を超えない額の弁済と求償

　連帯債務者の一人が債務額の一部しか弁済しておらず、それが自己の負担部分を超えない範囲の弁済であったときでも、その連帯債務者は、他の連帯債務者に対して、負担部分の割合に応じて、求償をすることができる。これは判例解釈であり（大判大正6年5月3日民録23輯863頁）、新法442条1項はこの点について明文化をした。

ウ　求償を受ける連帯債務者の一部が無資力であるときの細則

　新法444条1項は、連帯債務者の一人が弁済をし求償権を得る場合において、求償を受ける連帯債務者に無資力者が存しこの者に求償ができないときは、それによって求償ができなくなった部分は、求償者と求償を受ける他の連帯債務者で資力のある者の間で、各自の負担部分に応じて分割して負担する、と定める。これは、公平に基づく制度であり、制度自体は変更されていない。

　連帯債務者の一人が求償権を得る場合において、連帯債務者に無資力者が存するときで、求償者も求償を受ける連帯債務者もともに負担部分を負わない者であったときの処理は、定めがなく解釈に委ねられ、判例は、求償者と求償を受ける連帯債務者との間で、平等に負担するべきであると解している（大判大正3年10月13日民録20輯751頁）。これは、負担部分がゼロという点で両者はまったく同じであるところ、求償者にのみ負担をさせるのは不公平であるという理由によるものと思われる。これに対し、求償者が負担部分を有する連帯債務者であったときは、このような理由があてはまらないので、求償者は、負担部分を負わない他の連帯債務者に負担の分担を求めることはできないと解される。新法444条2項は、これらの扱いについての明文規定である。

＜具体例＞

　A・B・Cが連帯債務として30万円の債務を負っていた。負担部分は10万円ずつであった。Aが全額を弁済した。Bが無資力のとき、Cは、5万円分追加して15万円の償還義務を負う。

　A・B・Cが連帯債務として30万円の債務を負っていた。負担部分はBが30万円、A・Cはゼロであった。Aが全額を弁済した。Bが無資力のとき、Cは、15万円の償還義務を負う。

　A・B・Cが連帯債務として30万円の債務を負っていた。負担部分はBが15万円、Aは15万円、Cはゼロであった。Aが全額を弁済した。Bが無

資力のときでも、Cは、償還義務を負わない。

上述のように、連帯債務者の一人が弁済をし求償権を得る場合において、求償を受ける連帯債務者に無資力者が存しこの者に求償ができないときは、それによって求償ができなくなった部分は、求償者と求償を受ける他の連帯債務者で資力のある者の間で、各自の負担部分に応じて分割して負担する（新法444条1項）。旧法445条は、この場合において、求償を受ける他の連帯債務者に関して、次のような定めを置いていた。すなわち、求償を受ける他の連帯債務者の一人が、債権者から「連帯の免除」（当該連帯債務者の債務の額を、その負担部分に限定し、それ以上は請求しないという意思表示）を受けていた場合は、当該連帯の免除を受けた連帯債務者が負担するべき部分は、債権者が負担する、というものである。これは、連帯の免除を受けた連帯債務者が、免除を受けた後に残った債務の額を超えて負担をさせられないようにするための仕組みであった。しかしながら、連帯の免除をする債権者は、連帯債務者の内部的な負担まで引き受ける意思はないと考えられるので、旧法445条の仕組みは廃止された。改正後は、連帯の免除を受けた連帯債務者であっても、新法444条1項に基づいて、求償者に対し、追加の負担分も含めて償還義務を負うこととなる。

＜具体例＞

A・B・Cが連帯債務として30万円の債務を負っていた。負担部分は10万円ずつであった。Cが連帯の免除を受けた。これにより、債権者は、Cには、10万円の範囲でしか請求ができなくなる。Aが全額を弁済した。Bが無資力のとき、Cは、連帯の免除を受けていたにもかかわらず、5万円分追加して15万円の償還義務を負う。

(4) その他の関連事項

連帯債務者の一人に、更改・混同による債務消滅が生じたときには、他の連帯債務者にも債務消滅の効果が及ぶ（新法438条、440条）。すなわち、絶対的効力が認められているのであり、これについては、改正の前後で変更はない。

複数の者がそれぞれ全額の損害賠償義務を負う場合、たとえば、複数名が共同不法行為を行い、各自が損害の全額について連帯して賠償義務を負う場合（719条）などについて、判例は、「不真正連帯債務」の関係が存するとして、いくつかの債務消滅事由について絶対的効力を排除するなど、連帯債務の規定

の適用を否定する解釈をとっている（最判昭和57年3月4日判時1042号87頁）。改正によって、連帯債務に関する規定においても、請求・時効・免除については相対的効力しか生じない扱いとなったので、これらの事由については、不真正連帯債務とされてきた関係に対して連帯債務の規定の適用を排除する解釈は、必要がなくなったことになる。しかしながら、不真正連帯債務の場合は、各賠償義務者は、支払った賠償金がそれぞれの負担部分を超えて初めて、他の賠償義務者に対して求償ができると解されているところ（最判昭和63年7月1日民集42巻6号451頁）、これは、連帯債務に関する新法442条1項とは異なる扱いである。また、上記のように、連帯債務の関係において更改・混同が生じたときは、引き続き、絶対的効力が生じることとされた。これらの点で、不真正連帯債務とされてきた関係と、連帯債務の規定が適用される関係とでは、なお扱いが異なる点が残ると考えられ、したがって、不真正連帯債務の解釈論は今後も続けられよう。

3 連帯債権・不可分債権

(1) 区　別

　同一の債権に債権者が複数ある場合の扱いについては、改正の前後を通じ、分割の原則がとられる（新法427条）。しかし、改正以前から、債務者に対し、同一の可分給付についての債権であって、各債権者はそれぞれ独立して全部の給付を請求する権利を有し、そのうちの一人の債権者がその給付を受領すればすべての債権者の債権が消滅する関係もあるとされ、法律規定上の概念ではないにもかかわらず、その関係を「連帯債権」と呼ぶ解釈論が存した。そのような関係は、復代理人に対する本人および代理人の権利、転借人に対する賃貸人および転貸人の権利について生じると考えられる。このような概念としての有用性が認められ、新法において連帯債権に関する規定が第3款として新設された（新法432条以下）。

　改正以前から、債権の内容が性質上不可分である場合において債権者が複数存する場合は、不可分債権として規定がされていた。ところが、旧法428条は、債権の内容が性質上可分である場合でも、当事者の意思表示（契約）によって不可分債権を成立させることもできると定められていた。そうすると、債権の

内容が性質上可分である場合で債権者が複数存するとき、連帯債権と捉えるか不可分債権と捉えるかの問題を生じることになる。そこで、改正において、両者の基準を、債権の内容が可分であるかに求めることとされた。すなわち、同一の債権に債権者が複数存する場合の扱いについては、債権の内容が性質上可分である場合において、法令または契約上の定めがあるときは、連帯債権が成立するとされ（新法432条）、債権の内容が性質上不可分である場合には、不可分債権が成立することとされた（新法428条）。この基準は、同一の債権に債務者が複数存する場合の扱いにおける、連帯債務・不可分債務の区別基準と統一をとるものである。

(2) 連帯債権の規定

連帯債権の関係において、一人の債権者について生じたことは、他の債権者に影響を及ぼさない（相対的効力）のが原則である（新法435条の2）が、次の例外がある。

まず、債務者が一人の債権者に対して反対債権を有する場合の相殺（新法434条）、債務者と一人の債権者との間の混同（新法435条）は、他の連帯債権者の債権消滅をもたらす。これらの場合、一人の債権者への全額弁済と同様に、他の連帯債権者は、相殺・混同の事由の生じた債権者に対して、分与金を請求できることとなる。

次に、一人の債権者と債務者の間で更改・免除による債務消滅があったときは、その債権者が得ていたはずである分与金の範囲で、他の連帯債権者は、債務者に対する権利を失う（新法433条）。これは、一人の債権者との関係で更改・免除による債務消滅があったということは、その債権者は、当該債権関係において分与金を受領する権利を失ったということであり、債権者の一人が分与金の権利を失ったということは、請求しうる額が、当初請求しえた債権額からその失われた分与金を控除した額となるという帰結をもたらすと考えられるからである。

(3) 不可分債権の規定

不可分債権には、一部を除き、連帯債権の規定が準用される（新法428条）。更改・免除については、先に述べた控除の考えをとることができないので、連

帯債権とは異なった調整がされる（新法429条）。

4 保証債務（根保証・個人保証の特則を除く）

(1) 改正の要点

保証人の地位について、付従性に関する規定が拡充され、主債務者が履行を拒絶することができる権利を有する場合について、保証人の抗弁が明記され、また保証人の履行拒絶権が創設された。保証人の求償権については、主債務弁済期前の保証人による弁済について規定が新設され、事前・事後の通知の規定が精緻になった。

(2) 保証人の地位

ア　付従性

保証債務には付従性がある。新法448条は、いわゆる内容における付従性を定める。保証債務は、主債務よりも、内容・態様において重いものであってはならない（1項）。この付従性の趣旨に鑑みれば、保証契約締結後、主債務の内容・態様が加重されても、保証債務には影響がないものと解される。2項は、改正を機に、この一般的な解釈を明文化するものである。

イ　主債務者が有する抗弁

保証債務は主債務とは別個の債務である。しかし、保証債務の付従性に鑑みれば、主債務者が、債務の発生原因たる契約の無効、取消権・解除権行使など、債務の履行を拒むことのできる抗弁を有しているときは、保証債務の履行を求めることは封じなければならない。主債務者に請求すれば履行拒絶を受けるのに、保証人には請求できるとしたら、主債務を担保するために保証債務が存在するという性質に反することになる。そこで、主債務者が履行を拒むことのできる抗弁を有するときは、保証人も、その抗弁を債権者に主張することができなければならない（最判昭和40年9月21日民集19巻6号1542頁）。新法457条2項は、改正を機に、この一般的な解釈を明文化するものである。この抗弁に属するものには、契約の無効・取消し・解除による債権の不成立・消滅、弁済・相殺による債権の消滅、同時履行の抗弁権に基づく履行拒絶の主張を挙げうる。

主債務者が、自ら有する相殺権・取消権・解除権を行使し、債権が不成立と

なりまたは消滅した後は、保証人もこれらを主張して保証債務の履行を拒めること（新法457条2項）は、上述した。このことと区別しなければならないのは、主債務者がこれらの権利を行使するか否かを決しない間に、債権者が保証債務の支払請求をしてきたとき、保証人がこれを拒めるかという問題である。主債務者がこれらの権利を行使しないかぎり主債務は存続しているので、保証人は付従性による保証債務の消滅を主張することはできず、したがって、債権者は保証債務の履行請求ができるようにも思われる。しかしながら、主債務者の権利行使があれば保証債務も消滅するところ、後に消滅する可能性のある保証債務を保証人に履行させるのは、適当でないと考えられる。この問題のうち、旧法457条2項は相殺についてのみ規定を置いていた。しかし、この規定は二つの問題があった。一つは、利益状況の類似する取消権・解除権が存する場合の扱いについて、規定がなく解釈に委ねられていたことである（旧法下の判例〔大判昭和20年5月21日民集24巻9頁〕は、保証人は、主たる債務者が有する取消権を行使できないと解していた）。もう一つは、旧法457条2項は、保証人に相殺権行使を認める解釈を可能にしていたところ、本来相殺権を有している主債務者の意思に関係なく、保証人に、債権の消滅という処分的効果を伴う強い権利（相殺権）の行使を許すのは適当ではないということである。

　この問題に対処するために、保証人に一種の履行拒絶権が与えられた。すなわち、新法457条3項に基づき、主債務者が債権者に対して相殺権・取消権・解除権を有するときは、保証人は、これを理由に保証債務の履行を拒絶できる。これにより、一方で、保証人は、後に消滅するかもしれない保証債務の履行を強いられるリスクを負わされず、他方で、主債務者も、これらの権利の行使を自ら決めるという自由を害されない。

　＜具体例＞
　　AがCから物を購入し、Aの代金債務について、Bが連帯保証債務を負っていた。Aの代金債務には同時履行の抗弁権が存していた。CがBに保証債務の履行を求めてきたとき、Bは、Aの債務には同時履行の抗弁権が付着していることを理由として、保証債務の履行を拒むことができる（新法457条2項）。
　　AがCから物を購入し、Aの代金債務について、Bが連帯保証債務を負っていた。Aは代金支払いの提供をしたが、Cは物の引渡しを拒み債務不履行

状態となったため、Aが解除権を得た。CがBに保証債務の履行を求めてきたとき、Bは、Aに解除権が存することを理由に、Aが解除権行使をしていない段階でも、保証債務の履行を拒むことができる（新法457条3項）。

(3) 保証人の求償権

ア 主債務弁済期前における保証人による債務消滅行為

保証人が弁済など自己の財産によって債務を消滅させた（以下、弁済による債務消滅に即して記述をする）とき、保証人は、主債務者に対する求償権を得る（新法459条、462条）。この基本は、改正の前後で変わらない。

旧法は、保証人の債務消滅行為が、主債務の弁済期よりも前に行われたときの求償について規定は存しなかった。そこで、保証人が主債務の弁済期よりも前に保証債務を弁済したとき、主債務者が不利益を被るおそれが指摘されていた。すなわち、この場合において求償を直ちに認めるとすると、主債務者は、主債務の弁済期よりも早い段階で償還を強いられ、また、委託を受けた保証の場合は保証人による弁済の時を起点として法定利息・損害賠償義務を負わされてしまい、さらには、主債務者が反対債権を有しており主債務との相殺が可能であった場合であっても、これを保証人に対抗できず償還を強いられることになる[3]。しかしながら、主債務の弁済期よりも前に保証債務を弁済することは、保証人がその義務でもないのに行う行為であり、それによって主債務者が不利益を受けるのは、妥当ではない。そこで、判例も、主債務の弁済期前の保証人による債務消滅行為の場合、保証人の求償権行使は、主債務の弁済期到来を待たなければならないと解している（大判大正3年6月15日民録20輯476頁）が、その他の主債務者の不利益について配慮する規定ないし判例は存しなかった。

改正によって新設された459条の2は、主債務者のこのような利益に考慮したものである。すなわち、同条1項により、主債務の弁済期前の保証人による弁済における求償権の範囲は、主債務者が弁済の時点で利益を受けた限度に限られる。また保証人の弁済時点で主債務者が反対債権を有していたときは、相殺によって主債務が消滅していたはずの範囲で求償を拒むことができる。委託を受けた保証人の場合においては、求償権に法定利息請求・損害賠償請求が伴

---

[3] この場合、主債務者は、求償には応じさせられるのに、反対債権を相殺によって実現することができなくなり、反対債権の回収リスクを負わされることとなる。

うところ、同条2項は、これらの起算点を主債務の弁済期とした。同条3項は、保証人の求償権行使は、主債務の弁済期到来を待たなければならないとする判例解釈の明文化である[4]。

イ 求償の要件（事前の通知・事後の通知）

保証人が保証債務を弁済によって消滅するときは、事前（新法463条1項）および事後（同条3項）の通知義務を負い、これを怠ると求償ができなくなることがある。これは、連帯債務における事前・事後の通知と同じ趣旨の仕組みである。

この仕組みについて改正による実質的変更はないが、適用範囲が精緻化された[5]。主債務者が委託を受けた保証人に事後の通知義務を負うことも、改正の前後で変わっていない（同条2項）。

ウ 事前求償権の発生事由

委託を受けた保証人には、一定の事由の存するとき、事前求償権が生じること（新法460条）も、改正による変更はない。旧法460条3号は、「債務の弁済期が不確定で、かつ、その最長期をも確定することができない場合において、保証契約の後10年を経過したとき。」をその事由として挙げていたが、そのような場合は元本額も確定せず事前求償の額も不明確であるから事前求償になじまないとされ、この事由は削除された。

エ 連帯保証

連帯保証人について生じた事由が主債務に影響を及ぼすかについては、連帯債務の規定の大部分が準用される（新法458条）。

旧法458条は、請求の絶対的効力を定めていた旧法434条をも準用していたので、連帯保証人に対する請求の効力は、主債務者にも及んでいた。これは、債権者にとって、消滅時効の中断をより容易にする意義をもっていた。しかしながら、上述したように、連帯債務において請求には相対的効力しか認めない（新法441条）ことと改められたため、改正後は、連帯保証人に対する裁判上の

---

4) 459条の2第3項は、委託を受けない保証人からの求償にも準用される（新法462条3項）。
5) すなわち、事前の通知義務の趣旨は主債務者の抗弁の機会の確保にあるところ、委託を受けない保証人からの求償については、求償の範囲を定める462条1項（新旧法において内容に変更なし）において、もともとその確保がなされている。そこで、事前の通知義務の適用対象は、委託を受けた保証に限られている（新法463条1項）。また、事後の通知義務の趣旨は主債務者が誤って二重に弁済することを防止するためのものであるが、主債務者の意思に反する保証における保証人にはその保護は必要がないと考えられる。そこで、主債務者の意思に反する保証の場合、事後の通知の有無にかかわらず、主債務者の弁済が優先する（同条3項）。

請求を行っても、主債務の消滅時効の更新をもたらさないこととなる。

5 根保証

(1) 改正の要点

根保証契約については、平成16（2004）年に、主債務の範囲に金銭の貸渡しまたは手形の割引を受けることによって負担する債務（貸金等債務）が含まれる場合において、個人が保証人となる場合（個人貸金等根保証契約）について、保証人の保護のために、極度額の必要的要求、元本確定の期日・事由に関する規定が、旧法465条の2以降に新設された。この時は、継続的な保証のなかでも、個人貸金等根保証契約のみが適用対象とされたが、それ以外の、継続的な商品売買に係る代金債権や不動産賃貸借に係る賃借人の債務を主債務とする根保証契約についても、保証人の保護の必要性は変わらないため、制度の適用対象とするべきことが検討課題となっていた。

今般の改正によって、465条の2以下の制度のうち、極度額および元本確定事由の一部に関する規定の適用対象は、根保証契約の一般へと拡大された。これに対し、元本確定期日の規定である465条の3の適用は、今般改正前と同様に、個人貸金等根保証契約に限られている。これは、賃貸借契約が継続しているのに、期日到来によって根保証契約のみが終了するのは妥当でないことなどが考慮されたからである[6]。

(2) 極度額

新法465条の2は、一定の範囲に属する不特定の債務を主債務とする保証契約であって保証人が法人でないもの（個人根保証契約）について、契約において極度額を定めることを求め、保証人の責任は、その極度額を限度とすることを定める。極度額の定めがない場合は、個人根保証契約は無効である。

この制度は、旧法では個人貸金等根保証契約に適用が限られていたが、現在は、個人根保証契約の一般を射程とする。とくに、不動産賃貸借に係る賃借人

---

[6] このほか、保証人が法人である場合において、保証人の主債務者に対する求償権について、個人が保証債務を負う場合に関する規制である465条の5については、内容は維持したまま、表現の平易化が図られた。

の債務を主債務とする個人根保証契約も適用対象となることが大きな変更点である。したがって、実務的に、賃料について個人根保証契約を利用する場合、極度額を定める対応が不可欠となる。

(3) 元本確定事由

根保証は、主債務の増減に応じて保証債務の額も変動する仕組みである。担保される主債務の元本が確定するということは、その時以降、主債務が増加したとしても、保証債務の額は固定されたまま増えないということである。したがって、元本確定事由の充実は、根保証人の過大な負担を防止することにつながりうる。

新法465条の4第1項によれば、債権者が保証人の財産について強制執行または担保権実行の申立てをしたとき、保証人が破産手続開始決定を受けたとき、主債務者または保証人が死亡したとき、元本は確定する。この元本確定事由は、今般改正により、個人根保証契約の一般へと適用対象が拡大された。

同条2項は、債権者が主債務者の財産について強制執行または担保権実行の申立てをしたとき、主債務が破産手続開始決定を受けたときを元本確定事由として定める。ただし、同項の適用は、依然として個人貸金等根保証契約に限られている。これは、主債務者を賃借人とする根保証契約を念頭に置き、主債務者である賃借人が賃料不払等の債務不履行をしまたは破産手続開始決定を受けても、債権者である賃貸人にとって、賃貸借契約の即時解除等の方法で、それ以降に賃料債務等の賃借人の債務が増加しないような手立てを直ちに講じることは困難であって、そのような場合の債権者が同項所定の事由後に生じた債務についても保証債務の履行を求めたとしても、衡平に反するとは言い難いことなどが考慮されたことによる。

6 個人保証人保護

(1) 改正の要点

長らく、保証契約は、個人的情義から無償で行われることが通例であり（情義性）、また保証契約の際は現実に保証債務の履行を求められることが確定しているわけではない（未必性）ので、保証人が自己の責任を十分に認識しない

まま安易に保証契約に応じ、後に必ずしも想定していなかった多額の保証債務の履行を求められ、生活の破綻に追い込まれる事例があとを絶たないとの問題が指摘されてきた。このような過酷な問題が最も深刻に生じているのは主債務者が事業のために資金を借り入れた場合であり、そのような借入れに当たって、経営に関与しない第三者に保証債務の負担を求めることの問題性は広く認識されるに至っている。

この問題に対処するために、今般改正において、重要な制度の新設が行われた。すなわち、事業のために負担した貸金等債務に係る保証契約で、経営者等所定の者（新法465条の9）以外の個人を保証人とするものは、所定の方式によって保証人の保証意思を確認する公正証書を作成していなければ、無効とされる（新法465条の6。以下、同条に基づいて個人保証契約が無効となる旨の規制を「個人保証の制限」という）。また、事業に係る債務についての保証契約であってもこれを有効に締結できる場合もあるが、その場合においても、保証人が適切な情報に基づく自律的な判断ができるよう、主債務者に、財産・収支状況等主債務者が返済できるかどうかに関する情報を、保証人に対して提供する義務を課した（新法465条の10）。

さらには、保証人は主債務者の履行状況について当然には知りうる立場にはなく、そのため保証人が把握しないうちに主債務者が債務不履行に陥り、それが長期にわたった後に多額の遅延損害金も含めて請求を受けるという問題も指摘されていたので、債権者に対して、主債務者の履行状況・期限利益喪失に関する情報提供義務が課されることとなった（新法458条の2、458条の3）。

(2) 事業のために負担した貸金等債務に係る保証契約の効力（個人保証の制限）

新法465条の6に基づき、個人保証契約は、事業のために負担した貸金等債務を主債務とする保証契約または主債務の範囲に事業のために負担する貸金等債務を含む根保証契約であるとき、同条2項が定める方式に則った公正証書作成を通じた保証債務履行意思の表示がないかぎり、無効である。ただし、保証人が新法465条の9が定める者に該当するときは、個人保証の制限は適用されない。

ア　事業のために負担した貸金等債務

「事業」とは、一定の目的をもってされる同種の行為の反復的継続的遂行を意味し、営利という要素は必要ではない。主債務が事業のために負担されたものでなければならないから、たとえば、奨学金の返済義務に対する親の保証や居住用建物賃貸借における賃借人の債務に対する親族の保証には、個人保証の制限は適用されない。これらの保証の有用性は否定しがたいうえ、現時点で無効という重大な効果によって規制する現実の必要性が生じている類型は、事業資金の借入れに伴う保証以外は抽出できない、という判断による。

「貸金等債務」は、新法465条の3に規定されているとおり、「金銭の貸渡し又は手形の割引を受けることによって負担する債務」を指す。したがって、事業のために負担したものであっても、主債務が賃貸借における賃料や売買における代金の債務である場合は、個人保証の制限は適用されない。

根保証契約の場合は、「主たる債務の範囲に事業のために負担する貸金等債務が含まれる」ものが個人保証の制限の適用対象となる。使用目的が特定されていないキャッシングカードを用いた貸金債務の根保証など、主債務の融資の目的が特定されていない場合の根保証も、その債務が事業のために負担される可能性が排除されていない以上、個人保証の制限の適用対象となると解される。

イ　公正証書作成を通じた保証債務履行意思の表示

個人保証の制限の根拠が、上記のように、保証契約がもつ情義性・未必性から、類型的に、保証人となろうとする者がそのリスクを合理的に判断することなく安易に契約に応じるおそれがある点にあることに鑑みれば、保証人となろうとする者が、自発的に保証の申し出を行い、厳格な手続によってその保証債務履行意思を確認することができるのであれば、例外的に、個人保証を許容することもできよう。そこで、新法465条の6は、所定の方式に則り、保証人の保証債務を履行する意思を確認する公正証書の作成があったときは、個人保証の効力を認めることとした。

個人保証の制限を受けないための公正証書は、保証契約締結の日前1か月以内に作成されたものでなければならない（新法465条の6第1項）。また、この公正証書は、保証債務を履行する意思を表示するものであって、保証契約自体の締結に公正証書の作成が求められているのではない。保証契約自体の締結に公正証書の作成を求めると、それを債務名義として強制執行を申し立てること

も可能になり、かえって個人保証人保護の目的に反しかねないという問題がある。この点に鑑みれば、公正証書作成を通じた保証債務履行意思の表示と、保証契約自体についての公正証書作成とは厳密に区別するべきであり、同一の公正証書に両者の機能をもたせることはできないと解するべきであろう[7]。

個人保証の制限を受けないための公正証書作成において従うべき方式は、新法465条の6第2項に詳細に規定されている。同項では、保証人が公証人に口授するべき項目（債権者・主債務者・元本、利息等の保証の対象を特定する要素および保証債務履行意思）、公証人による口述の筆記、読み聞かせまたは閲覧提供、保証人になろうとする者の承認・署名押印、公証人の署名押印が規定されている[8]。同項が詳細であるのは、保証債務履行意思を確認するためには、保証人となろうとする者において、保証しようとする債務の具体的内容を明らかにするとともに、その具体的な債務について履行する意思を有していることを明らかにする必要があるという考えによるものである。

実務においては、貸金等債務について個人保証を求める場合、次の適用除外例に当たらないかぎり、このような公正証書作成を通じた保証債務履行意思の表示を確保することが必要になり、事務負担が増えることは避けられないであろう。そのため、適用除外例に該当するかどうかの確認が重要になると考えられる。

ウ　適用除外

個人保証の制限の根拠は、保証契約がもつ情義性・未必性から、類型的に、保証人となろうとする者がそのリスクを合理的に判断することなく安易に契約に応じるおそれがある点にあるが、会社の債務を主債務として経営者が保証債務を負う場合など、事業資金の借入れについて、主債務者の経営に関与している者の保証については、情義に基づく保証とはいえず、また、経営状態についても十分知りうる立場にあるので、未必性の問題も大きいとはいえない。それに加え、中小企業の多くは家計と経営が未分離であり財務諸表の信頼性も必ずしも十分でないとの指摘があり、そのような中小企業への融資においては、企

---

[7]　判例は、定期建物賃貸借であることについて建物賃借人が明確な理解を得られるよう、その点についての説明および書面交付を求めている借地借家法38条2項について、その趣旨に鑑み、その書面は、賃貸借契約書とは別個独立の書面でなければならないと解している（最判平成24年9月13日民集66巻9号3263頁）。公正証書作成を通じた保証債務履行意思の表示についても同様に解されよう。

[8]　なお、保証人になろうとする者が口がきけない者または耳が聞こえない者であるときの公正証書作成方式は、新法465条の7が定める。

業の信用補完や規律づけの観点から経営者の個人保証の必要性は否定できないところである。そこで、新法465条の9は、主債務者の経営に実質的に関与する者を挙げて、これに該当する者のする保証については、個人保証の制限の適用から除外することとした。

　同条1号は、主債務者が法人である場合の理事・取締役等を挙げる。理事・取締役等は、法人の代表者・業務執行権者として、法人と密接な関係にあり法人の経営状況についても知悉しうる立場であるので、個人保証の制限は適用されない。業務執行権を有しない取締役（取締役会設置会社における業務執行取締役でない取締役、委員会設置会社における取締役）についても、業務執行の決定をする権限のある取締役会の一員として会社の重要な意思決定に関与することができるので、同号に基づき、個人保証の制限は適用されない。同号の「これらに準ずる者」は、この趣旨を明らかにするものである。

　同条2号は、主債務者が法人である場合の、総株主の議決権の過半数を有する者またはそれと同等に当該法人の経営を実質的に支配する地位にある者を挙げている。その地位に鑑み、これらの者も、理事・取締役等と同様の理由から個人保証の制限から除外される。

　同条3号前段は、主債務者が法人でない場合の共同事業者を、個人保証の制限から除外している。「共同して事業を行う」とは、当該の者が、業務執行権限・業務執行監督権等業務の遂行に関与する権利を有し、その事業に利害関係を有していることを指すと解される。

　同条3号後段は、主債務者が法人でない場合の、主債務者の配偶者を個人保証の制限から除外している。これは、主債務者が個人事業主であるときは、経営と家計が未分離であることが一般であり、配偶者は主債務者を通じて事業の状態を知ることができるとの考えに基づくものである。その趣旨に照らして、「主たる債務者が行う事業に現に従事している」ことも満たされなければ、個人保証の制限から除外されない。

　事業体である主債務者の経営に関与しうる者としては、上記のほかにも、先代の経営者として強い影響力を有している者も考えうる。同条の審議過程では、そのような者を想定して「業務を執行する権利を有する者と同等以上の支配力を有すると認められる者」を個人保証の制限の適用除外として定めることも検討されたが、その内容が不明確であるとして見送られた。また、いわゆる

後継人についても、同様に適用除外とすることが検討されたが、これも適切な適用除外要件の定式化が困難であるとして見送られた。以上の審議過程をふまえれば、先代の経営者や後継人は、同条の適用除外例には該当しないと解される。したがって、実務的な対応としては、先代の経営者や後継人に事業体の債務について保証債務の負担を求めるときは、上記の「公正証書作成を通じた保証債務履行意思の表示」を確保することが必要となろう。

(3) 契約締結時の情報提供義務

上記の個人保証の制限の導入を前提としても、事業に係る債務のための個人保証契約を有効に締結できる場合がある。第1に、賃貸借における賃料に関する保証等「貸金等債務」を主債務としない場合である。第2に、保証人が適用除外例に該当する場合（新法465条の9）である。第3に、事業のために負担した貸金等債務が主債務であり適用除外に当たらない場合であっても、公正証書作成を通じた適式の保証債務履行意思確認がされている場合である。

そのような場合でも、保証人となろうとする者が、主債務者から、たとえば「絶対に迷惑はかけない」「名前だけ貸してほしい」という強い要請を受け、実際は保証債務の履行を求められることはないだろうと考えて保証人になったところ、その請求を受ける事態がありうる。保証契約の情義性・未必性に鑑みると、主債務者の言動を信じて現実に保証債務の履行を求められることはないと保証人が考えるのも無理はないことも多い。そこで、新法465条の10は、主債務者の財産状況等主債務者が返済することができるかどうかに関する情報を保証人に提供する義務を定めた。

同条の情報提供義務の適用対象は、個人保証契約であって、事業のために負担する等債務を主債務とするもの（または主債務の範囲に事業のために負担する債務を含む根保証契約）である。「貸金等債務」を主債務とするものに限られないので、主債務が賃貸借における賃料や売買における代金の債務である場合でも、適用対象となる。その反面、事業のために負担する主債務の場合に限られるのは、個人保証の制限と同じである。さらに、同条の適用は、主債務者からの委託を受けた保証に限られる。個人的情義から断りきれずに保証に応じてしまうという事態は、委託を受けない保証では想定しえないからである。

上記適用対象に該当するときは、新法465条の10の情報提供義務が生じる。

この義務は、主債務者が負う。債権者がつねに主債務者の財産状況等について十分な情報を有しているとは必ずしもいえないため、主債務者自身に情報提供義務が課せられることとなった。提供するべき情報は、同条1項に定められており、財産・収支の状況だけでなく、他の債務の有無・額・履行状況、主債務の他の担保の有無・内容に及ぶ。

　新法465条の10第2項が、この情報提供義務に違反があったときの効果として、保証人が保証契約の取消権を取得することを定める。同条は、主債務者の情報提供義務違反があった場合に、保証人と債権者の間の保証契約について取消権が生じることを定めるので、債権者としては、主債務者の情報提供の適正性についてどのような手段で確認するか、実務的な課題となる。

　もっとも、同条に基づく取消権が生じるためには、主債務者の情報提供義務違反のほか、次の2つの要件が充足されなければならない。1つは、情報提供義務違反と保証契約の締結の間の因果関係である。これは、現実には保証人の意思決定に大きい影響を与えたわけではない些細な誤認を理由とする取消しを認めるのは妥当でないとの理由による。同条2項の「それによって」という文言は、このことを明記するものである。もう1つの要件は、情報提供義務違反について、債権者が「知り又は知ることができたとき」であることである。この要件は、情報提供義務を負うのは主債務者であるのに、その義務違反によって影響を受けうる保証契約の当事者は債権者と保証人であることをふまえ、債権者が関知する余地がまったくないままに保証契約の効力が奪われうるのは適当ではないという考えに基づく。

(4) 主債務者の履行状況に関する情報提供義務

　保証人は、主債務者の履行状況について、必ずしも知りうる立場にはないため、保証人の知らないうちに主債務が債務不履行に陥っており、保証人が請求を受ける時点では遅延損害金が累積し多額の履行を求められる問題があると、従来から指摘されてきた。また、そのような事態に備えて保証人が債権者に照会をしても、金融機関としての債権者は守秘義務を負うことも考え合わせると、債権者側からみても、保証人の照会に回答することが許されるかについて難しい判断に迫られるという問題が存し、準拠するべき一律の規律が望まれていた。このような背景から、今般改正において主債務者の履行状況に関する2

種類の情報提供義務が定められた。なお、この情報提供義務の適用対象は、事業に係る債務のための個人保証契約に限られない。これは、この情報提供義務は、個人保証の制限や契約締結時の情報提供義務とは異なり、保証契約の情義性・未必性を制度の根拠とするものではないからである。

新法458条の2は、主債務・利息等についての不履行の有無・残額について、保証人に対して債権者が情報提供義務を負うことを定める。この義務の要件は、第1に、保証人からの請求があることである。第2に、委託を受けた保証であることである。債権者に守秘義務があることに鑑みると、委託を受けない保証人に主債務者の信用にかかわる情報を求める権利を与えるのは妥当ではない。この情報提供義務に違反があったときの効果については規定がなく、解釈に委ねられている。なお、同条の情報提供義務は、保証人が法人であるときも生じる。

新法458条の3は、主債務に期限の利益の喪失があったときに、債権者が、その旨を保証人に通知する情報提供義務を定める。この義務の要件は、主債務者に期限の利益喪失が生じたこと、当該保証が個人保証であることである。この要件が満たされると、債権者は、2か月以内に、主債務の期限の利益喪失を通知する義務を負う。この義務違反に対する効果は、債権者は、主債務の期限利益喪失の時から、(2か月経過以降に行われた)通知の時までに生じた遅延損害金を、保証人に請求することができない、というものである(同条2項)。この情報提供義務違反を怠った債権者でも、主債務者には、遅延損害金の発生も含めて期限の利益喪失の効果を主張できる。また、保証人との関係でも主債務の期限の利益は失われるので、保証人も、主債務の期限未到来を理由として元本の支払請求を拒むことができない。ただし、上記の趣旨(保証人が請求を受ける時点までに遅延損害金が累積し多額の履行を求められることの防止)に基づき、保証人に対しては所定の期間の遅延損害金を請求することができないという効果のみを定め、その限りで保証人を保護しようとするものである。

II　多数当事者間の債権関係に関する要件事実

1　不可分債権および不可分債務

(1)　不可分債権者による請求

ア　訴訟物

　新法428条は不可分債権について規定する。旧法とは異なり、当事者の意思表示による場合を除外し、債権の目的が性質上不可分である場合に限って不可分債権であるとする。各不可分債権者は、すべての不可分債権者のために当該債権の全部の履行を請求することができ、債務者はすべての債権者のために履行をすることができる（履行の請求および履行の絶対効）。

　性質上の不可分債権として、買主が複数である場合の売買契約に基づく目的物引渡請求権、貸主が複数の場合の賃貸借終了に基づく目的物返還請求権（最判昭和42年8月25日民集21巻7号1740頁）、土地共有者の所有権（共有権）に基づく建物収去土地明渡請求権（最判昭和36年3月2日民集15巻3号337頁）等がある。

イ　請求原因

　請求原因において、債権の発生原因事実を主張立証し、それにより、通常、不可分債権（性質上不可分）であることが基礎づけられる。

ウ　抗　弁

　1人の不可分債権者に対する履行は、絶対的効力を有するから、債務者は、1人の不可分債権者に対して履行したことを抗弁として主張することができる。また、相殺についても絶対的効力を有する（新法428条、434条）。その他の事由は相対的効力を有するにとどまる（新法429条、428条〔新法433条、435条を除いた連帯債権の規定の準用をしている〕）。

(2)　不可分債務者に対する請求

ア　訴訟物

　新法430条は、不可分債務について規定する。旧法とは異なり、当事者の意思表示による場合を除外し、債務の目的がその性質上不可分である場合に限っ

て不可分債務であるとする。債権者は、不可分債務者の一人に対し、全部または一部の履行の請求をすることができる。

性質上の不可分債務として、売買契約の売主の共同相続人らが負う目的物引渡債務（大判大正12年2月23日民集2巻127頁）、共同賃借人が負う賃料債務（大判大正11年11月24日民集1巻670頁）等がある。

イ 請求原因

請求原因において、債務の発生原因事実を主張立証し、それにより、通常、不可分債務（性質上不可分）であることが基礎づけられる。

(3) 抗 弁

1人の不可分債務者がした履行は、絶対的効力を有するから、債務者は、債権者に対して履行したことを抗弁として主張することができる。不可分債務においては、履行の請求、免除、混同、時効の完成は相対的効力であり（新法430条、441条）、履行、更改、相殺（新法430条、438条、439条）は絶対的効力を有する。

なお、相殺の抗弁については後記「**3** 連帯債務」を参照のこと。

2 連帯債権者による請求

(1) 訴訟物

新法432条は、連帯債権について規定する。同条は、可分債権について、法令の規定または当事者の意思表示によって数人が連帯して債権を有する場合を連帯債権とし、各債権者はすべての債権者のために全部または一部の履行を請求することができ、債務者は、すべての債権者のために各債権者に対して履行をすることができると規定する。

たとえば、X、Aが連帯してYに対して1000万円を貸し付けたような場合、可分債権である貸金債権について、連帯の特約が付されたことになり、同債権は連帯債権となる。ただし、連帯の特約が付されても、通常の債権と異なるところはなく、上記の例での訴訟物は、消費貸借契約に基づく貸金返還請求権である。

(2) 請求原因

上記のように、連帯特約を付しても訴訟物自体は通常の債権の場合と異なるところはなく、その債権の発生原因事実が請求原因事実となる。

(3) 連帯債権者の一人に生じた絶対的効力事由（抗弁）

連帯債権者の一人について生じた事由は、原則として相対的効力しか有しないが（新法435条の2）、例外的に、請求・弁済（新法432条）、更改・免除（新法433条）、相殺（新法434条）、混同（新法435条）は、絶対的効力を有する。

債務者は、連帯債権者の一人に対して生じた絶対的効力事由を抗弁として主張することができる。

3 連帯債務

(1) 連帯債務者に対する請求

ア 訴訟物

新法436条は、連帯債務について規定する。同条は、債務の目的が可分である場合、法令の規定または当事者の意思表示によって数人が連帯して債務を負う場合を連帯債務とし、債権者は連帯債務者の一人に対し、または同時にもしくは順次にすべての連帯債務者に対し、全部または一部の履行を請求することができると規定する。

たとえば、XがAとYに対して連帯して1000万円を貸し付けたような場合、可分債務である貸金債務について、連帯の特約が付されたことになり、同債務は連帯債務となる。ただし、連帯の特約が付されても、通常の債権と異なるところはなく、上記の例での訴訟物は、消費貸借契約に基づく貸金返還請求権である。

イ 請求原因

上記のように、連帯特約を付しても訴訟物自体は通常の債権の場合と異なるところはなく、その債権の発生原因事実が請求原因事実となる。

ウ 他の連帯債務者に生じた絶対的効力事由（抗弁）

ⓐ 相対的効力の原則

連帯債務者の一人に生じた事由は、原則として相対的効力しか有しないが（新法441条）、例外として弁済・更改（新法438条）、相殺（新法439条）、混同（新法440条）が絶対的効力を有する。旧法は絶対的効力を有するとされていた履行の請求・免除（負担部分のみ）、消滅時効の完成（負担部分のみ）は新法の下では相対的効力しか有しないと改められた。

ⓑ 相殺について

新法439条から、(ⅰ)当該連帯債務者による相殺の絶対効（1項）、(ⅱ)他の連帯債務者の一人が債権者に対して有する債権による相殺権に基づく履行拒絶権（2項）の2つの抗弁が考えられる。

(ⅰ) 新法439条1項は、旧法436条1項と同文であり、連帯債務者の一人が債権者に対して反対債権を有する場合に、当該連帯債務者が相殺を援用したときは、絶対的効力を有し、すべての連帯債務者の利益のために債権が消滅する旨規定する。

(ⅱ) 新法439条2項は、債権者に対して反対債権を有しない連帯債務者の一人が、相殺を援用することまでは認めず、債務の履行を拒めるとの抗弁権を認めることとした。この場合の要件事実は、たとえば、XがAとYに対して連帯して1000万円を貸し付けたが、AがXに対する反対債権500万円を有していたような場合、

❶ AのXに対する債権の発生原因事実
❷ AのXに対する負担部分（500万円）の限度で、Xに対する履行を拒絶するとの意思表示

となる。なお、履行拒絶の抗弁は連帯債務者の意思表示によって主張することが必要であると解されるので、❷の意思表示も要件事実となる。

(2) 他の連帯債務者への求償請求

ア 訴訟物

新法442条は、連帯債務について共同の免責を受けた場合の他の連帯債務者に対する求償権について定める。この場合の訴訟物は、連帯債務の共同の免責を得たことに基づく求償権となる。

イ 実体法上の要件および要件事実の内容

新法442条1項によると、求償権発生の実体法上の要件は、

❶　連帯債務の発生原因事実
❷　弁済その他自己の財産をもって共同の免責を得たこと
❸　❷のために支出した財産の額
　　または
❸′　（❷のために支出した財産額が免責を得た額を超える場合は）免責を得た額
❹　❸のうち負担部分に相当する部分の額

であり、これらが要件事実となるものと解される。

　なお、新法442条1項は、連帯債務者の一人の弁済等が、その負担部分を超えるかどうかにかかわらず求償を認めている。

ウ　事前通知義務違反（抗弁）

ⓐ　実体法上の要件および要件事実の内容

　新法443条1項前段は「他の連帯債務者があることを知りながら、連帯債務者の一人が共同の免責を得ることを他の連帯債務者に通知しないで弁済をし、その他自己の財産をもって共同の免責を得た場合において、他の連帯債務者は、債権者に対抗することができる事由を有していたときは、その負担部分について、その事由をもってその免責を得た連帯債務者に対抗することができる。」と規定する。事前通知を怠った連帯債務者の他の連帯債務者に対する求償を制限するものであり、他の連帯債務者は、事前通知を怠った連帯債務者に対し、債権者に対抗することができる事由を抗弁として主張することができる。また、新法443条1項前段によれば、事前通知義務違反の抗弁を主張する場合の実体法上の要件は、

①　連帯債務の発生原因事実
②　連帯債務者の一人が弁済その他自己の財産をもって共同の免責を得たこと
③　②の弁済等をした者が、他の連帯債務者がいることを知りながら、共同の免責を得ることを連帯債務者に対し事前に通知しなかったこと
❹　他の連帯債務者の債権者に対抗することができる事由の発生原因事実

であり、この要件を満たす場合、他の連帯債務者は、債権者に対し対抗できた事由をもって、免責を受けた連帯債務者に対し対抗することができる。

　①および②は、すでに請求原因で主張されているので要件事実とはならない。

　③については、新法443条1項の文言上、「他の連帯債務者があることを知

りながら」、「共同の免責を得ることを他の連帯債務者に通知しないで弁済をし、その他自己の財産をもって共同の免責を得た場合」と規定されていることから、これらがそれぞれ要件事実となるとも考えられるが、❹の対抗できる事由に対し、弁済等をした連帯債務者の善意または事前通知を行ったことが再抗弁に位置づけられ、③は要件事実にはならないと解される。

したがって、この場合の要件事実は、

❹ 他の連帯債務者の債権者に対抗することができる事由の発生原因事実

である。

ⓑ 再抗弁

これに対し、弁済等を行った連帯債務者は、事前通知を行ったことまたは弁済等をした当時、他の連帯債務者の存在を知らなかったことを再抗弁として主張することができる。

4 保証債務

(1) 保証債務履行請求

ア 訴訟物

保証契約に基づき、保証債務の履行の求める場合の訴訟物は、保証契約に基づく保証債務履行請求権である。連帯保証契約は、保証契約に連帯の特約が付されたものにすぎないから、その場合であっても訴訟物は同一である。

イ 請求原因

新法446条は、旧法446条3項で規定されていた電磁的記録の定義を新法151条4項に譲ったのみで、実質的な変更点はない。

保証債務は、その付従性から（新法446条1項）、主たる債務の存在が不可欠である。また、保証契約の締結の事実も必要となり、これは書面または電磁的記録によってなされることを要する（同条2項・3項）。

したがって、保証債務に基づく保証債務履行請求の要件事実は、

❶ 主債務の発生原因事実

❷ 保証契約の締結

❸ ❷が書面または電磁的記録によってなされたこと

である。

ウ 抗弁
ⓐ 主債務についての抗弁
　新法457条2項は、保証人は、主たる債務者が主張できる抗弁をもって債権者に対抗できると規定する。これは、保証債務が主債務に対し付従性を有するため、主債務に付着する抗弁は、保証人も主張することができるという一般的な定めである。たとえば、主債務者が弁済した場合には、弁済による主債務の消滅を主張することができる。
ⓑ 主債務者について生じた事由
（ⅰ）主債務の消滅時効
　保証人は、時効によって直接に利益を受ける者として、主たる債務の消滅時効を援用することができる（大判昭和8年10月13日民集12巻2520頁）。したがって、保証人は、主たる債務の消滅時効を援用し、これを抗弁として主張することができる。
（ⅱ）主債務者の相殺権、取消権または解除権に基づく履行拒絶権
　新法457条3項は、主たる債務者が債権者に対して相殺権、取消権または解除権を有するときは、これらの権利行使によって主たる債務者がその債務を免れる限度において、保証人は、債権者に対して債務の履行を拒絶できると規定する。旧法457条2項とは異なり、主たる債務者の有する相殺権に関し保証人は履行拒絶の抗弁を行使できるにとどめて、また、取消権または解除権を有する場合も同様とする。すなわち、主たる債務者が債権者に対し、相殺権、取消権または解除権を有するときは、保証人は履行拒絶の抗弁を主張することができる。なお、履行拒絶の抗弁は、保証人の意思表示によって主張することが必要であると解される。
　この場合の要件事実は、主債務者の相殺権、取消権または解除権の発生原因事実に加え、債務の履行を拒絶するとの意思表示となる。

(2) 委託を受けた保証人の債務者に対する事後求償権

ア　事後求償権
ⓐ 訴訟物
　事後求償権の発生根拠は、委託のある保証では委任契約（保証委託契約）である。したがって、訴訟物は、委託のある保証の場合は、委任契約（保証委託

契約）に基づく費用償還請求権である。なお、民法は、委任の費用償還請求権の規定とは別に、事後求償権に関する特別の規定を設けているので（新法459条、459条の2等）、委任に関する一般的な規定は適用されない。

ⓑ **実体法上の要件および要件事実の内容**

新法459条は、委託を受けた保証人の事後求償権について規定する。同条1項、446条1項～3項によれば、その実体法上の要件は、

❶ 主債務の発生原因事実
❷ 保証契約の締結
❸ ❷が書面または電磁的記録によってなされたこと
❹ ❸の保証契約について委託があること
❺ 保証債務の履行（「債務の消滅行為」）
❻ ❺の履行に不可避的な費用その他の損害の発生および額〔新法459条2項、442条2項に基づきこれらを請求する場合〕）

であり、これが要件事実となる。

イ 抗 弁

ⓐ **事前通知義務違反**

(i) **実体法上の要件および要件事実**

新法463条1項前段は、旧法463条1項が定めていた保証人の事前通知義務およびその義務違反の効果（主たる債務者が債権者に対して有する抗弁事由の保証人への対抗）を、委託を受けた保証に限って規定している。その実体法上の要件は、

① 主債務の発生原因事実
② 保証契約の締結
③ ②が書面または電磁的記録によってなされたこと
④ ②の保証契約について委託があること
⑤ 保証債務の履行
⑥ 保証人が⑤の履行の前に、主債務者に対する事前通知義務を怠ったこと
❼ 主債務者が債権者に対し対抗できた事由の発生原因事実

である。

①ないし⑤は、保証人の主債務者に対する事後求償権行使の請求原因事実と

して主張されているので、要件事実とはならない。

⑥について、新法463条1項前段が「主たる債務者にあらかじめ通知しないで債務の消滅行為をしたときは」と規定していることから、事前通知義務の懈怠を主債務者が主張立証すべきように考えられるが、❼の主債務者に対し対抗できた事由が抗弁となり、これに対し、保証人が事前通知をしたことを再抗弁として主張するものと考えられる。したがって、事前通知義務違反の抗弁の要件事実は、

　　　　❼　主債務者が債権者に対し対抗できた事由の発生原因事実

である。

(ⅱ)　**事前通知（再抗弁）**

　事前通知義務違反の抗弁に対し、保証人は、事前通知義務を履行したことを再抗弁として主張することができる。

ⓑ　**主債務者の先立つ債務消滅行為**

(ⅰ)　**要件事実**

　保証債務の付従性（新法446条1項）より、主債務者の弁済等によって保証債務は消滅するため、その後になされた保証人の弁済等は効力を有せず、求償権は発生しない。そのため、主債務者による先立つ債務消滅行為は、事後求償権に基づく請求に対する抗弁として機能する。

　この場合の要件事実は、

　　　　❶　主債務者が、債権者に対して債務消滅行為（弁済等）を行ったこと
　　　　❷　❶が、保証人の保証債務の履行に先立つこと

である。

(ⅱ)　**再抗弁：保証人の善意**

　新法463条2項は、委託ある保証の場合に、主たる債務者が債務消滅行為をしたことを保証人に対し通知せず、保証人が善意で債務消滅行為をした場合、保証人は、同債務消滅行為を有効とみなすことができると規定し、主たる債務者の事後通知義務およびその義務違反の効果を定める。保証人が、同条項に基づく主張をする場合の要件事実は、

　　　　❶　保証人が主債務者の債務消滅行為を知らなかったこと
　　　　❷　保証人が主債務者に対し事前通知を行ったこと
　　　（❸　保証人による自己の弁済を有効とみなす旨の意思表示）

である。保証人の善意の主張は、上記主債務者の先立つ債務消滅行為の抗弁に対し、主債務者が事後通知を怠ったことにより、保証人の債務消滅行為を有効とみなして事後求償権に基づく請求を可能とするものであるから、再抗弁に位置づけられる。

❶は条文上要求される要件である。なお、保証人が債務消滅行為を行ったことはすでに請求原因で主張されており、要件事実とはならない。

❷については、新法463条2項は、同条1項を前提とするものであるから、保証人が同条2項の保護を受けるためには、事前通知義務の履行が必要である（最判昭和57年12月17日民集36巻12号2399頁）。

❸については、「みなす」を一種の形成権行使と捉える立場による。

なお、主債務者が事後の通知を怠ったことは、再抗弁における要件事実とはならず、主債務者が事後の通知をしたことを再々抗弁として主張する。

ⓒ 主債務者の意思に反する保証および事後通知義務違反

(i) 実体法上の要件および要件事実の内容

新法463条3項は、保証人の債務消滅行為後に、主債務者が債務消滅行為をした場合につき、①保証人が主たる債務者の意思に反して保証をした場合のほか、②保証人が債務消滅行為をしたことを主たる債務者に通知せず、主たる債務者が善意で債務消滅行為をした場合に、主たる債務者は、自らの債務消滅行為を有効とみなすことができると規定する。この結果、主債務は、保証債務の弁済等ではなく、主債務者の弁済等によって消滅したことになるから、求償権は発生しないという効果が生ずる。そのため、主債務者は、意思に反する保証または保証人の事後通知義務違反を抗弁として主張することができる。その場合の実体法上の要件は、

① 保証人が保証債務の履行をしたこと
② ①の後に主債務者が債務消滅行為をしたこと
③ 保証人が主たる債務者の意思に反して保証をしたこと
　または
③′ (i) 保証人が保証債務履行後の事後通知義務を怠ったこと
　　(ii) 主債務者が、②の当時、①について知らなかったこと
④ 保証人による自己の弁済を有効とみなす旨の意思表示)

である。

❶は、請求原因事実で主張されているので抗弁として主張する必要はない。
③'(i)は、保証人が事後通知義務を履行したことが再抗弁となる。
④については、「みなす」を一種の形成権行使と捉える立場による。
したがって、この場合の要件事実は、

- ❶ 保証人の保証債務履行後に主債務者が債務消滅行為をしたこと
- ❷ 保証人が主たる債務者の意思に反して保証をしたこと
  または
- ❷' 主債務者が、❶の当時、保証人の保証債務の履行について知らなかったこと
- (❸ 保証人による自己の弁済を有効とみなす旨の意思表示)

である。

(ii) **事後通知（再抗弁）**

これに対し、保証人は、上記❷'の主張に関しては、事後通知を行ったことを再抗弁として主張することができる。

(3) 委託を受けた保証人の債務者に対する事前求償権

ア 訴訟物

保証人の主債務者に対する事前求償権の行使における訴訟物は、委任契約（保証委託契約）に基づく費用前払請求権である。なお、事後求償権と、事前求償権は別個の訴訟物である。

イ 請求原因

事前求償権を行使する場合の請求原因事実は、新法460条より、

- ❶ 主債務の発生原因事実
- ❷ 保証契約の締結
- ❸ ❷が書面または電磁的記録によること
- ❹ ❷につき、委託があること
- ❺ 以下のいずれかの事由の存在
  - (i) 主債務者の破産手続開始決定および債権者が配当に加入しないこと
  - (ii) ❶の主債務が弁済期にあること
  - (iii) 保証人が過失なく債権者に弁済すべき旨の裁判の言渡しを受け

たこと
となる。

(4) 委託を受けない保証人の事後求償権

ア 訴訟物

委託のない保証の場合の事後求償権の発生根拠は、事務管理であるから、その訴訟物は、事務管理に基づく費用償還請求権である。

イ 実体法上の要件および請求原因事実

新法459条は、委託を受けた場合の保証人が債務消滅行為をした場合の事後求償権について規定し、同459条の2は、委託を受けた保証の場合の、弁済期前の弁済による事後求償権について規定している。そして、同462条1項は、同459条の2第1項の規定のみを委託を受けない保証の場合に準用している。したがって、委託を受けない保証人が、債務者に対し事後求償権を行使できるのは、弁済期前に弁済をした場合に限定されることになる。そして、新法459条の2によると、この場合の実体法上の要件は、

❶ 主債務の発生原因事実
❷ 保証契約の締結
❸ ❷が書面または電磁的記録によること
❹ 弁済期前の保証債務の履行
❺ 保証が主債務者の意思に反しない場合：主債務者が❹の当時利益を受けたことおよびその額
　または
❺' 保証が主債務者の意思に反する場合：主債務者が、保証人の求償時点において利益を受けていることおよびその額
❻ 求償権行使が❶の主債務の弁済期後であること

である。

委託を受けずに保証人となった場合の求償権は、保証が主債務者の意思に反する場合と反しない場合で異なり、これらは、選択的な請求原因の関係に立つと解される。すなわち、保証が主債務者の意思に反しないとして、保証人が保証債務履行当時に主債務者が受けた利益を求償した場合において、主債務者が、保証が主債務者の意思に反することを抗弁として主張した場合、これをふまえ

て、保証人は、主債務者の現存利益を選択的な請求原因として主張できるものと解される。言い換えれば、主債務者の保証が意思に反することの抗弁に対する再抗弁として、現存利益を主張するのではないと考えられる。

　したがって、請求原因事実も、上記❶ないし❻となると考えられる。なお、委託を受けた保証の場合は、主債務者の意思に反する場合はないため、❺′の場合は想定されず、❺が請求原因事実となる。

第4章 債権譲渡

I 債権譲渡に関する改正のポイント

1 債権譲渡制度の改正全般

(1) はじめに

　新法は、債権譲渡に関しては、譲渡制限特約、異議なき承諾の廃止、債権譲渡と相殺に関し、これまでの議論を整理し、明文化したうえ、旧法では規定がなかった債務引受、契約上の地位の移転につき、従来の学説をもとに明文規定を新設することにした。加えて、指図債権の規定を整理し、商法の規定と一本化し、有価証券に関する総則的規定を設けることにした。概要は以下のとおりである。

(2) 債権譲渡に関する改正の概要

ア　譲渡禁止特約の効力

　債権譲渡の譲渡禁止特約の効力につき、旧法下の通説は、特約に反する債権譲渡が無効になるという理解としていたが（物権的効力説：通説）、新法は、かかる取扱いを改め[1]、譲渡禁止特約は原則として特約の当事者間で効力を有するにとどまり、債権譲渡は有効であるが、債務者は悪意・重過失ある譲受人その他の第三者に対して特約の抗弁を主張できるものとしたうえで（債権的効力説：新法466条1項・2項）、頻繁に入出金される預金債権または貯金債権に関し

---

1) 小野傑「債権譲渡（その1）―譲渡制限特約」金法2017号（2015年）29頁。

ては、特則を設けて、物権的効力説を維持することにした（新法466条の5)[2]。

あわせて、特約の存在による法的不安定さを考慮し、新法は、債務者の利益のため、譲渡制限の意思表示が付された債権の債務者の供託（新法466条の2、466条の3：ただし金銭債権に限る）、譲渡制限の意思表示が付された債権の差押え（新法466条の4）につき、それぞれ規定を新設した。

イ　将来債権譲渡

新法は、これまで規定がなく解釈に委ねられていた将来債権の譲渡性につき、新たに規定を設け、将来債権が譲渡性を有することにつき明文の規定を置くことにした（新法466条の6）。ただ、どこまで先の将来債権まで譲渡性を有するかについては、規定を設けるのが見送られ、依然として解釈に委ねられることになる。

ウ　異議をとどめない承諾の廃止

旧法は、債務者が異議をとどめないで承諾をしたとき、債務者は、譲渡人に対抗することができた事由があっても、これを譲受人に対抗することができないものと定めていた（旧法468条）。しかし、新法は、かかる「異議をとどめない承諾」という制度を廃止した（新法468条2項）。

エ　債権譲渡と相殺

債権譲渡と相殺に関しては、差押えと相殺の論点とパラレルに学説が展開し、無制限説と制限説との間で対立があった。

新法は、債権譲渡があった場合において、譲渡人に対して有する反対債権が、次のいずれかに該当するときには、反対債権による相殺をもって譲受人に対抗することを許容する（新法469条）。

① 反対債権が、権利行使要件具備時（その通知を受け、またはその承諾をしたとき）より前に取得したものであるとき
② 反対債権が、（権利行使要件具備時より後に取得した譲渡人に対する債権であっても）、権利行使要件具備時より前の原因に基づいて生じた債権であるとき
③ 反対債権が、（権利行使要件具備時より後に取得した譲渡人に対する債権であっても）、譲受人の取得する債権を生ずる原因である契約に基づいて生じた債

---

[2] 小野・注1前掲39頁。預金債権に譲渡禁止特約が付されていることは周知の事実であるから（最判昭和48年7月19日民集27巻7号823頁）、条文の文言とは別に、実際には、譲受人等は、つねに特約の抗弁の対抗を受け、結果として、債権譲渡の効力は生じないことになろう。

権であるとき

このうち①は、無制限説を採用したものである。

ついで②は、差押えと相殺の場面（旧法511条、新法511条1項）におけると同様な規律である。

最後の③は、相殺が可能な範囲をさらに一歩を進めたものである。将来債権が譲渡された場合などに威力を発揮しよう[3]。

(3) 債務引受に関する改正の概要

債務引受については、規定がなく、もっぱら解釈に委ねられてきたが、新法は、この際、明文規定を置き、要件・効果につき明確化を図ることにした。

ア　併存的債務引受

併存的債務引受（新法470条1項）は、①債権者と引受人との間の契約であることも（同条2項）、②債務者と引受人との間の契約であることも可能である（同条3項）。ただ、②の場合、債権者が引受人に対し承諾をした時から効力を生じ（同項）、第三者のためにする契約に関する規定に従う（同条4項）。

イ　免責的債務引受

免責的債務引受も（新法472条1項）も、①債権者と引受人との間の契約ですることも（同条2項：この場合、債権者が債務者に通知した時に効力を生ずる）、②債務者と引受人が契約をし、債権者が引受人に対し承諾をすることによっても可能である（同条3項）。

ウ　債務引受がなされた場合

新法は、債務引受がなされた場合において、引受人が債権者に対し主張することができる抗弁（併存的債務引受につき新法471条、免責的債務引受につき新法472条の2）、免責的債務引受がなされた場合における引受人の求償権（新法472条の3）・担保の移転（新法472条の4）についても、それぞれ規定を置いている。

(4) 有価証券に関する改正の概要

新法は、旧法における指図証券に関する規制と、商法における有価証券の規

---

[3] 新法は、511条2項を新設し、差押えと相殺に関しても、③と同様な規制をしている。

制を一本化し、新たに「有価証券」について総則的規制を置くことにした（新法520条の2以下）。その中には、指図証券、記名式所持人払証券、（前2者以外の）記名証券、無記名証券といったものが含まれている。

(5) 契約上の地位の移転に関する改正の概要

新法は、債務引受について明文の規定を置くことに加え、契約上の地位の移転についても、従来からの理解に従い、明文規定を置く（新法539条の2）。すなわち、契約の当事者の一方が第三者との間で、契約上の地位を譲渡する旨の合意をした場合において、その契約の相手方が当該譲渡を承諾したときは、契約上の地位は、当該第三者に移転する。

2 旧法における債権譲渡の制度

(1) 債権の原則自由譲渡性

466条1項本文は、「債権は譲り渡すことができる。」とし、債権は譲渡できることが原則であることを規定している。そして、同項ただし書と2項において、譲渡が制限される場面を規定する、という形式をもって債権の譲渡に関する規律を定めている。債権の自由譲渡性を制限する場面は、①債権の性質上、譲渡が制限されるもの（466条1項ただし書）、②法律上、譲渡が制限されるもの、③当事者の反対の意思表示（譲渡禁止特約）によって、譲渡が制限されるもの、に分類される。①および②については、今般の民法改正の議論とは直結しないため、ここでは省略し、③の譲渡禁止特約（新法における譲渡制限特約）による制限について、旧法上の議論を整理し、新法の内容についてみていきたい。

(2) 旧法における譲渡禁止特約の意義とその効力

旧法466条2項ただし書は、「ただし、その意思表示は、善意の第三者に対抗することができない。」としている。したがって、譲渡禁止特約付債権が譲渡された場合でも、その特約の存在を知らない第三者に対しては、債務者は譲渡禁止特約の効果を主張することができないことになる。

ア 譲渡禁止特約の意義

原則として自由である債権譲渡を制限する意義がどこにあるかといえば、現

在では、①譲渡に伴う事務手続が煩雑であること、②間違って債権者でない者に支払う、過誤払いの危険を避けたいこと、③銀行が債務者である場合は、債権者（預金者）に対して銀行が取得する債権との相殺可能性を広く残しておきたいこと、④さらに企業等が債務者である場合に、自社が取引を望まない第三者に債権が移転することを回避したいために機能しているといわれている[4]。

この譲渡禁止特約は、実際の金融取引の場面では多く用いられているものであるが、その反面、譲渡禁止特約による弊害も指摘されている。たとえば、中小企業などが、自らが有する売掛債権などを担保に資金を調達しようとしても、譲渡禁止特約が一般的に付されていることから、迅速な資金調達に支障をきたすということなどである。

イ　譲渡禁止特約の効力

では、譲渡禁止特約が付された債権が譲渡された場合、どのように考えるべきか。これが、譲渡禁止特約の効力という問題である。

この点に関しては、主に2つの説が主張されている[5]。

1つは、物権的効力説と呼ばれ、譲渡禁止特約は、債権の譲渡性を物権的に奪うものであり、特約に反してされた譲渡は無効であるが、善意の第三者に対しては譲渡禁止特約による譲渡性の欠缺をもって対抗することができないとする見解である。この見解が、判例・通説であるといわれている。

もう1つは、債権的効力説と呼ばれ、譲渡禁止特約によって債権の譲渡性が奪われるわけではなく、債権者は譲渡しない義務を債務者に対して負担するにすぎないが、特約に反して債権が譲渡されたときは、債務者は悪意の譲受人に対して悪意の抗弁を主張することができるとする見解である。

判例・通説は物権的効力説に立つといわれるが、判例が物権的効力説に立つことを明示しているわけではなく、この見解にこだわるわけではないとの評価もなされている[6]。そして、後述するが、実際、判例には、この見解から直接導くことができない判断が示されたものがあり、学説からも批判が多く主張されている。

---

[4] 中田裕康『債権総論〈第3版〉』(岩波書店・2013年) 524頁。
[5] 以下の分類・記述は、髙橋譲「判解」『最高裁判所判例解説 民事篇 平成21年度（上）』(法曹会・2012年) 254頁以下に依拠するものであり、その他の見解についても、同文献を参照されたい。
[6] 小野・注1前掲30頁脚注1。

このような批判を受け、新法では、物権的効力説を原則として否定する規律に改められる。

(3) 新法による債権譲渡

ア 新法における「譲渡制限特約」の効力

466条1項は、債権の自由譲渡性の原則は維持しつつ、新法466条2項において、「当事者が債権の譲渡を禁止し、又は制限する旨の意思表示（以下「譲渡制限の意思表示」という。）をしたときであっても、債権の譲渡は、その効力を妨げられない。」とし、前述の譲渡禁止特約に関する物権的効力説を否定し、債権的効力説を採用した。

この転換の背景には、物権的効力説に対して、債権は原則として自由に譲渡できるにもかかわらず、当事者間の特約に物権的な効力という強い効力を認めてよいのかといった批判や最高裁判例でも必ずしも物権的効力説を前提にしない判断が出されるなど[7]不透明感が指摘されていたことが、影響している（「部会資料74A」2頁以下参照）。

ただし、預貯金債権に限っては、旧法と同様に、物権的効力説を維持し、譲渡禁止特約によって譲渡性が失われることを明らかにしている（新法466条の5）。大量かつ迅速な払戻処理が要求される預貯金の管理に著しい支障が生じる金融機関の懸念に応じたものであるといえる[8]。

イ 悪意・重過失の譲受人との関係

次に、譲受人が悪意・重過失の場合には、債務者は譲渡制限特約の存在を抗弁として主張し、その履行を拒絶することができることになる。また、譲渡人に対する弁済その他の債務を消滅させる事由をもって対抗することができることも規定する（新法466条3項）。

すなわち、債務者は、債権の譲受人が悪意・重過失である場合には、履行を拒絶するか、譲渡人に対する弁済などの行為をもって、対抗できるということ

---

[7] たとえば、最判平成21年3月27日民集63巻3号449頁は、譲渡禁止特約付債権が譲渡された事案において、譲渡人には、同特約の存在を主張する利益が原則として認められないと判示している。この判断は、債権譲渡を無効とし、譲渡禁止特約に物権的な効力があるとする物権的効力説からは直接導くことができない。
[8] 青山大樹編『条文から分かる民法改正の要点と企業法務への影響』（中央経済社・2015年）162頁。

である。これは、新法が、譲渡制限特約の効力につき、債務者による弁済の相手方を固定する利益を認めたにすぎないことの表れである。

ところで、上述のとおり、新法では、債権の譲受人の主観面を問わず、債権は譲受人に移転することを前提にしているにもかかわらず、なぜ、債務者は譲渡人に対して弁済できることになっているのであろうか。

この点については、譲渡人は何らかの内在的な機能、あるいは明示または黙示の譲受人からの権限付与（新法の規定自体が権限付与の根拠という考え方もあろう）に基づき受領権限があるということになると考えられる[9]。

そして、譲渡制限特約付債権が譲渡され、債務者が譲渡人に対して債務を弁済した場合、悪意・重過失の譲受人は、譲渡人に対して、譲渡人が債務者から弁済を受けた金額に相当する金銭の支払いを請求することができるにすぎず、債務者へ支払請求することはできないこととなる[10]。

ウ　その他の改正点

その他、新法466条4項では、譲受人が悪意・重過失の場合において、債務者が履行をしない場合には、その譲受人が相当の期間を定めて譲渡人への履行の催告をし、その期間内に履行がないときは、その債務者については適用しないとの規定を新設し、債務者の履行拒絶等に一定の制限を課している。これは、債務者が履行しない場合にまで、譲受人による債権回収の途を閉ざす必要はないとの考えに基づくものである。

新法466条の2では、譲渡制限の意思表示がされた債権について、債務者による供託（ただし、金銭債権であり、かつ、全額を供託する場面に限られる）ができることを明記し、新法466条の3では、譲渡人に破産手続が開始されたときには、債務者に対して供託させることができる規定を設けている。いずれの場合も、還付請求は譲受人のみができることになるが（新法466条の2第3項、466条の3）、これは、譲受人に譲渡制限付債権が移転しているからである。

さらに、新法466条の4では、強制執行をした差押債権者との関係では、債務者は新法466条3項による履行拒絶を主張できないこととする。これは、判例法理（最判昭和45年4月10日民集24巻4号240頁）として明確にされているものであり、民事執行法上の差押禁止債権を当事者の特約で創出することを認

---

9)　小野・注1前掲33頁。
10)　青山・注8前掲160頁。

めないとの趣旨を明文化したものである。

エ　債務者による承諾と譲渡制限特約の効力

　ここで、債務者の承諾と譲渡制限特約の関係についても、簡単にふれておきたい。

　譲渡制限特約付債権を譲渡人が譲渡したが、債務者もこの譲渡を承諾[11]した場合には、債務者は当該譲受人に対して、譲渡制限特約の効果を主張することはできない。このことは、譲渡制限特約を設定した当事者がその特約を解除することを認めており、特段の問題が生じることはないことが明らかであるからであり、旧法においても規律がなく、新法においても同様に規律がない。

　ただ、債務者による承諾によって譲渡人との間の譲渡制限特約が解除されたからといって、譲渡対象債権に付着した抗弁（譲渡人に主張できた事由）を譲受人に対して主張できなくなるかは、別の問題である。

　この点については、旧法には、異議なき承諾制度が設けられているが（旧法468条1項）、新法では、この異議なき承諾制度を廃止し、対抗要件具備時までに譲渡人に対して生じた事由をもって譲受人に対抗できることとなった（新法468条1項）。これによって、債務者の抗弁権を切断するには、債務者による抗弁放棄の意思表示が必要となる。

(4)　新法と実務への影響

ア　資金調達の関係

　繰返しとなるが、新法では、債権の譲受人の主観面を問わず、債権は譲受人に移転することになる。債権の流動化・証券化の場面や多数の債権を譲渡担保に付する場面においては、複数の債権を一括して譲渡して、資金を調達するものであるところ、新法の下では、その一括して譲渡された債権の中に譲渡制限特約が付された債権が存在したとしても、すべての債権は有効に譲受人に移転されることとなる。これによって、旧法の下で指摘されていた迅速な資金調達を妨げるとの批判は解消に向かうと評価することもできよう。

　しかし、譲渡制限特約が付されている債権が譲受人に移転するとはいえ、そのような特約が一般的に付されていることには変わりがない。そうすると、こ

---

11)　なお、対抗要件としての承諾も兼ねることとなるが、ここでは譲渡制限特約の解除の場面に限ることとする。

の新法の規律によって、資金調達が容易になるとの評価には疑問がないわけではない。証券化の場面において、実務上、オリジネーターが特約に反してまで証券化を実施する事例が出てくるかどうかは必ずしも明確とはいえないと思われるとの指摘もあり[12]、今後の実務の流れを注視する必要がある。

イ 定型書式の変更

また、債務者の承諾の場面においても、実務上の様式の変更が求められるであろう。

旧法を前提に作成されている定型的な契約書や承諾書の多くには、債権者が債権を譲渡することを債務者が異議なく承諾する旨の文言が記載されており、これによって、譲渡人および譲受人は、債務者からの抗弁を封じることができるとの前提で取引に参加している。

しかしながら、上述のとおり、本来的には、譲渡制限を解除する承諾と譲渡人に対して主張できる事由を主張できるかとは別問題であり、しかも、新法では異議なき承諾は廃止されるのである。そのため、債務者から債権譲渡の承諾を取る際には、譲渡制限特約を外す意思表示と抗弁権を放棄する意思表示の2点が盛り込まれた書面を作成することが検討されることになる[13]。現在、用いられている契約書や承諾書の文言を見直し、抗弁権の放棄の一例ではあるが、譲渡人に対して有するいっさいの抗弁を放棄し主張しない[14]といった内容を含んだ文言に見直すことが求められる。

3 将来債権(従来の議論の整理)

(1) 改正の契機

将来債権譲渡については、明文の規定はないものの、古くから議論がなされ[15]、判例が積み重ねられてきた[16]。

将来債権譲渡は、判例の集積や、平成16年の動産債権譲渡特例法の改正を

---

[12] 西村あさひ法律事務所編『資産・債権の流動化・証券化〈第3版〉』(金融財政事情研究会・2016年)121頁。
[13] 青山薫=佐野史明=種橋祐介「債権譲渡をめぐる民法改正と債権流動化取引—契約書実務への影響を踏まえて」金融法務事情2014号(2015年)41頁、52頁参照。
[14] なお、包括的な抗弁放棄の有効性については、新法では言及されておらず、今後の金融取引の中で、具体的な文言は検討されていくことになろう。この点につき、青山・注8前掲166頁参照。

受けて、アセット・ベースト・レンディングの担保として活用される将来債権譲渡担保等、現在の取引社会における資金調達手法として重要な役割を果たしている。

このような学説や判例の展開、現代社会における将来債権譲渡の役割から、将来債権譲渡の明文化が検討されることになった。

(2) 明文化にあたり検討された論点

将来債権譲渡の明文化においては、①将来債権譲渡が認められる旨の規定の要否、②将来債権譲渡の有効性の限界、③譲渡人の地位の変動に伴う将来債権譲渡の効力の限界、④将来債権譲渡後に付された譲渡制限の意思表示の対抗、という論点について議論がなされた。

以下では、上記①ないし④の論点につきどのような議論がなされ、どのような結論に至ったのかを整理する。

(3) 将来債権譲渡が認められる旨の規定の要否

将来債権譲渡の有効性について明文の規定を設けること自体については、当初から特段の異論はなかった。

新法では、466条の6第1項で将来債権譲渡について、第2項で発生債権の当然取得について規定しており、それぞれ11年判例、19年判例を明文化したものである。発生した債権が譲渡人に帰属したうえで譲渡人に移転するか、譲渡人のもとで発生するかについては解釈に委ねられている（「部会資料74A」8頁）。

ところで、新法466条の6の条文には、「将来債権」という文言は用いられていない。

これは、「将来債権」とは何か、466条1項の「債権」に「将来債権」が含

---

15) 高木多喜男「集合債権譲渡担保の有効性と対抗要件（上）」NBL234号8頁等。
　従来の議論の整理につき、八木一洋「最高裁判所判例解説民事篇平成11年度（上）（1月〜6月分）」（法曹会・2002年）84頁以下。
16) 目的債権が特定されることを前提に将来債権譲渡が有効であることを示し、その事情いかんによっては公序良俗違反を理由としてその効力が否定されることがあることを示した最判平成11年1月29日民集53巻1号151頁（以下「11年判例」という）、将来債権譲渡の第三者対抗要件は、指名債権譲渡の対抗要件の方法によることができることを示した最判平成13年11月22日民集55巻6号1056頁（以下「13年判例」という）、将来債権譲渡においては、債権は発生したときに譲受人が当該債権を当然に取得することを示した最判平成19年2月15日民集61巻1号243頁（以下「19年判例」という）等。

まれるのか、という問題提起があったためである。

「債権」と「将来債権」の関係を整理する場合、民法中の他の「債権」という文言のすべてについて、将来債権が含まれるかどうかを整理しなければならず、きわめて困難であるうえに、規定が複雑になるおそれがある。

そのため、新法では、将来債権が「債権」に該当するかどうかという点には立ち入らず、「債権の譲渡は、その意思表示の時に債権が現に発生していることを要しない」とすることで、将来債権の譲渡が「債権の譲渡」の概念に含まれることを明らかにした。

したがって、「将来債権」とは何か、発生原因は存在するが未発生の債権や発生原因すら存在しない債権、条件付債権、期限付債権といったものはそれぞれ将来債権に含まれるのか、という問題については解釈に委ねられている。

(4) 将来債権譲渡の有効性の限界

ア 概 要

11年判例は、将来債権譲渡も、一定の場合には、公序良俗違反を理由として一部または全部が無効とされる余地があることを示した。

実務的な予測可能性を高めるため、公序良俗違反となる場合につき、より具体的な基準を設けるべきか、どのような規定にするかという点についての議論がなされた。

イ 議論の内容

実務的な予測可能性の観点や、将来発生する債権を譲渡するという将来債権譲渡の性質から、抽象的であっても特別の規定を設ける必要性が高いとして明文化に賛成する見解もあった。

規定のあり方として、将来債権について期限の定めがない場合は、5年や10年といった基準を設けて、それを超える部分については無効とするといった案も出された。

しかし、公序良俗で制約している時点で個別の事案ごとの判断であり、具体的な基準を設けることは難しいこと、将来債権譲渡担保の場合、過剰担保に対する規制という担保一般に関連する問題があるので、債権法改正の議論の中だけで解決できないと考えられること、何年という範囲を決めたとしても、それを下回る場合に絶対公序良俗違反とならないわけではないこと、という反対意

見も多くあった。

ウ　結　論

上記のとおり、具体的な規定を設けることについての賛否は分かれ、結局、現時点で、有意かつ他の制度との関係を十分考慮した要件を定めることは困難であるとの結論となり、明文化には至らなかった。

ただ、これは明文化されなかっただけであり、どのような場合に公序良俗違反となるかについては、当該将来債権譲渡契約の内容等から個別に判断されることになる。

(5)　譲渡人の地位の変動に伴う将来債権譲渡の効力の限界

ア　概　要

将来債権譲渡後に、譲渡人の地位に変動があった場合、その将来債権譲渡の効力が及ぶ範囲については見解が分かれている[17]。

将来債権譲渡においては、目的債権は債権譲渡契約によって確定的に譲渡されており、債権が発生したときは譲受人が当該債権を当然に取得するとした19年判例との整合性から、譲渡人は譲渡対象の将来債権すべてについて処分権を有しており、譲渡人の地位の変動によっても将来債権譲渡の効力が事後的に覆ることはなく、将来債権譲渡の効力は及ぶとする見解がある。

一方、財産の処分権は、自己の所有する財産ないし自己に帰属する権利にしか及ばないことから、将来債権譲渡後に、当該将来債権を発生させる譲渡人の地位に変動があった場合には、地位の変動後に発生する債権については譲渡人の処分権は及ばず、将来債権譲渡の効力は及ばないとする見解もある。

また、財産の処分権を、債権を発生させる契約上の地位に基づくものと捉え、将来債権譲渡後に、当該将来債権を発生させる譲渡人の地位の変動が生じ、第三者が譲渡人の契約上の地位を承継した場合には、当該第三者は財産の処分権を行使した譲渡人の地位をそのまま承継することになるため、将来債権譲渡の効力は及ぶとの見解もある。

上記のように様々な見解がありうるが、将来債権譲渡を萎縮させず、将来債

---

[17]　総論的な整理を行ったものとして、深山雅也「譲渡人の地位の変動に伴う将来債権譲渡の効力の限界」田原睦夫先生古稀・最高裁判事退官記念論文集（上巻）『現代民事法の実務と理論』（きんざい・2013年）237頁。

権譲渡の効力が否定されることにより第三者が不測の損害を被るおそれを防止するため、立法により効力が及ぶ範囲を明らかにすることが望ましいのではないかという観点から議論がなされた。

イ　議論の内容
ⓐ　総　論
　今回の改正では、一般的な規定を設けるかという点と、将来発生する不動産賃料債権の効力について特則を設けるかという2点を中心に議論がされた[18]。
ⓑ　効力の限界に関する一般的な規定について
　中間試案では、将来債権の基礎となる処分権を、債権を発生させる契約上の地位に基づくものと捉える見解に基づき、将来債権譲渡の効力は当該第三者に対抗することができないが、譲渡の対象となった将来債権が譲渡人から当該将来債権を発生させる契約上の地位を承継した第三者の下で発生した場合には、当該第三者に対抗することができる旨の規定を設けるとの考え方が採用された（「中間試案4⑷」38頁）。

　この考え方自体には、パブリックコメントの手続の結果でもさほど異論はない状況であった（「部会資料81B」9頁参照）。
ⓒ　将来発生する不動産賃料債権の効力について
　しかし、上記の考え方をとった場合、将来の賃料債権が譲渡された賃貸物件を譲り受けた者は、賃料債権を取得できなくなる。

　このような事態は、円滑な不動産取引を阻害することになるため、将来発生する不動産賃料債権の譲渡の効力については、制限的に考えるべきであるとの主張が強くされていた。

　この点については、不動産流通保護の観点から特則を設ける意義を肯定する意見も多い一方で、不動産の賃料債権に係る将来債権譲渡についてのみ特別の規定を設けることの必要性や合理性への疑問、差押えや前払いとの関係で譲渡

---

[18]　当初は、不動産賃料だけでなく、将来債権を含む債権の譲渡後に倒産手続が開始された場合における管財人等のもとで発生する債権の帰属についても議論がなされていた。
　　金融実務の観点から、この問題につき立法的に解決すべきとの意見もあったが、倒産手続における管財人の地位についての理解をはじめ、倒産法上の論点と密接にかかわるので、主として倒産法の分野で議論されるべきとの見方が多く、中間論点整理以降、明文化を前提とした議論はされていない。この論点に関する検討を行ったものとして、佐藤正謙＝小林卓泰＝粟生香里「企業取引実務から見た民法（債権法）改正の論点」NBL922号（2010年）46頁、NBL923号（2010年）24頁。

に関してのみ特則を設けるべきであるのかという疑問、この問題は将来発生する賃料債権の譲渡についての公示が不十分であるという、対抗要件の公示機能の低さから生じるものであるから、対抗要件制度を見直すことで対応すべきといった反対意見も多くあった。

ウ 結 論

この論点については、意見が多岐に分布している状況であり、一般的な規定を設けたとしても、そのことによって不動産賃料のような重要な問題についてかなりの懸念が生まれる状況であった。

そのため、事実上この論点についての規定を設けること自体難しいと考えられ、一般的な規定および不動産賃料に関する特則のいずれについても明文化は見送られた。

したがって、将来債権譲渡後に譲渡人の地位に変動があった場合、その将来債権譲渡の効力はどこまで及ぶのかという点に関しては、新法下でも残された論点となっている。

(6) 将来債権譲渡後に付された譲渡制限の意思表示の対抗

ア 概 要

将来債権譲渡がなされた後、譲受人が具体的に発生した権利を取得するまでの間に、譲渡人と債務者の間で譲渡禁止特約が付された場合、債務者が譲渡禁止特約を譲受人に対抗できるか否かについては、見解が確立していない。

将来債権譲渡後、対抗要件が具備されていたとしても、当該債権が個別契約時に譲渡禁止特約が付されると、その債権は譲渡性のないものとして発生するため、譲渡は無効であるとの見解がある（東京地判平成24年10月4日判時2180号63頁）[19]。

一方、平成19年判例が、将来債権譲渡契約によって、将来債権は確定的に譲渡されているとし、譲渡の目的債権が将来発生したときには当然に当該債権を取得できるとしていることから、すでに処分した債権について事後的に譲渡性を失わせることはできないとの考え方もある。

また、債務者対抗要件が具備された後は、債務者は債権譲渡特約を締結する

---

19) 植垣勝弘＝小川秀樹編著『一問一答 動産・債権譲渡特例法〈三訂版増補〉』（商事法務・2010年）53頁。

自由が制約されてもやむをえないとする見解もある[20]。

　将来債権譲渡が広く行われるようになり、債権譲渡の取引安全を確保することができるようにするため、この論点につき、規定を設けるか否か、規定を設ける場合どのような規定を設けるか、との議論が行われた。

　イ　議論の内容

　今回の改正では、権利行使要件具備後には、債務者との関係でも譲渡人は債権の処分権を失っている以上、譲渡人が弁済の相手方を変更するような内容の合意まですることができるとは考えるべきではないとの考えに基づき、権利行使要件具備時後に譲渡制限特約が付された場合には、譲受人に対して特約を対抗することができないとの規定が提案された（「中間試案4(3)」37頁、「要綱仮案2(2)」32頁）。

　これは、譲受人の主観的要件のいかんにかかわらず、権利行使要件具備後の譲渡制限の意思表示は、つねに譲受人に対抗することができないとする一方、権利行使要件具備前にされた譲渡制限についてはつねに譲受人に対抗することができることを意図するものである[21]。

　その後、上記の後者の規律を明確にするため、権利行使要件具備時までに譲渡制限の意思表示がされたときは、譲受人その他第三者がそのことを知っていたとみなして、その効力を対抗することができるとの表現に改められた。

　ウ　結論

　上記の議論を経て、設けられたのが新法の466条の6第3項である。この条項では、「対抗要件具備時」という文言が用いられているが、これは債務者対抗要件すなわち、権利行使要件具備時を指すものである。

　動産債権譲渡特例法で第三者対抗要件のみが具備された場合にどうなるかという点については、動産債権譲渡特例法のほうでまた別途規定を整備することになろうとされている（「法制審議会民法（債権関係）部会第97回会議議事録」22頁［村松秀樹発言］）。

---

20)　石田剛・私法判例リマークス48号〔2014上〕28頁。
21)　潮見佳男『民法（債権関係）の改正に関する要綱仮案の概要』（きんざい・2014年）123頁。

4 対抗要件

(1) はじめに

　債権譲渡の際の対抗要件について、新法は、旧法下の制度をほとんどそのままのかたちで維持している。主な改正点は、①旧法467条1項において「指名債権の譲渡」とあった部分が「債権の譲渡」に改められたこと、および②「債権の譲渡」に続いて括弧書で「現に発生していない債権の譲渡を含む。」という文言が挿入されたことの2点である。新法467条2項は、旧法467条2項の準則をそのまま維持している。

　改正点の①は、旧法469条～473条に規定されていた指図債権等の証券的債権の譲渡に関する規律が新法520条の2～520条の20に移設されることに伴うものであり、改正点の②は、新法466条の6によって将来債権の譲渡性が明文化されたことに伴うものである。

　このように、債権譲渡の対抗要件をめぐる規律は、今次の改正によっても大幅に変更されることはなかった。しかしこれは、従来の対抗要件制度に何ら問題がなかったということを意味するものではない。ここでは、従来の議論を振り返りつつ、債権譲渡をめぐる対抗要件制度が抱える（そして新法下でも抱え続けることになる）問題点について簡単に確認しておこう。

(2) 制度の概要

　周知のように、旧法467条は債権譲渡の対抗要件として、債務者に対する通知ないし債務者からの承諾を要求していた。そして、債務者に対して債権譲渡の効力を対抗するための要件（債務者対抗要件）については無方式の通知ないし承諾によれば足りるが、債務者以外の第三者に対して対抗するためには確定日付のある通知ないし承諾によることが求められていた（第三者対抗要件）。

　このように、債務者に対する通知ないし債務者からの承諾が債権譲渡の対抗要件とされたのは、第1に、債権譲渡は債務者の関与なしに行われうるものであるところ、債務者の関知しない債権譲渡の効力が当然に債務者に及ぶとすると、債務者が誤って譲渡人（旧債権者）に弁済してしまい、後に改めて譲受人（新債権者）に対して弁済することを強いられる可能性があり、妥当でないと考

えられたこと。第2に、債務者に債権譲渡の事実についての認識を付与し、第三者が債務者に債権の存否等について問い合わせることを通じて債権譲渡の事実を公示することが可能になると考えられたことによる（インフォメーション・センターとしての債務者を通じての公示）。そして、この第三者対抗要件たる通知ないし承諾に確定日付が必要とされたのは、たとえば債権が二重に譲渡される場面において、すでに対抗要件を備えた第一譲受人がいるにもかかわらず、譲渡人と債務者が通謀して、第二譲渡のための通知ないし承諾の日付を第一譲渡以前に遡らせ、第一譲受人の利益を害することがないようにするためであるとされる（最判昭和49年3月7日民集28巻2号174頁）。

(3) 問題点

債権譲渡に関する上記のような対抗要件制度（特に第三者に対する対抗要件制度）に対しては、しばしば問題点も指摘されてきた。すなわち、債務者をインフォメーション・センターとすることによって債権譲渡の事実を公示するといっても、債務者が第三者からの問合せに正直に答えるとはかぎらないし、正直に答える義務を負うものでもない。そもそも、債権譲渡が多重に行われる可能性の高い典型的な場面は、債権者（譲渡人）が倒産に瀕しており、その財産である債権を債権者（譲渡人）の債権者らが奪い合う場面であるが、このような場面では債務者に債権の存否について問い合わせることなどしないことが多いことが指摘された。

また、債務者の認識を通じて債権譲渡の事実について公示するという建前からすれば、債務者が債権譲渡の事実を認識した時点が確定日付によって証明されることが望ましいということになる。しかし、わが国の通知制度の下では、確定日付によって証明されるのは通知の発信時であって、到達時ではない。このため、第三者間の優先劣後は通知の到達時の先後で決する（前掲最判昭和49年3月7日）一方で、確定日付は通知発信の日時を遡らせることを防ぐという限定的な意義しかもたないと指摘された。

さらに、特別法（動産及び債権の譲渡の対抗要件に関する民法の特例等に関する法律）上の対抗要件制度と民法上の対抗要件制度が併存しており、債権を譲り受けようとする者は、先行する債権譲渡の有無について、特例法上の登記の確認と債務者への問合せという二重の手間をかける必要があり、煩雑であると

いった問題も指摘されていた。

(4) 審議の結果

債権譲渡に関する対抗要件制度の抱える上記のような問題点を念頭に、法制審議会では複数の改正方針が提案されたが、いずれの提案も最終的な合意を得るに至らず、結局、旧法下の対抗要件制度がほとんどそのままのかたちで維持されることとなったのは、すでに述べたとおりである。もっとも、今次の改正作業では、旧法の債権譲渡対抗要件制度が抱える問題点が改めて確認されたといえ、より望ましい制度のあり方をめぐる今後の議論のいわば出発点が画されたといえようか。

5 債権譲渡と相殺

(1) 要件事実

債権が譲渡されると、債権譲渡の原因行為が要件事実になるとする見解に立てば、当該債権の譲受人は、①当該債権の発生原因事実、および②当該債権譲渡の原因行為たる債権契約の成立を主張して、当該債権の債務者に対してその履行を求めることとなる。

これに対して、債務者は、「譲渡人に対抗しうる事由」を抗弁として主張して履行を拒むことがありうる。この「譲渡人に対抗しうる事由」の一つとして、「債務者の譲渡人に対する債権による相殺」を挙げることができる。すなわち、債務者は、譲受人に対し、「譲渡人に対する債権による相殺」を抗弁として主張し、譲受人に対抗することができる（履行請求を拒むことができる）場面がある。

この、債務者が相殺の抗弁をもって譲受人に対抗することができる場面について具体的に定めた規定が、新法469条である。

(2) 改正の概要

新法469条1項は、「譲受人が対抗要件を具備した時より前」に、債務者が譲渡人に対する自働債権を取得した場合、債務者は譲受人に対して相殺をもって対抗できることを規定している。

また、同条2項は、「譲受人が対抗要件を具備した時より後」になって、債

務者が譲渡人に対する自働債権を取得した場合であっても、債務者が譲受人に対して相殺をもって対抗できる場面を規定している。

さらに、同条3項は、譲渡制限特約付債権が譲渡された場合について、債務者が譲受人に対して相殺をもって対抗できる場面を定めるにあたって特則を設けている（「対抗要件具備時」という基準時点を「新法466条4項の履行催告後相当期間が経過した時」、あるいは「新法466条の3によって債務者が譲受人から供託の請求を受けた時」に修正している）。

以下でそれぞれにつき詳述する。

(3) 債務者が「対抗要件具備時より前」に自働債権を取得した場合
　　（新法469条1項）

債権が譲渡されたとして、債務者が、譲受人による「債務者対抗要件（権利行使要件）具備時より前」に債権者に対する債権を取得した場合、債務者は譲受人に対して当該債権による相殺をもって対抗できる（新法469条1項）。

これは、債務者対抗要件具備時より前に債務者が取得した債権を自働債権とするのであれば、債務者対抗要件具備時に相殺適状にある必要はなく、自働債権と受働債権の弁済期の先後を問わず、相殺をもって対抗できることを明らかにしたものである。すなわち、本項は、債権譲渡と相殺の優劣について、いわゆる無制限説を採用することを明らかにするものである。

なお、差押えと相殺の場面においても、本項と同様の規律が設けられている（新法511条1項）。

(4) 債務者が「対抗要件具備時より後」に自働債権を取得した場合
　　（新法469条2項）

債権譲渡があり、債務者が、譲受人による「債務者対抗要件（権利行使要件）具備時より後」に債権者に対する債権を取得した場合であっても、次の①②の場合には、債務者は譲受人に対して相殺をもって対抗できる（新法469条2項）。
① 債務者の取得した債権が、債務者対抗要件具備時より前の原因に基づいて生じた債権である場合（同項1号）
② 債務者の取得した債権が、譲受人の取得した債権の発生原因である契約に基づいて生じた債権である場合（同項2号）

なお、①②のいずれかに該当する場合であっても、債務者の債権が他人から取得したものであるときは、相殺をもって譲受人に対抗することはできない（同項柱書ただし書）。

ア　1号について

　本号は、①「債務者対抗要件具備時より後に取得した譲渡人に対する債権」で、かつ、②「債務者対抗要件具備時より前の原因に基づいて生じた債権」を自働債権とする相殺を認めるものである。ただし、当該債権が他人から取得したものであるときは、相殺は認められない。差押えと相殺の場面においても、本号と同様の規律が設けられている（新法511条2項）。

　本号の場合に債務者に相殺を認めるのは、譲受人による債務者対抗要件具備時に自働債権を取得していなかったとしても、これより前の時点で発生原因が存在していた債権を自働債権とする相殺については、当該自働債権が他人から譲り受けたものである場合を除き、債務者の相殺に対する期待は保護するに値すると考えられたことによる。

　本号は、自働債権について「前の原因」に基づいて生じたものと規定するのみで、これ以外には何らの限定も設けていない。したがって、本号の債権は、2号とは異なり、譲渡債権の発生原因である契約から生じたものである必要はない。そもそも、契約から発生した債権に限られず、不当利得や不法行為に基づく債権であってもかまわない。

イ　2号について

　本号は、①「債務者対抗要件具備時より後に取得した譲渡人に対する債権」で、かつ、②「譲受人の取得した債権の発生原因である契約に基づいて生じた債権」を自働債権とする相殺を認めるものである。ただし、当該債権が他人から取得したものであるときは、相殺は認められない。

　本号の規律が適用されるのは、文言上は明示されていないものの、将来債権が譲渡された場合に限られる。具体例として、譲渡された将来の売買代金債権と、当該売買代金債権を発生させる売買契約の目的物の瑕疵を理由とする買主の損害賠償請求権との相殺が挙げられている（「部会資料74A」15頁）。

　また、本号は、差押えと相殺の場面以上に、相殺への期待を保護する範囲を拡張するものである。差押えと相殺の場面においては、本号のような規律は設けられていない（差押えと相殺について規律する新法511条には、本号のような場

面は設けられていない)。

　本号が設けられた趣旨は、将来債権が譲渡された場合であっても、譲渡後に譲渡人と債務者との間における取引が継続することが想定されるので、債務者の相殺の期待を保護する必要性が認められるとの価値判断にある。他方、譲受人としても、継続的取引から生じる将来債権を譲り受ける以上、相殺のリスクを計算にいれておくべきであるとの考慮も働いている[22]。

(5) 譲渡制限特約付債権の譲渡と相殺（新法469条3項）

　新法469条3項は、①「譲渡制限特約付債権が譲渡された場合であって、譲受人その他の第三者が悪意・重過失であるとき」、ならびに②「譲渡制限特約付金銭債権が譲渡された場合であって、譲渡人につき破産手続開始の決定があったとき」において、債務者が相殺をもって対抗できる場面を定めるものである。

① **譲渡制限特約付債権が譲渡された場合であって、譲受人その他の第三者が悪意・重過失であるとき（3項前段）**

　本項前段は、前2項に規定する「対抗要件具備時」を「新法466条4項の履行催告後相当期間が経過した時」と読み替えるものである。

　すなわち、譲渡制限特約付債権が譲渡された場合、当該特約につき悪意・重過失が認められる譲受人その他の第三者は、債務者に対して債権の行使ができないこととなる（新法466条3項）。しかし、債務者から元の債権者である譲渡人に対して履行してもらうことは差し支えないはずである。そこで、当該債務が未履行の場合、譲受人その他の第三者は、債務者に対し、譲渡人に履行するよう催告することが認められ、相当期間内に履行がないときは、自ら債権を行使することが可能となる（同条4項）。この債権行使が可能となる時より前に、債務者が譲渡人に対する自働債権を取得していなければ、もはや譲受人その他の第三者に相殺をもって対抗できなくても（債権を行使されても）やむをえないと考えられる。そこで、上記のような読替えがなされている。

② **譲渡制限特約付金銭債権が譲渡された場合であって、譲渡人につき破産手続開始の決定があったとき（3項後段）**

　本項後段は、前2項に規定する「対抗要件具備時」を「新法466条の3によっ

---

22)　潮見佳男『民法（債権関係）改正法案の概要』（金融財政事情研究会・2015年）145頁。

て債務者が譲受人から供託の請求を受けた時」と読み替えるものである。

　すなわち、譲渡制限特約付金銭債権の譲受人（悪意・重過失の有無を問わないが、当該債権の全部を譲り受けた者）には、当該債権の譲渡人に破産手続開始の決定があった場合、債務者対抗要件および第三者対抗要件を備えれば、債務者に対する供託請求権が認められる（新法466条の3）。これは、債務者が破産管財人に対して弁済すると、その金銭の引渡請求権が財団債権（破産法148条1項5号）として保護されるとしても、譲受人にはその全額の回収ができなくなるおそれが生じることによる。この供託請求権を行使することによって、当該譲受人は、破産手続外で債権全額の回収を図ることが可能となる。この場合、債務者が供託請求を受けるまでに譲渡人に対する自働債権を取得していなければ、当該譲受人に相殺をもって対抗できないとしても（供託を拒むことができないとしても）やむをえないと考えられ、上記のような読替えがなされている。

(6) 改正と実務への影響

　新法による実務への影響として、①法的安定性の向上、および②将来債権の担保価値への影響が指摘できる。

　すなわち、旧法では、債権が譲渡された場合に債務者が相殺の抗弁を主張できる場面が必ずしも明確ではなかった。新法は、債務者による相殺の抗弁が主張できる場面を明確にしたのであり、法的安定性（あるいは、相殺の抗弁が認められることについての予見可能性）が高まる効果が期待できるであろう。

　他方で、新法は、将来債権が譲渡された場合、債務者対抗要件具備時より「前の原因」に基づいて生じた債権のみならず、「譲渡債権の発生原因契約」に基づいて生じた債権による相殺も認めることとして、差押えと相殺の場面以上に自働債権の範囲を拡張している。このため、将来債権を譲り受けようとする者は、債務者から相殺をもって対抗される場面を想定して、譲受予定の債権を評価するにあたっては相殺リスクを考慮することが必要になるものと考えられる。また、債務者が取得する自働債権が、譲渡債権の発生原因契約に「基づいて」生じた債権であるといえるかどうかについて、たとえば、1つの基本契約に基づいて複数の個別契約を締結している場合、基本契約と個別契約のいずれを基準とするのか、判断が難しいケースも生じる可能性があるとの指摘もなされている[23]。

6 債務引受

(1) 従来の議論の整理

ア 概　説

　債務引受とは、広義の意味においては、ある債務者が負う債務を他者が引き受けることをいう。これまで債務引受を一般的に規定する明文規定はなかった、判例・学説上で認められてきた。そして、この広義の意味における債務引受の中には、①免責的債務引受、②併存的債務引受の2種類があると理解されている。さらに、最広義の意味では、③履行引受も債務引受概念に含めることもできる。

① 免責的債務引受とは、ある債務がその同一性を変えることなく、原債務者から第三者（引受人）に移転し、原債務者が債務関係から離脱することをいう。機能としては、債務関係を簡易に決済する手段、より資力のある者が債務を引き受けることによって履行を確保する手段、契約上の地位の移転（契約譲渡、契約引受）がなされる場合にその重要な要素として債務の承継などを挙げることができる。

② 併存的債務引受とは、第三者（引受人）が既存の債務へ加入して新たな債務者となり、原債務者と並んで同一の債務を負担することをいう。機能としては、債権を担保するための手段（人的担保）としての側面が強調されている。他方、近時の実務上では、決済システムの一態様として用いられている向きもある。さらに、営業譲渡や相続分の譲渡など、債務を含む包括的な財産を一括して迅速に承継させる場面において、それを可能とするための法技術として併存的債務引受が機能していることも見逃せない。

③ 履行引受とは、第三者（引受人）と債務者との契約により、第三者が債務者の負担している債務を弁済するなどして債務者を免責させるべき義務を債務者に対して負担することをいう。前述のとおり、最も広い意味では、債務引受の一種と解することもできるが、履行引受は債務の移転がなく、引受人は債権者に対して何ら債務を負担しないことから（大判大正8年11月25日民録25輯2186頁）、債務引受とは異なる制度として説明される場合も多い。

23）青山大樹『条文から分かる 民法改正の要点と企業法務への影響』（中央経済社・2015年）210頁。

イ　免責的債務引受

　免責的債務引受契約も契約である以上、それが成立するためには契約当事者の合意が必要である。問題は、誰が契約当事者となりうるかである。理論的には契約の当事者として、①3当事者の契約、②債権者・原債務者の契約、③債権者と引受人の契約、④原債務者と引受人の契約の4つが考えうるが、このうち、①が認められることには異論がない一方、②は、第三者に義務を負わせる契約が認められないため、否定される。③については、原債務者に利益を与えるものであるため、原則的に許されると解されるが、原債務者の意思に反しないことが必要であるとするのが判例である（大判大正5年7月3日新聞1164号31頁）。これによって、第三者弁済（旧法447条2項）や更改（旧法514条）の規定との均衡が保たれることとなる。④については、これを可能とする見解が通説となっている。ただし、引受人の資力等が十分でない場合には債権者の有する債権の効力（回収可能性）を不当に弱めることとなるため、債権者の合理的期待を裏切ることのないよう、債権者の承諾が必要であると解されている。

　原債務関係において担保権が付着している場合、その担保権は免責的債務引受がなされた場合に存続するのかが問題となる。担保権の種類・性質に応じて区別して考える必要がある。担保権が法定担保物権である場合は、当該担保権は特定の債権を保全するために法律が認めたものであるから、その債権の性質が継続する債務引受においては、担保権も存続する。担保権が原債務者自身の設定した約定担保物権である場合は、債務の帰属者・責任財産の変更によって設定者（原債務者）が不利益を受けるおそれはないため存続するという見解と、一定の場合には消滅することを認める見解が対立している。これに対し、第三者が担保の提供をしている場合は、一般的に、担保設定が原債務者と担保提供者間の個人的な信頼関係を基礎としている以上、担保提供者の同意なしには移転しないと解されている。

　免責的債務引受は、債務の同一性を維持したままの承継であるため、一般的には、引受けの当時に債務に抗弁事由が付着しているときはこれらも移転し、これをもって債権者に対抗できる。ただし、引受人は、原債務者が債権者に対して有している債権を自働債権とする相殺を主張することはできないと解されている。相殺を認めることは他人の権利の処分を許すことになるからである。また、契約上の地位が移転したわけではないから、契約当事者に固有の権利で

ある取消権や解除権は、引受人に移転せず、引受人自らが行使することはできないと解する見解が多数説である。

ウ　併存的債務引受

併存的債務引受契約が締結される場合も、免責的債務引受と同様に、誰との間で契約を締結することができるのかが問題となる。債権者と引受人間の契約に関し、判例は、保証に関する462条2項の規定を類推適用し、債務者の意思に反しても契約を締結しうるとしている（大判大正15年3月25日民集5巻219頁）。他方、原債務者と引受人間の契約に関しては、併存的債務引受は、債権者に引受人に対する権利を取得させることはあっても不利益を生じさせるものではないから、免責的債務引受と異なり、債権者の承諾を必要とせずに有効に契約を締結することができると解されている（大判大正6年11月1日民録23輯1715頁）。

併存的債務引受がなされると、引受人は債権者に対して原債務者と同一内容の債務を負担する。ところで、併存的債務引受の場合、原債務者も債務を免れずにそれまでの債務関係がそのまま存続するので、原債務者の負う債務と引受人の負う債務の関係が問題となるが、特別な事情がないかぎり、連帯債務関係が生ずると解するのが判例である（なお、具体的事例において「特段の事情」を容易に認めない傾向にあり、結果的にはほとんど連帯債務で処理をしている）。これに対し学説は、旧法における連帯債務に絶対効規定が多かったことからくる不都合を回避するため、不真正連帯債務や不可分債務などの成立する可能性を認める解釈論を展開している。

(2)　改正のポイント①：債務引受の態様

冒頭のとおり、旧法には、債務引受の一般的な要件・効果が定められていないところ、新法では、それを明文規定化することが提案されている。具体的に、第3編第5節（470条〜472条の4）において、「第1款　併存的債務引受」、「第2款　免責的債務引受」を置く。履行引受に関する条文はない。債務引受に関する一般規定が明文化されることの意義は大きいものがあるが、その内容は、従来、判例・学説で認められていた内容を明文化する部分が多く、実務への影響は、あまり大きくないものと思われる。

併存的債務引受は、債権者と引受人となる者との契約によってすることができる（新法470条2項）。また、引受人となる者と原債務者との契約によっても

成立するものとされている。ただしこの場合には、債権者が引受人に対して承諾をすることで効力が生ずるものとされている（同条3項）。引受人となる者と原債務者との合意は、「第三者のためにする契約」であるとの考え方に従い、債権者の受益の意思表示を要求しているのである（新法537条3項参照）。この承諾があった後は、原債務者は、債権者に無断で債務引受契約の解除をすることができなくなる（新法538条参照）。債権者保護のためである。

　免責的債務引受に関しては、債権者と引受人となる者との契約によってすることができる（新法472条2項）。いままでの判例から扱いを変更することとなる。これは、債務者の意思に反してもできる「免除」との整合性を図ったものであるということができる。また、債権者と引受人になろうとする者との間で引受契約がなされる場合に、債務者の意思を知りえないことが契約の障害になることを取り除くことにもつながる。実務上も、債権管理の方法として免責的債務引受を利用しやすくなるのではないかとの指摘がある。なお、この類型の契約の場合には、債権者が原債務者に対してその契約をした旨を通知したときに、その効力が生じる。他方、原債務者と引受人となる者が契約をすることもできるが、その場合には、債権者が引受人となる者に対して承諾をする必要がある（同条3項）。なお、本条項における「承諾」は、新法470条3項にいう「承諾」とは異なる。後者は、前述のとおり、債権者が利益を受けるための効力発生要件にすぎない。これに対して前者は、原債務者を債務関係から解放させる効果を伴うものである。

(3) 改正のポイント②：債務引受の効果

　併存的債務引受がなされると、引受人は、原債務者と連帯して、原債務者が債権者に対して負担する債務と同一の内容の債務を負担する（新法470条1項）。なお、新法では、連帯債務者の一人について生じた事由の効力に関する規定が改正され、相対的効力事由の範囲が広がる（新法438条～441条参照）ため、いままでの判例理論とは結論を異にすることになる点には留意が必要である。他方、免責的債務引受がなされると、引受人は、原債務者が債権者に対して負担する債務と同一の内容の債務を負担し、原債務者は自己の債務を免れることとなる（新法472条1項）。

　併存的債務引受でも免責的債務引受でも、引受人は、債務引受により負担し

た自己の債務について、その効力が生じた時に原債務者が主張することができた抗弁をもって債権者に対抗することができる（新法471条1項、472条の2第1項）。また、引受人自身は取消権や解除権を有しないものの、原債務者が債権者に対して取消権や解除権を有する場合には、引受人は、権利の行使によって原債務者がその債務を免れることができた範囲において、債権者に対して債務の履行を拒むことができる（新法471条2項、472条の2第2項）。

　他方、原債務者が債権者に対して反対債権を有している場合、①併存的債務引受であれば、引受人は、原債務者の負担部分の限度において、債務の履行を拒むことができる（新法439条2項）のに対し、②免責的債務引受であれば、引受人は、原債務者が反対債権を有していることを理由として履行を拒絶することはできない。また、引受人となる者と原債務者の合意によって成立した債務引受の場合、①それが併存的債務引受であれば、引受契約に基づく原債務者に対する抗弁も債権者に対して主張することができる（第三者のためにする契約であるため。新法539条）のに対し、②それが免責的債務引受であれば、そのような抗弁を主張することはできない。

(4) 改正のポイント③：担保権の移転

　免責的債務引受がなされる場合、原債務者の負う債務の担保として設定された担保権はどのようになるのか。これに関し新法は、債権者は当該担保権を引受人が負担する債務に移すことができるものとしている（新法472条の4第1項本文）。ただし、引受人以外の者（物上保証人など）が引受前の債権を担保する担保権を設定した場合には、その者の承諾を得なければならない（同項ただし書）。また、担保権が設定された財産の第三取得者についても同様と解すべきであろう。

　なお、免責的債務引受によって原債務者の債務は消滅するため、担保の性質上、担保権の移転は、免責的債務引受の時までには担保権の移転も行わなければならないが、その際、あらかじめまたは同時に、引受人に対して意思表示をすることが求められている（新法472条の4第2項）。

7 有価証券

(1) 従来の議論の整理

債権は、ときとして証券に化体し、債権の成立・存続・譲渡・行使などが証券を基準にしてなされる。債権と証券が結合することによって、その流通性を促進させることができる。実際、（広義の意味での）商法では、手形・小切手、倉庫証券、貨物引換証、船荷証券などについて、債権と化体した証券を基準に、詳細な規定が置かれている。

これに対し民法には、債権の成立・存続・譲渡・行使などにおいて証券を基準としてなされる債権に関し、若干の規定があるにすぎなかった（旧法469条～473条）。そもそも、民法における規定を商法上の有価証券とは別の概念に関するものとして位置づけるか否か（指名債権と有価証券の中間に位置する証券的債権に関する規定と位置づけるか否か）自体が議論の対象となっているが、かりに証券的債権と有価証券を別の概念として位置づけたとしても、実際には、民法の規定の適用がある証券的債権は、ほとんど存在しないといわれていることからすると、民法上の規定の独自の存在意義はきわめて薄いと解されてきた。

より具体的には、民法上では、①指図債権、②記名式所持人払債権、③無記名債権が規定されていた。①指図債権（旧法469条、470条、472条）とは、証券に債権者の名前が記載されており、その人本人またはその人の指定（指図）した者に対して弁済されるべき債権である。②記名式所持人払債権（旧法471条）とは、証券に債権者の名前が記載されているが、その者を含めその証券の正当な所持人に対して弁済されるべき債権である。③無記名債権（旧法473条）とは、証券には債権者の名前が記載されておらず、証券の正当な所持人に対して弁済されるべき債権である。

① 指図債権の譲渡は、譲渡人と譲受人間の意思表示（合意）によって効力を生じる。裏書・交付を効力要件とする有価証券とは異なり、指図債権の場合、裏書・交付は第三者対抗要件にすぎない（旧法469条）。指図債権の場合、債務者が、証書の所持人および署名捺印の真実性について悪意または重過失がなければ、債権者ではない者へ弁済した場合でも、その弁済は有効となる。もっとも、債務者は、所持人が真の権利者であるか、署名捺印が真実であ

るかについて調査する権限を有しており（義務ではない）、その間は弁済期を徒過しても債務不履行責任を負わなくてよい（旧法470条）。指図債権の譲渡人が無権利者であった場合、譲受人が権利を取得できるか否かが問題となるが、公信力を認める規定が存在しないことから、権利取得を否定するのが多数説である。他方、債務者は、証券面から判断できる事由以外の事由は、その指図債権の譲渡前の債権者に対抗しえた事由をもって善意の譲受人に対抗することができない（旧法472条。人的抗弁の切断）。

② 記名式所持人払債権の譲渡は、指図債権の譲渡と同様、譲渡人と譲受人間の意思表示（合意）によって効力を生じる（裏書・交付は第三者対抗要件にすぎないと解するのが多数説である）。債務者の弁済保護（旧法471条）、債務者の調査権（同条）については、指図債権の場合と同様である。公信力についても、指図債権と同様、これを認めないのが多数説である。人的抗弁については、譲受人の保護を重視して旧法472条を類推適用する見解が有力である。

③ 無記名債権の譲渡は、前2者と同様、譲渡人と譲受人間の意思表示（合意）によって効力を生じる（裏書・交付は第三者対抗要件にすぎないと解するのが多数説である）。債務者の弁済保護、債務者の調査権については、明文規定があるわけではないが、前2者と同様に解されている（旧法470条類推適用）。公信力については、前2者と異なり、認められている（即時取得の適用がある。旧法86条3項、192条）。人的抗弁については、指図債権と同様、認められている（旧法473条、472条）。

(2) 改正のポイント

新法では、「有価証券」に関する規定を、520条の2～520条の20に新設することが提案されているが、特徴としては、①有価証券と区別される意味での証券的債権という概念については、民法上に規定を置かず、「債権」からではなく「証券」の観点から条文が再整理されたこと、②旧法469～473条に関する規定を有価証券法理に整合する内容に修正したこと、③同86条3項の規定は削除され、無記名債権も有価証券法理に組み込まれたこと、④有価証券についての一般的な定義規定は置かずに、指図証券、記名式所持人払証券、その他の記名証券、無記名証券に類型化したことを挙げることができる。新法によって、民法上の規定と有価証券法理との不整合が解消されることに、理論的な実

益がある。

　なお、手形・小切手、荷物引換証、船荷証券、倉庫証券など個別の有価証券については、民法が規定する有価証券に関する規定を一般法とし、個別の法令を特別法とすることとなる。したがって、改正後も、実務的には、有価証券に関する規範の大半は、特別法に委ねられることとなり、大きな影響はないものと思われる。しかし、一部の有価証券については、部分的に、民法の規定の適用の余地があることが指摘されている（「中間試案補足説明（第19・有価証券）」参照）。

ア　指図証券

　証券上に、権利者として指定された者またはその者が指示する者に対して給付する旨の記載がある証券を指図証券というが、新法は、その譲渡に関し、証券への譲渡の裏書と証券の交付を、譲渡の「対抗要件」ではなく「効力要件」とする規定を盛り込み、旧法から変更を加えている（新法520条の2）。これによって、有価証券法理との整合性が図られることとなる。なお、譲渡の裏書の方式については、手形法における裏書の方式に関する規定を準用するものとしている（新法520条の3）。

　また、新法は、指図証券の所持人が裏書の連続によりその権利を証明するときには、その所持人は、証券上の権利を適法に有するものと推定する旨の規定を置く（新法520条の4）。さらに、何らかの事由によって指図証券の占有を失った者がある場合、その所持人が上記の規定に基づいてその権利を証明するときには、その所持人は、悪意・重過失でないかぎり、証券を返還する義務を負わないものとする、いわゆる善意取得の制度を設ける（新法520条の5）。いずれも、商法や手形法にならった規定である。

　他方、人的抗弁の切断については、旧法472条と同様の規定を置く（新法520条の6）。手形法や小切手法と異なり、「その証券の性質から当然に生ずる結果」については、善意の譲受人にも対抗できるものとしている点には留意が必要である。

　なお、そのほか、指図証券の質入れの場合における準用、指図証券の弁済の場所、指図証券の提示と履行遅滞、指図証券の債務者の調査の権利、公示催告手続等についても規定が置かれている。概ね、前述のような旧法と同趣旨の内容となっている。

イ　記名式所持人払証券

債権者を指名する記載がされている証券であって、その所持人に弁済をすべき旨が付記されている証券を記名式所持人払証券というが、新法は、その交付を譲渡の「効力要件」とする（新法520条の13）。それ以外にも、所持人の権利の推定、善意取得、人的抗弁の切断、質入れなどにおいて、指図証券と同様の規定を置く。

ウ　その他の記名証券

新法は、指図証券（上記ア）および記名式所持人払証券（上記イ）以外の記名証券について、裏書禁止手形に関する手形法上の規定と同様の規定を置く。すなわち、債権の譲渡またはこれを目的とする質権の設定に関する方式に従い、かつ、その効力をもってのみ、譲渡し、または質権の目的とすることができるものとする（520条の19第1項）。

エ　無記名証券

旧法では、無記名債権は動産とみなされていた（旧法86条3項）が、無記名証券も有価証券の一種であることをふまえ、新法では、無記名証券については、記名式所持人払証券の規定を準用するものとしている（新法520条の20）。これによって、①証券の交付が第三者への対抗要件ではなく効力要件となったこと、②証券の取得者が即時取得によって保護されるための要件が緩和される（悪意または重過失がないかぎり保護される）こと、③債務者の免責について明文規定が整備されたこと、などの点において変化が生じる。

8　契約上の地位の移転

(1)　従来の議論の整理

契約上の地位の移転とは、契約から生じる個々の債権・債務とは異なり、契約上の地位そのものを、契約関係の同一性を維持したまま移転するものである。たとえば、売買契約における売主・買主たる地位の移転、賃貸借契約における賃貸人・賃借人たる地位の移転、労働契約における使用者たる地位の移転、フランチャイジーたる地位の移転、ゴルフ会員契約における会員たる地位の移転、保険契約における保険契約者たる地位の移転など、様々なものが実際の例として挙げられる。

そもそも、契約当事者の関係を個々の債権・債務として分析的に捉えるのであれば、その承継も、債権譲渡・債務引受という概念に分解して説明できそうであるが、特に取消権や解除権などの形成権をも移転しうること（大判大正14年12月15日民集4巻710頁参照）、および、継続的契約において将来発生する債権・債務をも移転しうることに実益を見出し、本概念は一般的に認められるに至っている。

　伝統的立場によれば、原則として、契約上の地位の移転がなされる場合には、原契約の当事者であり契約上の地位の譲渡人 (A)、原契約当事者の相手方 (B)、契約上の地位の譲受人 (C) の三面契約によってできることは当然としても、さらにA・C間の契約によっても可能であると解されている。ただし、契約上の地位の移転には債務の引受けの側面をも含むため、契約の相手方Bに対して不利益を及ぼす可能性があるから、従来、契約の相手方Bの同意が必要であると解されてきた。たとえば、売買契約における買主の地位の移転においては、売買代金支払債務の履行可能性が買主の資力に大きく関係することから、売主の意思的関与なしに買主の地位が移転することがあれば、売主が不測の不利益を被るため、許されないものとされている。

　なお、賃貸人の地位の移転については別に考える。すなわち、不動産の譲受人が不動産賃貸人としての地位を賃借人に主張するためには、所有権移転登記を経る必要性があることを前提としたうえで、不動産所有権が移転すれば、賃貸人としての地位も移転し、その移転にあたって賃借人の承諾は、特段の事情のある場合を除き不要であるとしている（最判昭和39年8月28日民集18巻7号1354頁、最判昭和46年4月23日民集25巻3号388頁）。そして、賃借人の承諾を不要とする理由として、「土地の賃貸借契約における賃貸人の地位の譲渡は、賃貸人の義務の移転を伴うものではあるけれども、賃貸人の義務は賃貸人が何ぴとであるかによって履行方法が特に異なるわけのものではなく、また、土地所有権の移転があったときに新所有者にその義務の承継を認めることがむしろ賃借人にとって有利である」ことを挙げる（前掲昭和46年判決）。また、不動産の新旧所有者間において、従前からの賃貸借契約における賃貸人の地位は旧所有者に留保するという合意をしたとしても、それだけでは、当然に地位が承継されることを否定する特段の事情にはならないものとされている（最判平成11年3月25日判時1674号61頁）。

(2) 改正のポイント①：契約上の地位の移転の明文化

　新法では、契約上の地位の移転の一般原則を明らかにする規定が設けることが提案されている（新法539条の2）。契約上の地位の移転に関する規定を明文化する意義は大きいが、これまでも同概念の存在自体は、ほぼ異論がないところであり、実務への影響は少ないものと思われる。なお、たとえば売買契約上の買主の地位の移転がなされた場合、物権変動は、買主から地位の譲受人への1回の物権変動のみが生じる（2回の物権変動があるわけではない）と解される。

(3) 改正のポイント②：移転の要件としての「契約相手方の意思的関与」

　新法539条の2は、移転の要件として、契約の相手方の「承諾」を必要としている。これも、これまでの通説を明文化したものである。

　なお、不動産の賃貸人である地位の移転については、別に規定を設ける。新法605条の2第1項は、新法605条における不動産賃借権の登記、借地借家法10条または31条その他の法令の規定による賃借権の対抗要件を備えた場合において、その不動産が譲渡されたときは、その不動産の賃貸人たる地位は、その譲受人に移転する旨を規定している。明文規定上は、対抗要件を備えている場合に限定しているが、対抗要件を備えていない場合における不動産の譲渡において、賃貸人たる地位は賃借人の同意を得ることなく移転する旨を規定した前述の最高裁判決を否定するものではないと解する。また、「不動産の譲渡人及び譲受人が、賃貸人たる地位を譲渡人に留保する旨」および「その不動産を譲受人が譲渡人に賃貸する旨」の合意をした場合には、賃貸人たる地位は、譲受人に移転しないものとしている（新法605条の2第2項）。賃貸不動産の信託的譲渡などのニーズに配慮しているものと思われる。なお、賃貸人たる地位の移転を賃借人に対抗しうるためには、賃貸物である不動産について所有権の移転の登記が必要である（同条3項）。

Ⅱ　債権譲渡に関する要件事実

1　訴訟物

　AがYに対し絵画を50万円で売り、Xが、Aから、Yに対する絵画の売買代金債権を30万円で譲り受けたというケースにおいて、この場合の訴訟物は、XのYに対するA・Y間の売買契約に基づく売買代金請求権である。売買契約の個数は1個なので、訴訟物の数も1個である。

　債権譲渡は、債権の同一性を変えることなく帰属主体を変更するものであるから、債権譲渡がある場合に譲受人が債務者に対してその請求をする場合の訴訟物は、譲渡人が債務者に対して有していた債権である。債権譲渡の場合、訴訟物がX・Y間で発生した権利ではないので、訴訟物の特定として、「A・Y間の」という主体まで特定する必要がある。

2　請求原因

(1)　要件事実の内容

　債権譲渡があった場合の訴訟物は、譲渡人の債務者に対する債権であるから、譲受人がその履行を請求するためには、①譲受債権の発生原因事実を主張・立証する必要がある。

　また、譲受人が債務者に対して行使するには、同債権を取得したことが必要となるので、②債権の取得原因事実を主張・立証する必要がある。

　したがって、譲受債権の履行を請求する場合の要件事実は、
- ❶　譲受債権の発生原因事実
- ❷　❶の債権の取得原因事実

となる。

(2)　処分行為の要否

　上記❷の債権取得原因について、A・X間の債権譲渡自体が取得原因となるのではなく、その取得原因事実が要件事実であるのは、債権譲渡行為（準物権

行為) の独自性を否定するからである。

3 攻撃防御方法

　債権譲渡をめぐる様々な攻撃防御方法について、新法に基づき、以下のような分類で検討していくこととする。
① 譲渡制限特約に基づく履行拒絶・譲渡人に対する弁済等の抗弁
② 譲渡人に生じた事由に基づく抗弁
③ 債務者対抗要件・第三者対抗要件
④ 債権喪失の抗弁・二重譲受人に対する弁済の抗弁
⑤ 将来債権譲渡

(1) 譲渡制限特約に基づく履行拒絶・譲渡人に対する弁済等の抗弁

ア　実体法上の要件および要件事実の内容

　譲渡禁止または制限の意思表示 (以下「譲渡制限特約」という。新法466条2項・3項) を根拠に、譲受人からの履行請求を拒絶するとの主張をする場合の実体法上の要件は、
　　① 譲渡制限特約の成立
　　② 譲受人が債権を譲り受けた際、①の特約を知っていたこと
　　　または
　　②′譲受人が債権を譲り受けた際、①の特約を知らないことにつき重大な過失があったこと
である。
　また、譲渡人に対する弁済等の債務消滅事由を主張する場合は、上記①、②に加えて、
　　③　譲渡人に対する弁済その他の債務を消滅させる事由
も実体法上の要件となる。
　①は、譲渡制限特約に基づく履行拒絶の抗弁が譲渡制限特約の存在を根拠とする主張である以上、主張が必要となる (新法466条2項)。なお、新法466条2項は、旧法で譲渡禁止特約に反する債権譲渡が当事者間においても無効であると解されてきた (物権的効力説) のを改め、債権譲渡の法的安定を図るため、譲渡制限特約に反する債権譲渡も有効であることを明らかにしている (債権的

効力説）。

　②は、新法466条3項が規定するもので、債権の自由譲渡性を根拠に（新法466条1項）、悪意または重過失のある譲受人その他の第三者に限って譲渡制限特約を対抗できるとするものである。旧法では善意の第三者に対しては譲渡制限特約を対抗できないと規定されていたところ、これについて、判例は、以下のように解していた。すなわち、債務者は、悪意または重過失のある譲受人に対して特約の存在を主張でき、その立証責任は債務者が負うと解していた（最判昭和48年7月19日民集27巻7号823頁、大判明治38年2月28日民録11輯278頁）。新法466条3項は、このような判例の立場を明文化するものである。

　③について、新法466条3項は、旧法のように債権譲渡自体を無効とするのではなく、譲渡制限特約違反の債権譲渡も有効であることを前提に、債務者は履行の請求を拒むことができ、かつ譲渡人に対する弁済等の事由を対抗できるとした。このような規定からすると、債権者は債権の譲受人からの請求に対し、譲渡制限特約およびこれについての悪意または重過失を主張するのみで履行を免れることはできず、履行を拒絶するとの意思表示が必要であると解される。また履行拒絶に加えて、譲渡人に対する弁済等による債権消滅を主張するには、同消滅事由に該当する具体的事実の主張が必要であると解される。さらに、債務者は、履行の拒絶をしつつ、譲渡人に対する弁済等による債権消滅を主張できるものと解される（またはいずれか一方の主張も可能であると解される）。

　以上を前提とすると、譲渡制限特約に基づく履行拒絶の要件事実は、

　　❶　譲渡制限特約の成立
　　❷　譲受人が債権を譲り受けた際、❶の特約を知っていたこと
　　　　または
　　❷′　譲受人が債権を譲り受けた際、❶の特約を知らないことにつき重大な過失があったことの評価根拠事実
　　❸　履行拒絶の意思表示

とまとめることができる。

　これらに加えて、債務者は、
　　❹　譲渡人に対する弁済その他の債務を消滅させる事由
を主張・立証することによって、履行を拒絶するのみならず、債権の消滅を譲渡制限特約につき悪意または重過失の譲受人に対し対抗することができる。

イ　承諾の再抗弁

旧法では、譲渡制限特約があっても、債務者が同債権の譲渡を承諾すれば、債権譲渡が譲渡時に遡って有効になると解されていた（最判昭和52年3年17日民集31巻1号308頁）。承諾時期は、債権譲渡の前後を問わないとされる。

新法では、この点に関する判例法理は明文化されていない。また、旧法とは異なり、新法では、譲渡制限特約があっても債権譲渡自体は有効とされているから（新法466条2項）、債務者の承諾について、譲渡自体を有効とする法律効果を有すると考えることはできない。しかし、譲渡制限特約は、債務者の利益を保護するためのものであるから（最判平成21年3月27日民集63巻3号449頁）、債務者自らその利益を放棄し、承諾をすれば、譲渡制限特約を根拠とする履行拒絶および譲渡人に対する弁済等の主張を否定して差し支えないと解される。したがって、従前の判例法理を敷衍し、債務者の譲渡制限特約に基づく履行拒絶・譲渡人に対する弁済等の抗弁に対し、債権者は、承諾の再抗弁を主張することができるものと考えられる。

承諾の再抗弁の要件事実は、

● 債務者が、譲渡人または譲受人に対し、承諾の意思表示をしたこと

である。

ウ　履行催告の再抗弁

ⓐ　主張の位置づけ

新法466条2項・3項は、譲渡制限特約に反する債権譲渡も有効としつつ、債務者は、悪意または重過失ある譲受人その他の第三者に対して履行を拒絶できると定める。これにより、譲渡人は債権譲渡により債権を失い、かつ悪意または重過失の譲受人は譲渡制限特約の対抗を受けることになるから、譲渡人および譲受人いずれも債務者に対し履行の請求をすることができないという状態になる。このような状態において、債務者が履行を遅滞している場合にまで譲渡制限特約による債務者の利益を保護する必要はない。そこで、新法466条4項は、譲受人その他の第三者が、債務者に対し譲渡人へ履行をするよう催告をしても、債務者が相当期間内に履行しないときは、債務者は、譲渡制限特約を譲受人その他の第三者に対抗できないとしている。これは、上記のような履行遅滞状態にある債務者に対しては、譲渡制限特約に基づく履行拒絶・譲渡人に対する弁済等の抗弁を認めないことを意味する。そして、同抗弁により生じた

法律効果を消滅し、譲受人の債務者に対する履行の請求が認められることになるから、同抗弁に対する再抗弁に位置づけられる。

ⓑ **実体法上の要件および要件事実の内容**

履行催告の再抗弁の実体法上の要件は、

① 債務の発生原因事実
② ①の債務を債務者が履行しないこと
③ 譲渡制限特約につき悪意または重過失の譲受人その他の第三者が相当期間を定めて債務者に対し、譲渡人への履行を催告したこと
④ 相当期間内に履行がないこと

である（新法466条4項）。

①については請求原因にてすでに主張されている。

②につき代表的な履行遅滞について取り上げると、履行期の態様によって具体的要件事実は異なる（新法412条）。期限の定めのない債務であれば、催告により遅滞が基礎づけられる（同条3項）。たとえば、売買契約であれば、期限の定めは成立要件にはならないので、履行期の経過を基礎づけるには催告で足りる。他方で、期限の定めのある債務であれば、同期限の経過により遅滞が基礎づけられる（同条1項）。

その他債務不履行を基礎づける事実が要件事実となる。

③のうち、債権譲渡の事実および譲受人が悪意または重過失であることは請求原因および抗弁ですでに主張されていることから、これらの主張は不要であり、譲受人その他の第三者が相当期間を定めて履行を譲渡人への催告したことを主張すれば足りる。

④の「履行がないこと」という要素については、弁済の効果が債務消滅であることからすると、履行によって債務を免れ、利益を受ける債務者が履行したことの主張・立証責任を負い、再々抗弁として主張すべきであると考えられる。

以上を前提にすると、履行催告の再抗弁の要件事実は、

❶ 債務者の債務不履行の事実（履行遅滞等）
❷ 譲受人その他の第三者が債務者に対し、譲渡人への履行の催告をしたこと
❸ ❷の催告後、相当期間が経過したこと

と、まとめることができる。

同再抗弁に対して、債務者は、債務の履行をしたことを再々抗弁として主張することができる。

エ　預金債権の例外

新法466条の5第1項は、譲渡制限特約の対象となる債権が預金口座または貯金口座に係る預金または貯金に係る債権（以下「預貯金債権」という）である場合には、新法466条2項の規定にもかかわらず、その例外として、譲渡制限特約を悪意または重過失ある譲受人に対抗できると定める。すなわち、預貯金債権については債権的効力説ではなく、物権的効力説を採用し、譲受人が譲渡制限特約につき悪意または特約の存在を知らないことにつき重過失ある場合、債権譲渡自体が無効になるとしている。したがって、預貯金債権に限っては、旧法と同様の取扱いがなされることになる。

これを前提に、攻撃防御方法を検討すると以下のとおりとなる。

＜訴訟物＞
　　AのYに対する預金契約に基づく預金払戻請求権
＜請求原因＞
　　❶　預貯金債権の発生原因事実
　　❷　❶の債権の取得原因事実
＜抗弁：譲渡制限特約＞
　　❶　譲渡制限特約の成立
　　❷　譲受人が債権を譲り受けた際、❶の特約を知っていたこと
　　　　または
　　❷′　譲受人が債権を譲り受けた際、❶の特約を知らないことにつき重大な過失があったことの評価根拠事実
＜再抗弁1：承諾＞
　　●　債務者が債権譲渡につき承諾の意思表示をしたこと
＜再抗弁2＞
　　●　重過失の評価障害事実

(2)　譲渡人に生じた事由に基づく抗弁

ア　譲渡人に生じた事由

債権譲渡は、債権の同一性を変えることなくその帰属主体を変更するもので

あるから、債権に付着していた抗弁事由は承継されるのが原則であり、加えて、旧法468条2項は、債務者は債権譲渡から譲渡通知到達時までに譲渡人について生じた事由をも譲受人に対抗できるとしていた。そして、同条1項は、債務者が異議をとどめない承諾をした場合には抗弁は切断されると規定していた。

新法は、以上のような規律を改め、異議をとどめない承諾に基づく抗弁の切断という制度を廃止した。新法の下においては、この抗弁の切断は、抗弁を放棄する意思表示によることになる[24]。

また、旧法468条2項が規定していた通知を受けるまでに生じた事由というのを、新法468条1項で対抗要件具備時までに生じた事由と改めた。なお、譲渡人に対して生じた事由としては、たとえば、譲受債権の発生原因である契約の無効・取消し、解除、弁済等の様々な事由が考えられる。

以上のような譲渡人に生じた事由の抗弁については、上記のように様々なものが考えられるので、これらの抗弁をあてはめて主張・立証することになる。

イ 先立つ対抗要件具備（再抗弁）

譲渡人に生じた事由の抗弁は、当該事由に先立って債権譲渡の債務者対抗要件が具備されていた場合には、譲受人に対抗できなくなる（新法468条1項）。したがって、先立つ対抗要件具備の主張は、譲渡人に生じた事由に基づく抗弁に対する再抗弁に位置づけられる。

同再抗弁の要件事実は、

- ● 抗弁事由に先立ち、債権譲渡につき、譲渡人が債務者に対し通知をしたこと

    または

- ●' 抗弁事由に先立ち、債権譲渡につき、債務者が譲渡人または譲受人に対し承諾をしたこと

である。

ウ 抗弁の放棄（再抗弁）

異議をとどめない承諾による抗弁の切断という制度が廃止されたことから、異議をとどめない承諾ではなく、抗弁を放棄するという意思表示でもって、譲渡人に対して生じた事由を譲受人に対抗できなくなるという効果が生じること

---

[24] 大江忠『新債権法の要件事実』（司法協会・2016年）282～284頁。

になる。これは、譲渡人に生じた事由という抗弁を譲受人に主張できなくなるものであるから、再抗弁に位置づけられる。

この場合の要件事実は、

● 債務者は、譲受債権の抗弁を放棄するとの意思表示をしたこと

である。

なお、同再抗弁は、意思表示であるため、その瑕疵（錯誤や詐欺等）が問題となり、同瑕疵に関する主張が再々抗弁になる。

(3) 債務者対抗要件具備の抗弁

新法467条は、債務者対抗要件が問題となる債権譲渡について、将来債権譲渡を含むと規定したが、それ以外は旧法下の規律のとおりである。したがって、債務者対抗要件の抗弁をめぐる攻撃防御についても、旧法と相違なく、以下のように整理することができる。

＜訴訟物＞

AのYに対する売買契約に基づく代金支払請求権

（AがYに対する債権をXに譲渡し、XがYに対し請求した事案）

＜請求原因＞

❶ AのYに対する債権の発生原因事実

❷ ❶の債権の取得原因事実

＜抗弁：債務者対抗要件の抗弁＞

（❶ 対抗要件の欠缺を主張する正当な利益を有すること）

❷ 債務者対抗要件を具備するまで債権者とは認めないとの権利主張

※❶については、請求原因における譲受債権の発生原因によりすでに基礎づけられているので、改めて主張・立証する必要はなく、❷権利主張をすれば足りる（権利抗弁）。

＜再抗弁：債務者対抗要件具備の再抗弁＞

● 債権譲渡後に、譲渡人が債務者に対して譲渡通知をしたこと

　　または

●' 債権譲渡につき債務者が譲渡人または譲受人に対し承諾したこと

※通知は債権譲渡後になされたものでなければならないのに対し、承諾は債権譲渡の前後を問わない（最判昭和28年5月29日民集7巻5号608

頁)。また譲渡通知をすべき者は譲渡人であり、譲受人は譲渡人に代位して通知をすることも認められない(大判昭和5年10月10日民集9巻948頁参照)。なお、譲受人が譲渡人から授権され使者として通知をすることは可能であると考えられている[25]。

承諾は、譲渡人・譲受人いずれかに対して行えば足りる(最判昭和49年7月5日集民112号177頁)。

なお、以上の説明は第三者対抗要件の抗弁についても同様である。

(4) 第三者対抗要件具備の抗弁

すでに述べたように、対抗要件制度について旧法下と相違はないことから、旧法下における規律と同様、攻撃防御については以下のように整理することができる。

＜訴訟物＞

　AのYに対する売買契約に基づく代金支払請求権

　(AがYに対する債権をXとBに二重譲渡し、XがYに対し請求した事案)

＜請求原因＞

　❶　AのYに対する債権の発生原因事実
　❷　❶の債権の取得原因事実

＜抗弁：第三者対抗要件の抗弁＞

　❶　AからBへの当該債権の移転原因事実
　❷　❶の債権譲渡について債務者対抗要件が具備されたこと
　❸　譲受人が第三者対抗要件(確定日付ある証書による通知または承諾)を具備するまで債権者とは認めないとの権利主張

　※❶および❷について、第三者対抗要件の抗弁は、譲受人以外の第三者に同一の債権が譲渡されており、当該第三者が債務者対抗要件を備えているがゆえに、譲受人は、債務者との関係で当該第三者に劣後する(第三者が優先する)という内容の主張であるから、第三者に対し債権譲渡がなされたことおよび当該第三者が債務者対抗要件を備えたことを主張・立証する必要がある。また、権利抗弁であるので、❸権利

---

[25] 司法研修所編『紛争類型別の要件事実〈改訂版〉』(法曹会・2015年)。

主張も必要である。
＜再抗弁：第三者対抗要件具備の再抗弁＞
- ❶ 譲渡人から譲受人への債権譲渡につき、その後、譲渡人が債務者に対して確定日付ある証書により譲渡通知をしたこと

  または、
- ❶' 譲渡人から譲受人への債権譲渡につき、債務者が譲渡人または譲受人に対し確定日付ある証書による承諾をしたこと

(5) 債権喪失の抗弁

　債務者は、譲受人からの履行請求に対し、当該債権が第三者に二重に譲渡され、かつ同第三者が譲受人との関係で確定的に優先するとの主張をして、請求を拒むことができる（債権喪失の抗弁）。これについても旧法と同様に以下のように整理することができる。

＜訴訟物＞
　ＡのＹに対する売買契約に基づく代金支払請求権
　（ＡがＹに対する債権をＸとＢに二重譲渡し、ＸがＹに対し請求した事案）

＜請求原因＞
- ❶ ＡのＹに対する債権の発生原因事実
- ❷ ❶の債権の取得原因事実

＜抗弁：債権喪失の抗弁＞
- ❶ ＡからＢへの当該債権の移転原因事実
- ❷ ❶の債権譲渡につき、第三者対抗要件（確定日付ある証書による通知または承諾）が具備されたこと

＜再抗弁：第三者対抗要件具備＞
- ❶ ＡからＸへの債権譲渡につき、第三者対抗要件（確定日付ある証書による通知または承諾）が具備されたこと

　※債権が二重に譲渡された場合の両譲受人間の優劣関係は、以下のように規律される（対抗要件をめぐる規律に基本的な変更はない以上、旧法下の判例が妥当すると考えられる）。

　　まず、いずれの譲受人も確定日付ある証書により通知または承諾を得ている場合の優劣決定基準は、通知が到達した日時または債務者の承

諾の日時の先後によって決せられる（到達時説、最判昭和49年3月7日民集28巻2号174頁）。

次に、到達時説を前提に、確定日付ある通知が同時に到達した場合（戦後不明を含む）は、譲受人間に優劣関係はなく、互いに自己が優先的地位にあることを主張することができない（最判平成5年3月30日民集47巻4号3334頁参照）。さらに、優劣関係はないとしても、各譲受人は債務者に対して全額の弁済を請求できると考えられている（最判昭和55年1月11日民集34巻1号42頁）。

以上のような判例を前提とすると、債権喪失の抗弁に対し、第三者対抗要件を具備すれば譲受人は債務者との関係で全額の弁済を請求できる地位を得ることになる。そこで、債権喪失の抗弁に対し、第三者対抗要件を具備したことを再抗弁として主張することができる。

＜再々抗弁：先立つ第三者対抗要件具備（再々抗弁）＞
● AからBへの債権譲渡についての第三者対抗要件の具備がAからXへの第三者対抗要件具備に先立つこと
※前記判例の到達時説を前提に、第三者は、自身の第三者対抗要件が先立つことを再々抗弁として主張できる。

(6) 二重譲受人に対する弁済の抗弁

債務者は、譲受債権の履行請求に対し、債権が他の譲受人に二重に譲渡され、その譲渡後に当該譲渡人に対して弁済したとの抗弁を主張でき、対抗要件制度に変更がない以上、旧法下と同様に以下のように整理することができる。

＜訴訟物＞
● AのYに対する売買契約に基づく代金支払請求権
（AがYに対する債権をXとBに二重譲渡し、XがYに対し請求した事案）

＜請求原因＞
❶ AのYに対する債権の発生原因事実
❷ ❶の債権の取得原因事実

＜抗弁：二重譲受人に対する弁済の抗弁＞
❶ Bの債権取得原因事実
❷ ❶の債権につき債務の本旨に従った給付がされたこと

<再抗弁：弁済に先立つ第三者対抗要件具備（再抗弁）＞
● AのBに対する弁済に先立ち、Xが第三者対抗要件（確定日付ある証書による通知または承諾）を具備したこと
※債権が二重に譲渡され、第三者対抗要件が具備される前に、一方の譲受人に対し有効な弁済がなされた債権が消滅した場合、その後に他方の譲受人が第三者対抗要件を具備したとしても、もはや弁済を求めることはできない（大判昭和7年12月6日民集11巻2414頁参照）。しかし、このような弁済がなされる前に第三者対抗要件を具備していれば、同対抗要件を備えた者が優先し、債務者はその譲受人に弁済をしなければならないことになる。
したがって、二重譲受人に対する弁済の抗弁に対し、弁済に先立って第三者対抗要件を備えたことを主張することができ、この主張は、再抗弁に位置づけられる。

<再々抗弁：弁済に先立つ第三者対抗要件具備（再々抗弁）＞
● AからXへの債権譲渡についての第三者対抗要件の具備がAからBへの第三者対抗要件具備に先立つこと
※前記弁済に先立つ第三者対抗要件具備の再抗弁に対しては、債権喪失の抗弁と同様に考えることができる。すなわち、債権の二重譲渡の譲受人相互間で優劣関係がない場合でも、債務者との関係では完全な債権者としての地位を得ており、各譲受人は債務者に対して全額の弁済を請求できると考えられている（最判昭和55年1月11日民集34巻1号42頁）から、Y（債務者）は、Bが弁済に先立って第三者対抗要件を具備したことを主張・立証することでBへの弁済を正当化することができる。

(7) 将来債権譲渡

ア　訴訟物

Aが、Yに対して有する将来の売掛債権をXに譲渡したというケースにおける訴訟物は、AのYに対する売買契約に基づく代金支払請求権である。

新法466条の6第1項は、将来発生する債権であっても譲渡の対象となると規定しており、将来債権譲渡の有効性を認める最判平成11年1月29日民集53

巻1号151頁を明文化するものである。したがって将来債権譲渡であっても訴訟物について通常の債権譲渡と異なるところはない。

イ　請求原因

将来債権であっても譲渡の対象となる以上、通常の債権譲渡の場合と異ならず、債権取得原因事実の主張・立証を要する。

また、新法466条の6第2項は、債権譲渡時に債権が発生していないときは、発生した債権を当然に取得すると規定する。同規定からすると、債権譲渡当時未発生の債権を譲渡しても、何らの行為を要せずして同債権発生時に譲受人が当該債権を取得することになるから、譲受債権の発生原因事実を主張・立証すれば足りる。したがって、将来債権譲渡であっても同債権を譲り受けて履行を請求する場合の要件事実は、

❶　譲受債権の発生原因事実
❷　❶の債権の取得原因事実

であり、通常の債権譲渡の場合と異なるところはない。

ウ　公序良俗違反の抗弁

前掲最判平成11年1月29日民集53巻1号151頁は、一定の場合に将来債権譲渡が公序良俗に反し無効となることを認める。これは、債権取得原因を無効とする効果を有することから、同主張は抗弁に位置づけられる。そして、公序良俗違反という要件は規範的要件であるから、この場合、

●　公序良俗に反することの評価根拠事実

が要件事実となる。

エ　公序良俗違反の評価障害事実（再抗弁）

上記抗弁に対し、公序良俗違反の評価障害事実を再抗弁として主張することができる。

第5章
債権の消滅

I 債権の消滅に関する改正のポイント

1 債権の消滅制度の改正全般

(1) 債権の消滅とは何か

　債権は、約定債権、法定債権のいずれの債権にあっても、当該権に係る債務が履行されることによって消滅する（米倉明『プレップ民法』〔弘文堂〕のいうノーマルコース）。債権が消滅するとは、債権が債務者等の行為によって満足することをいう。債権の消滅は実質的には、債権の満足とは何か、債務の履行とは何かを追求することにほかならない。

　債務の履行として認められるもののうち、最も基本となるのは弁済である。旧法は弁済の効果を明記していなかったが、新法は弁済の効果を定めた。

　新法第3編第1章第6節「債権の消滅」では、債権がどのような場合に消滅するかについて規律している。債権消滅事由は複数あり、弁済のほか、相殺、更改、免除、混同を掲げている。

　新法第6節の構成は次のとおりである。
　第1款：弁済
　　第1目：総則（473条～493条）
　　第2目：弁済の目的物の供託（494条～498条）
　　第3目：弁済による代位（499条～504条）
　第2款：相殺（505条～512条の2）
　第3款：更改（513条～518条）

第4款：免除（519条）
第5款：混同（520条）

(2) 弁　済

弁済とは、債権の目的を達成する事実をいう。弁済によって債権は消滅するが、これは意思表示の効果ではない。弁済は準法律行為であり、債務消滅の意思表示までは不要と解されている。

新法は、「債務者が債権者に対して債務の弁済をしたときは、その債権は、消滅する。」と定め（新法473条）、弁済が債権の消滅原因であることを明文化した。

ア　特定物の現状による引渡し

旧法は、「債権の目的が特定物の引渡しであるときは、弁済をする者は、その引渡しをすべき時の現状でその物を引き渡さなければならない。」としていた。

新法は、「債権の目的が特定物の引渡しである場合において、契約その他の債権の発生原因及び取引上の社会通念に照らしてその引渡しをすべき時の品質を定めることができないときは、弁済をする者は、その引渡しをすべき時の現状でその物を引き渡さなければならない。」と定めた（新法483条）。

「契約その他の債権の発生原因及び取引上の社会通念に照らしてその引渡しをすべき時の品質を定めることができるとき」は、本条の反対解釈により、現状による引渡しとならない。

イ　特定物の引渡しの場合の注意義務

特定物の引渡しの場合の注意義務について、旧法は「債権の目的が特定物の引渡しであるときは、債務者は、その引渡しをするまで、善良な管理者の注意をもって、その物を保存しなければならない。」と定めており、善管注意義務違反とは何かが問題になった。

新法は善管注意義務について、「債権の目的が特定物の引渡しであるときは、債務者は、その引渡しをするまで、契約その他の債権の発生原因及び取引上の社会通念に照らして定まる善良な管理者の注意をもって、その物を保存しなければならない。」（新法400条）とし、その内容を具体化した。

ウ 弁済の場所および時間

弁済の場所につき、当事者の意思表示または取引慣行があれば、これによる。意思表示または取引慣行がなければ、特定物の引渡しは債権発生時にその物が存在した場所、その他の弁済は債権者の現在の住所において、それぞれしなければない（持参債務の原則。新法484条1項）。新法は同条に、法令または慣習により取引時間の定めがあるときは、その取引時間内に限り、弁済をし、または弁済の請求をすることができる（同条2項）を加えた。

エ その他

新法は、弁済の充当、弁済による代位、弁済に関するその他の規律を明確にしている。

(3) 相　殺

ア 相殺の要件等

相殺とは、「二人が互いに同種の目的を有する債務を負担する場合において、双方の債務が弁済期にあるときは、各債務者は、その対当額について相殺によってその債務を免れることができる。ただし、債務の性質がこれを許さないときは、この限りでない。」（新法505条1項）制度をいう。これにより簡易な決済が可能になる。

旧法は505条2項について、「当事者が反対の意思を表示した場合には、適用しない。ただし、その意思表示は、善意の第三者に対抗することができない。」としていた。

新法は、「前項の規定にかかわらず、当事者が相殺を禁止し、又は制限する旨の意思表示をした場合には、その意思表示は、第三者がこれを知り、又は重大な過失によって知らなかったときに限り、その第三者に対抗することができる。」と定めた（新法505条2項）。

イ 不法行為等により生じた債権を受働債権とする相殺の禁止

旧法509条は、「債務が不法行為によって生じたときは、その債務者は、相殺をもって債権者に対抗することができない。」としていたが、新法は、「次に掲げる債務の債務者は、相殺をもって債権者に対抗することができない。ただし、その債権者がその債務に係る債権を他人から譲り受けたときは、この限りでない。」とし、「悪意による不法行為に基づく損害賠償の債務」（1号）、「人の生命又

は身体の侵害による損害賠償の債務（前号に掲げるものを除く。）」(2号) と定めた。悪意者を保護する必要はないとの趣旨である。

ウ　差押えを受けた債権を受働債権とする相殺の禁止

旧法511条は、「支払の差止めを受けた第三債務者は、その後に取得した債権による相殺をもって差押債権者に対抗することができない。」としていたが、新法は、「差押えを受けた債権の第三債務者は、差押え後に取得した債権による相殺をもって差押債権者に対抗することはできないが、差押え前に取得した債権による相殺をもって対抗することができる。」(1項) と定めた。また、「前項の規定にかかわらず、差押え後に取得した債権が差押え前の原因に基づいて生じたものであるときは、その第三債務者は、その債権による相殺をもって差押債権者に対抗することができる。ただし、第三債務者が差押え後に他人の債権を取得したときは、この限りでない。」(2項) と定めた。

エ　相殺と差押え

民法において相殺 (505条以下) は、決済 (金銭の受払い) の手段あるいは技術として位置づけることができる。実務はかかる決済手段としての利用に加え、担保としての利用を認める。相殺の担保的機能といわれるものである。相殺の担保的機能は、実務ではしばしば相殺予約の方法によって進められてきた。相殺予約は典型的には、受働債権が差し押さえられたら自働債権について期限の利益を失う旨の特約が付されている。

相殺予約がなされている債権について差押えがなされた場合、相殺予約と差押えのいずれの効力が優先するかが問題になる。判例法はこの場合について、法定相殺をなしうる条件を緩和してきた。すなわち、当初は、双方債権の弁済期未到来であっても、自働債権の弁済期が受働債権の弁済期より先に到来する場合には、相殺を対抗することができるとした (最判昭和39年12月23日民集18巻10号2217頁。制限説)。これによると、相殺を差押債権者に対抗することができるのは、差押時に自働・受働両債権の双方の弁済期が到来している場合と、自働債権 (反対債権) の弁済期は到来しているが受働債権の弁済期が未到来の場合になる。しかし、その後、第三債務者は、自己の債権が受働債権差押後に取得されたものでないかぎり、自働債権および受働債権の弁済期の前後を問わず、相殺適状に達しさえすれば、差押後においてもこれを自働債権として相殺をすることができるとした (最大判昭和45年6月24日民集24巻6号587頁。

無制限説)。これにより、相殺の条件が緩和された。なお、期限利益喪失条項（この条項は実務においてしばしば用いられる）の対外効も広げられた。判例は現在、上記45年判決に従っている。

相殺予約は今日、一方では簡易な決済方法としての機能を残しつつ、他方ではかかる決済機能から独立して一つの担保としての機能が認められている。すなわち、判例および学説はこれを担保として構成し、相殺の担保的機能として説明する。法定相殺と相殺予約とは、一部に差異を残すが、重要部分において同様の効果を有するに至った。両者には制度としての類似性が認められる。

以上の考え方の延長に、「担保制度としての相殺」の考え方が構想される。相殺は債権・債務の人的関係であるから特に公示は要求されていない。しかし、担保制度としてみると、利害関係を有する第三者への配慮が必要である。今回の新法の対象外の問題である。

(4) 更 改

更改とは、債務の要素を変更する契約をいい、債権消滅の原因となる（513条以下）。債務の要素とは、債権者の交替、債務者の交替、目的の変更などをいう。更改には、債務者の交替による更改と、債権者の交替による更改がある。旧債務の消滅と新債務の成立とは、因果関係を有することが必要である。旧債務が不存在なら、新債務は存在しない。また、新債務の成立が無効なら、旧債務は消滅しない。

旧法513条は、「当事者が債務の要素を変更する契約をしたときは、その債務は、更改によって消滅する。」(1項)、「条件付債務を無条件債務としたとき、無条件債務に条件を付したとき、又は債務の条件を変更したときは、いずれも債務の要素を変更したものとみなす。」(2項) としていたが、新法513条は、「当事者が従前の債務に代えて、新たな債務であって次に掲げるものを発生させる契約をしたときは、従前の債務は、更改によって消滅する。」とし、「従前の給付の内容について重要な変更をするもの」(1号)、「従前の債務者が第三者と交替するもの」(2号)、「従前の債権者が第三者と交替するもの」(3号)、と定めた。

中間試案では、3当事者が参加して2当事者間の債権を3当事者間の2つの債権に置き換える制度（三面更改）が提案されたが、立法化は見送られた。

2 弁　済

(1) はじめに

債権の消滅に係る規律のうち、「弁済」について概括的に観察する。なお紙幅の都合上、引用は法制審議会の資料を中心に最低限のものにとどめる。

(2) 弁済の意義（新法473条）

債務の弁済により債権が消滅する旨を定めた新法473条が設けられたが、本条の新設による実務への影響はないといってよい。

(3) 第三者の弁済（新法474条）

ア　正当な利益を有する者

新法474条は、旧法同様に第三者弁済を原則的に有効としつつ（1項）、「正当な利益を有する者でない」第三者の、債務者の意思に反する弁済を認めない（2項本文）。旧法474条2項における「利害関係を有しない第三者」という表現からの変更となる。これは、（法定）代位の要件を定める新法（旧法）500条の文言との統一化を図るための改正となる（「部会資料70A」22頁以下参照）。なお、「自己の債務を弁済する」第三者であることを理由に、新法（旧法）500条にいう「正当な利益を有する者」ではあるけれども、旧法にいう「利害関係」を有する「第三者」には当たらないとされてきた保証人や連帯債務者等は、旧法と同じく、自己の債務を弁済する者であることが強調され、本条による規律を受けない（以下で示す弁済の制限を受けない）ことに注意を要する（「部会資料70A」23頁参照）。結局、実質的な変更はないということになる。

イ　債権者の認識

新法474条は、全体として、債権者の第三者弁済の受領に係るリスクの回避を強化するような構造となっている。すなわち、旧法は正当な利益（利害関係）を有しない第三者による債務者の意思に反した弁済を禁じている（旧法474条2項）ところ、債権者はそもそも債務者の意思に反するか否かを認識すること自体が困難であり、このような第三者による弁済を受領した後に債務者の意思に反することが判明した場合の、給付物の返還というリスクに晒されることにな

る。それゆえ、新たな規律として、新法474条2項は、債務者の意思に反することを「債権者が知らなかったとき」の正当な利益を有しない第三者による弁済を有効とした（同項ただし書）うえで、さらに同3項本文により、当該第三者が「債権者の意思に反して」弁済することができない旨を定めることにより、債権者が当該第三者による弁済を原則的に拒絶しうることを裏側から肯定している（「部会資料70A」23頁以下、「部会資料77B」8頁以下、「部会資料80－3」23頁、および、「部会資料83－2」27頁参照）。この「債権者の意思に反して」という文言は、当該第三者による預貯金口座等への一方的な振込みによる弁済の効力を否定することが企図されている（「部会資料84－3」8頁参照）。

　もっとも、このようにすると、第三者弁済の範囲を狭め、履行引受等の取引に対する制約となるとの懸念（「部会資料70A」24頁参照）から、第三者が債務者から弁済の委託を受けていることを「債権者が知っていた」場合には、その受領を拒絶できないこととして、取引の現状と債権者の保護との調和が図られている（新法474条3項ただし書）。なお、委託を受けた第三者の弁済が有効であるとしても、当該第三者は「正当な利益を有する第三者」というわけではないため、第三者対抗要件が不要な法定代位の要件を充足せず、代位をするためには、第三者対抗要件を具備する必要があることに注意を要する（「部会資料70A」24頁参照）。代位に係る規律の改正については、本章Ⅰ「**3** 代位」を確認されたい。

　ウ　当事者による第三者弁済の制限等

　旧法474条1項ただし書所定の、「債務の性質がこれを許さないとき、又は当事者が反対の意思を表示したとき」は（利害関係の有無にかかわらず）第三者弁済ができない旨の規律は、独立の規定として新法474条4項に移行している。これは、当該規律が、「前3項の規定は」との表現を伴い、新法474条全体に及ぶことを企図するものであり、やや表現が異なるものの、実質的な変更ではないとされる（「部会資料84－3」8頁参照）。

　エ　その他

　新法は全体として、「債権者の認識」が要点となっている。その立証責任の所在はなお不明確ではあるけれども、債権者の受領拒絶を原則的に肯定することは、いわゆる反社勢力からの弁済受領に係るリスクを含め、債権者の第三者弁済に関するリスクの軽減に寄与するものとして、金融実務の側面から肯定的

に評価されている[1]。

(4) 弁済として引き渡した物の取戻し（新法475条、476条）

他人の物による弁済があった場合の取戻しにつき原則を定める旧法475条はそのまま維持された一方で、制限行為能力者による弁済の取消しを原因とした物の取戻しについて定める旧法476条の規律は削除された。これは、そもそも「弁済」は法律行為ではないとされていることから、旧法476条が問題とする「弁済の取消し」とは、弁済自体が法律行為の内容となっている場合、すなわち要物契約とされる「代物弁済」の取消しの場面に限られるところ、今回の改正では「代物弁済」が明文により諾成契約となることから、本条の適用範囲が失われる（代物弁済を取り消しても、「弁済」自体を取り消すことにはならないことになる）ことなどを理由としている（「部会資料70A」25頁参照）。

(5) 預金または貯金の口座に対する払込みによる弁済（新法477条）

新法477条は、新たな規律として、債権者の預貯金口座に対する弁済について、債権者がその預貯金債権の債務者（要するに、当該口座のある金融機関等）に対して「その払込みに係る金額の払戻しを請求する権利を取得した時」に、効力が生じるとしている。これは、預貯金口座への払込みによる弁済の効力についての規律が民法典上にないため、金銭債務がいつの時点で消滅するのかが不明確であるといった、実務的問題に対応するための改正とされる（「部会資料70B」3頁以下参照）。中間試案の時点では、効力発生時が「振込額の入金が記録される時」とされていたところ、金融機関や取引態様により記録時点にずれがあることや、金融機関の過誤による記録漏れまたは（複数の口座がある場合に）誤振込等が生じた際の対処が困難であること、それゆえに、金融機関による厳格な記録管理が求められることになるといった不都合などが指摘され、現行案に変更されたという経緯がある（「部会資料70B」4頁以下、「部会資料80－3」25頁、「部会資料83－2」29頁参照）。したがって、「権利を取得した時」については解釈に委ねられることとなっており、金融実務からは「入金記帳時」がこれに当たるという指摘もある[2]。しかし、記帳時（記録時）を基準とする

---

1) 三井住友信託銀行債権法研究会編『業務への影響をいち早く解説 民法改正で金融実務はこう変わる！』（清文社・2015年）147頁参照。

ことができなかった経緯からすると、それもまた一つの解釈にすぎないこととなる。また、本改正の背景には、さらに、預貯金口座への払込みによる弁済の法的性質が代物弁済になるか否かという問題もあり、これは、代物弁済の要件となる（払込みによる弁済に係る）債権者の同意の要否（新法482条参照）につながることになる。すなわち、預貯金口座への払込みは、第三者による預貯金債権の差押えや金融機関からの相殺を主張されるリスクがあり、これを現金による弁済と同視することは不適当と評価しうるから、債権者の同意を要する「代物弁済」と解するべきではないかということである。しかし、今回の改正では意見集約がかなわず、この点についても、規律を設けることができなかったとされる（「部会資料70B」4頁、「部会資料83－2」29頁参照）。結局のところ、本条の新設は、その背景にあった問題について、立法による解決が困難であることを示すものであり、これによりむしろ、当事者間の合意を明確にすることがより求められることになろう。

(6) 受領権者としての外観を有する者に対する弁済(新法478条、479条)

新法478条は、旧法にいう「債権の準占有者」を、「受領権者（債権者及び法令の規定又は当事者の意思表示によって弁済を受領する権限を付与された第三者をいう。）以外の者であって取引上の社会通念に照らして受領権者としての外観を有するもの」という文言に変更した。債権の準占有者については、特に205条が「準占有者」に「自己のためにする意思」を求めていることとの関係が問題とされていた。具体的には、「自己のためにする意思」がない、いわゆる「詐称代理人」が債権の準占有者に含まれるかどうかという問題につながることになる。この点、判例（最判昭和37年8月21日民集16巻9号1809頁）はこれを認めていることや、判例の展開や取引の現状に併せて、立法当時に想定されていた者以外（表見相続人や、預金通帳と届出印の持参人など）にも対応する必要があるというのが、改正の目的である（「部会資料70A」26頁以下参照）。それゆえ、実質的な変更ではないとしても、文言の変更自体による対象の拡大は行われたことになる。結果として、旧法480条にいう「受取証書の持参人」も新法478条の規律下に置かれることとなり、同条は削除されることとなった

---

2) 三井住友信託銀行債権法研究会・注1前掲151頁参照。

(「部会資料70A」28頁参照)。なお、新法479条は478条に合わせるかたちで文言が修正されるにとどまる。

　ところで、旧法478条の適用にあたっては、「債権の準占有者」(受領権者としての外観を有する者)自体の認定と弁済者の主観的要件たる「善意・無過失」が、総合的に判断されるかのようにみえる場合があった(最判昭和53年5月1日集民124号1頁等)ところ、新法においてもかような判断がなされうるのか、または、両者が個別の要件として判断されるのかは明確ではない[3]。加えて、判例の中には、旧法478条の適用にあたり、真の債権者の過失をも考慮に入れるかのような指摘をするものもある(最判平成15年4月8日民集57巻4号337頁参照)ところ、これをすべきなのか、また、かりにするとした場合、それは478条の法律要件となるのか、あるいは、過失相殺的な処理の問題となるのかといった従前の問題は、新法下でも残されることになる。

(7)　代物弁済（新法482条）

　新法482条は、代替給付により「債務を消滅させる旨の契約をした場合」、その給付がなされたときに「弁済と同一の効力を有する」としている。これは、伝統的に要物契約として理解されている一方で、判例・実務においては諾成契約に親和するものとなっている代物弁済契約を、諾成契約とすることを明言しつつ、その効力発生時を給付時とする旨の規律を新たに設ける改正である(「部会資料70A」29頁以下参照)。また、代物弁済の主体についても「債務者」から「弁済をすることができる者」に変えることにより、第三者弁済が可能であることをも明示している(「部会資料83−2」28頁参照)。なお、代物弁済契約を諾成契約とすること、および、効力発生時はその給付時とすることにより、契約後、債権者が当初の給付を求めることも妨げられないということになるが、その請求に対して、弁済者が、代物給付をすることができるのか、また、債権者が代物給付を求めた際に、債務者が当初の給付を行うことができるのかどうかは、個々の契約の解釈によるとされる[4]。

---

3)　法制審幹事による解説である、潮見佳男『民法（債権関係）改正法案の概要』（金融財政事情研究会・2015年）160頁は「①『取引上の社会通念に照らして受領権者としての概観を有する者』への弁済＋②弁済者の善意無過失→弁済としての効力」としているところ、これはどちらにも解釈できよう。
4)　潮見・注3前掲161頁参照。

(8) 特定物の現状による引渡し（新法483条）

新法483条は、特定物の履行期における現状での給付義務につき、「契約その他の債権の発生原因及び取引上の社会通念に照らしてその引渡しをすべき時の品質を定めることができないとき」という条件を新たに付加した。この結果、本条は、通常、品質等が債務の内容となる、売買や請負等の契約に対しては適用はなく、実際に機能するのは、法定債権の場合ということになる[5]。これは、かねてから批判のあった、旧法下でのいわゆる「特定物ドグマ」への批判や、実際の取引においては、引き渡すべき物の性状等は契約や取引通念等に基づいて定められるという現状をふまえての、いわば特定物ドグマの否定の改正である（「部会資料70A」31頁以下参照）。瑕疵担保責任等の改正と連動するものであるため、実務への影響等の検討は該当箇所の解説に譲る。

なお、新法484条（弁済の場所および時間）および486条（受取証書の交付請求）も文言等の変更はあるが、実質的なものではないと評価できるので、特に扱わない。

(9) 弁済の充当（新法488〜491条）

弁済の充当に係る改正の目的の一つは、民事執行手続においてなされる配当について、充当の規律を明確化することにあった（「部会資料70B」8頁以下参照）が、実務への影響等から合意形成ができず（「部会資料80−3」26頁参照）、その実現には至っていない（引き続き解釈に委ねられる）[6]。この結果、弁済の充当に関する各種規定（新法488〜491条）については、ある種、現状の追認という色彩をもって、合意充当がつねに優先される旨の規定が新設された（新法490条）ほかは、目立った改正には至っていない。

(10) 弁済の提供の効果（新法492条）

新法492条は、弁済の提供の効果として、「債務を履行しないことによって生ずべき責任を免れる」としている。旧法との違いは、「一切の」責任を免れるとしていない点にある。これは、かねてより議論のある、弁済の提供により

---

5) 潮見・注3前掲162頁参照。
6) 潮見・注3前掲164頁参照。

生じる法的効果と、受領遅滞により生じる法的効果の関係につき、弁済の提供から「一切の」法的効果が生じるわけではない旨を示すこと（両者の関係を整理すること）が目的とされている（「部会資料70A」37頁以下参照）。実質的な変更ではない。

ところで、今回の改正では、契約の解除につき、債権者を契約の拘束から解放するという側面が強調され、債務者の帰責事由が解除権発生の要件から外されている。それゆえ、弁済の提供の効果として現れる「解除」から「免れる」ことと、本条の「責任を免れる」という表現が、改正後の解除の趣旨と矛盾するとの指摘がある[7]。

3 代 位

(1) はじめに

債権の消滅に係る規律のうち、「代位」について概括的に観察する。なお紙幅の都合上、引用は法制審議会の資料を中心に最低限のものにとどめる。

(2) 弁済による代位の要件（新法499条、500条）

旧法499条によれば、「利害関係を有しない第三者」が弁済をした場合、債権者の承諾を要件として代位が認められる（任意代位）。しかし、利害関係を有しない第三者が債務者の意思に反することなく（旧法474条2項参照）弁済をし、これを債権者が受領しておきながら、代位に承諾しないなどという不都合が生じうることは、批判のあったところである。それゆえ、任意代位についても債権者の承諾が要件から外されることとなった（「部会資料70A」42頁以下参照）。このため、任意代位は、債務者および第三者に対して債権譲渡に係る対抗要件を具備しなければ代位を対抗できない（新法500条参照）という点のみが、かかる対抗要件の具備が不要な法定代位と異なることになる[8]。

---

7) 潮見・注3前掲166頁参照。
8) 潮見・注3前掲169頁参照。

(3) 弁済による代位の効果（新法501条）

ア　共同保証人間の代位の明文化

　共同保証人間の求償関係については、旧法465条がその範囲を定めているところ、その割合について旧法501条は何ら言及していない。このため、共同保証人間の求償については、旧法465条のみの規律に服し、共同保証人間では債権者に対する代位は生じないとの理解もあった。この代位が生じるか否かの違いは、保証債権に担保が付されていた場合に効果上の差異をもたらすこととなる（代位が生じれば原債権とともに担保権も代位権者に移転する）。新法では、共同保証人間の求償の範囲は465条により制限されることと併せて、共同保証人間でも債権者に対する代位が生じることが明文化され（新法501条2項）、この問題に対する解答が示されている（「部会資料70B」13頁以下参照）。

　もっとも、本条の改正にあたっては、次のような問題も意識されていた。たとえば、主債務者の3000万円の債務を保証する連帯（共同）保証人AおよびBと、当該債務のために時価3000万円の不動産に抵当権を設定した物上保証人Cがいることを前提に、Aが3000万円の全額を弁済したとする。このとき、旧法465条によれば、AはBに対して1500万円の求償権を取得することになる一方で、旧法501条5号によれば、Aは債権者に代位して1000万円の保証債権を取得することになる。つまり保証人Aは、一方でBに対して1500万円を求償し、他方で、Cの不動産に係る抵当権を実行することで1000万円を取得することができ、結果として、500万円しか負担せずにすむということになる。しかし、この点については、AのBに対する求償権の範囲は1000万円になるとの理解が一般的であるとされており、この旨の明文化が検討されていた（「部会資料70B」15頁以下参照）。しかし、結果として示された改正条文は、代位により取得した権利の行使につき、「保証人の一人が他の保証人に対して債権者に代位する場合には、自己の権利に基づいて当該他の保証人に対して求償することができる範囲内」に限られる（新法501条2項参照）とされているのみである。それゆえ、これを先の事例で見るならば、むしろ、1500万円の求償権を認めるべきであるかのような印象を受ける。この点は、なお解釈に委ねられることになるのであろうか。

イ　保証人の付記登記の廃止

旧法501条は、保証人が、担保目的物の第三取得者に対して代位する場合には、当該第三取得者の保護を目的として、代位に係るあらかじめの付記登記を求めているところ、その合理性にはかねてから疑問が呈されていた。このため、新法では、かかる付記登記は、代位の要件から外されることとなり、担保権の承継を証する公文書（民事執行法181条3項）の一つという位置づけになる[9]。

ウ　第三取得者および物上保証人からの取得者

新法では、代位につき、担保目的物の第三取得者からの転得者についても、第三取得者と同じ扱いとすること、同様に、物上保証人からの第三取得者についても、物上保証人と同じ扱いとすることが明文化され（新法501条3項5号）、学説上の争いに、決着がつけられた[10]。

エ　その他

旧法501条をめぐる最大の論点は、保証人兼物上保証人の扱いといえるところ、この点については判例（最判昭和61年11月27日民集40巻7号1205頁）につき統一見解を形成できないことなどを理由に、立法による解決は見送られている[11]。結局、上記の共同保証人に係るアの点も含めて、なお多くの問題が、判例（の解釈）や学説に委ねられることとなる。その意味では、大きな変更には至っていないと評価できる。

(4)　一部弁済による代位（新法502条）

一部弁済による代位につき、旧法502条1項は、代位者は「その弁済した価額に応じて、債権者とともに権利を行使する」と定めている。本条をめぐっては、判例が、一方で、代位者単独での権利行使を認め（抵当権行使につき、大決昭和6年4月7日民集10巻535頁）、他方で、抵当権が実行された場合の配当については、債権者が代位者に優先するとしていた（最判昭和60年5月23日民集39巻4号940頁）。かような判例の態度に対しては、前者につき、代位者単独での権利行使を認めることは債権者の権利行使時期に係る選択の利益を奪うことになる、後者につき、（結論は良いとしても）条文の文言との間に齟齬が生じる、

---

9)　潮見・注3前掲171頁参照。
10)　潮見・注3前掲171頁以下参照。
11)　潮見・注3前掲172頁参照。

といったことなどを理由として、強い批判があった（「部会資料70A」44頁以下参照）。それゆえ、新法ではまず判例（前掲大決昭和6年4月7日）に反して、代位者単独での権利行使を封じる（新法502条1項）と同時に、債権者は単独で権利行使できる旨（同条2項）を定めたうえで、判例（前掲最判昭和60年5月23日）と親和するように、担保目的物の売却代金について、債権者が代位者に優先する旨を明文化している（同条3項）。

ところで、判例は、複数の債権が1つの抵当権で担保されている場合に、その債権の1つを保証人が弁済したときは、当該債権について全額の弁済があったと解することを前提に、当該抵当権は債権者と保証人との準共有となり、抵当目的物の売却代金は、債権者と保証人がそれぞれ有する債権額で按分して、両者に弁済されるとしている（最判平成17年1月27日民集59巻1号200頁）。新法の規律の下では、複数債権に係る弁済につき、本判例の事案のように、そのうちの1つを「全額弁済」したと評価される場合と、「一部弁済」したと評価される場合とでは、とりわけ、代位者の権利行使の範囲、および、その権利の優劣に大きな差が生じることになる。

(5) 債権者による担保の喪失等（新法504条）

旧法504条は、債権者のいわゆる「担保保存義務」を定めたものと解されているところ、この「義務」については、判例上、免除特約を締結することが認められている（大判昭和12年5月15日新聞4133号16頁）一方で、その効力も、信義則や権利濫用法理による制限を受けうるとされていた（最判平成7年6月23日民集49巻6号1737頁）。新法504条では、債権者の故意または過失による担保の喪失または減少を原因とした法定代位権者の免責に係る原則論を1項で示すとともに、2項でその喪失または減少をさせたことにつき「取引上の社会通念に照らして合理的な理由があると認められるときは」1項の適用がないことを明示することにより、かかる判例上の規律の明文化が試みられている（「部会資料70A」46頁以下参照）。あわせて、1項では、このような担保の喪失等により、法定代位権者の免責が生じた場合に、その担保目的物を譲り受けた第三者が、この免責の効果を主張することができる旨の判例（最判平成3年9月3日民集45巻7号1121頁）が明文化されている（「部会資料70A」48頁以下参照）。

ところで、この「担保保存義務」については、（損害賠償責任を発生させるよ

うな）一般的な注意義務を定めたものなのか、または、単に一定の要件の下で法定代位権者の免責を認めるにすぎない法定責任（間接義務）を定めたものなのかという点が従来から争われており、後者（法定責任）の理解が通説とされている。それゆえ、債権者に「義務」があるというような定め方をすると、あたかも、債権者の一般的な注意義務としての「担保保存義務」を容認するかのようなことにもなりえたところ、今回の改正では、「義務」としての明文化は避けられている（「部会資料84－3」11頁参照）。むしろ、「間接義務」を定めたものであるからこそ、「義務」とはしない旨の指摘（同11頁参照）があり、これを考慮すると、新法の下では、担保保存義務を一般的注意義務として構成することがより困難となりうる。いずれにしても、判例等を明文化したものにすぎず、現状の実務を支えるものとなる。

4 相 殺

(1) はじめに

債権の消滅に係る規律のうち、「相殺」について概括的に観察する。なお紙幅の都合上、引用は法制審議会の資料を中心に最低限のものにとどめる。

(2) 相殺の要件等（新法505条）

旧法505条2項は相殺に「反対の意思を表示した場合」につき、「善意」の第三者にはこれを対抗できないとしている。新法では、旧法における「反対の意思を表示した場合」の内容を、「相殺を禁止し、又は制限する旨の意思表示をした場合」として具体化する（「部会資料83－2」32頁参照）とともに、第三者への対抗に係る規律を、その類似性から、債権譲渡禁止特約のものと平仄を合わせている。すなわち、第三者の主観的態様に係る表現を、「善意の第三者に対抗することができない」から「第三者がこれを知り、又は重大な過失によって知らなかったときに限り、その第三者に対抗することができる」に変更することで、一方で、「善意」から「善意・無重過失」に要件を加重し、他方で、その立証責任が第三者以外（当該債権の差押債権者や債務者等）にあることを明確化している（「部会資料69A」25頁以下参照）。相殺の制限に係る第三者の主観的態様については、これまであまり深く議論がなされたことのない分野と評

しうるところ、第三者の主観的態様が加重されることは、相殺の自由度を高めることになる。しかし、その一方で、加重とはいっても「無重過失」であることや、立証責任が差押債権者や債務者に課せられることを考慮すると、むしろ、表面的には自由度が低下すると解する余地もある。もっとも、かかる特約等については取引ごとに確認されることになる[12]ため、実際の影響はほとんどない。

(3) 不法行為等により生じた債権を受働債権とする相殺の禁止(新法509条)

旧法509条は、不法行為の被害者が現実給付を受けることを確保するために、不法行為に基づく損害賠償債権を受働債権とする相殺を禁じている。新法では、この趣旨を再解釈し、生命・身体等の侵害から生じた損害賠償債権といった保護要請の高いものについては相殺を広く禁じる一方で、それ以外の債権については禁止の範囲を縮小するというような、保護の濃淡を条文の構造面において反映させた規律となっている。まず、人の生命または身体の侵害に基づく損害賠償債権の場合には、その原因が不法行為のみならず、債務不履行[13]であっても、これを受働債権とする相殺は一律に禁止される（新法509条2号）。次に、「人の生命又は身体の侵害」以外の事由に基づく損害賠償債権の場合には、その原因が「悪意による不法行為」である場合にのみ、これを受働債権とする相殺が禁じられる（同条1号）。これは、破産手続における免責許可の範囲を定める破産法253条1項2号が、破産者の「悪意」を原因とした不法行為債権につき免責としないことを参考にしているとされる（「部会資料69B」3頁参照）。それゆえ、ここでいう「悪意」とは同号の通説的理解である「故意では足りず、積極的意欲までも必要」という解釈が、新法の理解に反映されることになる[14]。したがって、たとえば、民法717条所定の工作物責任に基づく損害賠償債権等は、従来の見解のとおり、相殺禁止の対象とはならないとされている（「部会資料83-2」33頁参照）。もっとも、「悪意」による債務不履行を原因とする損害賠償債権や交叉的不法行為の場合の処理などは、解釈に委ねられている[15]。なお、いずれの場合であっても、債権者が他人から債権を譲り受

---

12) 三井住友信託銀行債権法研究会・注1前掲158頁参照。
13) 潮見・注3前掲176頁によれば、安全配慮義務違反、保護義務違反などが想定されている。
14) 潮見・注3前掲176頁参照。

けた場合には、現実給付による保護を与える必要がないため（「部会資料83－2」33頁参照）、相殺は禁止されない（新法509条柱書ただし書）。

　新法509条の特徴は、生命等の侵害に基づく損害賠償債権とそれ以外の事由による損害賠償債権とで規律を区別しているところにある。しかし、たとえば、（過失による）交通事故により生じる損害のように、一つの不法行為から人損と物損が同時に生じ、しかも、各請求権が別個のものと評価されるような場合には、一方の債権（人損に係るもの）は相殺が禁止され、他方（物損に係るもの）はこれが認められるというのは、いささか違和感を覚える。また、そもそも、両者を明確に分けることができるのかといったことや、保険給付との関係をどのように考えるのかなど、新法は従前にない複数の問題を含んでいるものであり（問題を一覧できるものとして「部会資料69B」3頁以下参照）、かように構造的な区別をすることが、ただでさえ複雑化している不法行為に係る法運用を、さらに煩雑化させるおそれも高いように危惧される。

(4) 差押えを受けた債権を受働債権とする相殺の禁止（新法511条）

　旧法511条をめぐっては、差押えを受けた受働債権と取得した自働債権との間の相殺の可否につき、「第三債務者は、その債権が差押後に取得されたものでないかぎり、自働債権および受働債権の弁済期の前後を問わず、相殺適状に達しさえすれば、差押後においても、これを自働債権として相殺をなしうるものと解すべき」とする判例（最大判昭和45年6月24日民集24巻6号587頁）をふまえ、いわゆる「無制限説」が実務上の指針となっていた（もっとも、本判例をそのように理解すべきかどうかは別問題である）。新法511条1項は同判例の趣旨を明文化するものであり、無制限説に条文上の根拠が付与されることになる（「部会資料69A」27頁以下参照）。

　これに加えて、同条2項本文は、受働債権が差し押さえられた時点で、自働債権が具体的に発生していなくても、その「（発生）原因」がある場合には、相殺ができる旨を定めている。これは、破産法が、破産債権を「破産者に対して破産手続開始前の原因に基づいて生じた財産上の請求権」（2条5項）と定義しつつ、破産手続開始時において破産者に対して債務を負担している破産債権

---

15)　潮見・注3前掲176頁参照。

者の相殺を認めている（67条1項）ことに、平仄を合わせることを目的としている（「部会資料69A」28頁以下参照）。それゆえ、「（発生）原因」については、破産法2条5項をめぐる解釈が参考になるところ、たとえば、無委託の保証人が破産手続開始決定後に保証債務を弁済し、事後求償権を取得した場合には、当該債権は破産債権になるとしながらも、破産法72条1項1号の類推適用によりこれを自働債権とする相殺は認められないとする判例（最判平成24年5月28日民集66巻7号3123頁）は、「破産手続開始決定後」を「差押え後」と読み替えることにより、新法の解釈指針として生きることになる（「部会資料69A」28頁以下）[16]。破産法自体において議論のある規律を、民法に転用することには運用上のリスクもあるように解されるが、いずれにせよ、法文上は、無制限説をさらに拡張するものとなり、相殺の自由度が高められることになる。

なお、新法511条2項本文に該当する場合であっても、差押え後に第三債務者が他者から取得した債権は自働債権とすることができない（新法511条2項ただし書）ほか、差押えと相殺予約の関係については、解釈に委ねられている[17]。債権譲渡と相殺の関係（新法469条）については、本編第4章Ⅰ**5**を参照されたい。

(5) 1個または数個の債権あるいは債務の間における相殺の充当方法
（新法512条）

旧法512条は、単に488条から491条までが相殺に準用される旨を述べるにとどまり、自働債権または受働債権として複数の債権がある場合の処理について明示していない。この点、判例（最判昭和56年7月2日民集35巻5号881頁）は、「自働債権又は受働債権として数個の元本債権」があり、相殺権者も相手方も相殺の順序について指定をしなかった場合には、「民法512条、489条の規定の趣旨に則り、元本債権が相殺に供しうる状態となるにいたつた時期の順に従うべく、その時期を同じくする複数の元本債権相互間及び元本債権と利息・費用債

---

[16] 潮見・注3前掲177頁参照。また、本判決を素材とした、相殺に係る倒産法と民法の関係を検討するものである、潮見佳男「相殺の担保的機能をめぐる倒産法と民法の法理―民法の視点からの最高裁平成二四年五月二八日判決の検証」金融財政事情研究会編『現代民事法の実務と理論（上）（田原睦夫先生古稀・最高裁判事退官記念論文集）』（金融財政事情研究会・2013年）267頁以下は新法の抱える問題とその解釈についての参考となる。

[17] 潮見・注3前掲178頁参照。

権との間で充当の問題を生じたときは右489条、491条の規定を準用して充当を行うのが相当」としている。

　新法512条1項は、本判例につき、まずは「指定充当」による旨の判示部分を採用しない一方で、当事者間に「別段の合意（新法490条）」がない場合には、（自働債権が受働債権のすべてを消滅させるのに足りない）元本債権相互間で、相殺適状になった時期の順に相殺される旨の判示部分を明文化している。

　次に、新法512条2項は、同条1項を前提に、同時に相殺の対象となりうる元本債権が複数存在し、自働債権がすべての受働債権を消滅させることができない場合には、ここでも指定充当の規律を排除しつつ、充当の合意がないかぎり、「法定充当（新法488条4項2号ないし4号準用）」の規律が適用されること（新法512条2項1号）、その際に、利息ほか費用を支払うべき場合には、新法489条の規律により充当され、かつ、その際にも複数の利息または費用に係る債権がある場合には、指定充当が排除され、「法定充当（新法488条4項2号ないし4号準用）」によることになる旨を明示している（新法512条2項2号）。

　最後に、新法512条3項は、受働債権が自働債権のすべてを消滅させることができない場合にも、同様の処理（法定充当）がなされる旨を明確にしている（以上につき、「部会資料69A」30頁以下参照）。

　要するに、まずは、合意充当が最優先され、これがない場合には、指定充当は排除され、一律に法定充当によるということである。判例の規律の一部排除、一部明文化ということになる。この背景には、相殺は、相殺適状時に遡及してその効果が生じる（506条2項）ことから、指定充当を認めると、この遡及効と抵触が生じてしまう（理論的には、消滅した債権について指定の意思表示をすることになる）ため、これを避けるという目的がある（「部会資料69A」32頁参照）。いずれにしても、合意充当が重視されている実務への影響はほぼない（むしろ、実務慣行の安定化に資するといえる）。

　なお、1個の自働債権につき、複数の給付をすべき受働債権がある場合、1個の受働債権につき、複数の給付をすべき自働債権がある場合にも、同様の処理がなされることになる（新法512条の2）。

5 更改・供託

(1) はじめに

債権の消滅に係る規律のうち、「更改・供託」について概括的に観察する。なお紙幅の都合上、引用は法制審議会の資料を中心に最低限のものにとどめる。

(2) 更 改

ア 更改の要件等（新法513条）

旧法513条1項は更改の要件として、「債務の要素を変更する契約」をすることを求めているものの、この「債務の要素」の内容が不明確であった。新法では、債務の要素に当たるものとして解釈上確立されている、「従前の給付の内容」につき重要なもの（1号）、「従前の債務者」（2号）、および「従前の債権者」（3号）を具体的に示すことにより、「債務の要素」の内容を明確化している。加えて、「債務の要素を変更する契約」であったとしても、「更改の意思」がなければ更改とはならないというのが判例（大判昭和7年10月29日新聞3483号17頁）の立場であるため、その旨を、「当事者が従前の債務に代えて、新たな債務」を発生させる契約と定義することにより、その趣旨を明文化している。この結果、「更改の意思」がない合意の場合には、1号につき「代物弁済」、2号につき「免責的債務引受」、および3号につき「債権譲渡」と処理されることになる（以上につき、「部会資料69A」35頁参照）。

また、旧法513条2項は、債務の「条件」の変更等を、「債務の要素」の変更とみなして、更改契約に当たるとしていた。しかし、条件にも様々あるため、そもそも当該条件が「債務の要素」に当たるのかどうか自体が問われるべきである。これに、更改でなくとも条件の変更は可能であること、実務上、本項の使用例が乏しいことなどが考慮された結果、新法では本項が削除されている（「部会資料69A」35頁以下参照）。

条文の構成は表面的には大きく変わっているものの、いずれも、判例および通説の明文化であり、実務への影響はあまりないと考えられる。

イ 債務者の交替による更改（新法514条）

前述アのとおり、債務者の交替につき更改の意思がない場合には、免責的債

務引受がなされたものと考えられる。そこで、今回の民法改正にあたっては免責的債務引受の明文化が試みられている（本編第4章Ⅰ6参照）ことをふまえ、債務者の交替による更改は、その効果面における類似性から、特に必要がないかぎり、免責的債務引受と平仄を合わせることが意識されている（「部会資料69A」37頁参照）。この点、免責的債務引受は、従前、原債務者の意思に反して、債権者と引受者との間の合意のみで行うことはできないというのが判例（大判大正10年5月9日民録27輯899頁）の立場であった。しかし、このような債務者の意思の関与は取引を不安定にさせるとの理由から、免責的債務引受については、3当事者で行うことができることを前提に、債権者と引受人のみの合意でも行うことができ、その効果は原債務者への通知時に生じるとする旨の規律が採用されている（新法472条2項。「部会資料67A」36頁以下参照）。新法514条1項は、これに要件を揃えるかたち（債権者と更改後の債務者による契約で成立する）となっている[18]。また、免責的債務引受においては、引受者が原債務者に対して求償できない旨が明確化されていること（新法472条の3。「部会資料67A」38頁以下参照）に伴い、新法514条2項にも同様の規律が設けられている[19]。債務者の交替による更改については、実務上、あまり利用がないとの指摘（「部会資料69A」37頁参照）もあり、実際の問題は免責的債務引受の規律に集約されよう。

ウ　債権者の交替による更改（新法515条）

　新法515条では、まず1項で、債権者の交替による更改は、債権者、債務者、および、更改後の債権者の3者によりなされるという従前の一般的な理解が明文化されている（「部会資料80-3」31頁）[20]。次に2項では、かかる更改の第3者に対する対抗要件について、旧法と同じ文言にて規律している。この点、前述アのとおり、債権者の交替につき更改の意思がない場合には、債権譲渡があったものと考えられるため、債権者の交替による更改については、債権譲渡の規律と平仄を合わせることが意識されている（「部会資料69B」5頁以下参照）。これは、表面的には、債権譲渡に係る旧法468条1項が削除されることに併せて、旧法516条が削除される点[21]に現れる。結局のところ、債権者の交替に

---

18)　潮見・注3前掲150頁参照。
19)　潮見・注3前掲182頁参照。
20)　潮見・注3前掲182頁参照。

よる更改の規律自体については、従前と大きく異なるわけではなく、問題は債権譲渡の規律（本編第4章参照）に集約されることになろう。

エ　更改前の債務が消滅しない場合（旧法517条削除）

旧法517条は、更改後の新債務が不法の原因により不成立となるか、当事者の知らない事由（たとえば、新債務の目的が不能な給付である場合など[22]）により不成立となるか、または、取り消された場合には、旧債務は消滅しない旨を定めている。同条の前提には、当事者が更改後の債務に係る無効や取消の原因を知っていた場合には、旧債務は消滅するという理解がある。その理由は、債権者が、新債務に係る無効や取消の原因を知っていた場合には、旧債務を免除する意思があると解しうるからとされる[23]ところ、そのような意思を一律に認めることの合理性がなく、また、本条の内容自体も不明確であることなどから、旧法517条は削除されることとなった（「中間試案補足説明」314頁以下、「部会資料80－3」31頁参照）。

オ　更改後の債務への担保の移転（新法518条）

旧法518条は、旧債務に付されていた「質権」または「抵当権」を、更改の「当事者」の合意により、新債務に移転させることを認めつつ（同条本文）、当該担保が更改契約の当事者以外の第三者により設定されている場合には、その当事者の承諾を効力要件としている（同条ただし書）。本条ただし書は、旧債務と同一性のない債務を担保することになる第三者は、不測の損害を被るおそれがあることを考慮した規律である。しかし、債務者または新債務者は、担保の移転により不利益を被るわけでもないため、その同意を要件とする合理性はない。そこで、新法518条1項では、旧法ただし書による制限を維持しつつ、かかる担保の移転を、「債権者（「当事者」から文言の変更）」の単独行為により可能としている（「部会資料69A」38頁以下参照）。この点は、金融実務における担保権の利用を容易にするものと評価できる[24]。

なお、ここにいう第三者とは、「更改契約の当事者以外」の第三者を指す。それゆえ、たとえば、債務者の交替による更改の場合には、旧債務者は契約

---

21)　潮見・注3前掲182頁以下参照。
22)　磯村哲編『注釈民法(12)債権(3)』（有斐閣・1970年）493頁［石田喜久夫］参照。
23)　潮見・注3前掲183頁参照。
24)　三井住友信託銀行債権法研究会・注1前掲168頁参照。

の当事者ではないため、旧債務者が質権や抵当権を設定していたような場合には、旧債務者の承諾が必要となる（「部会資料69A」39頁参照）。

　また、前述**ア・イ**のとおり、本条においても、免責的債務引受に係る規律と平仄を合わせることが意識されているところ、免責的債務引受において移転の対象となる担保は広く「担保権」となっている（新法472条の4）のに対して、本条では、「質権」と「抵当権」に限定されている。この相違は、次のような理由から生じている。すなわち、免責的債務引受では、債務の同一性が確保されるゆえに、担保権（法定担保権を含む）もそのまま移転するのが原則と解されるのに対して、更改の場合には、旧債務が消滅する以上、担保権は消滅するのが原則と考えられるところ、旧債務における担保権の順位を維持するため、特に移転が必要とされる「質権」と「抵当権」のみをその対象としているという、旧法下での立法理由[25]を維持したということである（「部会資料69A」40頁参照）。もっとも、更改契約においては、旧債務が消滅する結果、担保権も消滅するという附従性の原則との整合性を確保する必要があるため、新法518条2項では、その合意を、更改契約以前（同時含む）にすることを求めている（「部会資料69A」39頁参照）。理論的な問題にとどまる。

(3) 供　託

ア　供託することができる場合（新法494条）

　新法494条は、まず、債権者の受領拒絶を原因とした供託に係る要件につき、かかる供託の前提として弁済の提供を必要とする旨の判例（大判大正10年4月30日民録27輯832頁）が明文化されている（同条1項1号。ただし、債権者の受領拒絶が明白な場合に、口頭の提供で足りるか否かまでをも明示するものではない）。次に、債権者不確知を原因とする供託において、債務者に無過失を求める要件につき、立証責任の転換が図られている。すなわち、こうである。旧法494条では「弁済者が過失なく債権者を確知することができないとき」と定めていることから、条文構造上、その立証責任については、弁済者側が無過失を主張・立証することになると解されている。しかし、債権者不確知の原因となる事情の多くが債権者側にあることから、その立証責任を債権者側に転嫁する旨の条

25）　磯村・注22前掲496頁以下参照。

文構造、つまり、「弁済者に過失があるときは、この限りでない」（供託できない）という文言に変更されている（新法494条2項ただし書。以上につき、「部会資料70A」39頁以下参照）。

イ　供託に適しない物等（新法497条）
新法497条は、以下の2点で自助売却を可能とする範囲を拡大している。
ⓐ　**価格の低落のおそれがあるとき（新法497条2号）**
旧法497条は、弁済の目的物につき「滅失若しくは損傷のおそれ」がある場合に自助売却を認めているところ、ここで想定されている事態は、物理的な変質を生じやすい食品の劣化等であり、市場の価格変動の激しさ（その結果としての価値の暴落）などは含まれていない。そこで、商事売買において、同様の場合に無催告の自助売却を認める商法524条2項を参考に、「価格の低落のおそれ」（新法497条2号）を新たな要件として加えることにより、かような場合の自助売却を可能としている（「部会資料70A」41頁以下参照）。実務的には、「価格低落のおそれ」の要件が、どの程度の低落で、また、どの程度のおそれを求めるものなのか、といった具体的な立証内容が問題となり、この点、参照されている商法524条2項の規律が参考となる。しかし、同条項についても、あくまで解釈としてかような場合の自助売却が認められているにすぎないこと、また、同条自体も使い勝手が悪いとされ[26]、裁判例も少ないことをも考慮すると、直接的な示唆を与えるものとはいいがたい。あるいは、自助売却が遅れたことにより価格が暴落した場合に、売主が損害賠償責任を問われるか否かといった問題[27]（裁判例として、大阪高判昭和37年6月27日下民集13巻6号1306頁参照）が、新法においても論じられることとなるのだろうか。
ⓑ　**供託することが困難な事情があるとき（新法497条4号）**
供託所として指定されている倉庫業者等の数がそもそも少ないこと、また、受入れ可能な物の種類や数量に制限があること、あるいは、保管料が回収困難といった事情ゆえに、倉庫業者等が供託を拒否することから、実際に物品供託がなされることは少ないとされる。それゆえ、かような場合には、旧法497条にいう「弁済の目的物が供託に適しないとき」に該当することを前提として、自助売却による対応が実務上なされている。この実務運用の根拠を法文におい

---

[26]　曽野裕夫「商人間売買における売主の自助売却権」法教216号（1998年）32頁参照。
[27]　問題意識として、曽野・注26前掲31頁以下参照。

て明確にするために、新法497条は、弁済の目的物につき「供託することが困難な事情があるとき」(4号) を、自助売却の新たな原因として挙げている (「部会資料70A」40頁以下参照)。実務の追認といった視点から、さほど大きな影響はないと解される。

ウ 供託物の還付請求等（新法498条）

新法498条1項は、これまで直接的な規定がなかった供託物の還付請求権について明文化している。当然のことを明らかにしたのみにとどまる。

II 債権の消滅に関する要件事実

1 弁 済

(1) 実体法上の要件

弁済は債権の消滅事由であるが、旧法には規定がなく、新法によって規定された。新法473条は、「債務者が債権者に対して債務の弁済をしたときは、その債権は、消滅する。」と規定する。その実体法上の要件は、

　① 債務の本旨に従った給付
　② ①の給付が当該債権についてなされたこと（給付と債権の関連性）

とされる（最判昭和30年7月15日民集9巻9号1058頁参照）。

(2) 要件事実の内容

XのYに対する売買契約に基づく代金支払請求に対し、Yが弁済の抗弁を主張するようなケースでは、その要件事実は、

● YはXに対して、請求原因記載の売買代金債務の履行として代金を支払ったこと

となる。

2 代物弁済

(1) 実体法上の要件および要件事実の内容

　旧法では、代物弁済契約の主体は債務者と規定されていたが、新法482条は、その主体について弁済をすることができる者（「弁済者」）と規定した。また、代物弁済契約の法的性質について諾成契約説と要物契約説の争いがあったが、同条は、諾成契約説に立つことを明らかにした。さらに、同条は、代物の給付があったときに債権が消滅することを規定し、給付といえるためには対抗要件の具備まで必要とされる（最判昭和39年11月26日民集18巻9号1984頁参照）。そして、代物弁済契約は物件契約であり、所有権の移転をもって債務を消滅させることから、弁済者が所有している必要がある。以上を前提とすると、代物を債務の消滅原因として代物弁済契約を主張する場合の実体法上の要件は、

　　① 弁済者であること
　　② 代物弁済契約の締結（弁済に代えて、所有権を移転するとの合意）
　　③ 弁済者が、①の当時、その物を所有していたこと
　　④ 対抗要件の具備

①は、代物弁済が契約であるうえ、新法下では、第三者であっても原則として弁済が可能であるので（新法474条1項）、要件事実として主張は不要であると解される。他方で、②ないし④については、旧法下と同様、要件事実となる。したがって、代物弁済契約を債務消滅原因として主張する場合の要件事実は、

　　❶ 代物弁済契約の締結（弁済に代えて、所有権を移転するとの合意）
　　❷ 弁済者が、❶の当時、その物を所有していたこと
　　❸ 対抗要件の具備

となる。

(2) 所有権移転原因として代物弁済契約を主張する場合

　この場合は、所有権移転原因として代物弁済契約を主張するのであり、上記のとおり、新法下では、諾成契約であることが明らかにされていることから、代物弁済契約の締結の事実を主張すれば足りる。

3 受領権者としての外観を有する者に対する弁済

　旧法478条が規定していた債権の準占有者という表現を、最判昭和37年8月21日民集16巻9号1809頁の理解に沿って、新法478条では、「取引上の社会通念に照らして受領権者としての外観を有するもの」という表現へ改めた。なお、受領権者とは、債権者または受領権者（債権者および法令の規定または当事者の意思表示によって弁済を受領する権限を付与された者）と定義されている。
　新法478条によると、受領権者としての外観を有する者に対する弁済の実体法上の要件は、
　　① 受領権者以外の者であること
　　② 取引上の社会通念に照らして受領権者としての外観を有する者であることを基礎づける事実
　　③ ①・②の者への弁済
　　④ 弁済者の善意
　　⑤ 弁済者の無過失
である。
　上記①、②につき、受領権者としての外観を有する者への弁済は、受領権者以外の者であり、かつその外観を備えている者への弁済であることが前提となるため、いずれも要件事実になるものと考えられる。また、③ないし⑤は旧法と同様に要件事実になる。したがって、受領権者として外観を有する者への弁済を主張する場合の要件事実は、
　　❶ 受領権者以外の者であること
　　❷ 取引上の社会通念に照らして受領権者としての外観を有する者であることを基礎づける事実
　　❸ ❶・❷の者への弁済
　　❹ 弁済者の善意
　　❺ 弁済者の無過失の評価根拠事実
である。

4 相　殺

(1) 実体法上の要件および要件事実の内容

　相殺について規定する新法505条1項は、旧法505条1項をそのまま引き継ぐものであり、改正点はない。したがって、その実体法上の要件は、旧法と同じであり、
　　① 相対立する債権の存在
　　② 両債権が同種目的であること
　　③ 両債権が弁済期にあること
　　④ 債務の性質が相殺を許さないものではないこと
　　⑤ 相殺の意思表示
と整理できる。
　要件事実の内容についても、旧法と同様に、
　　❶ 自働債権の発生原因事実
　　❷ （自働債権が双務契約である場合には、同時履行の抗弁権の発生障害または消滅原因となる事実）
　　❸ （自働債権が貸借型の契約である場合には弁済期の定めとその到来）
　　❹ 相殺の意思表示
と整理できる。
　❶について実体法上の要件としては自働債権および受働債権の発生原因事実がいずれも必要となるが、受働債権の発生原因事実は通常請求原因で主張されているため、要件事実としては自働債権の発生原因事実で足りる。
　❷については、自働債権の発生原因事実から、同時履行の抗弁権が付着していることが明らかな場合、同時履行の抗弁権の存在効果として相殺が許されないことから、同抗弁権を障害または消滅させる事実の主張が必要となる。
　❸については、受働債権の期限の利益は放棄可能であるので受働債権の弁済期到来の事実の主張は不要である。また、自働債権の発生原因事実となる契約が、期限の定めを本質的要素としない場合、自働債権の弁済期到来を主張することは不要である。
　❹については、旧法下同様、主張が必要となる（506条は改正点なし）。

なお、前記実体法上の要件④債務の性質が相殺を許さないものではないことについては、再抗弁に位置づけられるが、受働債権の内容から、相殺が禁止されることが明らかな場合は（たとえば、新法509条1号の規定する「悪意による不法行為に基づく損害賠償の債務」や、同条2号が規定する「人の生命又は身体の侵害による損害賠償の債務（前号に掲げるものを除く。）」を受働債権とする場合）、相殺の抗弁は主張自体失当となる。

(2) 相殺禁止特約の再抗弁

　相殺の抗弁に対しては新法505条2項に基づき、相殺禁止特約を主張することができ、その場合の要件事実は、

❶　相殺禁止特約の成立
❷　❶についての悪意
　　または
❷′　❶を知らないことについての重過失があることの評価根拠事実

となる。

(3) 不法行為等によって生じた債務等に関する再抗弁

　前記(1)のように、受働債権（訴訟物になっている債権）の内容から、相殺が禁止されることが明らかな場合（債務の性質から相殺が許されない場合）、相殺の抗弁は主張自体失当となるが、同債権が悪意による不法行為等によって生じたかどうかが争点となるような事案では、相殺の抗弁に対し、受働債権が悪意による不法行為等によって生じたことを再抗弁として主張できるものと解される（新法509条各号）。

　この場合の実体法上の要件は、

❶　受働債権が悪意による不法行為によって生じたこと
　　または
❷　受働債権が人の生命または身体の障害によって生じたこと（❶を除く）

であり、これが要件事実となる。

　同再抗弁に対しては、新法509条ただし書に基づき、受働債権が他人から譲り受けたものであることを再々抗弁として主張することができる。

第4編

契約法

第1章
契約総論

I 契約総論に関する改正のポイント

1 契約総論の改正全般

(1) 契約とは何か

　現代の社会では、契約によって、人と人との間に債権・債務の関係がつくられ、人々は財産の移転や利用、他人の労務・施設・技術の使用等のサービスの提供などを享受している[1]。

　契約は、単独行為、合同行為とともに法律行為の一つの態様であり、一定の法律効果の発生を目的とするAとBの相互の意思表示が合致することによって成立する。

　契約法は契約総論（契約総則）と契約各論（契約各則）から成る。このうち契約総論は、契約法の総則に関する規定を置く。

　旧法は、第1節「総則」の下に、

　　第1款：契約の成立（521条〜532条）

　　第2款：契約の効力（533条〜539条）

　　第3款：契約の解除（540〜548条）

の規定を置いた。

　新法は、第2章「契約」第1節「総則」の下に、

　　第1款：契約の成立（521条〜532条）

---

[1] 淡路剛久『入門からの民法 財産法』（有斐閣・2011年）122頁参照。

第2款：契約の効力（533条～539条）
　　第3款：契約上の地位の移転（539条の2）
　　第4款：契約の解除（540条～548条）
　　第5款：定型約款（548条の2～548条の4）
の規定を置く。

(2) 契約の自由

　新法は次の2条を新設し、契約自由の原則を明示した（新法521条、522条）。契約自由の原則は、締結の自由、方式の自由、内容の自由、相手方選択の自由をいう。

ア　契約の締結および内容の自由（新法521条）

　新法521条は、「何人も、法令に特別の定めがある場合を除き、契約をするかどうかを自由に決定することができる。」(1項)、「契約の当事者は、法令の制限内において、契約の内容を自由に決定することができる。」(2項) と定めた。

イ　契約の成立と方式（新法522条）

　新法522条は、「契約は、契約の内容を示してその締結を申し入れる意思表示（以下「申込み」という。）に対して相手方が承諾をしたときに成立する。」(1項)、「契約の成立には、法令に特別の定めがある場合を除き、書面の作成その他の方式を具備することを要しない。」(2項) と定めた。

(3) 危険負担

ア　概　要

　危険負担とは、契約成立後に、一方の債務者の責めに帰すべき事由によらないでその債務が履行不能（後発的不能）になった場合に、他方の債務者の債務が存続するか、消滅するか（一方債務に生じた危険を他方債務が負担するか）を問題にする。
　旧法は危険負担について、契約の目的物が特定物か不特定物かによって規律を異にする。すなわち、売買を例にすると、特定物については売主Aの責めに帰すべき事由によらずに債務を履行することができなくなった場合（たとえば目的物が滅失した場合）に、規定のうえでは、買主は代金を支払う義務があっ

た（債権者主義。旧法534条）が、他方、不特定物については上記の場合に、買主Bは代金を支払う義務はなかった（債務者主義。旧法536条）。

債権者主義に対しては、その不適切性が指摘され、学説は他方債務者が目的物につき実質的支配を得るまでは危険はその者に移らないと解していた。

新法は、目的物の違いや売主の責任の有無を問わず、目的物が滅失した場合、買主は契約を解除することができるとした（新法536条）。これは理論的には、危険負担を解除の問題として捉えたものである。なお、改正の議論では、危険負担の制度を廃止し解除に一元化すべきであるとする見解が主張された[2]が、立法化には至らなかった。

イ 債務者の危険負担等（新法536条）

旧法536条は、「前2条に規定する場合を除き、当事者双方の責めに帰することができない事由によって債務を履行することができなくなったときは、債務者は、反対給付を受ける権利を有しない。」（1項）、「債権者の責めに帰すべき事由によって債務を履行することができなくなったときは、債務者は、反対給付を受ける権利を失わない。この場合において、自己の債務を免れたことによって利益を得たときは、これを債権者に償還しなければならない。」（2項）としていた。

新法536条は、「当事者双方の責めに帰することができない事由によって債務を履行することができなくなったときは、債権者は、反対給付の履行を拒むことができる。」（1項）、「債権者の責めに帰すべき事由によって債務を履行することができなくなったときは、債権者は、反対給付の履行を拒むことができない。この場合において、債務者は、自己の債務を免れたことによって利益を得たときは、これを債権者に償還しなければならない。」（2項）と定め、危険負担について原則・例外なく債務者主義に立つことを明確にした。

(4) 解 除

旧法は、債務不履行（履行遅滞、履行不能、不完全履行）による解除の要件として、責めに帰すべき事由（帰責事由）を必要としたが、新法は契約不適合を解除の要件とし、帰責事由を不要とした。

---

2) 内田貴『民法改正のいま―中間試案ガイド』（商事法務・2013年）134頁以下。

新法は、催告解除（541条）と無催告解除（542条、543条）について、それぞれの要件や両者の関係を以下のように見直した。

ア 催告による解除（催告解除）（新法541条）

新法541条は、旧法541条の見出し「（履行遅滞等による解除権）」を「（催告による解除）」に改め、同条に次のただし書を加えて、「ただし、その期間を経過した時における債務の不履行がその契約及び取引上の社会通念に照らして軽微であるときは、この限りでない。」と定めた。

イ 催告によらない解除（無催告解除）（新法542条）

新法542条は、旧法542条（定期行為の履行遅滞による解除権）を改め、1項において「次に掲げる場合には、債権者は、前条の催告をすることなく、直ちに契約の解除をすることができる。」とし、①「債務の全部の履行が不能であるとき。」（1号）、②「債務者がその債務の全部の履行を拒絶する意思を明確に表示したとき。」（2号）、③「債務の一部の履行が不能である場合又は債務者がその債務の一部の履行を拒絶する意思を明確に表示した場合において、残存する部分のみでは契約をした目的を達することができないとき。」（3号）、④「契約の性質又は当事者の意思表示により、特定の日時又は一定の期間内に履行をしなければ契約をした目的を達することができない場合において、債務者が履行をしないでその時期を経過したとき。」（4号）、⑤「前各号に掲げる場合のほか、債務者がその債務の履行をせず、債権者が前条の催告をしても契約をした目的を達するのに足りる履行がされる見込みがないことが明らかであるとき。」（5号）を掲げた。また2項において、「次に掲げる場合には、債権者は、前条の催告をすることなく、直ちに契約の一部の解除をすることができる。」とし、①「債務の一部の履行が不能であるとき。」（1号）、②「債務者がその債務の一部の履行を拒絶する意思を明確に表示したとき。」（2号）を掲げた。

ウ 債権者の責めに帰すべき事由による場合（新法543条）

新法543条は、「債務の不履行が債権者の責めに帰すべき事由によるものであるときは、債権者は、前2条の規定による契約の解除をすることができない。」と定めた。

エ 解除の効果（新法545条）

旧法545条は、①「当事者の一方がその解除権を行使したときは、各当事者は、その相手方を原状に復させる義務を負う。ただし、第三者の権利を害する

ことはできない。」(1項)、②「前項本文の場合において、金銭を返還するときは、その受領の時から利息を付さなければならない。」(2項)、③「解除権の行使は、損害賠償の請求を妨げない。」(3項)としていた。新法は3項を4項とし、2項に続け3項として次の1項を加えた。「第1項本文の場合において、金銭以外の物を返還するときは、その受領の時以後に生じた果実をも返還しなければならない。」

　　オ　解除権者の故意による目的物の損傷等による解除権の消滅（新法548条）
　新法548条は、旧法548条の見出し「解除権者の行為等による解除権の消滅」の「行為等」を「故意による目的物の損傷等」に改め、同条1項中「自己の行為」を「故意」に改め、同項に次のただし書を加えた。「ただし、解除権を有する者がその解除権を有することを知らなかったときは、この限りでない。」また、旧法同条2項「契約の目的物が解除権を有する者の行為又は過失によらないで滅失し、又は損傷したときは、解除権は、消滅しない。」を削った。

(5)　定型約款（新法548条の2〜548条の4）

　　ア　約款による大量取引
　多数の人を対象とする大量取引ではしばしば、約款が用いられている。約款が用いられる契約は多数があるが、たとえば、電気・ガス・水道の供給契約、銀行取引契約、信託契約、旅客運送契約、郵便・電話の利用契約、宿泊契約、保険契約、消費者ローン契約、自動車売買契約等がある。
　そこでは、当事者は約款に従うか否かの自由しか有せず（附合契約）、また、相手方選択の自由を有しない。約款に拘束される根拠は、その内容の適切性に求めることができる。約款は当事者間の公正の確保、大量取引の合理的規制に寄与する。約款は現代取引社会の要請に応えるものである。なお、理論的には、約款とは異なるものとして、電車・バスなどの利用、電気・ガス・水道の供給などの場合において、意思と意思の合致を必要としない事実的契約関係を認めるべきであるとする見解がある。
　旧法には約款の規定はなく、商慣行や判例において認められていた。約款に関する規律を新たに設けるかどうかについては、改正作業において議論を重ね、新法は約款一般ではなく、定型約款という類型を定義し、定型約款にしぼって規律することとした（第5款：定型約款〈548条の2〜548条の4〉）。

イ 定型約款の定義――定型約款の合意

新法548条の2は、1項で定型約款の組入要件として、①「定型約款を契約の内容とする旨の合意をしたとき」(1号)、②「定型約款を準備した者(以下「定型約款準備者」という。)があらかじめその定型約款を契約の内容とする旨を相手方に表示していたとき。」(2号)と定めた。組入れとは、約款の個別条項が契約内容になることをいう。

定型取引とは、ある特定の者が不特定多数の者を相手方として行う取引であって、その内容の全部または一部が画一的であることがその双方にとって合理的なものをいう。定型取引を行うことの合意を「定型取引合意」という。

定型約款とは、定型取引において、契約の内容とすることを目的としてその特定の者により準備された条項の総体をいう。

新法548条の2第2項では、「相手方の権利を制限し、又は相手方の義務を加重する条項であって、その定型取引の態様及びその実情並びに取引上の社会通念に照らして第1条第2項に規定する基本原則に反して相手方の利益を一方的に害すると認められるものについては、合意をしなかったものとみなす。」と定めている。すなわち、不当な内容や不意打ちとなりうる条項については、みなし合意は否定される。

新法は他に、定型約款の開示義務(新法548条の3)、定型約款の変更(新法548条の4)について定めている。

2 契約の成立

(1) 契約に関する基本原則――契約の締結および内容の自由

新法521条1項は、「何人も、法令に特別の定めがある場合を除き、契約をするかどうかを自由に決定することができる。」、2項は、「契約の当事者は、法令の制限内において、契約の内容を自由に決定することができる。」と定めた。

契約を締結する予定の当事者には、①契約を締結するかしないかの自由、②契約の相手方を選択する自由、③契約内容決定の自由、④契約の方式の自由があるとされている。これを契約自由の原則(個人意思の自治)といい、所有権絶対の原則、過失責任の原則とともに、近代私法の三大原則と呼ばれる[3]。旧

法には、契約自由の原則について明文の規定はなかったが、91条は、「法律行為の当事者が法令中の公の秩序に関しない規定と異なる意思を表示したときは、その意思に従う。」と規定しており、この原則を前提としている[4]。

　契約自由の原則を強調しすぎると、弱い立場にある者の利益が侵害されるおそれがあり、消費者保護に関連する立法などからみてもわかるように、それを制約する視点も重要である。旧法90条（公序良俗）、91条（任意規定と異なる意思表示。改正なし）による制約を設けているが、十分とはいえない。借地借家法、特定商取引法、割賦販売法、消費者契約法などの特別法において、契約自由の原則に対する様々な制限を設けている[5]。

　そこで、新法521条は、契約自由の原則のうち、契約締結の自由、内容決定の自由を明記するとともに、そこから導かれる制約原理も同時に規定した。

(2) 契約の成立と方式

　新法522条1項は、「契約は、契約の内容を示してその締結を申し入れる意思表示（以下「申込み」という。）に対して相手方が承諾をしたときに成立する。」、2項は、「契約の成立には、法令に特別の定めがある場合を除き、書面の作成その他の方式を具備することを要しない。」と定めた。

ア　契約の成立

　契約は、当事者間の意思の合致によって成立する。つまり、申込みという意思表示と承諾という意思表示が合致した場合は、契約が成立する。これは伝統的な考え方であるが、現実には、たとえば、企業間の合併契約の締結交渉、不動産の売買契約の締結交渉などのように、合意に達するためにかなり長い時間が費やされ、また合意したとしてもすべての条件が確定するわけではないケースが多々ある。たとえば、売買の目的物、代金額等の基本条件について合意に達していたとしても、売買契約の成立が否定された裁判例がある[6]。したがって、契約は、締結交渉から履行された後の問題を含めたプロセスとみることができ、契約の解釈は、そのプロセスをふまえる必要があろう[7]。プロセスとし

---

3)　我妻榮『債権各論上巻（民法講義V1）』（岩波書店・1954年）17頁。
4)　債権編中の契約に関する規定のすべては、契約自由の原則を前提するものと解釈されている（我妻・注3前掲17頁参照）。
5)　我妻・注3前掲18頁以下を参照されたい。

て考えるとき、たとえば契約締結前の段階における当事者の信義則上の義務の問題について、すでに判例によって肯定する法理が確立され、発展しているため、形式的に契約の成否だけを争う必要性は乏しくなるのではないかと指摘することもできよう（「部会資料11－2」5頁参照）。

しかしながら、旧法は、521条から528条まで、契約の成立にかかわる申込みと承諾に関する規定を設けていたが、申込みや承諾の定義規定はなく、解釈に委ねられている。本条（新法522条）は、紛争の予防や、争いになった場合の判断の手がかりを提供するなどの観点から、契約の成立に関する一般的なルールとして、「契約の内容を示してその締結を申し入れる意思表示」という申込みの定義を設け、申込みに対して相手方が承諾したときに契約が成立することを明記したのである。

申込みと申込みの誘引（相手方に申込みをさせようとする意思の通知）とを区別する必要がある[8]。たとえば、求人広告や不動産取引の情報を案内する新聞の折込広告の場合は、当該通知に応じて申し込んできた者に対して、誘引を行った者が承諾してはじめて契約が成立する。

申込みは契約の準備行為ではなく、契約を成立させることを目的とする確定的な意思表示であるが、申込みだけでは法律行為となるわけではない。また、申込みは、一般には特定の相手に対して行うが、債務引受や組合契約などのような不特定の複数の人が1つの契約を締結する場合も多々ある。これに対して、承諾の場合は、必ず特定の申込者に対して行わなければならない[9]。

承諾者が、申込みに条件を付し、その他変更を加えてこれを承諾したときは、その申込みの拒絶とともに新たな申込みをしたものとみなす（528条）ことになるため、原則として申込みをそのまま承諾しなければならない。

---

6) 「不動産売買の交渉過程においては、当事者間で多数回の交渉が積み重ねられ、その間に代金額等の基本条件を中心に細目にわたる様々な条件が次第に煮詰められ、売買の基本条件の概略について合意に達した段階で、確認のために当事者双方がそれぞれ買付証明書と売渡承諾書を作成して取り交わしたうえ、さらに交渉を重ね、細目にわたる具体的な条件総てについて合意に達したところで最終的に正式な売買契約書の作成に至るのが通例である、……なお未調整の条件についての交渉を継続し、その後に正式な売買契約書を作成することが予定されている限り、通常、右売買契約書の作成に至るまでは、今なお当事者双方の確定的な意思表示が留保されており、売買契約は成立するに至っていない」（東京地判昭和63年2月29日判タ675号174頁）など。
7) 後藤巻則『条文で読む民法──総則・物権・債権』（法学書院・2006年）241頁参照。
8) 我妻・注3前掲57頁参照。
9) 我妻・注3前掲56頁参照。

イ 契約の方式

旧法では、契約は原則として当事者の意思の合致によって成立することになっており、方式を要しない諾成主義の原則をとっている。しかし、国民の契約の方式に対する考えや実務の対応が異なっており、また要物契約の存在などをふまえ、方式の自由を明記するとともに、「法令に特別の定めがある場合を除き」との文言を設け、一定の制限を加えている。

(3) 承諾の期間の定めのある申込み

新法523条1項は、「承諾の期間を定めてした申込みは、撤回することができない。ただし、申込者が撤回をする権利を留保したときは、この限りでない。」、2項は、「申込者が前項の申込みに対して同項の期間内に承諾の通知を受けなかったときは、その申込みは、その効力を失う。」と定めた。

新法523条1項は、旧法521条1項にただし書を加え、「申込者が撤回する権利を留保したとき」の例外を明記している。2項は、旧法521条2項と同一である。

申込みの拘束力を定めている旧法521条1項の趣旨は、契約申込みの相手方（被申込者）は、申込みを受けてから契約を締結するか否か（承諾するか否か）を調査・準備するのが通常である。この段階においては、申込みを撤回することができないとし、被申込者の契約締結可能性に対する信頼を保護し、不測の損害を与えないようにする必要がある。ただし、「申込者が撤回する権利を留保したとき」は、その留保が申込者の到達前または申込みと同時に被申込者に到達した場合は、この時点で被申込者の信頼を保護する必要がなくなるため、当該ただし書の内容を例外として明記したのである。

また、学説上、承諾期間の定めのある申込みであっても、申込者がこれを撤回する権利を留保していた場合には、申込みの効力は及ばず、撤回することができると解されており、新法523条1項のただし書については、学説上異議がないといえる。

なお、承諾の通知の延着に関する旧法522条は、承諾通知の延着について規定していたが、承諾の効力の発生時期すなわち契約の成立時期について、発信主義を改めて到達主義を採用した以上、承諾の通知が遅延したリスクは、申込みの相手方（承諾の意思表示をする者）が引き受けるべきであるため、承諾の通知の遅延に関する特別の規定を設ける必要がなくなる（「中間試案補足説明」

348頁参照)。また、遅延した承諾の効力について「申込者は、遅延した承諾を新たな申込みとみなすことができる。」(旧法523条)は、条文内容を変更せずそのまま新法524条に繰り下がったのである[10]。

(4) 承諾の期間の定めのない申込み

新法525条1項は、「承諾の期間を定めないでした申込みは、申込者が承諾の通知を受けるのに相当な期間を経過するまでは、撤回することができない。ただし、申込者が撤回をする権利を留保したときは、この限りでない。」、2項は、「対話者に対してした前項の申込みは、同項の規定にかかわらず、その対話が継続している間は、いつでも撤回することができる。」、3項は、「対話者に対してした第1項の申込みに対して対話が継続している間に申込者が承諾の通知を受けなかったときは、その申込みは、その効力を失う。ただし、申込者が対話の終了後もその申込みが効力を失わない旨を表示したときは、この限りでない。」と定めた。

旧法524条は、承諾の期間の定めのない申込みの撤回について、「申込者が承諾の通知を受けるのに相当な期間を経過するまでは、撤回することができない」と規定しており、これを隔地者間の契約に限定せず、一般的な規定としたうえで、申込者が撤回する権利を留保したときは、撤回することができるとした。学説上、この点について、承諾期間の定めのある場合と同様に、契約の申込みの際に申込者が撤回する権利を留保していたときは、申込みの効力が及ばず、申込者が承諾の通知を受けるのに相当な期間内であっても、申込みを撤回することができると解されており、改正民法の下でも維持されることになる。

また、従来の通説として、取引慣行と信義則に従って、相当の期間を経過した後は、承諾することができない準則（商法508条1項参照)[11]は、申込みの撤回を許さない相当の期間（旧法524条参照）とは必ずしも一致しないことを理由として、本条に取り込まれていない[12]。

なお、労働者から労働契約を合意解約する旨の申込みをした場合における撤回を認めてきた裁判例（大阪地判平成9年8月29日労判725号40頁等）の考え方について、当該条項の改正によって変更するものではないと思われる。

---

10) 潮見佳男『民法（債権関係）改正法案の概要』(金融財政事情研究会・2015年) 195頁参照。
11) 我妻・注3前掲62頁参照。
12) 潮見・注10前掲196頁参照。

対話者間における申込みについて、旧法には相当する規定が存在しなかったが、「対話者間では相手の反応を察知して新たな内容の提案をすることも許されるべきであること、対話継続中に相手方が何らかの準備をすることも考えにくく撤回によって相手方が害されることはない」ことなどを理由として、学説上は、対話が終了するまでの間は自由に認める見解が有力である（「中間試案補足説明」351頁）。新法525条2項は、申込みの効力等の規律を明確にし、対話が継続している間はいつでもそれを撤回することができると定めている。

　承諾期間の定めない対話者間の申込みについて、本条3項は商法507条「商人である対話者の間において契約の申込みを受けた者が直ちに承諾をしなかったときは、その申込みは、その効力を失う」の規定を参照しつつ、「直ちに」という文言を採用せず、申込者が承諾の通知を受けなかったときは、その申込みは、その効力を失うものとした。そのうえで、「申込者が対話の終了後もその申込みが効力を失わない旨を表示したときは、この限りでない」（3項ただし書）とする例外を設けている。当該規定の新設により、商法507条は削除されることになる。

(5) 申込者の死亡

　新法526条は、「申込者が申込みの通知を発した後に死亡し、意思能力を有しない常況にある者となり、又は行為能力の制限を受けた場合において、申込者がその事実が生じたとすればその申込みは効力を有しない旨の意思を表示していたとき、又はその相手方が承諾の通知を発するまでにその事実が生じたことを知ったときは、その申込みは、その効力を有しない。」と定めた。

　旧法525条は、「申込者が反対の意思を表示した場合又はその相手方が申込者の死亡若しくは行為能力の喪失の事実を知っていた場合には」、同97条2項（意思表示の一般原則）を適用しないとの例外規定を設けていた。

　本条は、旧法97条2項の枠組みを維持しつつも、当該条文での変更と同様に、申込者が「意思能力を有しない常況にある者」となった場合を追加し、さらに「申込者が反対の意思を表示した場合」を「申込者がその事実が生じたとすればその申込みは効力を有しない旨の意思を表示していたとき、又はその相手方が承諾の通知を発するまでにその事実が生じたことを知ったときは」とし、より具体的な内容を盛り込んだのである[13]。

(6) 承諾の通知を必要としない場合における契約の成立時期

　新法527条は、「申込者の意思表示又は取引上の慣習により承諾の通知を必要としない場合には、契約は、承諾の意思表示と認めるべき事実があった時に成立する。」と定めた。

　本条は、旧法526条2項（意思実現行為による契約の成立）を維持したものである。承諾について到達主義を採用した以上、意思実現行為による契約の成立に関する規律も維持すべきであるという考え、また意思実現行為による契約の成立に関する場面では、申込者に対する承諾の意思表示の到達に相当するような事実を必要としないため、到達主義に対する例外的な規律を維持するという考えなどをふまえて検討を行った。

　旧法526条1項は、承諾の通知を発したときに契約が成立するとし、一般規定である97条1項の到達主義の例外規定として、発信主義を採用していた。しかし、当該規定は旧法521条2項との整合性の問題が問われ、また今日の通信事情の下では、承諾通知が延着する現実的可能性は低いことなどから、到達主義の例外規定を設ける必要性が本当にあるのか、と指摘されてきた[14]。現に、ウィーン売買条約などの契約に関する国際的なルールも、契約の成立について、到達主義の原則を採用する例が多い。

　そこで、旧法526条1項を削除し、その結果、申込みの撤回の通知の延着に関する旧法527条も削除された。その理由としては、申込みの撤回の通知の到達と承諾到達の先後関係をもって旧法527条の対象問題を解決することが相当であるからである。

　なお、すでに民法の例外として到達主義を採用している、「電子消費者契約及び電子承諾通知に関する民法の特例に関する法律」第4条は、本条の改正に伴い、削除されることになり、同法の名称も「電子消費者契約に関する民法の特例に関する法律」に変更することになった[15]。

---

13)　「中間試案補足説明」352〜353頁、潮見・注10前掲197頁参照。
14)　内田貴『民法Ⅱ債権各論〈第3版〉』(東京大学出版会・2011年) 38〜39頁、後藤・注7前掲247頁参照。
15)　潮見・注10前掲198頁参照。

(7) 契約締結上の過失について

　民法では、契約の成立について、申込みと承諾による規定しか設けておらず、契約締結過程に関する規律を置いていない。その理由は、契約が成立したことによってはじめて契約上の権利・義務が発生するもので、契約締結過程に関する問題は、単なる事実上の状態にすぎないと考えられていたからである。この概念について日本では、ドイツの議論に触発されて、学説の継受の結果として導入され、裁判例にも多大な影響を与えた。「中間試案」は、これまで信義則の適用によって形成されてきたルールを明文化しようとして、契約締結上の過失の類型のうち、「契約交渉の不当破棄」と「契約締結過程における情報提供義務」に関する規定を設けた。しかし、信義則から派生した法理を明文化すること自体に対する批判に加え、信義則を具体化した規定を設けることによって柔軟な解決が阻害されるおそれがあるなど[16]、明文化に消極的な考えや反対意見が多く存在し、立法化を断念した。

3　懸賞広告

(1)　懸賞広告[17]

　新法529条は、「ある行為をした者に一定の報酬を与える旨を広告した者（以下「懸賞広告者」という。）は、その行為をした者がその広告を知っていたかどうかにかかわらず、その者に対してその報酬を与える義務を負う。」と定めた。

　旧法529条の「この款において」を削り、その行為をした者「がその広告を知っていたかどうかにかかわらず」との文言を追加したのである。たとえば、「行方不明になったAの家族が、Aに関する有力情報の提供者に50万円を支払う旨の広告を出したが、広告の存在を知らないBが情報を提供した場合、懸賞広告を契約として考えると、申込みを知らずに承諾できるのかという疑問を生

---

[16]　「中間試案補足説明」336〜346頁参照。また、日本経済団体連合会「民法（債権関係）の改正に関する中間試案」に対する提言（2013年6月11日）（https://www.keidanren.or.jp/policy/2013/058.html）、経済同友会「民法（債権関係）の改正に関する中間試案」に対する意見（パブリック・コメント）（2013年6月3日）（http://www.doyukai.or.jp/policyproposals/articles/2013/pdf/130603a.pdf）などを参照されたい。

[17]　懸賞広告に関する旧法529条から532条までの規律を基本的に維持したものである（「中間試案補足説明」356〜359頁参照）。

ずるが、契約としての構成は不可能ではない[18]。また、懸賞広告は停止条件付債務の発生する単独行為とする見解（単独行為説）も有力であり、懸賞広告を知らずに指定行為を行った者も報酬請求権を取得する[19]。本条は、この点について明記した。なお、懸賞広告に関する議論は、単独行為であるか契約の申込みであるかという法的性質の問題をふまえたものであったが、本条は、その法的性質については、引き続き学説等に委ねることとしている（「中間試案補足説明」357頁参照）。

(2) 指定した行為をする期間の定めのある懸賞広告

新法529条の2第1項は、「懸賞広告者は、その指定した行為をする期間を定めてした広告を撤回することができない。ただし、その広告において撤回をする権利を留保したときは、この限りでない。」、2項は、「前項の広告は、その期間内に指定した行為を完了する者がないときは、その効力を失う。」と定めた。

本条1項は、旧法530条3項の内容を修正したものである。旧法530条3項は、「懸賞広告者がその指定した行為をする期間を定めたときは、その撤回をする権利を放棄したものと推定する。」と定めるが、推定規定である以上、懸賞広告者による反証が認められることになるため、法的安定性を欠くことになるとの批判があり、また強行規定ではないことから、当該3項の規定を削除すべきだとの提案もあった[20]。そこで、旧法521条1項における承諾期間を定めた申込みの効力の規律に準じて、懸賞広告者が広告を行った際に撤回する権利を留保しないかぎり、撤回することができないものとすべきであることが提案され、明文化した。言い換えれば、懸賞広告者の意思を尊重し、撤回可能性を認めたのである。

実際上、懸賞広告者が、「その期間内に指定行為の完了されることを期待するために、一定の期間を定めている場合が少なくない。そして、このように、指定行為完了のための期間が定められている場合、広告者がその期間内におい

---

18) 内田・注14前掲44〜45頁参照。
19) 内田・注14前掲44〜45頁参照。
20) 民事法研究会編集部『民法（債権関係）の改正に関する検討事項』（民事法研究会・2011年）298頁参照。

ても、なお、懸賞広告の撤回をなしうるものとするならば、その期間内に指定行為の完了を期待することができないことになり、広告者がその期間を定めることと矛盾する」こととなり、「広告者が撤回権を留保する旨を表示していた場合には、広告者は、懸賞広告を撤回しうる」[21]と解されてきた。

(3) 指定した行為をする期間の定めのない懸賞広告

新法529条の3は、「懸賞広告者は、その指定した行為を完了する者がない間は、その指定した行為をする期間を定めないでした広告を撤回することができる。ただし、その広告中に撤回をしない旨を表示したときは、この限りでない。」と定めた。

本条は、懸賞広告者がその指定した行為をする期間を定めないでした広告について、指定した行為を完了する者がいない間は、その広告を撤回することができるとしつつ、その広告中に撤回をしない旨を表示したときは、このかぎりでないとの例外規定を置くことにした。

なお、当該条文の検討段階においては、「指定した行為に着手した者がない間」は、その広告を撤回することができるとすべきであるとの提言があった。これは、旧法530条1項における「指定行為を完了する者」がまだ現れていなくても、すでに指定行為に着手した者がいた場合、その者には報酬に対する正当な期待が発生しているため、懸賞広告者が撤回することはできないとするのが適切であるとの理由に基づくものである[22]。しかし、指定行為に着手したかどうかについて懸賞広告者が容易に判断できないのが現状であり、撤回が難しくなってしまい、さらに指定行為に着手しただけで報酬に対する正当な期待が生じているとはいえず、申込みを受けて契約締結の検討や準備を開始した承諾者の契約の成立に対する期待とは異なっており、それほど保護に値するものではないとの考えに基づき、本条を設けたのである(「中間試案補足説明」358頁参照)。

---

[21] 谷口知平=五十嵐清編『新版 注釈民法(13)債権(4)』(有斐閣・1996年) 426頁 [植林弘・五十嵐清執筆]。なお、旧法530条3項の類推により、撤回権を放棄したものと解した裁判例(熊本地判昭和35年9月15日下民集11巻9号1899頁)がある (谷口=五十嵐編・同426頁)。
[22] 民事法研究会編集部・注20前掲298頁参照。

(4) 懸賞広告の撤回の方法

　新法530条1項は、「前の広告と同一の方法による広告の撤回は、これを知らない者に対しても、その効力を有する。」、2項は、「広告の撤回は、前の広告と異なる方法によっても、することができる。ただし、その撤回は、これを知った者に対してのみ、その効力を有する。」と定めた。

　本条は、旧法530条1項および2項の内容を修正したものである。旧法530条1項および2項に規定する撤回方法は、①一次的には懸賞広告と「同一の方法によってその広告を撤回することができる」とし、たとえば、新聞や車内広告によって懸賞広告をした場合は、その撤回も同じ方法によることである。本条1項は、「同一の方法による広告の撤回は、これを知らない者に対しても、その効力を有する。」と定め、効力をより明確にしたのである。

　しかし、同一の方法によって撤回することができない場合は、②二次的に「他の方法によって撤回をすることができる。この場合において、その撤回は、これを知った者に対してのみ、その効力を有する。」（旧法530条2項）とし、つまり撤回を知らないで行為を完了した者に対して撤回を対抗することができないとした[23]。

　また、「他の方法によって撤回したときであっても、これを知った者に対してのみ効果が生ずるとすれば、これを許容しても不測の損害を与えることもない」（「中間試案補足説明」357頁参照）と思われる。本条2項はこの内容をほぼ踏襲している。

4　同時履行の抗弁

　新法533条は、「双務契約の当事者の一方は、相手方がその債務の履行（債務の履行に代わる損害賠償の債務の履行を含む。）を提供するまでは、自己の債務の履行を拒むことができる。ただし、相手方の債務が弁済期にないときは、この限りでない。」と定めた。

　本条は、旧法533条の内容のうち、「その債務の履行」の下に「（債務の履行に代わる損害賠償の債務の履行を含む。）」を加えたのである。

23）　民事法研究会編集部・注20前掲298～299頁参照。

(1) 双務契約における当事者間の債務

双務契約における当事者間の債務は、互いに相手方の債務の存在を前提とする対価的な意義を有するものだから、特殊の牽連関係を認める必要がある[24]。

具体的には、①成立上の牽連関係。たとえば、一方の債務が不能・不法などの理由によって成立しないとき（原始的不能）、対価たる他方の債務も成立しない。

②履行上の牽連関係。公平の原則に基づいて、当事者一方の債務が履行されるまでは、他方の債務も履行されなくてもよいという関係であり、旧法533条に規定する「同時履行の抗弁権」である。

③存続上の牽連関係。これは、債務者の危険負担に関連する問題であるが、新法536条1項は、旧法536条1項の規定を改めて、「当事者双方の責めに帰することができない事由によって債務を履行することができなくなったときは、債権者は、反対給付の履行を拒むことができる」旨を定め、反対債務の消滅から履行拒絶権に変更されている。

債務の履行が不能となった場合の履行不能について、債務者に帰責事由があるときは、債務者は本来の債務の履行に代わる損害賠償債務（以下「填補賠償債務」という）を負担し、債権者が自己の反対給付債務を拒む根拠として機能するのは、本条の同時履行の抗弁権（債務者の填補賠償債務の履行との同時履行）である。

(2) 売主の担保責任と同時履行（旧法571条削除）

本条の改正により、旧法571条が削除されることになった。その理由として、旧法571条は、売主の担保責任に基づく填補賠償債務と買主の代金支払債務とが同時履行の関係に立つ旨を定めるものであるが、売主の担保責任を契約に基づく通常の債務不履行責任と同じものとして構成し直すことから、旧法533条が直接適用されるものと整理するのが相当であり、旧法571条については存在意義が乏しくなったからである。また、請負に関する旧法634条2項についても同様な理由で削除することとした。

---

24) 我妻・注3前掲82頁、内田・注14前掲47〜49頁参照。

(3) 裁判例

それでは裁判においてはどうかというと、債務者が債権者の反対給付債務の履行を求める給付訴訟を提起した場合において、被告である債権者が旧法533条の同時履行の抗弁権を主張すれば、引換給付判決（債務者による債務の履行との引換え）というものが下されることになる（大判明治44年12月11日民録17輯772頁）。これに対し、履行拒絶権を主張する場合は、請求棄却判決がされることになる。

5 危険負担

(1) 改正の概要

ア 特定物に関する規律などの削除

旧法は、①特定物に関する物権の設定または移転を双務契約の目的とした場合において、その物が債務者の責めに帰することができない事由によって滅失し、または損傷したときは、その滅失または損傷は、債権者の負担に帰すること（旧法534条1項）、②前条の規定は、停止条件付双務契約の目的物が条件の成否が未定である間に滅失した場合には適用しないことなど（旧法535条）を定めていた。

しかし、これらの規律には批判が多かったため[25]、新法は、これらの規律をすべて削除した。この改正により、特定物に関する物権の設定または移転の場合、停止条件付双務契約の目的物が条件の成否未定の間に損傷した場合のいずれについても、下記イ・ウによって規律されることになる（新法536条）。

イ 履行拒絶権という構成

旧法は、当事者双方の責めに帰することができない事由によって債務を履行

---

[25] 内田貴『民法Ⅱ債権各論〈第3版〉』（東京大学出版会・2011年）66頁は「契約成立から履行の完了に至るまでの何処かで、滅失等のリスクが売主から買主に移転するのは事実である。危険負担における債権者主義の不合理さは、それが契約成立と同時であるところにある。そこで、今日の学説の多くは、立法論として疑問を提起するのみならず、解釈論としても債権者主義の適用を制限する方向にある」とし、潮見佳男『民法（債権関係）改正法案の概要』（金融財政事情研究会・2015年）222頁は「所有者危険負担の思想を基礎に据えて債権者主義を定めた旧法534条（及びこれに関連する535条）に合理性がないことは、ほぼすべての学説によって認められている」とする。

できなくなったときについて、債務者は「反対給付を受ける権利を有しない」と定めている（旧法536条1項）。これは、権利は消滅するという規律である。

これに対し、新法は、「債権者は、反対給付の履行を拒むことができる」と定める（新法536条1項）。これは、反対給付債務は当然には消滅しないことを前提としている。

ウ　債権者の帰責事由がある場合

旧法は、「債権者の責めに帰すべき事由」によって債務を履行することができなくなったときは、債務者は、「反対給付を受ける権利を失わない」とし、この場合において、自己の債務を免れたことによって利益を得たときは、これを債権者に償還しなければならないと定めている（旧法536条2項）。

新法は、この規律を基本的には維持しつつ、債権者の責めに帰すべき事由によって債務を履行することができなくなったときは「債権者は、反対給付の履行を拒むことができない」と定めた（新法536条2項）。これは、新法536条1項において履行拒絶権構成とされたことと平仄を合わせたものである。

(2)　実務への影響

ア　特定物に関する規律などの削除による影響

旧法は、双務契約の目的とされた特定物が「債務者の責めに帰することができない事由」によって滅失・損傷したときについて、「債権者の負担に帰する」とする（旧法534条1項）。このことは、目的物の履行は受けられないが、反対給付（代金支払債務）は存続することを意味する。

しかし、これを文言どおりに解釈した場合の結論に合理性がないことはひろく認められてきた。「部会資料68A」33頁では「現在では、むしろ、債権者（買主）が目的物に対する何らかの支配（引渡しなど）を得る前に目的物が滅失した場合には、債権者（買主）は売買代金を支払う必要はないというのが、当事者の通常の意思である」と指摘し、旧法534条1項を形式的に適用すると不合理な結論になる例として、「二重譲渡の事案（ある物の所有者であるAがその物をBとCに対して二重に売却した後、その物が滅失した事案）」においてBとCの双方から売買代金の支払いを受けられることになりかねないこと、「他人物売買の事案（Bの所有する物をAがCに対して売却した後、その者が滅失した事案）」においてCから売買代金の支払いを受けられることになりかね

いことを指摘している。このような見地から、新法は特定物に関する規定（旧法534条）を削除した。

これによって、同条の適用除外を定めた旧法535条1項は不要となり、同534条と同様の帰結を定める同535条2項は正当性に問題を生ずる。そして、同535条3項は当然の内容であるため、同条1項・2項が削除されれば不要である。そのため、新法は535条も削除した。

このような改正は、任意規定の内容をより適切なものとするところであり、特約をしないでも適切な結果を導くことができるという影響を実務に与えるものである。

イ　履行拒絶権構成になったことの影響

新法は、危険負担による権利の消滅を否定し、債権者に、反対給付の履行拒絶権を認めている（新法536条1項）。このように法的構成が変更されたのは、解除に関する規律変更と関係している。

旧法については、履行不能について債務者の帰責事由の有無により適用領域を分ける（債務者の帰責事由があるときは解除、債務者の帰責事由がないときは危険負担の問題になる）という解釈が有力であった。しかし、新法は債務者に帰責事由がなくても解除を認めるため（新法541条等）、このような区別はできなくなった。そのため、危険負担制度を廃止することも検討されたが（いわゆる解除一元論）[26]、つねに解除しなければならないとすることの不都合が指摘されて[27]、危険負担制度は維持された。そのうえで、解除とは異なる効果を与えることとし、債権者の反対債務の履行拒絶権を認めることに変更された。

「部会資料79-3」17頁では、「債務の履行が不能とはなっていないが履行はされていない場合に、債権者が自己の反対給付債務の履行を拒む根拠として機能するのが民法533条の同時履行の抗弁権であるのに対し、債務の履行が不

---

26)　「中間試案補足説明」143頁に「実際の適用場面を想定しにくい同法536条1項を維持して、機能の重複する制度を併存させるよりも、解除に一元化して法制度を簡明にする方がすぐれているように思われる」とする。
27)　「部会資料68B」3頁では「債務者の帰責事由の有無とは無関係に解除権の行使が制限される場合」として、①「解除権の不可分性（民法544条）によって解除が制限される場合」、②「負担付遺贈における負担の履行が不能となった場合」、③「債務不履行による解除をするには第三者の承諾を得なければならない旨の規定やその旨の三者合意がある場合において、当該第三者が行方不明であったり、当該第三者が死亡してその相続人を探すことが困難であったりするとき」が指摘された。

能となった場合に、債権者が自己の反対給付債務の履行を拒む根拠として機能する」ものと整理され、「いずれの場合においても、自己の反対給付債務を確定的に消滅させたい債権者が、債務不履行による契約の解除をすることになる。なお、同時履行の抗弁権を主張すると引換給付判決がなされるのに対し、この履行拒絶権を主張すると、請求棄却判決がされることになる（同法576条の支払拒絶権や会社法581条2項の履行拒絶権が主張された場合と同様の取扱いである。）」とされている。

旧法と異なり、反対給付債務を確定的に消滅させるためには債務不履行による契約の解除をしなければならないため、実務に影響があると思われる。

ウ 債権者の帰責事由がある場合

新法は、履行拒絶権構成のため、「債権者の責めに帰すべき事由」によって債務を履行することができなくなったときについて「債権者は、反対給付の履行を拒むことができない」と定めた（新法536条2項）。

この改正については、労働契約における判例法理への影響が懸念される。すなわち、使用者の責めに帰すべき事由により労働者が就労できなかった場合に、判例（最判昭和62年7月17日民集41巻5号1350頁[28]ほか）は、旧法536条2項前段により、労働者の具体的報酬請求権が発生することを認めてきた。このこととの関係で、履行拒絶権構成としたことによって権利の発生根拠とすることが困難になるおそれがある。

しかし、今回の改正の議論においては労働法制への実質的影響は与えないことが予定されていたのであり、今後も判例法理が維持されることが予定されている[29]。

---

[28] この判決は、労働基準法26条が使用者の責めに帰すべき事由による休業の場合に使用者が平均賃金の6割以上の手当を労働者に支払うべき旨を規定していることとの関係について、旧法536条2項の適用を排除するものではなく、いずれの要件も満たすときは休業手当請求権と賃金請求権とは競合しうることを認めた。

[29] 潮見・注25前掲224頁に「改正法は、履行拒絶の抗弁権構成を採用しているため、この規律から直ちに具体的報酬請求権の『発生』を根拠づけることには無理があるようにみえる。しかし、立案担当者は、現行法におけるのと同様に、具体的報酬請求権の『発生』を根拠づけることが可能であると考えている」（「部会資料83－2」49頁）とある。また、山本敬三「民法改正と要件事実―危険負担と解除を手がかりとして」自由と正義2016年1月号44頁は「改正案536条2項前段は、履行の拒絶というレベルで定めているため、特別な権利の発生を基礎づけるという趣旨を読み取ることがより一層困難になっている。もっとも、法制審議会における審議の過程では、特別の履行請求権が認められることを否定する意図はまったくなく、この点で旧法を維持することが当然の前提とされていた。実際、このことを示唆する規定も新たに設けられている」として、新法634条1号、624条の2、648条3項が指摘されている。

6 第三者のためにする契約

(1) 意義および具体例

ア 第三者のためにする契約とは

第三者のためにする契約とは、契約当事者が、自己の名において結んだ契約によって、直接に第三者をして権利を取得せしめる契約をいい、第三者に対して債務を負担することとなる当事者を諾約者、その約束の相手方となる当事者を要約者という[30]。たとえば、A・B間で売買契約を締結する際に、AがBに対し目的物を引き渡す義務を負う一方、Bが売買代金支払債務を第三者たるCに対して負担する場合に、第三者のためにする契約が成立する。

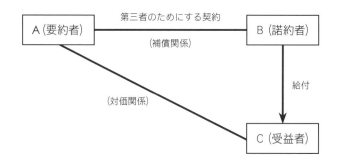

イ 特別法における規定

第三者のためにする契約が民法以外の特別法で規定されている例として、要約者が、諾約者である保険会社との間で保険契約を締結し、第三者を保険金受取人とする場合や（保険法8条、42条、71条）、第三者を受取人とする郵便年金契約（郵便年金法7条）、第三者を受益者とする信託（信託法88条1項）などが挙げられる[31]。

ウ 判例の状況

また、判例上、諾約者がその所有不動産を第三者に売却することを約束するという契約（大判大正14年7月10日民集4巻623頁）や、諾約者が第三者に対し

---

30) 谷口知平＝五十嵐清編『新版 注釈民法(13)債権(4)』（有斐閣・2006年）600頁。
31) 谷口＝五十嵐・注30前掲603頁。

て有する債権について債務の免除をする契約（大判大正5年6月26日民録22輯1268頁）が第三者のためにする契約として認められている。なお、第三者のためにする契約に該当するか否かについて肯定説と否定説の争いがあった電信送金契約に関し、判例（最判昭和43年12月5日民集22巻13号2876頁）は否定説をとっている（もっとも、電信送金契約はその後現実にはほとんど利用されていない）。

エ　類型化について

第三者のためにする契約の成立要件としては、「契約により当事者の一方が第三者に対してある給付をすることを約したとき」という概括的な規定が置かれているのみであるため、類型化を図ることも検討されたが（「部会資料42」6頁）、見送られたことから、具体的にどのような契約がこれに該当するのかは、事案の集積および解釈に委ねられている。

(2)　第三者のためにする契約の成立

ア　第三者の現存性・特定性

第三者のためにする契約は、第三者に権利を取得させるものであるが、旧法では、第三者のためにする契約を締結した際に第三者が存在しない場合や、特定されていない場合に契約の効力が生じるか否かについては明らかでなかった。

判例は、受益者である第三者が必ずしも契約締結時に現存することを要しないとし（設立中の法人を第三者とする契約につき、最判昭和37年6月26日民集16巻7号1397頁）、契約締結時に第三者が特定されていなくても、特定しうるものであればよいとしていた（契約締結時には存在しないものの、将来出現するであろうと予期した者を第三者とした契約につき、大判大正7年11月5日民録24輯2131頁）。

新法537条2項はこれらの判例法理を明文化し、契約締結時に第三者が現に存しない者である場合または第三者が特定されていない場合であっても、契約の効力が生ずることを明らかにした。

イ　第三者の受益の意思表示

新法537条3項は、旧法537条2項と同一の内容を維持するものであり、第三者が諾約者に対して契約の利益を享受する意思を表示したときに第三者の権利が発生するとしている。すなわち、受益の意思表示が第三者の権利の発生要件である。

もっとも、第三者のためにする損害保険契約（保険法8条）、第三者のためにする生命保険契約（同法42条）、第三者のためにする傷害疾病定額保険契約（同法71条）等においては、受益者（保険金受取人）となることによって不利益を被るわけではないし、受益者となったとしてもその地位を放棄することは自由であるという考慮に基づき、保険給付請求権の発生のために第三者の受益の意思表示は不要とされ、受取人は当然に保険契約の利益を享受するとされている（「部会資料42」4頁）。

　なお、第三者の現存性・特定性を不要とする新法537条2項によっても、第三者が受益の意思表示をする場合には、第三者が現存し、特定されている必要がある[32]。

(3) 要約者による解除権の行使

① 新法538条は、諾約者が債務を履行しない場合には、第三者は諾約者に対して債務を履行するよう請求できる点に鑑み、第三者の承諾なしには解除できないとして、解除権の行使に制限を加えたものである。

② 第三者による受益の意思表示は、第三者の権利の発生要件とされているため、第三者が受益の意思表示をすれば、確定的に権利を取得し、契約当事者は任意に変更または消滅させることはできなくなる（ただし、539条により、諾約者は要約者との契約に基づく抗弁を第三者に対しても対抗することができる）。

　もっとも、第三者が受益の意思表示をした場合でも、要約者の意思表示に瑕疵があった場合には、要約者は当該契約を第三者の承諾なく取り消すことができ、この場合に第三者の権利も消滅することについては争いがなかった[33]。

　しかしながら、諾約者が債務を履行しない場合、すなわち、諾約者の責めに帰すべき事由によって履行不能や履行遅滞が生じている場合にまで、要約者が第三者の承諾なく契約を解除できるかについては解釈上争いがあったところ、新法はこの点について明確化したものであり、諾約者が債務を履行しない場合に第三者は諾約者に対して強制履行を求めることができることから、契約解除についても、受益者の意思に係らしめることが適当であるという理由から、諾約者が債務を履行しない場合の契約解除について第三者の承

---

[32]　谷口＝五十嵐・注30前掲632頁。
[33]　谷口＝五十嵐・注30前掲637頁。

諾を必要とした。

③　もっとも、第三者のためにする契約の内容は、当事者である要約者と諾約者との間で自由に決定できるため、解除権の行使に受益者の承諾を不要とする内容の合意をすることは可能である[34]。

(4)　要約者による履行の請求

要約者が諾約者に対し、受益者への債務の履行を請求することができるか否かについて、通説はこれを認め、肯定する裁判例（広島高決昭和30年1月17日高民集8巻1号23頁、東京地判昭和31年9月24日下民集7巻9号2593頁）もあり、改正法案に盛り込むべきとの意見もあったが（「部会資料67A」59頁）、このような規定を設けるのであれば、要約者の諾約者に対する訴訟における判断が受益者の諾約者に対する訴訟における判断と矛盾する内容となった場合に、当事者間の権利関係を調整する規律を設けなければならないといった指摘や、要約者の履行請求訴訟の既判力や執行力の範囲等に関して混乱が生ずるという指摘があり、実務上も学説上も議論が深まっているとはいえない現状も考慮して、規定を設けることは見送られた（「部会資料80－3」32頁）。

7　契約の解除

(1)　改正の概要

ア　帰責事由は不要

旧法は、履行不能について、「債務者の責めに帰することができない事由によるものであるとき」すなわち帰責事由がないときは解除できないと定める（旧法543条）。また、履行遅滞について同様の文言はないが（旧法541条）、帰責事由がないときは解除できないとする解釈が有力であった。

しかし、解除が債権者（債務不履行をされた者）を契約関係から離脱させるための制度であることからすれば、債務者の帰責事由を要件とする必要はない[35]。

そこで、新法は、債務不履行に基づく損害賠償請求（新法415条）と区別し、解除については帰責事由を不要とした。このことは、解除できる場合に関する

---

34)　谷口＝五十嵐・注30前掲61頁。

規律において「債務者の責めに帰することができない事由によるものであるとき」に言及していないこと（新法541条、542条）によって示されている。このことは、危険負担の法的構成の変更にも影響している（新法536条）。

　イ　催告解除（催告による解除）

　旧法は、履行遅滞等による解除について、「相当の期間を定めてその履行の催告をし、その期間内に履行がないとき」であることを要件としている（旧法541条）。

　新法は、この規律を維持したうえで、ただし書に「その期間を経過した時における債務の不履行がその契約及び取引上の社会通念に照らして軽微であるときは、この限りでない」と定めた（新法541条）[36]。

　なお、契約をした目的を達することができる場合（下記ウの無催告解除はできない場合）であっても、契約締結の目的の達成に重大な影響を与えるなどの事情があるときは催告をして相当期間が経過すれば解除が認められる可能性がある（最判昭43年2月23日民集22巻2号281頁[37]）。

　ウ　無催告解除（催告によらない解除）

　旧法は、定期行為の履行遅滞について「催告を要することなく、直ちにその契約の解除をすることができる」とし（旧法542条）、履行不能による解除については催告の要否を明示していない（旧法543条）。

　新法は、催告によらずに契約の全部を解除できる場合として、以下の5つを列挙した（新法542条1項）。

① 　債務の全部の履行が不能であるとき

---

35) 高須順一「民法（債権法）改正に関するささやかなテクスト」『債権法の近未来像―下森定先生傘寿記念論文集』（酒井書店・2010年）71頁に「筆者は、債務不履行解除を被不履行当事者の契約関係からの離脱のための制度と理解することには基本的に賛同するものである。したがって、解除に関しては、損害賠償責任とは異なり、債務者の帰責事由は不要と考える」とあり、潮見佳男『民法（債権関係）改正法案の概要』（金融財政事情研究会・2015年）217頁では「改正前民法下での通説から発想を大きく転換している」「債務者に対する責任追及の手段としての解除制度から、債務の履行を得られなかった債権者を契約の拘束力から解放するための解除制度へ」と説明されている。

36) 潮見・注35前掲216頁に「これは、不履行が軽微なものにとどまる場合には、債権者としては、損害賠償その他の救済手段で満足するべきであるという考え方を示したもの」とある。

37) この判決は、土地の売買契約において代金完済までは建物等を築造しない旨の付随的約款が付けられた事案において解除を認めたものであり、その理由として「特別の約款の不履行は契約締結の目的の達成に重大な影響を与えるものであるから、このような約款の債務は売買契約の要素たる債務に入り、これが不履行を理由として売主は売買契約を解除することができると解するのが相当である」と判示した。

② 債務者がその債務の全部の履行を拒絶する意思を明確に表示したとき[38]
③ 債務の一部の履行が不能である場合または債務者がその債務の一部の履行を拒絶する意思を明確に表示した場合において、残存する部分のみでは契約をした目的を達することができないとき
④ 契約の性質または当事者の意思表示により、特定の日時または一定の期間内に履行をしなければ契約をした目的を達することができない場合において、債務者が履行をしないでその時期を経過したとき
⑤ 前各号に掲げる場合のほか、債務者がその債務の履行をせず、債権者が前条の催告をしても契約をした目的を達するのに足りる履行がされる見込みがないことが明らかであるとき

このうち①は旧法543条、④は同542条に対応するが、それ以外は新たな明文化である。これらは契約をした目的を達することができないときについて無催告解除を認めたものである。また、③に関連して、契約の一部だけを解除できる場合（債務の一部の履行が不能である場合、債務者がその債務の一部の履行を拒絶する意思を明確に表示した場合）も明文化した（新法542条2項）。

(2) 実務への影響

ア 帰責事由が不要とされたことの影響

新法が解除については帰責事由を不要としたことは、実際に契約を解除できるか否かを判断する際だけでなく、契約書を作成する際にも意識すべきである。

イ 催告解除における「軽微」の意味

新法が、催告における相当期間を経過した時における債務の不履行について「その契約及び取引上の社会通念に照らして軽微であるとき」は解除を認めないとしたため（新法541条）、実務では「軽微」か否かを判断することが重要になる。

「部会資料79－3」13頁は、判例（最判昭和36年11月21日民集15巻10号2507頁[39]ほか）が「不履行の部分が数量的に僅かである場合や、付随的な債務の不履行にすぎない場合には……催告解除は認められない旨を判示している」とし、「軽微であるかどうかは、当該契約及び取引通念に照らして判断される。例えば、数量的に僅かな部分の不履行にすぎない場合であっても、その

[38) この概念は、債務不履行に基づく損害賠償において塡補賠償が認められる要件でもある（新法415条2項2号）。

不履行の部分が当該契約においては極めて重要な役割を果たしている場合があり得る。ある製品を製作するための部品を供給する契約において、債務者が供給しなかった部品が数量的には僅かであるものの当該製品の製作にとっては必要不可欠のものである場合には、その不履行は当該契約及び社会通念に照らして軽微であるとは言えない」とする。

これを参考とすると、「軽微」であると認められるのは、不履行の部分が数量的にわずかである場合や、付随的な債務の不履行にすぎない場合であり、その具体化においては当該契約の内容と社会通念に照らして判断することになる。従来から判例に示されていた考え方ではあるものの、それが「軽微」という文言として明文化されることの影響は少なくないと思われる。

ウ　無催告解除の要件

新法が無催告解除できる場合を列挙したことにより、今後は、各号に該当するか否かを検討していくことになる。その際には、「部会資料68A」23頁に「催告の意義は、債務者に履行をする機会を与えて契約関係を維持する利益を保護する点にあることから、催告をしても債権者が契約の目的を達するのに足りる履行を受ける見込みがないことが明らかであるときは、債権者に解除に先立つ催告を要求するのは無意味である」とあることを参考として、催告をすることに意味があるか否かを判断基準とすることが適切と思われる。

たとえば、「債務者がその債務の全部の履行を拒絶する意思を明確に表示したとき」（新法542条1項2号）について、交渉過程において履行を拒絶する旨を1回表明したという程度では足りず、書面によって履行拒絶の意思が明確に示された場合などを想定することが妥当であろう。実務的には、履行を拒絶する意思が示されていても、それが「明確に表示したとき」に該当すると断定できないときには、念のため、催告解除も検討すべきである。

また、列挙事項（新法542条1項1号～4号）に該当しない場合である「債務者がその債務の履行をせず、債権者が前条の催告をしても契約をした目的を

---

39) この判決は、不動産の買主が代金支払債務は履行したものの租税負担義務を履行しなかった事案において解除を否定したものであり、その理由として「解除を認める趣旨は、契約の要素をなす債務の履行がないために、該契約をなした目的を達することができない場合を救済するためであり、当事者が契約をなした主たる目的の達成に必須的でない附随的義務の履行を怠ったに過ぎないような場合には、特段の事情の存しない限り、相手方は当該契約を解除することができないものと解するのが相当である」と判示した。

達するのに足りる履行がされる見込みがないことが明らかであるとき」(同項5号)については、「契約をした目的を達するのに足りる履行がされる見込みがないことが明らか」であるか否かが慎重に判断されるべきであり、催告解除も検討する必要が高いと思われる。この点については、「部会資料68A」24頁に「大型機械を用いたビルの清掃業務の委託契約において、債務者の従業員がその不注意によってビル内の人に大怪我を負わせた場合」が例示されていることが参考になる。

「債務の一部の履行が不能である場合又は債務者がその債務の一部の履行を拒絶する意思を明確に表示した場合」については、「残存する部分のみでは契約をした目的を達することができないとき」に限って契約全部を解除することができ(新法542条1項3号)、それ以外の場合(残存する部分のみで契約をした目的を達することができるとき)には、契約の一部を解除できるにすぎない(同条2項)。なお、「部会資料83-2」10頁に「一部解除が可能なのは一つの契約のうちの一部分のみを解消することが可能な程度に当該部分が区分されている場合に限られる」とある[40]。

エ 債権者に帰責事由がある場合

旧法は、履行不能について「債務者の責めに帰することができない事由」によるときは解除を否定している(旧法543条)。

新法は、債務の不履行が「債権者の責めに帰すべき事由によるものであるとき」は、債権者は契約の解除をすることができないと定めた(新法543条)。これは、解除が債権者(債務不履行をされた者)を契約関係から離脱させるための制度であるところ、帰責事由のある債権者についてまで契約関係からの離脱を認めるのは相当ではないためである。

この点については、危険負担の規律との関係にも注意すべきである(新法536条2項)。

オ 解除の効果

旧法は、①当事者の一方がその解除権を行使したときは、各当事者は、その相手方を原状に復させる義務を負う。ただし、第三者の権利を害することはで

---

[40] 潮見・注35前掲219頁に「これ以外の一部不履行の場合の催告による一部解除・全部解除の問題をどのように処理するかは、解釈に委ねられている(複数契約の解除についても同じ)」とある。

きないとし（旧法545条1項）、②前項本文の場合において、金銭を返還するときは、その受領の時から利息を付さなければならないこと（同条2項）、③解除権の行使は損害賠償の請求を妨げないこと（同条3項）を定めている。

新法は、これらの規律を維持したうえで、同条1項の原状回復義務により金銭以外の物を返還するときは、その受領の時以後にその物から生じた果実を返還しなければならない旨を新たに規定した（新法545条3項）。ひろく認められていた解釈を明文化したものであり、基本的に実務への影響は少ないと思われる。

8 定型約款

(1) はじめに

定型約款は、意見の対立が激しく、民法（債権関係）部会において、最後まで審議が続けられた項目である。名称が「約款」ではなく「定型約款」となっているのは、規律の対象を「定型約款」に限定したことによる。

本項では、まず約款の問題点や基本的性質をふまえることからはじめ、法案における定型約款の主な内容について説明を加えることにしたい。

(2) 約款の基本論

ア 約款を用いた契約と問題点

約款は、商人間における大量取引への対応を背景として発展してきたものである。しかし、現代社会において約款は、運送や保険、インターネットサービス、スポーツクラブへの加入といった市民生活にもかかわる幅広い取引において利用されており、多数の顧客を相手に取引を迅速かつ合理的に処理するための手段として重要な意義を有している。他方で、事業者が、多数取引のために定型化された契約条件をあらかじめ定め、相手と画一的に契約を締結していくというかたちをとるため、契約の相手方は交渉をすることもなしに条件を受け入れるか、拒否するかの選択しかない（付合契約性）。

また、一般市民（消費者）は膨大な条項が並んだ約款を逐一確認しないのが通常であり、利益が害される条項が挿入されていてもそれを認識することなく同意したり、条項の有する意味を認識しないまま、契約に至ることがある（約款の隠蔽効果）。そこにおける合意は、もはや伝統的な契約法にいう互換的地位

にある対等な当事者の交渉と熟慮の結果としての効果意思から生じた「合意」とは異質のものであって、結ばれた契約は、契約自由の原則・私的自治の原則がうまく機能していないプロセスから生じた産物であるということができる。こうした交渉力の不均衡は、なにも事業者と一般市民との間だけで生じるものではなく、大企業と中小企業、一般企業と取引に関する専門性が低いNPO法人との間といったあらゆる取引において生じるものである。

　一方、約款を用いて結ばれた契約を一般の契約と区別して、包括的に規制する法令は存在せず、業種ごとに定められた法令や所轄官庁の指導により事前的に行政的に規制されるか、事後的に裁判所のコントロールに服するかたちで規制されるかである。

　ところで、約款が契約において利用される場合、法的には3つのレベルで、一般の契約条項とは別の取扱いを要するとされてきた[41]。①第1に、一方当事者が契約において利用した約款条項が契約の内容となりうるのか、相手方当事者を拘束するのかといった「約款の個別契約への採用（約款の組入）」すなわち、約款の「拘束力」の問題である。②第2に、通常の合意と異なり、一方的に設定された約款にあっては、特殊な解釈法理が必要ではないかという「約款の解釈方法」をめぐる問題である。③第3に、免責条項に代表される約款使用の相手方にとって不利益な条項、不公正な条項から、相手方をいかにして保護するかという「約款の内容的規制の問題」である。

　日本における学説の関心は、当初保険契約などのいわば典型契約を中心として①にあったが、消費者契約の問題を中心として③に推移し、それに伴い「約款の概念」も拡張されていったとされている[42]。以下では、立法の根幹となる約款の拘束力の根拠について説明する。

イ　約款の法的拘束力の根拠

　約款に基づいて締結される契約は、取引の相手方にとっては、契約内容を一方的に定められたいわゆる付合契約となる。また、取引の相手方は個々の条項の内容を具体的に知らないことが大部分である。この場合に、意思主義の原則は妥当しないから、約款に何らかの拘束力を認める根拠が必要となってくる。

---

41)　河上正二『約款規制の法理』（有斐閣・1988年）。
42)　中田裕康「約款の定義」『金融取引における約款等をめぐる法的諸問題』（金融法務研究会・2015年）。

主要な学説として、以下の4つがある。
① 法規説：団体が自主的に制定する法源性を認め、約款は当該取引圏という団体（部分社会）における自治法とする考え方[43]である。
② 白地商慣習説：約款そのものに法源性を認めるのではなく、特定の取引について、「約款による」ということが商慣習または事実上の商慣習と認められる場合には約款の拘束力が肯定されるとする考え方である[44]。すなわち、約款による取引が一般的である分野では、その慣習には商法第1条の商慣習法または民法第92条の慣習としての効力が認められることになる。
③ 契約説：当事者が契約は「約款による」と合意をした場合には、約款の拘束力が認められるという考え方である[45]。約款は、取引当事者間の個別契約が締結される以前から存在しているが、約款使用者がこれを用いて取引の相手方との個別契約に利用する意思をもって、相手方へ申し入れ、両当事者がこれを個別の契約に組み入れると合意することで契約内容となる。約款の拘束力はこの組入合意によって基礎づけられることになるが、知る機会がなかった条項に同意を与えることはできないから、契約締結前までに約款の内容を開示することが前提条件となる。
④ 意思推定説：当事者双方が特に普通保険約款によらない旨の意思を表示せず契約を締結したときは、反証のないかぎり、その約款による意思をもって契約したと推定するという考え方である（大判大正4年12月24日民録21輯2182頁）。つまり、特段の合意がない場合は、意思の推定を用いることにより、伝統的法律行為論を修正するのである。

以上のうち、商法の領域や実務家では①②を採る者が多く、②が通説だといわれている。民法学では③が有力説である。判例は、基本的に④であるが、どのような約款や約款条項についてもそのような取扱いをしているわけではない（たとえば、最判平成17年12月16日判タ1200号127頁）。

(3) 新法における定型約款の主な内容

民法に創設される約款の規律は、上述の「契約説」を前提としており、約款

---

[43] 西原寛一『商行為法』（有斐閣・1960年）52頁。
[44] 石井照久＝鴻常夫『商行為法』（勁草書房・1978年）33頁、53頁以下。
[45] 山本豊「約款」内田貴＝大村敦志編『民法の争点』（有斐閣・2007年）、河上・注41前掲参照。

による契約を契約一般の理論の中に統合し、法的根拠を与えようとするものである。そのため、事業者対事業者の取引も規律の対象となる。部会では、約款が契約内容となるための要件、約款の定義、不意打ち条項規制、不当条項規制、約款変更のルール等の項目が検討され、新法では、定型約款の合意（新法548条の2）、定型約款の内容の表示（新法548条の3）、定型約款の変更（新法548条の4）の3つの規定が置かれている。

ア　定型約款の合意（新法548条の2）
ⓐ　定型約款の定義とみなし合意（1項）

約款の定義は、相手方との契約に用いた約款条項が契約内容となるか否か（組入要件）、また、内容規制の対象となるか否かに係るものであり、次のように定義されている。「定型約款とは定型取引において、契約内容となることを目的として、その特定の者により準備された条項の総体をいう」。つまり、民法が規律するのは定型取引において用いられる定型約款であり、次の3つの要件を満たすものが定型約款に該当する。

①特定の者が「不特定多数」の者を相手として行う取引であること、②取引の内容の全部または一部が画一的であることがその双方にとって合理的なものであること、③定型取引において、契約の内容とすることを目的としてその特定の者より準備された条項の総体であること。

まず①であるが、「相手方の個性」に着目した取引に用いられる約款は、「不特定多数」ではないので、定型取引には該当しないことになる（たとえば労働契約における契約書ひな型）。次に②における「画一的であることが合理的」とは、取引通念上、相手方が交渉を行わず一方当事者が準備した契約条項の総体をそのまま受け入れて契約の締結に至ることが合理的といえるかどうかで決まる。たとえば、企業がパソコンのソフトウェアを購入する場合は、契約内容が画一的であることが通常であり、かつ、そこで準備された契約条項について変更を求めるなどの交渉を行わずに契約を締結することは、取引通念上合理的であるので、ソフトウェア会社が準備した契約条項の総体は定型約款に該当する。他方、当該企業が準備した基本取引約款に基づき、同じ内容の契約を多数の相手方と締結するのではあるが、契約内容について交渉がなされることが想定されている場合には、それがなされないで契約を締結することは合理的とはいい難いので、定型約款には該当しないことになる（「部会資料75B」15頁、「部

会資料86－2」1頁）。③の「契約の内容とすることを目的とする」とは、当該定型約款を「契約内容に組み入れる」ことを目的とするという意味であり（「中間試案補足説明」368頁）、目的がそうでなければ該当しないことになる。

つぎに、いかなる場合に相手方との契約に用いた定型約款が契約内容となるかである。約款を用いた契約には、意思主義の原則は妥当しないから、これを修正する必要がある。本項はこの点につき、①定型約款を契約の内容とする旨の合意をしたとき、または、②定型約款準備者があらかじめその定型約款を契約の内容とする旨を相手方に表示していた場合には、定型約款の個別条項についても合意したものとみなすとする。

ⓑ 不当条項の排除（2項）

他方で、定型約款に該当する場合でも、すべての条項につきみなし合意が認められるわけではなく、①相手方の権利を制限しまたは相手方の義務を加重し、かつ、相手方の利益を一方的に害すると判断される条項については、合意しなかったものとみなされ、契約の内容とはならない。②合意しなかった条項とみなされるかどうかは、信義則（1条2項）を基準にして判断される。③上記②を判断するにあたっては、当該条項のみならず、「その定型取引の態様、その実情、取引上の社会通念」に照らして、総合的に考慮されることになる。つまり、当該条項そのものでは相手方にとって不利であっても、取引全体を見ればその不利益を補うような定めがあるのであれば全体としては信義則に違反しないことになる（「部会資料86－2」4頁）。

本条はこのように、条項の不当性を判断するにあたっては、信義則を基準とし、その条項を契約の内容から除外すると定める。公序良俗を基準とすることも考えられるが、公序良俗は本来契約全体の効力を否定する規定であって、よほどひどい場合しか不当とはとらえられず、不当性を判断する基準としては十分ではない。より緩やかに不当性を認定できる点で、この基準は妥当であり、また、取引による個別事情は③により広く考慮されるものと解される。

具体的に何が不当条項に当たるかは判例の蓄積を待つほかないが、事業者対消費者の取引に限定されてはいるものの、すでに消費者契約法10条に類似の規定が設けられており、本項はそれを約款に即したかたちで規定していることから、実務としては、そこでの判例や議論を分析することによって、ある程度の予測が可能なものと思われる。

なお、不意打ち条項は当初組入れの問題として別立てに扱われていたが、不当条項規制に一本化されており、本条本項で判断することになる。部会資料によれば、「相手方にとって予測し難い条項が置かれている場合には、その内容を容易に知り得る措置を講じなければ、信義則に反する蓋然性が高い」（「部会資料83－2」40頁）とされている。本項は、合意があることを前提としつつその効力を否定するのではなく、不当な条項は合意がなかったとみなして、これを排除する構造となっているから、結論としては同じことになる（ただし構造的には問題がある）[46]。

イ　定型約款の内容の開示義務（新法548条の3）

契約説によれば、同意のほか約款の内容の開示が、約款の拘束力を認めるための要件である。しかし、本条1項は「相当の期間内に相手方から請求があった場合」にのみ開示義務を負うとしており、契約説の一般理論とは大きく異なる。この点は、「約款の定義が、契約内容を画一的に定められるものとなっており、個別の条項に関して交渉可能性が乏しいものが想定されていることからすると、開示を厳格に求めるのは、相手方にとって煩雑でメリットが乏しい反面、約款使用者にとっては取引コストを不必要に高めることになる」（「中間試案」129頁）ため、契約内容を知ることについての相手方の利益と取引実務についての調和を図ったものである。

ウ　定型約款の変更（新法548条の4）

定型約款を用いて取引をした後に、法令の改正や取引範囲の縮小等により、約款使用者が当該約款を変更する必要が生ずることがある。契約の一般原則によれば、いったん契約が成立した以上、一方当事者が相手方の同意なく、約款を変更することはできないはずだが、約款を変更する必要がある一方、多数の相手方から個別に変更についての同意を得るのは非現実的であるうえ、顧客間で内容が異なるのは不公平である。そこで、次の①②の場合は、典型約款の変更をしても、変更後の定型約款の条項について合意があったものとみなされ、個別に相手と合意をすることなく契約内容を変更することができると規定されている。すなわち、①定型約款の変更が、相手方の一般の利益に適合するとき、②定型約款の変更が、契約をした目的に反せず、かつ、変更の必要性、変更後

46）　組入要件を満たして契約の内容になったものにつき、次の段階でその内容の当・不当を問うべきであって、それを1つの条文でパラレルに扱うことは問題があるといわざるをえない。

の内容の相当性、この条の規定により定型約款の変更をすることがある旨の定めの有無およびその内容その他の変更に係る事情に照らして合理的なものであるときである。②の判断にあたっては、相手方に解除権を与える等の措置が講じられているか、個別の同意獲得の困難性等が考慮事項として挙げられている（「部会資料83－2」41頁）。

(4) おわりに

新法が定めた「定型約款」の定義によれば、運送約款、保険約款、ウェブサービスの利用規約等、一般にイメージされている約款がこれに該当することになる。民法に規定を置いたことにより、伝統的な私的自治・契約自由の原則では説明しきれなかった約款による取引に法的根拠を与え、申込み承諾にはじまる法律行為・契約の一般理論に統合されたことになる。このことは、約款使用者に約款取引の安定性をもたらすとともに、相手方の利益保護にも資することになる。

今後、民法の規定を根拠に、約款による契約が裁判において判断されることになるが、「定型約款」に該当しないとされた約款は、従来の法理論に服することになる。この場合、契約そのものが無効となる可能性があり、実務としては、十分に留意して、約款の規定を見直す必要がある。

II 契約総論に関する要件事実

1 同時履行の抗弁

(1) 実体法上の要件および要件事実の内容

新法533条によると、同時履行の抗弁の実体法上の要件は、以下のように整理することができる。
 ① 同一の双務契約から生じた対立する債権の存在
 ② 相手方の債務が弁済期にあること

③　相手方が自己の債務の履行またはその提供をせず請求すること

④　権利主張

①は、請求原因において双務契約締結の事実が主張・立証されることにより基礎づけられる。

新法533条は、債務の履行に代わる損害賠償の債務の履行も同時履行の対象となることを明確にした。そのため、損害賠償請求権との同時履行を主張する場合には、請求原因事実で主張されている双務契約の存在に加えて、目的物の滅失等により損害賠償債権を取得したことを主張・立証する必要がある。

②は、新法533条がただし書で規定しているように、同時履行の抗弁を主張される相手方が、先履行の合意について再抗弁で主張すべきことになる。

③については、相手方が債務の履行またはその提供をしたことが再抗弁となる。

④については、同時履行の抗弁権はいわゆる権利抗弁であるから、権利主張が必要となる。

以上から、双務契約上の債務の履行との同時履行を主張する場合の要件事実は、

● 相手方が債務を履行するまで自らの債務の履行を拒絶するとの権利主張

となる。

双務契約上の履行に代わる損害賠償債務の履行との同時履行を主張する場合には、上記権利主張に加えて、

● 損害賠償債務の発生原因事実

を主張・立証することになる。

(2)　再抗弁

前記同時履行の抗弁に対しては、❶先履行の合意があったこと、❷反対給付を履行したこと、を再抗弁として主張することができる。これらが認められれば、同時履行の関係に立たなくなるからである。

2　危険負担（履行不能に基づく債権者の履行拒絶権）

(1)　主張の位置づけ

当事者双方の帰責事由のない履行不能の場合、旧法536条1項は、「反対給

付を受ける権利を有しない」と規定し、反対給付の消滅を定めていたが、新法536条1項は、「反対給付の履行を拒むことができる」と規定し、債権者に反対給付の履行拒絶権を認めた。危険負担という制度は、債務を消滅させる効果はなく、履行を拒絶できるという制度に改められたことになる。したがって、たとえば、売買契約の目的物が当事者双方の責めに帰すべき事由によらずに滅失した場合において、債務者（売主）から、反対債務（代金支払債務）の履行を求められた債権者（買主）は、反対給付の履行を拒絶することができる。そして、この主張は、反対給付の履行請求に対する抗弁として機能する。

(2) 実体法上の要件および要件事実の内容

　新法536条1項は、「当事者の責めに帰することができない事由」による履行不能の場合に債権者の履行拒絶権を認めるが、同条2項は、「債権者の責めに帰すべき事由」による履行不能の場合、履行拒絶ができないと規定している。したがって、債権者が履行拒絶をすることができるのは、当事者双方に責めに帰すべき事由がない場合または債務者の責めに帰すべき事由に基づく場合であると解される。したがって、債権者の履行拒絶権の実体法上の要件は、

① 　履行不能を基礎づける事実
② 　①が当事者双方の責めに帰することができない事由に基づくこと
　　または
②′　①が債務者の責めに帰すべき事由に基づくこと

である。

　新法536条1項によれば、当事者双方の責めに帰すべき事由のないことについて、債権者が主張立証責任を負うかのようであるが、そうではなく、債務者の反対債務給付履行請求があり、債権者が履行拒絶権を行使したのに対し、債務者が、「債権者の責めに帰すべき事由」を主張すべきであると考えられている[47]。また、履行拒絶は、意思表示であると考えられるので、履行を拒絶するとの意思表示が必要である。

　したがって、履行不能に基づく債権者の履行拒絶権の抗弁の要件事実は、

❶ 　履行不能を基礎づける事実

47）　大江忠『新債権法の要件事実』（司法協会・2016年）129頁参照。、潮見佳男『民法（債権関係）改正法案の概要』（きんざい・2015年）224頁。

❷ 履行拒絶の意思表示

である。

(3) 再抗弁

履行拒絶の抗弁に対し、債務者は、履行不能が債権者の責めに帰すべき事由によることを主張することができる（新法536条2項前段）。

3 契約の解除

(1) 催告による解除

ア 要件事実の内容

新法541条本文は、旧法541条をそのまま維持する。そのため、その要件事実も旧法と変わらず、たとえば、期限の定めのない売買契約の履行遅滞に基づく解除の要件事実は、以下のように整理することができる。

❶ 催告
❷ 催告後相当期間の経過
❸ 相当期間経過後の解除の意思表示
❹ 催告に先立つ反対給付の履行の提供
❺ 解除の意思表示

イ 履行の提供（再抗弁）

債務者は、弁済の提供時から債務を履行しないことによって生ずべき責任を免れるから（新法492条）、催告後、解除の意思表示到達前に履行の提供をしたことが認められれば、履行遅滞解除は認められなくなるため、契約解除の抗弁に対する再抗弁として機能する。

ウ 軽微な不履行（再抗弁）

新法541条ただし書は、相当期間経過時を基準として、債務の不履行がその契約および取引上の社会通念に照らして軽微であるときは、解除を認めないと規定している。そこで、解除の抗弁に対し、催告後相当期間経過時の債務不履行が軽微であることを再抗弁として主張することができ、その場合の要件事実は、

● 催告後相当期間を経過した時点における債務の不履行が軽微であること

となる。

債務不履行が軽微であることについては、契約および取引上の社会通念（具体的な考慮要素としては、不履行の数量的要素、不履行となった義務の内容、不履行の態様等が想定される）に従って判断されることになる（新法541条ただし書）。たとえば、契約の主たる目的達成のために必須ではない付随的義務の履行を怠ったにすぎない場合（最判昭和36年11月21日民集15巻10号2507頁）には、軽微な債務不履行にすぎないと考えられる。他方で、売買契約締結の目的には必要不可欠なものではない付随的約款によって生ずる債務であっても、このような約款の債務が売買契約の要素たる債務に入るような場合には、同債務の不履行は軽微であるとは評価されないと考えられる（最判昭和43年2月23日民集22巻2号281頁）。

なお、契約目的の達成が可能であっても、債務不履行が軽微でなければ債務者は解除を免れることはできず、債務不履行が契約目的の達成に影響しないことのみを再抗弁として主張することはできない。不履行が軽微であることをもって解除の効果を争うことになる。

エ　債務者の帰責性のないこと

新法は、契約の解除をするのに債務者の帰責性を不要とする立場をとっているため、債務者は、債務不履行について自らに帰責事由のないことを主張しても、それは主張自体失当となる。

(2)　催告によらない解除

新法542条は、無催告解除が認められる場合として、契約の全部解除と一部解除という2つの類型を規定する。

ア　契約の全部解除（新法542条1項）

ⓐ　実体法上の要件

新法542条1項から、その実体法上の要件は以下のように整理できる。

　　① 債務の発生原因事実
　　②（ⅰ）全部履行不能
　　　　　債務の全部が履行不能であること
　　　（ⅱ）全部履行拒絶意思
　　　　　債務者が債務の履行の全部を拒絶する意思を明確に表示したこと
　　　（ⅲ）一部履行不能または一部履行拒絶意思と契約目的不達成

- 債務の一部の履行不能または債務者が債務の一部の履行を拒絶することを明確に表示したこと
- 残存部分では契約目的の達成ができないこと

(ⅳ) 定期行為
- 債務の内容が定期行為であること（特定の日時または一定の期間内に履行すべきことが契約の性質または当事者の意思によって定められていること）
- 日時または期間内に履行がなければ契約目的を達成できないこと
- 日時または期間内に履行がなかったこと
- ①の日時または期間を経過したこと

(ⅴ) 履行の見込みなし
- 債務不履行の事実
- 債権者の催告
- 催告をしても契約をした目的を達するのに足りる履行がされる見込みがないことが明らかであるとき

③ 解除の意思表示

ⓑ 要件事実の内容

　実体法上の要件①は、通常請求原因で主張されているので不要であり、②の各場合について、要件事実は次のように整理することができる。

＜全部履行不能解除＞
❶ 債務が履行不能であること
❷ 解除の意思表示

＜全部履行拒絶解除＞
❶ 債務者が債務の履行を拒絶する意思を明確に表示したこと
❷ 解除の意思表示

＜一部履行不能または一部履行拒絶意思と契約目的不達成＞
❶ 債務の一部履行不能
　　または
❶′ 債務者が債務の一部履行拒絶意思を明確に表示したこと
❷ 残存部分では契約目的を達成することができないこと
❸ 解除の意思表示

❷の契約目的を達成できないという要素は、条文上、積極要件として規定されている。また、一部の履行不能ないし一部履行拒絶の場合であっても、全部履行不能や全部履行拒絶の場合と同様に解除を認めることになるのであるから、それらとの均衡を考えても、一部履行不能または一部履行拒絶に契約目的を達成できないことも併せてはじめて解除が可能になると考えるべきである。そのため、解除を主張する側で主張立証責任を負うものと考えられ、解除の効果を争う側が再抗弁として契約目的を達成できることを主張立証するものではないと考えられる。

＜定期行為解除＞
❶ 債務の内容が定期行為であること（特定の日時または一定の期間内に履行すべきことが契約の性質または当事者の意思によって定められていること）
❷ ❶の日時または期間内に履行がなければ契約目的を達成できないこと
❸ ❶の日時または期間を経過したこと
❹ 解除の意思表示

これに対しては、上記❸の期間経過前に履行をしたことを再抗弁として主張することができる。

＜履行の見込みなし＞
❶ 債務不履行の事実（履行遅滞等）
❷ 債権者の催告
❸ ❷の催告をしても契約目的を達するに足りる履行の見込みがないことが明らかであること
❹ 解除の意思表示

イ　契約の一部解除（新法542条2項）

新法542条2項から、契約を一部解除する場合の実体法上の要件は、以下のように整理できる。

① 債務の発生原因事実
②(ⅰ)債務の一部履行不能
　　　債務の一部が履行不能であること
　(ⅱ)一部履行拒絶
　　　債務者が債務の一部の履行を拒絶する意思を明確に表示したこと
③ 解除の意思表示

実体法上の要件①は、前記と同様に通常請求原因事実であらわれているので、不要であり、②の各場合については、要件事実は以下のように整理することができる。

＜一部履行不能＞
❶ （請求原因事実より生ずる）債務の一部が履行不能であること
❷ 解除の意思表示

＜一部履行拒絶＞
❶ （請求原因事実より生ずる）債務の一部について、債務者が履行を拒絶するとの意思を明確に表示したこと
❷ 解除の意思表示

ウ 他の場合の一部解除について

新法542条が規定していない一部不履行の場合の催告による一部解除・全部解除、定期行為の場合の一部解除、催告をしても契約をした目的を達するに足りる履行がされる見込みがない場合における一部解除については、これらを否定する趣旨ではなく、解釈に委ねられているとされる[48]。

(3) 債権者の帰責事由（再抗弁）

新法は契約解除にあたり債務者の帰責事由を不要としたため、理論上は債権者に帰責事由ある場合も解除が可能である。しかし、自ら不履行の原因を作出した債権者の解除を否定すべく、新法543条は、債務不履行が債権者の責めに帰すべき事由による場合には、債権者は前記新法541条、542条に基づく催告・無催告解除をすることができないと規定し、契約解除の障害事由を定める。したがって、債権者の解除の主張に対し、債務者は、債務不履行が債権者の責めに帰すべき事由によることを主張することができ、解除が抗弁として主張されるような事例では、再抗弁として機能する。

4 定型約款

(1) 定型約款について

新法は、定型約款に関する規定を新設し、「定型取引」と「定型約款」を定

---

[48] 大江・注47前掲140頁。

義したうえで、一定の要件を充足する場合に、定型約款の個別条項に合意したものとみなすとし、拘束力を認めている。以下では、事業者Xが、顧客Yに対し、定型約款中の条項に基づく義務履行を求める場合を念頭において要件事実を検討する。

(2) 訴訟物

新法548条の4は、定型約款の変更に関する規定を置いており、当初の定型約款中の個別条項に基づいてYに対し義務の履行を求める場合と、変更後の約款中の個別条項に基づいてYに対し義務に履行を求める場合が想定される。

もっとも、定型約款中の個別の条項を根拠にYに対しその義務履行を求める点では違いはないことから、いずれの場合であっても、その訴訟物は、XのYに対する定型約款中の個別条項に基づく義務履行請求権であると考えられる。

(3) 請求原因

ア 定型約款に基づく請求

定型約款上の個別条項を根拠にYに対しその義務履行を求める場合、当該条項について当事者が合意し、拘束力を有している必要がある。当事者が定型約款中の個別条項に合意したとされるための実体法上の要件は、新法548条の2によると、

① 定型取引を行うことの合意（同条1項柱書）
② 定型約款を契約の内容とすることの合意（組入れ合意。同項1号）
   または
②′ 定型約款準備者（定型約款を準備した者）があらかじめその定型約款によって契約の内容が充足される旨を相手方に表示したこと（同項2号）
③ 相手方の権利を制限しまたは義務を加重し、信義則に反して相手方の利益を一方的に害すると認められる規定ではないこと（同条2項）

と整理することができ、これらの要件を満たす場合には、定型約款の個別条項についても合意したものとみなすという効果が生ずる（同条1項柱書）。

①の定型取引とは、不特定多数の者を相手方として行う取引であり、かつ、取引内容の全部または一部が画一的であることがその双方にとって合理的なものであるという2つの要件を充足するものと定義される。

②の定型約款とは、定型取引において、契約の内容とすることを目的としてその特定の者により準備された条項の総体をいうと定義される。

③は、新法548条の2第2項が規定するところ、相手方の権利義務を一方的に害するような定型約款中の個別条項については、同意しなかったとみなすとし、合意されたとみなされる条項には組み込まれない（いったん合意内容となった後に無効とされるのではない）。もっとも、これについては、みなし合意の効果を争うものが主張立証すべきであり、抗弁に位置づけられる。

したがって、定型約款中の個別合意に基づいて顧客に対し義務の履行を求める場合の要件事実は、

❶ 定型取引を行うことの合意（新法548条の2第1項柱書）
❷ 定型約款を契約の内容とすることの合意（組入れ合意。同項1号）
　または
❷′ 定型約款準備者があらかじめその定型約款によって契約の内容が充足される旨を相手方に表示したこと（同項2号）

である。

イ　変更後の定型約款に基づく請求

新法548条の4は、定型約款の変更について定めているところ、その実体法上の要件は、

① 定型取引を行うことの合意
② 定型約款を契約の内容とすることの合意（組入れ合意）
　または
②′ 定型約款準備者があらかじめその定型約款によって契約の内容が充足される旨を相手方に表示したこと
③ （変更の対象となる条項が）相手方の権利を制限しまたは義務を加重し、相手方の利益を一方的に害すると認められる規定ではないこと（新法548条の2第2項）
④ 定型約款準備者が定型約款を変更したこと
⑤ 定型約款の変更が相手方一般の利益に適合すること
　または
⑤′ 定型約款の変更が契約をした目的に反せず、かつ合理的なものであること

⑥　定型約款変更の手続的要件を満たすこと

と整理することができ、これらの要件を満たす場合、定型約款の変更ができ、変更後の定型約款条項について合意があったとみなすことにより、個別の合意なく契約内容の変更という効果が生じる。

　①ないし③は、前記ア記載のとおり、変更前の定型約款が契約内容に組み入れられ、個別の条項についても当事者間で効力を有するための要件であり、定型約款変更の前提として必要になると解される。③については、変更前の条項が相手方の利益を一方的に害する場合には、これについて合意しなかったとみなされるところ（新法548条の2第2項）、合意がない条項はそもそも変更の対象になりえないと考えられるため、変更対象となる条項については相手方の利益を一方的に害するようなものであってはならないと考えられる。ただし、前記同様、これは抗弁となり、請求原因事実とはならない。

　④は、新法548条の4第1項柱書が定型約款準備者を変更の主体として規定しており、変更後の定型約款中の条項により義務の履行を求めるため、同人による変更の事実が要件となる。

　⑤は、新法548条の4第1項各号が規定しているところ、各場合において定型約款の変更が可能となるものである。

　定型約款変更の合理性については、同条1項2号が規定する各要素である変更の必要性、変更後の内容の相当性、定型約款中に変更をすることがあるとの定めの有無およびその内容その他の事情を考慮して判断することになり、その他の事情としては、相手方が定型約款変更により被る不利益の内容・程度、これに対する補填措置の有無等が考えられる。なお、合理性に関する要件は、いわゆる規範的要件であると解される。

　⑥は、新法548条の4第2項・3項が規定するものであり、同条1項各号の場合を問わず、定型約款準備者は、定型約款変更の効力発生時期を定め、かつ、定款変更をする旨および変更後の定型約款の内容ならびにその効力発生時期をインターネットその他の適切な方法によって周知する必要がある（新法548条の4第2項）。また、同条1項2号の規定による定型約款の変更の場合には、その効力発生時期が到来するまでの間に、上記周知をしなければ効力が生じないと規定されているため（新法548条の4第3項）、同条1項1号の規定による定型約款の変更の場合よりもやや厳格な手続きが要求される。

なお、定型約款の変更自体については、新法548条の2第2項の規定は適用除外とされており（新法548条の4第4項）、変更後の定型約款の条項については、相手方の利益を一方的に害しない等の要件は要求されない。

以上を前提とすると、変更後の定型約款の個別条項に基づき、Yに対し義務履行を求める場合の要件事実は、

❶ 定型取引を行うことの合意
❷ 定型約款を契約の内容とすることの合意（組入れ合意）
   または
❷′ 定型約款準備者があらかじめその定型約款によって契約の内容が充足される旨を相手方に表示したこと
❸ 定型約款準備者が定型約款を変更したこと
❹ 定型約款の変更が相手方一般の利益に適合すること
   または
❹′ 定型約款の変更が契約をした目的に反せず、かつ合理的なものであることの評価根拠事実
❺ 定型約款変更の手続的要件を満たすこと

である。

(4) 攻撃防御方法（抗弁以下）

ア 信義則違反の抗弁

同抗弁は、新法548条の2第2項に基づく抗弁である。前記のように、相手方の権利を制限しまたは義務を加重し、信義則に反して相手方の利益を一方的に害すると認められる規定ではないことが定型約款の個別条項についてみなし合意がなされるための要件であるが、これは、特定の条項に関してみなし合意の効果を争う者が主張立証すべきであり、抗弁に位置づけられる。

同抗弁の要件事実は、

❶ 相手方の権利を制限しまたは義務を加重する条項であること
❷ 信義則に反して相手方の利益を一方的に害することの評価根拠事実

である。

❷はいわゆる規範的要件であり、定型約款の取引態様およびその実情ならびに取引上の社会通念に照らして判断されることになり（新法548条の2第2項）、

これらに該当する評価根拠事実を主張立証することになると解される。

イ　定型約款の内容の表示に関する抗弁

新法548条の3第1項本文によると、定型取引を行いまたは行おうとする定型約款準備者は、定型取引合意の前または合意後相当期間内に相手方から請求があった場合には、遅滞なく相当な方法で定型約款の内容を示さなければならない。他方で、定型約款準備者がすでに相手方に対し定型約款を記載した書面または電磁的記録を提供していた場合には、改めて表示する必要はない（新法548条の3第1項ただし書）。

そして、定型約款準備者が定型取引合意前にされた相手方からの開示請求を拒絶した場合には、正当な事由がある場合を除き、定型約款中の個別条項についての合意擬制の効果は生じず、同約款は契約内容にならないとされる（同条2項）。

したがって、定型約款の個別条項に基づきその義務の履行を求められた者は、同条2項に基づき、合意擬制の効果を争うことができる。これが認められると、定型約款中の個別条項について合意擬制の効果が生じず、拘束力が否定されることになり、個別条項に基づく義務履行請求が認められなくなるから、この主張は抗弁に位置づけられる。

同抗弁に関する攻撃防御は、以下のように整理することができる。

＜抗弁：定型取引合意前の開示請求＞
- 定型取引合意前に、定型約款準備者に対し、定型約款の内容の開示請求をしたこと

　※新法548条の3第1項は、定型取引合意前または定型取引合意後の相手方からの開示請求について規定するが、2項で定型約款中の個別条項に関する合意擬制の効果が生じなくなるのは、定型取引合意前の開示請求に限られるとする。

　また、1項によると、相手方の開示請求を拒んだことの効果として定型約款中の個別条項に関する合意擬制の効果が排除されることになるが、開示請求があった場合、定型約款準備者は、原則として遅滞なく相当な方法で定型約款の内容を示さなければならないのであるから、相手方において、開示を拒否したことの主張立証責任を負うと解するべきではなく、定型約款準備者が遅滞なく相当な方法で開示したことを主張立証すべきであり、これは開示請求の抗弁に対する再抗弁に位

置づけられると考えられる。

＜再抗弁：遅滞なき開示＞
● 定型取引合意前の開示請求に対し、遅滞なく相当な方法で定型約款の内容を開示したこと

＜再抗弁２：開示できなかったことについての正当事由＞
● 定型取引合意前の開示請求に対し、定型約款の内容を開示できなかったことについて、一時的な通信障害等の正当事由があることを基礎づける評価根拠事実

※新法548条の３第２項ただし書によると、開示請求を拒んだことにつき通信障害その他正当事由があれば、定型約款の内容を開示していなくとも、合意擬制排除の効果は生じないこととなるため、これは再抗弁として機能すると解される。

＜再抗弁３：事前開示＞
● 相手方の開示請求に先立ち、定型約款を記載した書面を交付し、またはこれを記録した電磁的記録を提供したこと

※新法548条の３第１項ただし書に基づく再抗弁である。相手方の手元に開示請求に先立って定型約款がある場合、別途開示請求を認める必要がないから、そもそも定型約款準備者は、かりに相手方からの開示請求があっても、これに応じる必要がなく、同条２項本文の適用の前提を欠くことになる。したがって、開示請求に先立って定型約款の記載した書面を交付していること等の事実は、開示請求に対する再抗弁に位置づけられると考えらえる。

第2章

契約各論

I 契約各論に関する改正のポイント

1 贈与契約

(1) はじめに

　贈与契約は、無償で（対価なしに）他人に財産を与えるという無償契約であり、贈与者が一方的に出捐をし、受贈者はもっぱら利益を得るという契約であるが、現実には、何らの理由もなく無償で財産を他人に与えるということはあまり考えられず、贈与の当事者間には何らかの特別な事情が存在しているのが通常である（たとえば、恵与、好意、情義、感謝、恩義等に基づく）。

　このように、贈与契約は無償契約であることから双方が出捐をし、利益を得る売買契約などの有償契約とは異なる扱いが要請され、そのことは、贈与契約の拘束力の緩和（旧法550条）、贈与者の責任の軽減（同551条1項）にあらわれている。

　贈与契約において今回改正が行われたのは、贈与の意義についての549条、書面によらない贈与の撤回についての550条、贈与者の担保責任についての551条の3つの規定である（552条：定期贈与、553条：負担付贈与、554条：死因贈与については改正なし）。

(2) 贈与契約の意義

ア 旧法549条

　旧法549条は、「贈与は、当事者の一方が自己の財産を無償で相手方に与え

る意思を表示し、相手方が受諾をすることによって、その効力を生ずる。」と規定していた。

イ 新法549条

新法549条は、「贈与は、当事者の一方がある財産を無償で相手方に与える意思を表示し、相手方が受諾をすることによって、その効力を生ずる」と規定している。旧法と同様に、贈与契約は、当事者の意思の合致によって成立する無方式の諾成契約とされ、契約であることから、受贈者の受諾の意思表示が必要とされている。

ウ 解 説

旧法では「自己の財産」としていたものが、改正により「ある財産」と改められた。旧法549条の「自己の財産」という文言からは、あたかも他人物の贈与は有効に成立しないかのようである。しかし、売買と同様に、他人の財産を目的とする贈与契約（他人物贈与契約）は有効に成立し、他人物贈与の贈与者は、他人物を取得してこれを受贈者に移転する義務を負うと解されている（最判昭和44年1月31日判時552号50頁）。そこで、この判例と齟齬する「自己の」という文言を削除することになった（「部会資料75A」34頁）。

エ 実務への影響

他人物贈与の有効性は、上記判例および通説でも認められていた。新法はこれを明確化したにすぎず、実務への影響は小さい。

(3) 書面によらない贈与の「撤回」から「解除」への変更

ア 旧法550条

旧法550条は、「書面によらない贈与は、各当事者が撤回することができる。ただし、履行の終わった部分については、この限りでない。」と規定していた。民法の書かれざる原則である契約拘束力の原則により、契約当事者は契約に拘束されるので、契約成立後には自由に契約を反故にはできないはずである。しかし、民法は、贈与契約を諾成契約として契約の成立を容易に認める一方で、軽率な贈与を防止し、贈与者を保護するため、書面がなく贈与意思が明確でない贈与については撤回を認めている。

イ 新法550条

新法550条は、「書面によらない贈与は、各当事者が解除をすることができる。

ただし、履行の終わった部分については、この限りでない。」と規定している。旧法では「撤回」としていた部分につき、新法では「解除」と改めている。

ウ 解 説

　旧法550条の「撤回」という文言については、平成16年の民法改正以前550条本文においては、「取消シ」という文言を用いていた。この平成16年の改正で「取消シ」が「撤回」に改められたのは、学説上の一般的な用語法に従ったことによる。それはすなわち、意思表示に瑕疵があることを理由として効力を消滅させるものについては「取消し」の語を用い、それ以外の理由により効力を消滅させるものについては「撤回」の語を用いるというものである。

　しかし、平成16年の改正によって、意思表示に瑕疵があることを理由としないで契約の効力を消滅させる行為を意味する語として、「解除」と「撤回」が併存することになった。他方で、「撤回」の語は、旧法550条以外では、意思表示の効力を消滅させる意味で用いられてきた（旧法407条、521条、524条、530条、540条、891条、989条、1022条〜1026条）（「部会資料84－3」15頁）。

　このことから、今改正を機に用語を整理し直し、旧法550条の「撤回」を「解除」に改めることとした。結局、同条の当該の文言は「取消シ」、「撤回」、「解除」と変遷することになる。

　550条ただし書については文言の変更はない。

エ 実務への影響

　旧法550条の改正は、用語の整理、統一を図ったもので、改正による実務への影響は小さい。

(4) 贈与者の引渡義務

ア 旧法551条1項

　贈与物に欠陥があった場合に贈与者は責任を負うか。旧法551条1項は、「贈与者は、贈与の目的である物又は権利の瑕疵又は不存在について、その責任を負わない。ただし、贈与者がその瑕疵又は不存在を知りながら受贈者に告げなかったときは、この限りでない。」と規定していた。つまり、贈与者は原則として担保責任を負わないが、例外的に、贈与者が物または権利の瑕疵または不存在を知りながら受贈者に告げなかったときにのみ担保責任を負うとしていた。これは、贈与契約が無償契約であることに鑑み、当事者の通常の意思を推

測して、贈与者の責任を軽減しようとする趣旨であった。

担保責任についての従来の通説である法定責任説の立場からは、本条項の適用は特定物の場合に限定され、種類物（不特定物）については、債務不履行の規定に従って贈与者が責任を負うと解されてきた。

イ 新法551条1項

新法551条1項は、「贈与者は、贈与の目的である物または権利を、贈与の目的として特定した時の状態で引き渡し、または移転することを約したものと推定する。」と規定している。条文見出しも「贈与者の担保責任」から「贈与者の引渡義務等」に変更されている。

ウ 解 説

贈与の無償性に鑑みて贈与者の責任を軽減するという旧法551条1項の趣旨は今日でも妥当することから、実質的な規律内容は維持される方向で改正の検討が進んだ。

もっとも、旧法551条1項の文言のままでは問題があった。売買契約における売主の責任に係る規定の検討では、担保責任につき、契約責任説（債務不履行責任説）が採用され、また、権利や物の「瑕疵」という文言から、「契約の内容に適合しないもの」（新法562条等）に改められることになった（「契約適合性」という観点からの規律の導入）。これに応じて、贈与者の責任についても、売主の責任との平仄を合わせる必要性が生じた。そこで、中間試案では、引き渡した目的物が贈与契約の趣旨に適合しないものであっても、贈与者は原則として責任を負わないとする規定案が提示された。つまり、贈与においても担保責任における契約責任説を採用し、契約の趣旨に適合した物の移転等をすることが債務の内容となる（どのようなものを移転することが必要かは契約の趣旨に照らして個別に判断される）としつつ、契約の不適合があっても贈与者は原則として責任を負わないというものである（「部会資料76B」13頁）。

しかし、引き渡された物の性状等が当事者間の合意の趣旨に照らして適切ではなく、債務の履行とは呼べないと判断されるにもかかわらず、贈与の無償性を根拠に、原則として債務の完全な履行（追完）を行う必要がないという構成に対しては、違和感があるとの指摘が寄せられた（「部会資料76B」13頁参照）。そこで考えられたのが、贈与者は原則として、「贈与の目的として特定した時の状態」で物や権利の移転、引渡しをすれば足りるという構成であった。この

「贈与の目的として特定した時の状態」とは、特定物贈与においては贈与契約の時の状態であり、種類物贈与においては目的が特定した時の状態をいう。したがって、種類物贈与においては、特定前に引き渡そうとしていた物に破損等が生じた場合には、これをそのまま引き渡せばよいことにはならず、契約の趣旨に適合する別の物を引き渡すことが必要となる（「部会資料76B」14頁）。

もっとも、以上のことをそのまま任意規定（デフォルト・ルール）として規定すると、契約責任説を採用して放棄されたはずの特定物ドグマ（特定物については、その物を現状で引き渡せば債務不履行ではないという考え方）に立脚しているとの誤解を招くおそれがあることが懸念された。また、贈与をどのような内容として合意するかは場合により様々であるので、ある特定の内容の合意が合理的なかたちであるともいいきれない。そこで、新法では、「約したものと推定する」と、意思推定の規定としている（「部会資料81B」20頁参照）。

なお、551条2項（負担付贈与の贈与者の担保責任）については改正前後で変更はない。

新法551条の規定は、使用貸借について準用されている（新法596条）。

エ　改正に盛り込まれなかった論点

他人物贈与者の責任については、中間試案においては、贈与者は取得義務までは負わないが、その権利を取得した場合には、それを受贈者に移転する義務を負うことが提案されていた（「中間試案第36、2(2)」）。しかし、そもそも、他人物贈与の事案が取引上頻繁に行われるということもないことから、どのようなルールがデフォルト・ルールにふさわしいかは必ずしも明白であるとはいい難いとされ（「部会資料81B」20頁参照）、結局、改正案には盛り込まれず、解釈に委ねられることとなった。

その他、贈与契約の解除による返還義務の特則、贈与者の困窮による贈与契約の解除、受贈者に著しい非行があった場合の贈与契約の解除についても検討はされたが、改正は見送られた。

オ　贈与契約に係る改正事項の実務への影響

贈与者の瑕疵担保責任については、実質的な規律内容は維持するという方針のもとで検討され、新規定に至ったが、新法は契約責任説を採用している点で従来の通説とは異なっていることにつき注意が必要である。また、旧法551条1項は意思推定の規定とされ、法技術上の変更も生じている。意思推定の規定は、

解釈規定ともいわれ、これは一定の法律行為に関する当事者の合理的意思を推測（解釈）して所定の法的効果を付与する（意思表示の解釈を法定する）ものである（他に、期限の利益についての136条1項、違約金合意を賠償額の予定と推定する420条3項等がある）。その法的効果を覆すためには、当該法的効果を発生させる旨の合意が存否不明であるとの状態に持ち込むこと（反証）では足りず、推定と矛盾する意思表示がなされた旨を証明する必要がある[1]。別の意思表示であることが立証されれば、贈与者が担保責任を負うことがありうる点につき留意が必要である。なお、「民法の一部を改正する法律」の施行日前に贈与の契約が締結された場合については、なお従前の例による（新法附則34条1項）。

2 売買契約

(1) 手付

　新法557条は、売主から手付解除する際に、手付の倍額の「現実の提供」が必要であるとする判例法理（最判平成6年3月22日民集48巻3号859頁）および「履行に着手」の要件について、相手方が履行に着手するまでは、履行に着手した当事者による手付解除が可能であるとする判例法理（最判昭和40年11月24日民集19巻8号2019頁）を明文化した。

(2) 売主の義務

① 　新法560条は、売主には買主に対抗要件を具備させる義務があるとする判例通説を明文化した。
② 　また、新法561条は、移転すべき権利の全部が他人に属する場合のみではなく、その一部が他人に属する場合も、売主が権利を取得して買主に移転する義務を負うと明記している。

(3) 瑕疵担保責任

ア　担保責任と債務不履行責任

　目的物の性状等に関する売主の責任のあり方に関しては、旧法570条の法的

---

[1] 藤田広美『講義民事訴訟〈第3版〉』（東京大学出版会・2013年）111頁、伊藤眞『民事訴訟法〈第4版補訂版〉』（有斐閣・2014年）365頁参照。

性質をどのように理解するかによるとされ（いわゆる法定責任説と契約責任説の対立）、同条と債務不履行の一般原則との関係や、目的物が特定物か不特定物であるかによって救済の体系を峻別することの是非をめぐって、多様な学説が存在した。そして、法定責任説は、目的物が不特定物の場合には債務不履行の一般原則が適用されるとし、特定物の場合には旧法570条により処理すべきとするが、現代では、目的物における工業製品等の占める割合が大きくなり、種類物売買の重要性が高まるとともに、たとえば中古車売買のように特定物か種類物かの区別が判然としないものも少なくない。そのため、新法は、目的物が種類物であるか特定物であるかを問わず、売主は当該売買契約の趣旨に適合した目的物を引き渡す契約上の義務を負っているとした（「部会資料75A」9頁）。

イ 瑕疵から不適合へ

新法は、上記の考えに基づき、売主の義務を明文化することとしたが、旧法570条で用いられていた「瑕疵」という文言からはその具体的な意味内容を理解しづらいため、「瑕疵」概念を明文化すべきとする意見があり、債務不履行における一般原則を売買において具体化した概念として「契約不適合」に置き換えることとした。

また、旧法570条では、瑕疵が「隠れた」ものであるとの要件を必要としていたが、判例上、瑕疵が「隠れた」ものである場合とは、瑕疵に関して買主が善意無過失である場合であるといわれているところ（大判昭和5年4月16日民集9巻76頁）、過失があった買主について救済をすべて否定するのは酷であること、過失相殺により事案に応じた弾力的な解決を図ることが可能であること等の理由により、新法では「隠れた」という要件を不要とすることとした。

以上の考えに基づき、新法564条は、種類、品質および数量に関して契約の趣旨に適合しない目的物を交付することが売主の債務不履行となり、債務不履行の一般原則が適用されることを明示している。なお、損害賠償の範囲が契約の趣旨をふまえて確定されるのであれば、その範囲確定のあり方が現在の実務と大きく変更されるような事態は想定しがたい（以上につき「部会資料75A」18頁）。

ウ 買主の追完請求権

旧法では、目的物に瑕疵があった場合に買主が履行の追完請求をできるか否かについて争いがあったが、新法562条1項は、特定物か不特定物かを問わず、引き渡された目的物が種類、品質または数量に関して契約の内容に適合しない

場合に、買主がその内容に応じて、売主に対し、目的物の修補等の履行の追完を請求することができるとした。また、追完方法について当事者間で意見が相違する場合には、原則として買主が選択した追完方法により追完するとし、買主に不相当な負担を課するものでないときは、売主が提供する追完の方法によることとしている。もっとも、どのような場合が「買主に不相当な負担を課するもの」に該当するかは、解釈に委ねられている。

新法562条2項は、契約の内容に適合しないことについて買主に帰責事由があるときは追完請求ができないとするものであり、どのような場合に帰責事由が認められるかについては解釈に委ねられている。

エ 買主の代金減額請求権

旧法563条1項では、売買目的物が契約の内容に適合しない場合、数量不足の場合を除き代金減額請求が認められていなかったところ、新法563条1項は、契約内容不適合の程度に応じて代金を減額することができると規定している。

また、売主の側で履行の追完をする利益に対する配慮から、代金減額請求権を行使するには相当の期間を定めた催告が必要とされているが、そのような配慮が必要ない場合には、同条2項において無催告による代金減額請求が認められている。

なお、代金減額請求権は形成権であって、訴訟外における買主の一方的な意思表示により効力を生ずる（「部会資料75A」15頁）。また、代金減額請求が認められる場合の減額割合の算定基準時については解釈に委ねられている[2]。

同条3項は、追完請求と同様に、契約不適合が買主の帰責事由によるものである場合には代金減額請求を認めないこととしている。

オ 損害賠償請求および契約の解除

上記のとおり、新法564条は、契約の内容に適合しない目的物を交付した場合に、債務不履行の一般原則が適用されることを明示した。

解除について、旧法では、「契約をした目的を達することができない」場合のみ契約不適合（瑕疵）を理由とする解除が認められていたが、新法564条により542条に加え541条も準用されることとなった結果、催告解除も認められることとなり、この場合、売主は契約目的の達成が可能であることを主張して

---

[2] 潮見佳男『民法（債権関係）改正法案の概要』（金融財政事情研究会・2015年）235頁。

も足りず、同条に基づき契約不適合が軽微なものであるとの抗弁を出すことができるのみとなる[3]。なお、旧法565条では買主の善意が要件とされていたが、新法は、買主の主観的要件で一律に救済を否定することは適切でないことから、主観的要件を不要としている（「部会資料75A」18頁）。

カ　権利移転義務の不履行に関する売主の責任

新法565条は、売主が契約の内容に適合しない権利を移転した場合が不完全履行に該当し、債務不履行の一般原則が適用され、買主の追完請求や代金減額請求が認められることを明示した。旧法では、権利の瑕疵について買主が悪意である場合には売主の責任が否定されていたが、新法は、売主がいかなる内容の権利移転義務を負っているかを契約解釈により確定したうえで、義務を履行したか否かを問題とすれば足りるという考えから、買主の主観的要件を不要としている（「部会資料75A」20頁）。

キ　買主の権利の期間制限

旧法564条3項では、瑕疵担保責任に基づく権利行使につき、事実を知った時から1年以内という制限が設けられ、判例上、「売主に対し、具体的な瑕疵の内容とそれに基づく損害賠償請求をする旨を表明し、請求する損害額の算定の根拠を示す」必要があるとされていたが（最判平成4年10月20日民集46巻7号1129頁）、新法566条は、買主が契約不適合を知った時点を起算点としたうえで、売主に対する契約不適合の通知だけで足りることとした。「通知」については、商法526条2項の通知と同様に、瑕疵・数量不足の種類とその大体の範囲を通知する必要がある（「部会資料75A」24頁）。なお、新法566条は目的物の性状に関する契約不適合のみが対象とされているため、数量および移転すべき権利に関して契約不適合である場合については同条の期間制限が適用されず、消滅時効に関する一般原則（新法166条1項）によって処理されることとなる。また、新法566条ただし書において、売主が契約不適合について悪意または重過失であるときには期間制限に関する規定を適用しないとされている。

ク　競売における担保責任等

新法568条により、強制競売の買受人は、旧法568条で認められていた契約解除および代金減額請求のほか、移転した権利に契約不適合がある場合にも代

---

[3]　潮見・注2前掲237頁。

金減額の請求をすることができることとなった。ただし、強制競売においては、性質上、履行の追完が観念できないことから、履行の追完の請求に関する規律は適用されない（「部会資料75A」27頁）。

(4) 権利を失うおそれがある場合の買主による代金の支払拒絶

新法576条は、旧法576条の「売買の目的について権利を主張する者があること」に「その他の事由」を付加したものであり、目的物上に用益物権があると主張する第三者が存在する場合や、債権売買において債務者が債務の存在を否定した場合にも代金支払拒絶権が認められるべきとする考えを明文化した（「部会資料75A」28頁）。なお、新法576条の「買主がその買い受けた権利の全部若しくは一部を取得することができず、又は失うおそれがあるとき」という要件は、権利取得を疑うことにつき客観的に合理的な根拠を要する趣旨であり、単なる主観的な危惧感だけでは代金支払を拒絶することはできない（「部会資料75A」29頁）。

(5) 目的物の滅失または損傷に関する危険の移転

① 売買契約における目的物の滅失または損傷の危険が移転する基準時について、契約実務では、目的物の引渡時とする取扱いが定着しているため、新法567条1項はこれを明記した。

② また、旧法413条は、売主が目的物の引渡しを提供したにもかかわらず買主が受領しなかった場合に買主が受領遅滞責任を負う旨規定していたが、その具体的内容が明らかでなかったため、新法567条2項は、受領遅滞があれば目的物の滅失または損傷の危険が移転することを明らかにした。なお、受領遅滞後における売主の目的物保管義務の程度は、自己の財産におけるのと同一の注意義務に軽減されるが、売主が当該義務を尽くさなかったために目的物の滅失または損傷が生じたときは、買主は、売主に対し、履行の追完等を求める権利を失わない（「部会資料75A」31頁）。

(6) 買戻し

① 新法579条は、旧法579条の条文に括弧書部分を追加することで、買戻しの際に不動産の売主が提供すべき金額について、売買時に買主が支払った金

額に拘束されることなく、任意に決定することが可能である旨明記した。売主が返還しなければならない金銭の範囲について、当事者間で変更できるとする柔軟な取扱いを認めることで、買戻制度を用いやすくするねらいがある。
② 新法581条は、旧法の規定を基本的に維持したうえで、賃借人が賃貸借の対抗要件を備えた場合に、売主に対しても対抗できる旨明示している。

3 消費貸借契約

(1) 消費貸借契約（総論）

旧法は、消費貸借契約を要物契約とし、金銭その他の物の引渡しがあって初めて契約が成立するとしていた（587条）。しかし、判例は、諾成的消費貸借を認めるべき実務上のニーズがあることを考慮し、無名契約としての諾成的消費貸借契約を認めていた。新法は、①従前どおり消費貸借契約を要物契約として規定するとともに（新法587条）、②判例法理をふまえ、一定の要件で諾成的消費貸借契約を明文により認めた（新法587条の2）。なお、諾成的消費貸借契約を認めたことに伴い、消費貸借の予約の規定（旧法589条）はその存在意義を失ったため、同規定は削除された。

また、新法は、従来の判例が認めていた消費貸借に基づく返還債務を旧債務とする準消費貸借契約を明文で認めている（新法588条）。

(2) 書面でする消費貸借等（新法587条の2）

ア 要式契約としての諾成的消費貸借契約（新法587条の2第1項）

旧法は、消費貸借契約を要物契約とし、金銭その他の物の引渡しがあって初めて契約が成立するとしていた（旧法587条）。しかし、現代社会では、たとえば住宅が売買される際には金融機関との間で住宅ローンが組まれることが一般的である。この場合に、消費貸借が厳密に要物契約であることを貫くと、売買契約が成立した後でも、金融機関が融資を実行する前であれば消費貸借契約が成立しておらず、金融機関から確実に融資を受けられる保証はないことになりかねない。また、企業が金融機関から融資を受けることを前提として大型の開発プロジェクトを遂行しようとする際には、企業側としても、金融機関と融資の約束をしたにもかかわらず実際に金銭を受け取るまで融資を受けられるかど

うかがわからないのでは、こうした開発プロジェクトの計画を立てることすらできないことになる。このように諾成的な消費貸借を認めるべき実務上のニーズがあることをふまえ、判例（最判昭和48年3月16日金法683号25頁）は、無名契約としての諾成的消費貸借契約を認めていた。新法587条の2は、旧法のかかる判例法理に即した改正である。

　もっとも、当事者の合意のみによって契約上の義務が生ずると、たとえば、安易に金銭を借りる約束をしてしまった者や安易に金銭を貸す約束をしてしまった者に酷な結果となる場合が生じかねないので、新法は、書面ですることを諾成的消費貸借契約の成立要件としている（新法587条の2第1項）。すなわち、新法は、要物契約としての消費貸借契約のほか、要式契約としての諾成的消費貸借契約を併存するかたちで認めている。

　イ　借主の解除権・貸主の損害賠償請求権（新法587条の2第2項）
　ⓐ　借主の解除権（2項前段）
　諾成的消費貸借契約の借主は、貸主から金銭その他の物を受け取るまで、契約の解除をすることができる。諾成的な消費貸借に拘束力を認める場合には、目的物の引渡し前に借主の資金需要がなくなることがありうるので、このような場合の借主に契約の拘束力から解放される手段を与える趣旨である。

　かかる解除権があることによって、借主は、利息付きの諾成的消費貸借契約を締結した場合であっても、目的物の受領および利息の支払いを強制されることはなく、後記のとおり、貸主が借主の解除によって損害が生じたことを主張立証した場合に限り、その損害を賠償する義務を負うにすぎない。

　ⓑ　貸主の損害賠償請求権（2項後段）
　借主による解除権が行使された場合、貸主には資金調達コスト等の損害が発生していることがあるので、貸主が借主の解除によって損害が生じたことを主張立証した場合には、借主は損害賠償債務を負うものとした。

　借主の解除によって貸主に生ずる損害の内容としては、貸付金の調達コスト等のいわゆる積極損害が考えられるが、たとえば消費者金融では、貸主である消費者金融業者は一般に多数の小口貸付を行っているため、借主が受領を拒否した金銭を他の顧客に対する貸付に振り向けること等によって特段の損害が生じないことも多いと考えられる。よって、このような場合には、実際に損害賠償の請求が認められることはほとんどないものと思われる。また、事前に賠償

額の予定がされていることもありうるが、それが過大である場合には90条や不当条項規制の問題として処理され、消費者が借主の場合には消費者契約法9条（消費者が支払う損害賠償の額を予定する条項等の無効）により処理されると考えられる（「部会資料70A」51頁）。

　　ウ　破産手続開始決定による影響（新法587条の2第3項）
　諾成的消費貸借契約は、借主が貸主から金銭その他の物を受け取る前に当事者の一方が破産手続開始の決定を受けたときは、その効力を失う。
　①借主が破産手続開始の決定を受けた場合には、借主に弁済の資力がないことが明らかになり、この場合まで貸主に貸す債務を負わせるのは不公平であること、②貸主が破産手続開始の決定を受けた場合には、借主は破産債権者として配当を受ける権利を有するにとどまり、借主が配当を受けると借主に対する返還請求権が破産財団を構成することになり、手続が煩雑になることを趣旨とする（旧法589条と同趣旨）。

　　エ　電磁的記録（新法587条の2第4項）
　消費貸借がその内容を記録した電磁的記録によってされたときは、その消費貸借は、書面によってされたものとみなして、1項から3項の規定を適用するとしている。
　インターネットを利用した電子商取引等を行う機会がますます増大している近時の状況において、電子商取引等による消費貸借契約を締結しようとする者に対し、別途書面を作成することを要求することは、電子商取引等の利便性を著しく損なうことになる。そこで、本項は、消費貸借がその内容を記録した電磁的記録によってされた場合には、これを書面によってされたものとみなすとしている（同様の規定は、契約の成立要件として書面を要求する保証契約においてもみられる〔新法446条3項〕）。

　　オ　実務への影響
　旧法の判例実務等に即した改正であり、実務に及ぼす影響は小さいと考えられる。

（3）　準消費貸借（新法588条）

　　ア　旧法との相違点
①　旧法588条は、「消費貸借によらないで金銭その他の物を給付する義務を

負うものがある場合において、当事者がその物を消費貸借の目的とすることを約したときは、消費貸借は、これによって成立したものとみなす。」という文言により、準消費貸借を定めていた。「消費貸借によらないで」という文言は、文理上、消費貸借に基づく返還債務を旧債務とする準消費貸借の成立が認められないことを意味しているように読めるが、判例は、消費貸借に基づく返還債務を旧債務とする準消費貸借を認めていた（大判大正2年1月24日民録19輯11頁等）。消費貸借に基づく返還債務を旧債務とする準消費貸借の効力をあえて否定する理由はなく、この判例に対する異論はみられなかった。そこで、新法は、この判例を踏襲して、「消費貸借によらないで」という文言を削除するかたちで準消費貸借契約を規定した。

② 準消費貸借は、諾成的消費貸借とは異なり、契約に基づく目的物の引渡しを予定していないため、目的物の引渡しに代えて書面を要求することにより軽率な消費貸借の締結を防ぐという趣旨が妥当しないと考えられる。そのため、準消費貸借については書面を要求していない。

イ　実務への影響

旧法の判例法理を明文化したものであり、実務への影響は小さいと考えられる。

(4) 利息 （新法589条）

ア　利息の特約 （1項）

貸主は、特約がなければ、借主に対して利息を請求することができないとし、消費貸借は無利息が原則であることを明らかにする規定である。

旧法においても、消費貸借は無利息が原則とされており（587条参照）、利息は消費貸借の合意とは区別される利息の合意がある場合に限り発生するものとされていたが、利息の発生に関する明文規定は置かれていなかった。今日の社会において現実に用いられている消費貸借のほとんどが利息付消費貸借であることから、利息の発生に関する明文規定が必要だという問題意識に基づき、新法は本項を規定した。

イ　利息の発生の起算日 （2項）

利息の特約があるときは、金銭その他の物の引渡しがあった日から利息が発生することを定めるものである。

利息は元本利用の対価であることから、受領日から生ずるとするのが合理的である。判例（最判昭和33年6月6日民集12巻9号1373頁）も、元本の受領日から利息が発生するとしていた。かかる法理は金銭以外の目的物の消費貸借にも妥当することから、新法は本項により利息発生の起算日を明文化したものである。なお、本項によっても、利息の発生日を元本の受領日より後の日とする旨の合意をすることは妨げられない。

ウ　実務への影響
旧法の判例実務等に即した改正であり、実務に及ぼす影響は小さいと考えられる。

(5)　貸主の引渡義務等（新法590条）

ア　無利息消費貸借への贈与者の引渡義務等の準用（1項）
① 新法551条の規定（贈与者の引渡義務等）は、無利息消費貸借について準用するとしている。
② 新法551条は、贈与契約の無償性に鑑み、贈与者の引渡義務等について、「贈与者は、贈与の目的である物又は権利を、贈与の目的として特定した時の状態で引き渡し、又は移転することを約したものと推定する。」（1項）と規定する。無利息消費貸借と贈与は無償契約という点で共通しており、贈与者の引渡義務等の内容は、無利息消費貸借にも妥当する。そこで、上記のとおり、無利息消費貸借については、贈与者に関する規定を準用するものとした。

イ　借主の価額返還（2項）
① 利息の特約の有無にかかわらず、貸主から引き渡された物が種類または品質に関して契約の内容に適合しないものであるときは、借主は、その物の価額を返還することができるとしたものである。
② 旧法590条2項は、無利息消費貸借契約では、瑕疵ある目的物の返還に代えて、目的物の価額を返還することができると定めていたが、利息付消費貸借の場合には価額の返還が認められていなかった。しかし、瑕疵ある物の価額の返還を認めたのは、同程度に瑕疵ある物を調達して返還するのが通常困難であるという点にあるのであるから、利息の有無によって異なる取扱いをする理由はなく、利息付消費貸借にも瑕疵ある物の価額の返還を認めるべきであると指摘されていた。

そこで、新法590条2項は、利息の有無にかかわらず、目的物の価額を返還することができることを定めた（今回の改正により、「瑕疵」という文言は「契約の内容に適合しない」という文言に改められている）。

ウ　旧法590条1項の削除

旧法590条1項は、利息付消費貸借において、貸主に代替物引渡義務を課していた。しかし、今回の改正では、売主の担保責任は債務不履行責任として再構成されており、買主には旧法には規定のなかった代替物引渡請求が認められるに至った（新法562条）。かかる規定は、有償契約である利息付消費貸借契約に準用されるので（新法559条）、旧法590条1項は独自の存在意義を失うことになる。そこで、同条項は、新法では削除された。

以上の規律をまとめると次の表のとおりである。

	利息付		無利息
旧法	目的物に隠れた瑕疵あり →貸主に代替物引渡義務（590条1項）		目的物に瑕疵あり →借主は価額返還可（590条2項）
新法	目的物に契約不適合あり →貸主に追完義務（559条、562条） →旧法590条1項は削除	目的物に契約内容不適合あり →借主は価額返還可（590条2項）	貸主の引渡義務等 →贈与者の規定を準用（590条1項）

エ　実務への影響

無利息消費貸借については、新たに贈与者の引渡義務等に関する規定（新法551条）を準用することとされたが、実務上無利息消費貸借は例が少ないため、実務に及ぼす影響は限定的と思われる。また、利息付消費貸借については、旧法と同様の規律が維持されることから、実務に与える影響は同様に小さいと思われる。

(6)　返還の時期（新法591条）

ア　返還時期の定めがない場合の貸主の催告（1項）

旧法591条1項の規定がそのまま維持されており、変更はない。

イ 借主の返還時期（2項）

旧法591条2項は、「借主は、いつでも返還することができる。」と規定していた。この規定は同条1項の「当事者が返還の時期を定めなかったとき」という文言を受けて、その場合に借主がいつでも返還をすることができることを定めたものであると一般に解されていた。しかし、返還時期の定めがある消費貸借であっても、貸主は、136条2項本文の規定により期限の利益を放棄して期限前弁済ができるのであるから、同条項の適用が最も問題となる消費貸借の場面において、消費貸借に即した規律を設けるのが適当であると指摘されていた。

そこで、新法591条2項は、「借主は、返還の時期の定めの有無にかかわらず、いつでも返還をすることができる。」と定め、消費貸借のルールの明確化を図っている。

ウ 期限前弁済による賠償請求（3項）

返還時期を定めた消費貸借において、借主が期限前に返還をし、これにより貸主が損害を受けたとき、貸主は借主に対し、賠償請求ができるとしている。

利息付消費貸借で期限前弁済をする際は、136条2項が適用され、借主は期限前弁済をすることができるが、貸主に生じた損害を賠償しなければならない。しかし、同項の適用が最も問題となるのは消費貸借の場面であるので、消費貸借に即した規律を設けることによって、消費貸借のルールの明確化を図る必要がある。そこで、本項は、136条2項の規律を消費貸借においても明確化している。

なお、期限前弁済によって貸主に生じた損害の内容については、借主の解除（新法587条の2第2項前段）によって貸主に生じた損害の内容と類似の問題が生じる。

エ 実務への影響

旧法の規律を維持するものであり、実務への影響は小さいと考えられる。

4 使用貸借契約

(1) 改正のポイント——要物契約から諾成契約へ

使用貸借とは、貸主から物を借りた借主が、それを無償で使用収益した後で返還するというものである。物の貸し借りを行う貸借型契約であり、対価なしで行

う無償契約である。典型例は、友人や家族間で行われる物の貸し借りである。

旧法593条は、使用貸借について、当事者の一方（借主）が、無償で使用および収益をした後に返還することを約束して、相手方（貸主）からある物を「受け取ることによって」効力を生じると定めていた。つまり、借主と貸主が約束しただけではまだ契約は成立しておらず、借主が貸主から目的物を受け取ることによって初めて契約が成立する。通常、契約は当事者間の合意のみによって成立するが（諾成契約）、契約のなかには、合意をしただけでは成立せず、何らかの形式をふまえることによって初めて成立するものもある（要物契約）。旧法における使用貸借は要物契約であった。

旧法における使用貸借が要物契約とされていたのは、歴史的沿革であるとか、友人や家族間などの情誼的関係でなされる行為であるからなどといわれている。すなわち、使用貸借が諾成契約であるとすると、物の貸し借りの合意だけで契約が成立し、貸主は目的物引渡義務を負うことになる。貸主がこれを履行しない場合、債務不履行となり、最終的には履行の強制や損害賠償の責任が課されることになる。しかし、友人や家族間で無償で行われる物の貸し借りに、そのように強い力を与えることはふさわしくないのではないかと考えられたからである。

しかし、従来から、使用貸借は必ずしも情誼的関係でなされるとは限らず、他の様々な法律関係や経済関係を背景として行われることもある、また、契約自由の原則からすれば、諾成的使用貸借の成立を認めてもよいと指摘されていた[4]。経済取引において使用貸借が利用される場合、目的物が引き渡されるまで契約上の義務が発生しないとすると、取引の安全を害するおそれがある。そこで、このような経済取引上の必要性に鑑み、新法では使用貸借を諾成契約とした。他方で、無償契約であるという性質から、他の契約とくらべて若干拘束力が弱められている。

(2) 使用貸借の成立——書面によらない使用貸借は撤回できる

新法593条は、使用貸借について、当事者の一方（貸主）がある物を引き渡

---

[4] 幾代通＝広中俊雄編『新版注釈民法(15)債権(6)〈増補版〉』（有斐閣・1996年）82頁［山中康雄］、民法（債権法）改正検討委員会編『詳解 債権法改正の基本方針Ⅳ 各種の契約(1)』（商事法務・2010年）326頁。

すことを約し、相手方（借主）がその受け取った物について、無償で使用・収益して契約が終了した時に返還することを「約することによって」効力を生じると定めている。前述のように、使用貸借を諾成契約として、目的物を引き渡す前の関係にも法的拘束力を与えるものである。貸主は、合意によって目的物引渡義務を負うが、借主も、契約終了時に目的物を返還する義務を負う。

また、新法593条の2は、貸主は、借主が目的物を受け取るまでは、契約の解除をすることができると定めている。これは、使用貸借と同じく無償契約である贈与の規定と同様に、貸主がうかつに使用貸借の合意をしてしまい、自身に必要な物の引渡義務を負わされてしまうことを防止する趣旨である。ただし、同条は、書面による使用貸借についてはこの限りではないとも定めている。これも、贈与の規定と同様に、書面の作成にまで至った場合は、貸主が熟慮した結果であると考えられるため、もはや解除権を与える必要はないと考えられるからである。

このように、使用貸借は諾成契約であるが、書面によらない使用貸借は、目的物の引渡し前であれば貸主がいつでも解除できるとされ、他の契約とくらべて拘束力が弱められている。このため、企業間の取引において使用貸借を利用する場合には、書面の作成が不可欠である。

(3) 使用貸借の終了①——期間の満了等

新法597条1項は、当事者が期間を定めたときは、使用貸借はその期間が満了することによって終了すると定めている。また、2項は、当事者が期間を定めなかった場合、使用・収益の目的を定めたときは、使用貸借は、借主がその目的に従って使用・収益を終えることによって終了すると定めている。そして、3項は、使用貸借は、借主の死亡によって終了すると定めている。

これらの規定は、旧法597条、599条に対応するものである。旧法597条は、借主は目的物を、契約に定めた時期（1項）、時期の定めがない場合は、契約に定めた目的に従い使用・収益を終えたとき（2項）に返還しなければならないと定めていた。また、貸主は、時期の定めがない場合は、使用・収益をするのに足りる期間を経過したとき（2項ただし書）、時期および目的の定めがない場合は、いつでも（3項）返還を請求できると定めていた。これらの規定は、目的物の返還という側面に着目した内容となっており、契約の終了時期を明示す

る内容とはなっていなかった。しかし、目的物の返還義務は、契約の終了により生じるものなので、契約の終了時期を明示する規定に改めることとなった。そこで、新法597条では期間の満了等による契約の終了(旧法597条1項・2項本文、599条に対応)について規定され、598条では解除による契約の終了(旧法597条2項ただし書・3項に対応)について規定された。

ところで、使用貸借における使用・収益の目的の定めとは何なのかが問題となる。これについては、単に使用・収益の方法、態様を定める意味での「目的」ではなく、何のためにそのような使用・収益をするのかという「目的」を明らかにしなければならないと考えられる[5]。後述のように、期間も目的も定めない使用貸借は、貸主がいつでも解除できるとされているので、企業間の取引において使用貸借を利用する場合には、書面において期間または目的を明示することが重要である。

(4) 使用貸借の終了②──契約の解除

新法598条1項は、当事者が期間を定めなかったが目的を定めた場合、貸主は、その目的に従って使用・収益するのに足りる期間が経過したときは、契約の解除をすることができると定めている。また、2項は、期間も目的も定めなかったときは、貸主は、いつでも契約を解除することができると定めている。そして、3項は、借主は、いつでも契約を解除することができると定めている。この規定は、前述のように、契約の終了時期について、解除による終了に着目して整理したものである。

1項における、目的に従って使用・収益するのに足りる期間とは、契約締結の事情、目的物が何か、契約がなされた目的、契約後にどのくらい期間が経過したか、その他諸般の事情を総合考慮して判断される[6]。2項については、使用貸借が無償契約であることから、期間も目的も定められていないような場合には、いつ貸主側が契約を解除しても差し支えないと考えられるからである。ただし、解除が権利濫用に当たる場合は無効となる[7]。3項については、旧法には明文の規定がないが、使用貸借は無償契約であり、貸主は目的物を利用さ

---

5) 幾代=広中・注4前掲117頁[山中]。
6) 幾代=広中・注4前掲117頁以下[山中]。
7) 幾代=広中・注4前掲124頁[山中]。

せることについて積極的利益を有していないので、基本的にいつ借主側から契約を終了させても差し支えないと考えられるからである[8]。

(5) 使用貸借の終了後の処理——附属物の収去と原状回復の範囲

新法599条1項は、借主は、目的物を受け取った後にこれに附属させた物がある場合、使用貸借終了時に、それを収去する義務を負うとしている。また、2項は、借主は、目的物を受け取った後にこれに附属させた物を収去することができるとしている。そして、同条3項は、借主は、目的物を受け取った後にこれに生じた損傷がある場合、使用貸借終了時に、その損傷を原状に回復する義務を負うとしている。

本条は、使用貸借の終了後の処理について定めた規定である。旧法598条は、借主は、目的物を原状に回復して、これに附属させた物を収去することができるとのみ定めていた。これは、借主の原状回復義務と、それに伴う附属物の「収去権」を定めたものであるが、同時に、目的物の通常の使用・収益を妨げるような物が附属している場合や、附属した物が独立性をもち、目的物の一部を構成するに至らず、依然として借主の所有であるような場合には、借主は附属物の「収去義務」を負うと解されていた[9]。そこで、新法599条は、1項で借主の収去義務を規定し（すなわち、貸主は収去請求権を有する[10]）、2項で借主の収去権を規定し、3項で借主の原状回復義務の内容を規定している。

ただし、従来、附属物の収去が目的物を毀損しなければ不可能な場合や、収去権の行使が権利濫用に当たる場合には、借主は附属物を収去することはできないと解されていた[11]。そこで、新法599条1項ただし書は、目的物から分離することができないもの、または分離するのに過分な費用を要する物については、借主は収去義務を負わないと定めている。2項における借主の収去権も、収去可能であることを前提としており、収去不能の場合には、費用償還請求権の問題となる[12]。

また、旧法598条は、借主には目的物の原状回復義務があるとするものの、

---

8) 民法（債権法）改正検討委員会・注4前掲359頁。
9) 幾代＝広中・注4前掲125頁、126頁［山中］。
10) 潮見佳男『民法（債権関係）改正法案の概要』（金融財政事情研究会・2015年）260頁。
11) 幾代＝広中・注4前掲126頁［山中］。
12) 潮見・注10前掲261頁。

その内容については明示していなかった。そこで、新法599条3項は、借主は目的物を受け取った後に生じた損傷について原状回復義務を負うが、その損傷が借主の責めに帰すことができない事由によるものである場合にはこの限りでないと定めている。これにより、借主の原状回復義務の範囲が明示されたが、使用貸借と同じく貸借型契約である賃貸借契約の規定を参照すると、賃貸借では、賃借人は、「賃借物を受け取った後にこれに生じた損傷（通常の使用及び収益によって生じた賃借物の損耗並びに賃借物の経年変化を除く。以下この条において同じ。）」について原状回復義務を負うとされている（新法621条）。すなわち、賃貸借では、通常損耗および経年劣化については原状回復の範囲外であることが明示されているが、使用貸借ではそのような留保が付されていないため、この点が問題となりうる。これについては、使用貸借の場合、通常損耗および経年劣化が原状回復の内容に含まれるかどうか（無償で貸借することのリスクをどちらの当事者が負担するか）は個々の契約の趣旨によって様々であるが、賃貸借の場合は、通常損耗および経年劣化のリスクを織り込んで対価を決定することができるからであり、使用貸借ではこの点についての規律を置くことが適切ではないと判断されたためである[13]。したがって、企業間の取引において使用貸借を利用する場合には、書面において原状回復の内容について明示することが重要である。

5 賃貸借契約

(1) はじめに

賃貸借については、存続期間の見直し、不動産賃貸借に係る制度の新設、修繕に関する規定の新設、賃借物の一部滅失等による賃料の当然減額、原状回復義務や敷金の明文化、賃貸人による損害賠償および費用償還請求権についての期間の制限等を中心に、実務上、影響のある改正が多くなされている。

---

[13] 潮見・注10前掲261頁、阿部・井窪・片山法律事務所編著『民法（債権関係）改正法案逐条解説』（清文社・2015年）235頁。

(2) 存続期間の見直し（新法604条）

ア　改正のポイント

　借地借家法の適用を受ける土地建物の賃貸借においては存続期間の上限がないが（借地借家法3条、29条2項）、同法の適用がない土地の賃貸借や動産の賃貸借の存続期間は、旧法604条により20年が上限とされていた。

　新法604条では、借地借家法の適用がないものについても20年を超える期間の賃貸借契約を締結する社会的需要の高まりや、他方で、あまりに長期の賃貸借を認めると所有者にとって過度の負担となる弊害があることを考慮し、存続期間の上限は50年とされた（1項）。また、更新後の賃貸借についても、存続期間の上限が50年となることが規定された（2項）。

イ　実務への影響

　たとえば、長期使用の駐車場用地、ゴルフ場用地、太陽光パネルや風力発電設備等の設置用地の賃貸借等といった、借地借家法の適用がないものの、20年を超える使用収益期間が想定される賃貸借に影響があると思われる。

(3) 不動産の賃貸人たる地位の移転（新法605条の2）

ア　改正のポイント

ⓐ　賃貸人たる地位の留保の新設

　収益不動産の譲渡に関しては、従前から、たとえば、譲渡後も譲渡人による賃貸人としての不動産管理に期待する場合や、信託による譲渡で、信託の受託者たる譲受人が修繕義務等の賃貸人としての義務を負担しない枠組みである場合等において、譲渡後も賃貸人の地位を譲渡人に留保する社会的需要が存在していた。

　しかし、判例によれば、譲渡人・譲受人間に賃貸人の地位を留保する合意があっても、それだけでは賃借人に対抗できず、賃借人の承諾が必要とされていた（最判平成11年3月25日判時1674号61頁）。また、賃貸人の地位が譲渡人に留保された場合、譲受人、譲渡人および賃借人間の法律関係は転貸借と同様になると考えられているので、自らが関与しない譲渡人・譲受人間の合意により不安定な地位に立たされる賃借人に対して配慮が必要となる。

　そこで、新法605条の2では、まず譲渡人・譲受人間における賃貸人の地位

の留保が可能であることが明記された（2項前段）。それとともに、かかる留保がなされた後に譲渡人・譲受人またはその承継人の間における賃貸借が終了したときは、譲渡人に留保されていた賃貸人たる地位は譲受人またはその承継人に移転し、譲受人またはその承継人と賃借人の間における直接の賃貸借になることが明記された（2項後段）。

ⓑ 賃貸人たる地位の移転における敷金充当関係の変更

賃貸人たる地位の移転があった場合、旧賃貸人に差し入れられた敷金は、賃借人の旧賃貸人に対する未払賃料債務があればこれに当然充当され、その限度において賃借人の敷金返還請求権は消滅し、残額についてのみその権利義務関係が新賃貸人に承継されるとするのが判例法理である（最判昭和44年7月17日民集23巻8号1610頁）。

しかし、新法605条の2第4項では、敷金返還債務および費用償還債務につき、新賃貸人に当然移転することのみを明文化し、旧賃貸人と賃借人の間で生じたこれらの債務に対する敷金の充当関係については規定されないこととなった。その結果、かかる充当関係は、当事者間の合意または解釈等に委ねられることとなった。

ⓒ 判例法理の明文化

その他、不動産の賃借人が対抗要件を備えている場合、賃借人は、目的物たる不動産が譲渡されても譲受人に対して賃借権を主張でき、この場合、賃貸人の地位は、不動産の譲受人に当然に承継されるとする判例法理（大判大正10年5月30日民録27輯1013頁）が明文化された（新法605条の2第1項）。

また、賃貸人の地位の移転は、賃貸不動産について所有権移転登記をしなければ賃借人に対抗することができないとする判例法理（最判昭和49年3月19日民集28巻2号325頁）も明文化された（新法605条の2第3項）。

イ 実務への影響

賃貸人の地位が留保された後、譲渡人・譲受人またはその承継人の間における賃貸借が終了したときには、譲受人・賃借人間で直接の賃貸借関係が発生するという法律関係を正確に認識する必要がある。

また、収益物件の売買に際し、すでに滞納賃料等の債務が発生している場合には、譲渡人と譲受人の間で敷金の充当関係を明確にしておく必要がある。

(4) 修繕に関する規定の新設（新法606条、607条の2）

ア　改正のポイント

賃貸人の修繕義務については、賃借人の責めに帰すべき事由によって必要となった修繕に関して規定がなかったが、新法では、そのような場合は賃貸人に修繕義務は発生しないことが明記された（新法606条1項ただし書）。

また、「賃借人が賃貸人に修繕が必要である旨を通知し、又は賃貸人がその旨を知ったにもかかわらず、賃貸人が相当の期間内に必要な修繕をしないとき」（新法607条の2第1号）や、「急迫の事情があるとき」（同条2号）には、賃借人は自ら修繕できることとされ、賃借人による修繕権が新設された。

イ　実務への影響

賃借人による修繕権の新設は、建物明渡請求における実務への影響が大きい。

たとえば、賃貸人が、建物の老朽化や耐震性の問題を借地借家法28条の正当事由として明渡しを求めた場合、賃借人は、新法607条の2各号の要件を満たしたとして自ら耐震工事等を実施し、工事費を必要費として賃貸人に請求するとともに、正当事由の存在を争うことが考えられる。この場合、当該工事が「必要な修繕」に該当するか否かの判断が必要となり、また賃貸人は思わぬ高額の工事費を負担させられる危険にさらされることになる。

このような紛争を防止するため、たとえば、賃借人は、建物の耐震性や躯体に影響を及ぼす大規模修繕については修繕権を有しないこととするなど、賃貸借契約上の工夫が求められる。もっとも、消費者契約法が適用される賃貸借契約においては、同法9条、10条との関係に留意する必要がある。

(5) 賃借物の一部滅失等による賃料の当然減額（新法611条）

ア　改正のポイント

従来は、賃料が減額される場合として賃借物の一部が滅失した場合のみが規定されていたが、一部滅失の場合に限定する必然性はないので、新法611条1項では、「賃借物の一部が滅失その他の事由により使用及び収益をすることができなくなった場合」とし、広く賃料の減額を認めることとされた。

また、従来は、「賃料の減額を請求することができる。」と規定されていたが、同項では「減額される。」とし、賃借人の減額請求を要せず、賃借人の責めに

帰すべき事由によらないかぎり、一部滅失等によって当然に賃料が減額されることとなった。

そして、賃借物が一部滅失等し、残存部分のみでは賃借人が賃借の目的を達成できないときに賃借人に解除権が発生しうることは従前どおりだが、これまで賃借人の責めに帰すべき事由によらない場合にのみ解除権が発生するとされていたところ、新法611条2項では、この限定がなくなった。

イ　実務への影響

賃料減額事由が滅失に限定されなくなったので、たとえば、滅失に該当しない故障や法令上の制約等が発生した場合も減額されることとなった。

また、一部滅失等により賃料が当然減額されることとなったため、契約当事者が認識しないまま、観念的には支払うべき賃料が減額されている事案が発生しうるので、過払賃料の返還請求が増加する可能性がある。これを回避するため、たとえば、特約により、賃借人が一部滅失等を覚知した場合、賃貸人に対して直ちに通知する義務を課すなどの工夫が求められる。

(6) 原状回復義務・敷金

ア　改正のポイント

ⓐ　原状回復義務

原則として、賃借建物の通常の使用に伴い生ずる損耗については、賃借人の原状回復義務の内容に含まれないとする判例法理（最判平成17年12月16日判時1921号61頁）が明文化された（新法621条）。

ⓑ　敷　金

これまで敷金の定義規定は存在しなかったが、判例や通説的理解をふまえ、「いかなる名目によるかを問わず、賃料債務その他の賃貸借に基づいて生ずる賃借人の賃貸人に対する金銭の給付を目的とする債務を担保する目的で、賃借人が賃貸人に交付する金銭をいう。」と明記された（新法622条の2第1項柱書かっこ書）。

また、賃貸借に基づく賃借人の賃貸人に対する金銭債務が残存するときは、敷金はその債務に当然充当され、また賃貸借が終了し、かつ、目的物が返還されたときに賃貸人の敷金返還債務が生じるとする判例法理（最判昭和48年2月2日民集27巻1号80頁）や、賃借人が適法に賃借権を譲渡したときも、賃貸人

と旧賃借人との間に別段の合意がないかぎり、その時点で敷金返還債務が生じるとする判例法理（最判昭和53年12月22日民集32巻9号1768頁）が明文化された（新法622条の2第1項）。

イ　実務への影響

従来の判例法理や通説的理解を明文化するものであり、実務上、大きな影響はない。

(7)　賃貸人による損害賠償および費用償還請求権についての期間の制限

ア　改正のポイント

新法により、使用貸借では、借主の用法違反による貸主の損害賠償請求権等の消滅時効は、貸主が返還を受けた時から1年を経過するまでは完成しないこととされ、賃貸借においても準用された（新法622条、600条2項）。

すなわち、賃貸人の損害賠償請求権は、賃貸人が賃借人による用法違反を知らなくとも、賃借人による用法違反時から10年で消滅時効が完成する（旧法167条1項）。しかし、賃貸借が存続している場合においては、賃貸人が用法違反の事実を知らず、また用法違反の態様・状況を把握できないまま時効が進行し、賃貸人が目的物の返還を受けた時点ではすでに消滅時効が完成しているといった不都合な事態が生じえた。そこで、新法は、賃貸人の損害賠償請求権に新たな時効停止（完成猶予）事由を定め、賃貸人が目的物の返還を受けた時から1年間は、消滅時効が完成しないこととした。

イ　実務への影響

賃貸人にとっては、賃借人に対する損害賠償請求権の時効管理が容易になったといえる。

(8)　その他

その他、判例法理や通説的理解を明文化したものとして、以下の規定があるが、実務への影響は小さいと思われる。

ア　目的物返還債務

賃借人は、賃料支払債務に加えて、賃貸借終了時に目的物返還債務を負うことも明記された（新法601条）。

イ　不動産の賃借人による妨害の停止の請求等（新法605条の4）

対抗要件を備えた不動産賃借人は、賃借権に基づき、妨害排除請求権および返還請求権を有するとする判例法理（最判昭和30年4月5日民集9巻4号431頁）が明文化された（新法605条の4）。

なお、賃借人による対抗要件具備が不法占有者等に対する妨害排除請求等の要件としても必要か否かについては、新法では明文化されず、従前どおり解釈に委ねられることとなった。

ウ　転貸の効果

賃借人が賃借物件を適法に転貸した場合、転借人が賃貸人に対して直接履行すべき義務の範囲を、原賃貸借（賃貸人と賃借人との間の賃貸借）における賃借人の債務の範囲を限度とすることが明確にされた（新法613条1項）。

また、適法な転貸借がなされた後に原賃貸借が合意解除された場合、解除当時、賃貸人が賃借人の債務不履行による解除権を有していたときを除き、原賃貸人はその合意解除の効力を転借人に主張できないとする判例法理（大判昭和9年3月7日大民集13巻278頁、最判昭和38年2月21日民集17巻1号219頁、最判昭和62年3月24日判時1258号61頁）が明文化された（新法613条3項）。

エ　目的物の全部滅失等による終了

目的物の全部の滅失等によって使用収益が不能となった場合、賃貸借は終了するとする判例法理（最判昭和32年12月3日民集11巻13号2018頁、最判昭和42年6月22日民集21巻6号1468頁）が明文化された（新法616条の2）。

6　雇用契約

(1)　履行の割合に応じた報酬の規定の新設（新法624条の2）

① 民法上の雇用の規定についてはすでに労働基準法をはじめとする各種労働法制や判例法理により大幅に修正されていることから、民法の雇用の規定を直接適用する場面は今日ではほとんどみられない。

ことに、労働契約については、民法の雇用の規定に対する特別規定に当たる労働契約法が平成20年3月1日施行となっており、同法6条は「労働契約は、労働者が使用者に使用されて労働し、使用者がこれに対して賃金を支払うことについて、労働者及び使用者が合意することによって成立する。」と規定していることから、同法にいう労働契約は民法上の雇用契約とほぼ同義

であると考えられることからして、民法の雇用に関する規定が直接適用される場面を想定することはますます困難となっている。
② 新法624条の2は、履行の割合に応じた報酬の規定を新設したものである。
　これまでも、判例・通説は、いわゆる「ノーワーク・ノーペイの原則」、具体的には労働者が労務を履行しなければその報酬請求権は具体的に発生しないという原則が認められてきた（最判昭和63年3月15日民集42巻3号170頁等）。
　他方、雇用契約に基づく報酬請求権は労務の対価であるから、かりに雇用契約において労務の履行が中途で終了した場合であっても、労務の履行がすでになされた部分については、労働者がその履行した割合に応じて算出される報酬を請求する権利があるというべきであり、これまでの実務においても実際にそのような取扱いがなされてきた。
　もっとも、報酬の支払時期に関する旧法624条の文言上からはこれらの点が明確となっていないことから、新法において本条を新設し、以上の点を明確にしたものである。
③ なお、新法624条の2第1号に規定されている「使用者の責めに帰することができない事由によって」との要件は、労務の履行が不能になった責任が使用者にある場合には、債務者の危険負担等について定める新法536条2項の規定により報酬の全部請求が可能になるという解釈を排除しないという趣旨である。
　これまでも、判例・通説によれば使用者の責めに帰すべき事由によって労務の履行がなされなかった場合には、現実に労務の履行がなされなくとも旧法536条2項を根拠として具体的な報酬請求権が発生すると理解されてきた。
　上記の要件は、使用者の責めに帰すべき事由によって労務の履行がなされなかった場合についてこれまでの判例・通説の取扱いを排除するものではなく、そうでない場合、すなわち使用者の責めに帰することができない事由によって労務の提供がなされなかった場合でも、既履行部分についてはその割合に応じて労働者に具体的な報酬請求権が発生することを明記したものである。

(2) 期間の定めのある雇用の解除に関する規定の変更（旧法626条）

① 旧法626条は5年を超える期間を定めた雇用契約（商工業の見習いを目的とする雇用については10年）の解除について定めた規定であるが、民法の関係

で特別法に当たる労働基準法14条1項は雇用契約の上限を原則として3年と定めており、この上限を超える契約については同法13条により超過部分の期間の定めは無効になるものと解されている。

　もっとも、同法14条1項規定の「一定の事業の完了に必要な期間を定める」雇用契約など労働基準法の上限期間規制が及ばない契約については、やはり民法が適用されることとなることから、その意味で本条は未だに意義を有している。

② 新法626条1項では「雇用が当事者の一方若しくは第三者の終身の間継続すべきとき」という部分を「その終期が不確定であるとき」と変更している。

　そもそも本条は、期間の定めのある雇用契約ではやむをえない事由がないかぎり契約を解除することができない（628条）とされているところ、長期の定めのある雇用契約がいったん締結されてしまえば、その後に契約当事者に契約締結当時予期していなかった事態が生じるなどした結果、雇用契約の解除を希望するに至った場合であっても、やむをえない事由がなければ5年以上の長期にわたって、その者の意に反する雇用契約を継続せざるをえなくなることを防止するための規定である。

　そうであるにもかかわらず、「終身の間継続すべき」という文言は死亡するまでというきわめて長期の雇用契約の成立を認めるかのごとき表現でふさわしくないとの配慮から、「その終期が不確定」との文言に変更されている。

　あわせて、「商工業の見習い」についてのみ5年を超える長期間の雇用を許容する合理性が少なくとも今日では乏しいことから、旧法626条ただし書も削除されている。

③ 旧法626条2項においては、使用者、労働者いずれも解除の予告期間として3か月を要求していたものを、新法においては使用者が解除の予告をなす場合には3か月前と旧法の規定を維持する一方、労働者から解除の予告をなす場合にはその期間を2週間と短縮したものである。

　これは、労働者の退職の自由を保護する趣旨の改正である。

(3) 期間の定めのない雇用の解約の申入れに関する規定の変更 (旧法627条)

① 新法627条2項本文は、旧法では「期間によって報酬を定めた場合には、解約の申入れは、次期以後についてすることができる。」と定めてあったも

のを「期間によって報酬を定めた場合には、使用者からの解約の申入れは、次期以後についてすることができる。」と変更し、具体的には「使用者からの」の文言を追加したものである。

　これは、新法626条2項の改正と同様、労働者の退職の自由を保護する趣旨のものであり、期間の定めがない雇用契約でも報酬を期間によって定めた場合には、使用者からの解約の申入れについてのみ申入れ期間が限定されることとなる。

　他方、労働者からの解約の申入れについてはこの場合であっても627条2項ひいては3項の適用はされなくなったことから、期間の定めがない場合、労働者は1項に基づき2週間の予告期間をもっていつでも解約の申入れをなすことができる。

7　請負契約

(1)　請負人の担保責任の規定について

ア　はじめに

　新法においては、旧法560条以降に規定があった売買契約に関する担保責任の規定が担保責任の一元化・共通化を目的として大幅に改正されている。

　そして、旧法559条により、この改正された担保責任の規定が売買契約以外の有償契約についても準用されることとなるため、請負契約についてもこの改正された担保責任の規定が原則として適用されることになる結果、以下述べるように旧法の請負契約に関する条文が削除ないしは変更されることとなっている。

　なお、旧法における請負契約特有の担保責任に関する規定は、代表的なものとして①注文者の修補請求権（旧法634条）、②注文者の解除権の制限等（旧法635条）、③請負人の担保責任の存続期間（旧法637条）などが挙げられる。

イ　請負人の担保責任の規定（旧法634条）の削除

　旧法634条は、仕事の目的物に瑕疵があった場合、1項において注文者にその瑕疵を修補するよう請求できる権利を認め、かつ2項において瑕疵修補とともに、ないしは瑕疵修補に代えて損害賠償の請求をなしうる旨規定していたが、新法においては本条は削除されている。

その理由としては、旧法においては売買契約の担保責任として修補請求が（少なくとも明文上は）認められていなかったのに対し、新法においては562条において修補請求も認められることとなったことから、同条が559条によって準用される結果、旧法634条の規定が不必要となったためである。
　なお、削除された旧法634条2項においては同時履行の抗弁権の規定（旧法533条）が準用されていたものの、同時履行の抗弁権について規定した新法533条においては、「（債務の履行に代わる損害賠償の債務の履行を含む）」と明記されたことから、特段本条において同時履行の抗弁権の規定を準用する必要がなくなったため、同項も削除となっている。

ウ　注文者の解除権の制限等に関する規定（旧法635条）の削除

　旧法635条はただし書において仕事の目的物が「建物その他土地の工作物」である場合には注文者の解除権を認められていなかったが、新法においては本条が削除されたことから仕事の目的物が「建物その他土地の工作物」である場合であっても解除が認められることとなっており、実務上も注意が必要である。
　この点については、「請負人が建築した建物に重大な瑕疵があって建て替えるほかはない場合に、……建て替えに要する費用相当額の損害賠償請求をすることを認めても、同条ただし書の規定の趣旨に反するものとはいえない。」と実質的に本条ただし書を修正したと評価されている判例（最判平成14年9月24日集民207号289頁）が存在することも勘案し、新法においては削除されたものと思われる。
　また、本条本文については、仕事の目的物が「建物その他土地の工作物」以外のものである場合について、その瑕疵により契約の目的を達することができない場合に限って本条に基づく解除のみを認める趣旨であるのか、本条に基づく解除とは別に一般通則（旧法541条）に基づく催告解除もなしうるのか、争いがあったところであるが、新法においては本条が削除されていることから、請負契約の解除についてもその他の契約の場合と同様、解除についての一般原則である541条が適用されることとなっている。

エ　請負人の担保責任に関する規定の不適用の規定（旧法636条）の修正

　旧法636条は注文者が提供した材料の性質ないしは注文者が与えた指示が原因で仕事の目的物に瑕疵が生じた場合については、請負人がかかる材料ないしは指示が不適当であることを知りながら告げなかった場合を除き、請負人は担

保責任を負わない旨規定している。

　新法においても、売買契約の担保責任の規定が大幅に改正された影響により文言等が変更となっているものの、その内容は維持されている。

オ　請負人の担保責任の存続期間の規定（旧法637条）の修正

　旧法637条1項においては、請負人の担保責任の存続期間を仕事の目的物を引き渡した時（引渡しを要しない場合には仕事が終了した時）から1年と定められていたが、新法においては担保責任の存続期間を「注文者がその不適合を知った時から1年」と変更されていることに注意が必要である。

　また、売買契約における担保責任の期間の制限（新法556条）と同じく、旧法においては存続期間内に権利を行使することが求められていたのに対し、新法においてはその不適合を請負人に通知すればよいこととなっている（新法637条1項）ことにも注意を要する。

　なお、新法637条2項においては、請負人がその不適合について悪意ないしは重過失がある場合の同条1項の不適用を謳っているところ、これは上記新法556条2項に対応するものである。

カ　その他の担保責任の規定（旧法638条～649条）の削除

　旧法638条は建物その他の土地の工作物の請負人に関する担保責任に関する規定であるが、新法においては同規定は削除されている。

　もっとも、住宅品質確保促進法においては新築住宅の瑕疵担保責任について特例が設けてあることから、新法において638条が削除されたといってこの点について実務上変わりがないことはいうまでもない。

　また、旧法649条は担保責任を負わない旨の特約について定めているが、新法における売買契約に関する572条の規定と同趣旨であり、新法においては請負契約における担保責任についても既述のとおり売買契約における担保責任の規定が適用されることとなるため、本条は不要となり削除された。

(2) 注文者が受ける利益の割合に応じた報酬の規定（新法634条）の新設

① 既述のとおり旧法634条は削除されたが、新法においては同条に注文者が受ける利益の割合に応じた報酬の規定が新設されている。

　この点については、従前より「建物その他土地の工作物の工事請負契約につき、工事全体が未完成の間に注文者が請負人の債務不履行を理由に右契約

を解除する場合において、工事内容が可分であり、しかも当事者が既施工部分の給付に関し利益を有するときは、特段の事情のない限り、既施工部分については契約を解除することができず、ただ未施工部分について契約の一部解除をすることができるにすぎない」との判例（最判昭和56年2月17日集民132号129頁）が存在しており、いわゆる一部解除事案としてすでに実務上も取り扱われてきところであって、新法においてはこの判例が明文化されたものであるから、特段本条が新設されたことにより新たに実務上の取扱いが変わるわけではないものと思われる。

② なお、本条1号は請負人の債務が履行不能となった場合の規定であるが、同号に「注文者の責めに帰することができない事由によって」と記載されているのは、注文者の責めに帰すべき事由により仕事の完成が不能となった場合には、債務者の危険負担等に関する新法536条の規定に基づき、請負人が報酬の全部を請求することを可能にする解釈を許す趣旨である。

また、本条2号は請負契約が解除された場合についての規定であるが、請負人が請負契約を解除した場合はもちろん、注文者が請負人の債務不履行を理由として請負契約を解除した場合であっても、上述した判例のように請負人が注文者が受ける利益の割合に応じた報酬を請求しうる趣旨である。

(3) 注文者についての破産手続の開始による解除の規定(旧法642条)の変更

旧法642条は注文者について破産手続が開始された場合に請負人および破産管財人に請負契約の解除権を認めている規定であるが、新法においては、請負人については仕事が完成した後は解除権を認めない旨の改正を行った。

そもそも本条の趣旨は、注文者について破産手続が開始され、請負人に満足に報酬が支払われない危険性が高いにもかかわらず、請負契約を解除することができないことが原因で、請負人が仕事の完成のためにさらに費用等を支弁せざるをえなくなることが請負人にとって酷であることから、請負人に解除権を認めた規定であって、仕事がすでに完成している場合には、請負人が仕事の完成のためにさらに費用等を支弁せざるをえなくなることはなく、他方売買契約においては買主について破産手続が開始されても売主には解除権が発生しないこととの均衡から、仕事がすでに完成している場合には請負人は請負契約を解除することはできないよう改正したものである。

8 委任契約

(1) はじめに

委任については、復受任者の選任等（新法644条の2）、受任者の報酬（新法648条、648条の2）、委任の解除（新法651条）について改正された。多くは従来の一般的解釈および判例法理を明文化するものであるが、委任の類型が条文上整理され、また中途終了時の報酬についても明記された点は実務上重要である。

(2) 復受任者の選任等（新法644条の2）

ア 改正のポイント

これまで、委任に関しては復受任者の選任の可否について明文の規定が存在せず、解釈上、復代理に関する104条が類推適用されると考えられていた。

そのため、新法では、受任者は、委任者の許諾を得たとき、またはやむをえない事由があるときに限って復受任者を選任できるとする、104条と同旨の規定が新設された（新法644条の2第1項）。

また、これまでは復受任者の権利義務についても明文の規定はなく、解釈上、復代理人の権利義務に関する旧法107条2項（新法106条2項）が類推適用されると考えられていた。なお、同項は、代理という対外関係のみならず、委任に基づく受領物引渡義務といった内部関係についても規律するものと解されていた（最判昭和51年4月9日民集30巻3号208頁）。

そのため、新法では、代理権を付与する委任において、受任者が代理権を有する復受任者を選任したときは、復受任者は委任者に対してその権限の範囲内において受任者と同一の権利を有し、義務を負うとする旧法107条2項（新法106条2項）と同旨の規定が新設された（新法644条の2第2項）。

イ 実務への影響

これらの改正は、従来の一般的解釈を変更するものではないので、実務への影響はないと考えられる。

(3) 受任者の報酬（新法648条、648条の2）

ア　改正のポイント

　有償委任の報酬は事務処理の対価であることから、原則として後払いとされている（新法648条2項）。もっとも、委任の中にも、事務処理の履行に対して報酬が支払われる類型（履行割合型）と、事務処理の結果として達成された成果に対して報酬が支払われる類型（成果完成型）が存在する。このうち成果完成型については、仕事の結果に対して報酬が支払われる点において請負との類似性が指摘されていた。

　そのため、新法では、従前から存在した履行割合型の規定（新法648条）に加え、成果完成型の規定（新法648条の2）が新設され、委任は2類型に整理された。

　そして、履行割合型の委任については、履行の途中で事務処理が履行不能となった場合または委任が終了した場合において、受任者は、履行割合に応じて報酬を請求できることが明記された（新法648条3項）。なお、これまで、履行途中の終了時における受任者の割合的な報酬請求については、受任者に帰責事由がないことが要件とされていたが、新法では、受任者の帰責事由の有無にかかわらず認められることとされた。これは、労務を提供する点で履行割合型の委任と共通する雇用においては、労働者の責めに帰すべき事由により契約が途中で終了した場合にも労務に服した期間に応じて報酬請求が認められているにもかかわらず、委任においては受任者の帰責事由の不存在を要件とする合理的理由に乏しいとの理由による。

　成果完成型の委任については、成果の引渡しを要する場合と要しない場合があるが、新法では、成果の引渡しを要する場合は、その引渡しと報酬の支払いが同時履行の関係に立つことが明記された（新法648条の2第1項）。また、履行の途中で事務処理が履行不能となった場合または解除された場合の報酬請求については、請負の規定が準用され、事務処理の結果が可分であり、かつ、その結果の給付によって委任者が利益を受けているときは、受任者は、委任者が利益を受けた範囲で報酬請求できるとされた（新法648条の2第2項、634条）。

イ　実務への影響

　これまで、履行割合型と成果完成型のどちらであるのか明確に区別していた

委任契約は多くないと思われるが、今後は明確にすることが求められる。

また、受任者の帰責事由の不存在が割合的報酬請求の要件でなくなったため、中途終了時の報酬について明記されていない委任契約では、委任者に対する影響が大きい。

加えて、履行割合とそれに応じた報酬額が争点となることは従来からあったが、受任者の帰責事由の不存在が不要とされたため、割合的報酬請求が従来より容易になったと評価できることから、かかる類型の紛争が増加することが考えられる。委任時に、中途終了時に備えて個別の委任事務内容と全体に占める割合・報酬額を明確にする必要性が高まったといえる。成果完成型の委任契約においては、請負と同様、成果の可分性の有無も明確にすることが検討されるべきである。

(4) 委任の解除 (651条)

ア 改正のポイント

旧法651条1項は、委任者・受任者の双方は、いつでも自由に委任契約を解除することができる旨を定めている。これは、委任契約は当事者間の人的信頼関係を基礎とするものであり、信頼関係が失われた当事者間において委任を継続させることは無意味であるとの考えに基づく。このような委任の本質に変化はないので、新法651条1項でもこの規律は維持された。

また、相手方の不利な時期に委任契約を任意解除したときは、相手方の損害を賠償しなければならないが、やむをえない事由があったときには損害賠償責任を負わないとする規律も同条2項で維持された。

ところで、委任契約は、有償・無償を問わず、委任者の利益のために受任者が事務処理を行うものであることが通常だが、受任者の利益をも目的とされる場合がある。そして、受任者の利益をも目的とする委任の場合、委任者が651条に基づいて任意解除できるかどうかについて、判例は、過去、やむをえない事由がある場合に限って任意解除が認められるとしたが（最判昭和40年12月17日集民81号561頁、最判昭和43年9月20日判時536号51頁）、その後、やむをえない事由がない場合であっても任意解除できるとするに至っている（最判昭和56年1月19日民集35巻1号1頁）。もっとも、改正前には、そもそも受任者の利益をも目的とした委任に関する規定が存在せず、かかる委任の任意解除やそ

の場合の報酬についても条文上明らかでなかった。

　そこで、新法は、上記判例法理をふまえ、受任者の利益をも目的とする委任も可能であること、そのような委任も任意解除できることを前提として、任意解除した場合には、やむをえない事情がある場合を除き、相手方の損害を賠償しなければならないことが明記された（新法651条2項2号）。これは、受任者の利益は、任意解除権の制限ではなく、損害賠償で補塡すれば足りるとする考えに基づくものである。

　なお、受任者の利益とは、事務処理の対価として支払われる報酬以外の利益を意味すると解されており、委任が有償であるというだけでは、受任者の利益をも目的とする委任には当たらないとするのが判例である（最判昭和58年9月20日集民139号549頁）。新法651条2項2号では、この判例法理を明文化するかたちで、「専ら報酬を得ることによるもの」は、受任者の利益から除外された。受任者の利益をも目的とする委任の一例として、債務者が第三者に対して有する債権につき、債権者に対して取立委任および代理受領権限を付与する場合が挙げられる。この場合、債務者の有する債権を債権者が第三者から回収することは、債権者が債務者に対して有する債権の確実な回収を意味し、受任者たる債権者の利益になると考えられている。

　イ　実務への影響

　これらの改正は、従来の判例法理を明文化するものであり、実務への影響はないと考えられる。

　もっとも、委任における任意解除権は、サービス契約が拡充した現代社会において、消費者が契約関係から離脱するための手段として重要である。そのため、受任者の利益をも目的とする委任においても任意解除が可能とする判例法理を前提とした条文が新設された意義は、小さくない。

(5)　死後委任

　委任者または受任者の死亡は委任の終了事由であるが（653条1号）、実務上、たとえば、葬儀にかかわる事務、保管財産の相続人への引継事務等のいわゆる死後の事務についても委任されることがある。最高裁も、死後の事務の委任が有効であることを認めている（最判平成4年9月22日金法1358号55頁）。

　そのため、法制審議会においても、委任者の死後も限定的に委任関係が継続

する旨の規定を設けることが検討された。しかし、死後委任の有効性は、委任事務の内容や遺言制度との整合性等を考慮して判断する必要があり、有効性に関する一律の規定を設けることは困難との理由で、条文設置は見送られた。したがって、死後委任の有効性判断に関しては、今後の判例の蓄積を待つこととなった。

　なお、上記判例を前提とし、委任事務の内容や履行の負担等の「特段の事情」の有無によって、委任者の相続人の解除権に対する制限を規律した判例がある（東京高判平成21年12月21日判時2073号32頁）。

9　寄託契約（混合寄託契約）

(1)　条　文

混合寄託については、次のような規律を設けるものとする。
① 　複数の者が寄託した物の種類および品質が同一である場合には、受寄者は、各受託者の承諾を得たときに限り、これらを混合して保管することができる。
② 　①の規定に基づき受寄者が複数の寄託者からの寄託物を混合して保管したときは、寄託者は、その寄託した数量の物の返還を請求することができる。
③ 　①の規定に基づき受寄者が複数の寄託者からの寄託物を混合して保管した場合において、寄託物の一部が滅失したときは、寄託者は、その寄託した物の数量の割合に応じた物の返還を請求することができる。

(2)　混合寄託とは

　混合寄託とは、受寄者が複数の寄託者から同種・同等の代替物（金地金・証券や穀物・石油等）の保管を委託された場合に、これを混合して保管し、後にそのなかから寄託を受けたのと同じ数量の物を返還するのも寄託である。受寄者は目的物の処分権を取得しないため、消費寄託とは異なる。

　たとえば、ニンジンの生産者から収穫したニンジンの寄託を受けるが、複数の生産者から集められたニンジンを1か所の倉庫でまとめて保管し、寄託者から請求があるたびにそのなかから寄託された量を返還する。

　混合寄託の場合、目的物は混和してしまい、複数の寄託者間に寄託した量に

応じた共有状態が生じる。したがって、受寄者は複数の寄託者の共有物の保管をしていることになる。消費寄託と異なって、目的物の所有権は受寄者に移転せず、不可抗力による目的物の滅失の危険は所有者たる寄託者に属する。共有であるので、滅失の危険は総寄託者がその持分に応じて負担する。

たとえば、倉庫のニンジンが不可抗力で半分腐ってしまった場合、1トン寄託した者は、500キログラムにつき危険を負担し、500キログラムしか返還を請求できないことになる。

寄託において目的物は個別に保管することが原則であるため、寄託物を混合して保管するためには、すべての寄託者の承諾が必要であると考えられるため、今回の民法改正では前述のような規定を置くことになった。

(3) 混合寄託の目的物

混合寄託の目的物は代替物で、しかも客観的に種類・品質の特定されうる物である。

今回の改正では、「複数の者が寄託した物の種類および品質が同一である場合には、受寄者は、各受託者の承諾を得たときに限り、これらを保管することができる」としているが、以前の倉庫寄託約款では、やむをえない事由があるときは、事前の承諾がなくても、事後の通知だけで足りるものとされているようである。

また受寄者は、承諾した多数の寄託者からの同種・同等の受寄物を混合して保管することができる。ここに混合とは、民法に規定されている混和（245条）を意味し、個別的な物の混合（たとえば缶詰のまま）と流動的な融和（たとえば石油タンクへの収容）の両者を含むものと解する。

寄託物の所有権は受寄者に移転しない。共同寄託者が、不可分一体をなした混合物の上に、寄託した数量に応じた持分による共有権を有する。

混合寄託は、消費寄託と異なり寄託物の処分権は、受寄者には移転しないが受寄者の寄託物を混合して保管することから、各寄託者は各自が寄託した個別の寄託物に対する所有権を失い寄託物全体についての共有持分権を取得し、その共有割合に応じた数量の物を分離して返還するように請求することができると考えられている。

また受寄者は、受寄物の保管について、多くは善管注意義務を負うが、蒸発

その他自然の減失に対しては責任を負わない。

受寄者は、受寄物の返還にあたり、自ら同一の数量の物を分離して取り出すことができる。この場合に寄託者の同意を要しない。ただし、他の寄託者に不利益を及ぼさないように注意をする義務を負う。したがって、混合物が受寄者の責めに帰すべからざる事由によって減失・毀損した場合には、受寄者は責任を免れ、その損失は、全寄託者にその返還請求権の数量に応じて帰属するが、受寄者が一部の減失または損傷を知らないで、請求に応じて逐次返還し、最後に数量が不足しまたは損傷をした物だけが残存したときは、かかる返還の過程に受寄者の責めに帰すべき事由がある場合は、受寄者は債務不履行の責めを免れない。損失を被った寄託者は、受寄者に対してその責任を追及することができると同時に、損傷のない物の返還を受けた他の寄託者に不当利得の返還請求権を有するものと解すべきである。

10 組合契約

(1) 組合とは

一般的に組合は、典型「契約」の一つという意味での列挙であり、ここでの組合は「組合契約」の意味である。しかしながら、組合に関する特別法の規定で用いられている「組合」の語は、契約の意味ではなく成立した団体たる組合の意味で使われている（旧法670条1項）。

民法において組合とは、各当事者が出資をして共同の事業を営むことを約束する契約である（667条1項）。すなわち、組合では当事者全員が出資の義務を負担する必要があるが、その出資の内容は、財産的価値のあるものであれば現金でなくてもかまわない。事業の内容は、一時的・継続的、営利目的・公益目的のいずれも問わない。またもちろん出資は労務でもよい（667条2項）。

民法に関する組合の規定は、わかりにくいといわれており、その理由の一つとして組合の多様性ということが指摘されている。組合の例としては家族による家業の経営や、共同経営の法律事務所、映画などの制作委員会、建設業における共同事業体等があるとされ、規模の大小や存続期間の長短、営利目的の有無などの点等で多様であるといわれている。また民法以外の法律の組合として、有限責任事業組合、農業協同組合、漁業協同組合等の各種協同組、労働組

合なども存在する。組合には、こうした様々なものが存在するため、民法が想定する組合像がわかりにくいものとなっているとされている。そこで民法上の組合の規定の見直しにあたり、どのような組合を想定して規定を設けるのか整理する必要があるとされている。

(2) 共同の事業

組合の目的とされる事業には、特に限定はない。たとえば、病院や弁護士事務所、学校等の共同経営のほか、建設業の共同経営（ジョイントベンチャー）、株式会社設立のための発起人組合等がその代表例である。

ア 組合として認められた事例

組合契約または組合契約により成立した組合が認められた事例として、①定置網漁業および付帯業務を営むための組合（最判昭和38年5月31日民集17巻4号600頁）、株式会社を営むための発起人組合（大判大正7年7月10日民録24輯1480頁）、共同で営業するために土地を購入し店舗を建築して露店業者の団体（最判昭和45年11月11日判時525号52頁）、建築共同体いわゆるジョイントベンチャー（最大判昭和45年11月11日民集24巻12号1854頁）などがある。

また最判平成11年2月23日民集53巻2号193頁も、一口100万円の出資をして共同でヨットを5名で購入し、出資者が会員となり、ヨットを利用して航海を楽しむことなどを目的とするヨットクラブを結成する旨の組合契約を締結したとした原審判決を、そのまま前提として判断している。

最高裁判決以外では、A・Bが共同で病院経営をする合意がされた場合につき、A・Bは共に医療行為に従事し、乙山病院を共同で経営し、その財産は持分各2分1の共有とするが、対外的にはAの単独名義とし、利益の収受および損失の負担は共に平等とするという黙約のもとに開業準備行為に着手し、同病院を開業するに至ったものと認定し、「これは、出資、事業の共同、損益分配の割合についての黙約等の内容に照らし、民法上の組合契約と解するのが相当である」とされている（横浜地判昭和59年6月20日判時1150号210頁）。社団法人を設立するための設立発起人契約も、会社設立におけると同様に組合契約と解されている。また、航空機を6名で共同購入し、食事会という自由な形式ではあるが、毎月1、2回程度集まり、航空機全般あるいは飛行に関する情報交換を行うとともに、本件航空機の費用に関する問題などを話し合っていた事例

で、「単に本件航空機の共有者であるにとどまらず、本件航空機も購入・維持を目的とした範囲で共同の事業を営むために各自が出資して、COCという民法上の組合を結成していたと解するのが相当である」とした判決がある（東京地判昭和62年6月26日判時1269号98頁）。

　　イ　組合と認められた特殊な事例

　組合契約は書面による必要はなく、口約束でもよく（さらには黙示の意思表示でもよい）、そのため、親の稼業を子夫婦が手伝ったり、子が共同で承継したりする場合に、その法律関係を組合の法理により処理することが可能になる。

(3) 組合契約の性質

　旧法667条は「組合契約は、各当事者が出資をして共同の事業を営むことを約することによって、その効力を生ずる。」と規定している。

　この規定は、組合契約の民法改正案でも現行のままであり、出資とは金銭、財産のみならず、労務でもよいことを示す基本的な条文である。組合契約は典型契約の一つであり、諾成・双務・有償契約である。

(4) 他の組合員の債務不履行（新法667条の2：新設）

　組合契約は、その団体的性格から契約総則に関する規定が、そのまま適用されると不都合な場合があると考えられる。たとえばある組合員が、出資の履行を行わず、業務執行者が出資債務の履行を請求した場合に請求された組合員は、同時履行の抗弁権を主張して出資を拒むことはできないと解されている。また組合員が出資を履行しない場合でも、組合の脱退（678条、679条）・除名（680条）・解散（683条）の規定から債務不履行解除ができないと解されている。

　民法改正案では、組合契約については同時履行・解除の規定の適用がないことが提案された。

(5) 組合員の加入（新法677条の2：新設）

　組合成立後の組合員の加入について、旧法は規定を置いていない。組合では、組合成立後に新たに組合員が加入することがありうる。民法では、既存の組合員の除名・脱退についての規律は存するが（678条～680条）、加入についての規定は存在しない。

ところが、組合員が全員同意している場合や、組合契約において加入の要件が定まっている場合に、組合員の加入を否定する理由はないと考えられる。そこで組合員の全員の同意または組合契約の定めによって新規に組合員が加入することができる旨の規定を設けることが提案された。

また組合成立後に新たに加入した組合員が、加入の時から組合契約に従って業務執行権や検査権などを取得するとともに、組合財産を合有する者の一人となるとされている。

加入した組合員の責任については、特に加入前に生じた組合債務との関係で問題とされている。加入によって組合の同一性が変わらないことから、組合財産に対する持分については、既存の組合債務の引当てとなるとされている。これに対して加入者の個人財産を引当てとされる責任については、加入前に発生した組合債務については責任を負わないとされている。これは持分会社については、新たに社員となった者がそれまでの債務についても責任を負うこととしている会社法605条との対比で、組合の特徴であるとされている。

(6) 組合員の脱退 （678条：改正なし）

最高裁平成11年2月23日民集53巻2号193頁判決は、一口100万円で出資をして共同でヨットを購入して出資者全員が会員となりヨットを利用して航海を楽しむことなどを目的とするヨットクラブを結成する旨の組合契約が締結され、そのヨットクラブの規約には、会員の権利の譲渡および退会に関して組合契約でのオーナー会議で承認された相手方に対して譲渡することができ、譲渡した月の月末をもって退会とするという任意脱退を制限する約定の有効性が争われた事案に対して以下のように判示した。

678条は、やむをえない事由がある場合には、組合の存続期間の定めの有無にかかわらず、つねに組合から任意に脱退することができる旨を規定しているものと解されるところ、やむをえない事由があっても任意の脱退を許さない旨の組合契約は、組合員の自由を著しく制限するものであり、公の秩序に反するものというべきであるから、同条のうちの右の旨を規定する部分は、強行法規であり、これに反する組合契約における約定は効力を有しないものと解するのが相当である。

前述の規約を、本件クラブからの任意の脱退は、会員の権利を譲渡する方法

によってのみすることができ、それ以外の方法によることは許されない旨を定めたものであると解釈するとすれば、やむをえない事由であっても任意の脱退を許さないものとしていることになるから、その限度において、678条に違反し、効力を有しないものというべきである。

「中間試案」では、上記の最高裁判決を受けてやむをえない事由があっても組合員が脱退することができないことを内容とする合意を無効とする旨の規律を設けることを提案していた。しかしながら、一部の規定についてのみ強行規定であることを条文上明示する場合には、他の規定がすべて任意規定であるかのような反対解釈を招くおそれがあることなどを理由として反対意見が寄せられたことから、明文の規定を設けないことになった。

(7) 脱退した組合員の責任等

組合員は、組合の債務について責任を負うが、組合員が脱退した場合にまで責任を負うのか否かについては明文の規定が存在しない。かりに組合員が組合を脱退することにより、組合員が組合の債務を免れることができるとすると、組合の債権者に不利益となると考えられる。

そこで組合員は組合を脱退するまでにすでに発生していた組合の債務については、組合員は組合脱退後も責任を負うと解されることから、新法680条の2では「脱退した組合員は、その脱退前に生じた組合の債務について、従前の責任の範囲内でこれを弁済する責任を負う。この場合において、債権者が全部の弁済を受けない間は、脱退した組合員は、組合に担保を供させ、又は組合に対して自己に免責を得させることを請求することができる。」(1項)、「脱退した組合員は、前項に規定する組合の債務を弁済したときは、組合に対して求償権を有する。」(2項) という規律を明文化した。

もっとも、組合員は脱退をする際に、脱退時の組合財産の状況に応じた計算に基づき、その持分割合によって払戻しを受けており、組合との関係では既存債務を考慮した持分の払戻しがなされていることから、さらに組合員が固有の財産を持って組合債務について責任を負うことは、他人の債務を弁済することに等しい状態になるともいいうるため、民法改正案では弁済をさせられた脱退した組合員は組合に対して求償権の規定を設けること、弁済前であれば組合に対して担保に供したり、債権者に自己の免責を得させることを請求することが

できる旨の規定を設けることが提案されている。

　他方においては組合は、その組合債務を履行したり、債権者から免除を得たりするなどして、脱退した組合員の固有財産を引当てとする責任を免れさせるか、適当な担保を供して脱退した組合員が不利益を被らないようにしなければならないと解されている。

II 契約各論に関する要件事実

　本節では、売買、消費貸借、賃貸借、請負の各契約を取り上げる。

1 売買契約

(1) 買主の追完請求権（新法562条）

　新法562条は、担保責任について契約責任説をとることを前提に、不特定物売買のみならず特定物売買においても追完請求権を認めたものである[14]。以下、本条に基づく修補請求に関する要件事実について検討する。

ア 事例

　XはYに対し、自動車を100万円で売却する契約を締結したが、本件自動車には一部故障があった。そこで、YはXに対し、当該故障を理由に、修補請求を行った。

イ 訴訟物

　YのXに対する売買契約に基づく追完請求権としての自動車の修補請求権

ウ 要件事実

＜請求原因＞

❶　XはYに対し、本件自動車を代金100万円で売ったこと
❷　XがYに対し、本件自動車を引き渡したこと

---

[14]　新法においては、「特定物ドグマを否定する以上、買主に追完請求権があることを定める点に特段の意味があるものではない……本条に意味があるのは、本条が買主の追完請求権に一定の制約を課している点にある」（潮見佳男『民法（債権関係）改正法案の概要』（金融財政事情研究会・2015年）230頁。

❸ 本件自動車が、その品質に関して契約の内容に適合しないものであること

＜抗弁１：買主が請求した方法による追完＞
❹ Xは、Yが請求した方法による履行の追完をしたこと

＜抗弁２：買主が請求した方法と異なる方法による追完＞
❺ Xは、Yが請求した方法と異なる方法による履行の追完をしたこと
❻ ❺がYに不相当な負担を課するものでないことを基礎づける評価根拠事実

※評価障害事実の存在が再抗弁となる。

＜抗弁３：買主の帰責事由＞
❼ ❷の契約内容との不適合が、Yの責めに帰すべき事由によるものであることの評価根拠事実

※評価障害事実の存在が再抗弁となる。

エ　検　討

ⓐ　追完請求権の法的性質[15]　（請求原因：❶〜❸）

新法562条1項の追完請求権の法的性質については見解の対立があり、当該見解の対立は請求原因に影響を与える。

履行請求権とは別個の、不完全履行に基づいて生じる請求権であるとする見解によると、債権の発生原因事実（❶）に加え、不完全履行の要件事実（❷・❸）も債権者が主張立証する責任を負うことになる[16]。他方で、履行請求権の一部であるとする見解によると、債権者は、履行請求の要件事実（すなわち、債権発生原因事実〔❶〕）を主張立証すれば足りることとなる。

本書は、履行請求権とは別個の、不完全履行に基づいて生じる請求権であるとする見解に立っている。

ⓑ　買主が請求した方法と異なる方法による追完（抗弁２：❺・❻）

新法562条1項ただし書に基づく抗弁である。たとえば、本事例における自動車が新車（不特定物）である場合、Yの修補請求に対して、Xが代替物を交付すること等が考えられる。なお、「不相当」は規範的要件と考えられている[17]。

15) 田中豊＝土屋文昭＝奥田正昭＝村田渉編『債権法改正と裁判実務』（商事法務・2011年）309頁、大江忠『新債権法の要件事実』（司法協会・2016年）36頁参照。

16) 不完全履行の場合、債務不履行の事実についての主張立証責任は債権者が負担する（倉田卓次『要件事実の証明責任 債権総論』（西神田編集室・1986年）91頁。

ⓒ　買主の帰責事由（抗弁３：❼）

　新法562条2項に基づく抗弁である。代金減額請求権（新法563条）や解除権（新法564条、541条、542条）との権衡を保ったものである[18]。

ⓓ　社会通念上の履行不能

　新法412条の2第1項に基づく履行不能（追完不能）の場合にも、追完請求権は否定されることになる[19]。したがって、社会通念上の履行不能を理由とする抗弁も成立しうる[20]。

(2)　買主の代金減額請求権（新法563条）

　代金減額請求権は、買主による売買契約の一部解除と同様の機能を有するものである。本条は、解除に関する新法の規定（新法541条～543条）と同様の規律となっている。以下、本条1項に関する要件事実を中心に検討する。

ア　事　例

　XはYに対し、自動車を100万円で売却する契約を締結したが、Yは代金を支払わない。そこで、XがYに対して売買代金の支払いを請求したところ、YはXに対して本件自動車に一部故障があることを理由に、代金減額請求を行った。

イ　訴訟物

　XのYに対する売買契約に基づく代金支払請求権

ウ　要件事実

＜請求原因＞

❶　XはYに対し、本件自動車を代金100万円で売ったこと

＜抗弁：代金減額（新法563条1項）＞

❷　XがYに対し、本件自動車を引き渡したこと

❸　本件自動車が、品質に関して契約の内容に適合しないものであること

❹　YがXに対し、相当の期間を定めて履行の追完の催告をしたこと

❺　❹の催告から相当期間が経過したこと

❻　❸の不適合の程度に応じた代金額

---

17) 大江・注15前掲38頁。
18) 潮見・注14前掲231頁。
19) 潮見・注14前掲231頁。
20) 履行に要する費用が、買主が履行により得る利益とくらべて著しく過大なものである場合等が考えられる（大江・注15前掲38頁）。

❼　YがXに対し、❻の代金額への減額を請求したこと
※新法563条2項を理由とする抗弁を主張する場合には、❹・❺に代えて、同項各号のいずれか（1号：履行の追完が不能であること、2号：売主が履行の追完を拒絶する意思を明確に表示したこと、3号：契約の性質または当事者の意思表示により、特定の日時または一定の期間内に履行をしなければ契約をした目的を達することができない場合において、売主が履行の追完をしないでその時期を経過したこと、4号：前3号に掲げる場合のほか、買主が前項の催告をしても履行の追完を受ける見込みがないことが明らかであること）の要件に該当することを主張立証することになる。

＜再抗弁1：履行の追完＞
❽　XがYに対し、❹の期間内に履行の追完をしたこと
＜再抗弁2：買主の帰責事由＞
❾　❸の契約不適合がYの責めに帰すべき事由によるものであることを基礎づける評価根拠事実
※評価障害事実の存在が再々抗弁となる。

エ　検　討

ⓐ　相当の期間を定めた履行の追完の催告および同期間の経過（抗弁：❹・❺）

同要件は、催告解除の原則と同様の枠組みとなっているので[21]、催告期間の定めのない催告や、催告後客観的にみて相当な期間が経過した場合の取扱い等は、催告解除に関する従来からの判例法理（最判昭和29年12月21日民集8巻12号2211頁、最判昭和31年12月6日民集10巻12号1527頁等）が妥当すると考えられる。

ⓑ　契約内容との不適合の程度に応じた代金額（抗弁：❻）

(ⅰ)　減額すべき代金額の算定方法

減額代金の算定にあたっては、買主が、不適合の内容に応じて目的物の価値がどれだけ減少しているかを主張立証する必要があるが、特に質的不適合の場合には、その主張立証に困難が予想される[22]。

(ⅱ)　算定基準時

旧法563条・565条の解釈においては、価値算定の基準時は契約時であると

---

21)　潮見・注14前掲234頁。

考えられていたが（東京地判昭和47年5月22日判時682号32頁等）[23]、引渡し時を基準時とすべきとの見解も存在する[24]。買主としては、いずれの見解に立つか明らかにしたうえで、請求額を主張立証することが必要となろう。

ⓒ 売主の帰責事由

代金減額請求権は損害賠償請求権ではないため、売主は、買主からの代金減額の主張に対し、自己の帰責性の不存在を理由に、代金減額請求の可否を争うことはできない。かりに当該主張を行った場合には、主張自体失当となる[25]。

(3) 買主の損害賠償請求および解除（新法564条）

契約責任説を採用した帰結として、買主の損害賠償請求および解除については、債務不履行の一般規定によることとなった。損害賠償請求および解除の要件事実については、本書の各項目を参照されたい。

(4) 移転した権利が契約の内容に適合しない場合における売主の担保責任（新法565条）

旧法において、売買契約に基づき移転した権利に瑕疵がある場合、買主の売主に対する解除・損害賠償の主張に対し、売主は「買主の悪意」を抗弁として主張できる場面が多々あった（旧法561条後段〔損害賠償請求〕、563条3項〔解除および損害賠償〕等）。しかしながら、新法においては買主の主観的要件で救済の可否を区別することは合理性に乏しいとして、かかる区別を行わなかった（「部会資料75A」21頁参照）。したがって、新法の下において、売主は「買主の悪意」を抗弁として主張できない。

---

[22] 目的物の価値の減少割合が算定できない場合、請求する側が主張立証責任を果たしていないとして請求が認められない可能性がある（代金減額請求は損害賠償請求ではないので民事訴訟法248条の適用がない）。これでは損害賠償の場合と比較して不均衡であるとして、立法による手当てや、準用を認める解釈の可能性を指摘するものとして、田中豊=土屋文昭=奥田正昭=村田渉編『債権法改正と裁判実務Ⅱ』（商事法務・2013年）109頁。

[23] 柚木馨=高木多喜男編『新版 注釈民法(14)』（有斐閣・1993年）211頁。

[24] 「買主による代金減額の請求は引渡しがされた物を売買の目的物として受領するという買主の意思の表明（客体としての承認）でもあることからすれば、引渡し時の価値を基準にするのが適切であろう（国際物品売買契約条約〔CISG〕50条も同じ）。」（潮見・注14前掲235頁）。

[25] 大江・注15前掲41頁。

(5) 目的物の種類または品質に関する担保責任の期間の制限（新法566条）

　新法566条は、売主が負う担保責任のうち、種類または品質の不適合についてのみ（数量不足または権利に関する不適合は対象外）、一定の期間制限を課したものである。以下、本条に関する要件事実を検討する。

ア　事　例

　XはYに対し、自動車を100万円で売却する契約を締結したが、Yは代金を支払わない。そこで、XがYに対して売買代金の支払いを請求したところ、YはXに対して本件自動車に一部故障があることを理由に、代金減額請求を行った。これに対し、Xは代金減額請求権の期間制限を主張した。

イ　訴訟物

　XのYに対する売買契約に基づく代金支払請求権

ウ　要件事実

- 　請求原因・抗弁は、本節「❶(2)　買主の代金減額請求権（新法563条）」と同じである。

＜再抗弁：期間制限＞
- ❶　Yが、本件自動車は種類または品質に関して契約の内容に適合しないものであることを知ったことおよびその日
- ❷　❶の日から1年経過したこと

＜再々抗弁1：通知＞
- ❸　YがXに対し、❶の日から1年以内に❶の事実を通知したこと

＜再々抗弁2：悪意＞
- ❹　Xが引渡しの時に、本件自動車は、種類または品質に関して契約の内容に適合しないものであることを知っていたこと

＜再々抗弁3：重過失の評価根拠事実＞
- ❺　Xが引渡しの時に、本件自動車は、種類または品質に関して契約の内容に適合しないものであることを知らなかったことにつき重大な過失があることを基礎づける評価根拠事実

※評価障害事実の存在が再々々抗弁となる。

エ　検　討

ⓐ　期間制限の起算日（再抗弁：❶）

旧法570条・566条3項における「事実を知った時」とは、売買の目的に瑕疵があることを、売主に担保責任を追及できる程度に確実に認識した時と考えられていたが[26]、新法566条の「その不適合を知った時」は、買主が契約不適合を知った時点となる[27]。

ⓑ 通知の内容（再々抗弁：❸）

旧法570条・566条3項においては、買主は期間制限を免れるために、除斥期間経過前に「請求」を行う必要があった。当該請求は、訴えの提起までは必要ないものの、具体的に瑕疵の内容とそれに基づく損害賠償請求をする旨を表明し、請求する損害額の算定の根拠を示すなどして、売主の担保責任を問う意思を明確に告げる必要があるとされていた（最判平成4年10月20日民集46巻7号1129頁）。しかし、新法下においては、買主は単に契約不適合の事実を通知すれば足りることとなる[28]。

ⓒ 消滅時効の主張

新法566条は、種類・品質に関する契約不適合の場合に、債権の消滅時効に関する一般準則の適用を排除するものではない。したがって、売主による、客観的起算点（目的物の引渡時）から10年、主観的起算点（買主が契約不適合を知った時）から5年[29]の消滅時効の主張も、それぞれ成立しうる[30]。

(6) 目的物の滅失等についての危険の移転（新法567条）

新法567条1項は、危険の移転時期を売買目的物（売買の目的として特定したものに限る）の引渡し時とすること等を規定したものである。また、同条2項は、受領遅滞の効果の特則として、債権者の受領遅滞後の履行不能について、危険は債権者に移転すること等を規定したものである。

以下、本条1項に関する要件事実を中心に検討する。

ア 事 例

XはYに対し、建物を1000万円で売却する契約を締結して引き渡したが、

---

26) 最判平成13年2月22日集民201号109頁参照。なお、同最判は旧法563条・564条の事例である。
27) 潮見・注14前掲239頁。
28) 大江・注15前掲45頁、「部会資料75A」23頁参照。
29) 買主が種類・品質に関する契約不適合を知ってから1年以内に売主に通知した場合（新法566条）に限られる。
30) 潮見・注14前掲240頁。

YはXに対して代金を支払わない。そこで、XがYに対して代金の支払いを請求したところ、Yは本件建物が地震により滅失したことを理由に代金の支払いを拒絶した[31]。

イ　訴訟物

XのYに対する売買契約に基づく代金支払請求権

ウ　要件事実

＜請求原因＞

❶　XはYに対し、本件建物を代金1000万円で売ったこと

＜抗弁：目的物滅失＞

❷　本件建物は、滅失したこと

❸　YのXに対する代金の支払いを拒絶するとの意思表示

＜再抗弁＞

❹　❷は本件建物の引渡しがあった時以後に生じたこと

❺　❷はX・Y双方の責めに帰することができない事由により生じたこと

※受領遅滞中の履行不能の場合（新法567条2項）、再抗弁❹が「❷はYによる受領拒絶または受領不能後に生じたこと」となる。

エ　検討

ⓐ　目的物としての特定（請求原因：❶）

本条は、売買の目的物が特定されている場合に限り適用される。

本事例においては、売買代金の支払請求権の発生原因事実である❶の主張により、目的物が特定物であることが現れている。

ⓑ　履行拒絶の意思表示（抗弁：❸）

債務者の危険負担等に関する旧法536条1項は、その効果について「債務者は、反対給付を受ける権利を有しない。」と規定していたが、新法536条1項は、これを「債権者は、反対給付の履行を拒むことができる。」と規定した。❸は当該改正に基づくものである。

ⓒ　目的物の引渡し（再抗弁：❹）

ここでの「引渡し」とは、「引渡しの受領」を意味すると考えられている。なぜなら、新法567条での危険の移転は目的物が買主の支配領域に入ったこと

---

31)　新法567条1項後段の適用が問題となる事例である。大江・注15前掲50頁。

を理由とするものであるからである[32]。

　　ⓓ　当事者双方の責めに帰することができない事由（再抗弁：❺）

　新法567条1項の文言は「当事者双方の責めに帰することができない事由」とされているが、引渡し後の滅失・損傷が「売主の責めに帰すべき事由」による場合には、買主は各権利を行使することができる（「部会資料84-3」14頁）。

2　消費貸借契約

(1)　書面でする消費貸借等（新法587条の2）

　新法587条の2第1項は、旧法下においても無名契約として認められていた諾成的消費貸借規約を明文化し、書面化を義務づけた。以下、本条1項に関する要件事実を検討する。

ア　事　例

　XがYに対し、平成〇年2月1日、100万円を、返還時期は同年3月1日として貸す契約を、書面で締結した。しかし、Yが同年3月1日になっても返済をしないので、XがYに対し、100万円の返済を請求した。

イ　訴訟物

　XのYに対する諾成的消費貸借契約に基づく貸金返還請求権

ウ　要件事実

＜請求原因＞

　　❶　XはYに対し、平成〇年2月1日、100万円を貸すことを約束したこと
　　❷　YはXに対し、同年2月1日、100万円を返すことを約束したこと
　　❸　XとYは、❶・❷に際し、返還時期を同年3月1日と定めたこと
　　❹　❶・❷の約束は書面でなされたこと
　　❺　XがYに対し、❶に基づき100万円を交付したこと
　　❻　返還時期（同年3月1日）が到来したこと

エ　検　討

　ⓐ　返還時期の合意（請求原因：❸）

　消費貸借契約のような、いわゆる「貸借型」と呼ばれる契約については、そ

---

32)　潮見・注14前掲241頁。

の成立要件として「返還時期の合意」まで必要かについて見解の対立がある[33]。

本稿は、契約の成立要件は冒頭規定に規定された事実のみであり、弁済期の合意まで必要でないが、契約の終了を理由として目的物の返還請求を行う場合には、契約が終了したことを主張立証するために、返還時期の合意およびその到来を主張立証する必要があるとする見解[34]によっている。

ⓑ 書面の作成（請求原因：❹）

新法587条の2第2項は、諾成的消費貸借契約の締結にあたり書面化を義務づけたため、❹は当該条項に基づく要件となる。なお、消費貸借がその内容を記録した電磁的記録によってされたときは、書面によってされたものとみなされる（新法587条の2第4項）。

ⓒ 目的物の交付（請求原因：❺）

消費貸借契約（587条）は要物契約であるのに対し、諾成的消費貸借契約は諾成契約である。そのため、諾成的消費貸借契約においては、消費貸借契約と異なり、目的物の交付は契約の成立要件とならない。もっとも、諾成的消費貸借契約の終了に基づき貸金の返還を求めるためには、金銭が交付されていることが当然の前提となることから、金銭の交付も請求原因となる[35]。

(2) 期限前弁済を理由とする損害賠償請求（新法591条3項）

新法591条3項は、借主が貸主と合意した返還時期以前に目的物を返還し、それによって貸主が損害を受けた場合の、貸主の借主に対する損害賠償請求権を明文化したものである。

ただし、損害の発生およびその数額は、請求原因として貸主が主張立証しなければならないうえ、損害額は、利息や期限の定めがあっても、当然に約定の返還時期までに生じる利息相当額となるものではない[36]。

---

33) 各見解の内容等については、大島眞一『完全講義民事裁判実務の基礎〈第2版〉上巻』（民事法研究会・2013年）225頁等参照。
34) 司法研修所編『新問題研究 要件事実』（法曹会・2011年）38頁。
35) 大江・注15前掲60頁。これに対し、貸主が目的物を交付しないで目的物の返還を請求した場合、借主は目的物の不交付を抗弁として主張できるとする見解もある（我妻榮『債権各論中巻一（民法講義V2）』〔岩波書店・1957年〕355頁）。なお、目的物の交付を請求原因とする見解によると、諾成的消費貸借契約に基づく貸金返還請求権の請求原因に、要物契約としての消費貸借契約に基づく請求原因（返済合意、金銭交付、弁済期の約定、弁済期の到来）がすべて含まれることとなる。

3 賃貸借契約

(1) 不動産の賃貸人たる地位の移転（新法605条の2以下）

　新法605条の2以下は、賃貸人たる地位の移転に関する従前の判例法理（大判大正10年5月30日民録27輯1013頁等）を明文化する等したものである。以下、新法605条の2第1項から3項に関する要件事実を検討する。

ア　事　例

　AはYとの間で、平成〇年3月1日、自らが所有する本件建物を、賃料月額5万円、賃貸期間2年間で賃貸する契約を締結し、同契約に基づき本件建物を引き渡した。その後、AはXに対して本件建物を代金1000万円で売却する契約をした。そこで、XはYに対して賃料の支払いを請求した。

イ　訴訟物

　XのYに対する賃貸借契約に基づく賃料支払請求権

ウ　要件事実

＜請求原因＞

❶　AはYに対し、平成〇年3月1日、本件建物を賃料月額5万円、賃貸期間を同日から2年間の約定で賃貸したこと

❷　AがYに対して、❶に基づき本件建物を引き渡したこと

❸　Yが❶の賃借権について対抗要件を具備したこと

❹　Aが目的不動産をもと所有（❶の時点：平成〇年3月1日）していたこと

❺　AはXに対し、本件建物を代金額1000万円で売ったこと

❻　賃料に対応する賃貸期間が経過したこと

❼　賃料支払期限が到来したこと

＜抗弁1：賃貸人の地位が移転しない特段の事情＞

❽　XはAとの間で、本件建物の賃貸人の地位をAに留保する旨の合意をしたこと

❾　本件建物をXがAに対して、賃貸する旨の合意をしたこと

＜抗弁2：対抗要件＞

36）　潮見・注14前掲256頁。なお、「部会資料70A」59頁は、当該場面における損害の考え方について複数の見解を紹介しており、参考となる。

❿　Xが所有権取得に係る対抗要件を具備するまではXが賃貸人であることを認めないとの意思の表明

＜再抗弁：対抗要件具備（抗弁2に対する）＞
⓫　Xが❺に基づき登記を備えたこと

エ　検討

ⓐ　賃貸人たる地位の移転（請求原因：❶～❼）

新法605条の2第1項に基づくものである。従来からの判例法理を明文化したものであることから、旧法下における要件事実の理解に変更はないと考えられる[37]。

ⓑ　賃貸人の地位が移転しない特段の事情（抗弁1：❽・❾）

新法605条の2第2項前段に基づくものである[38]。

ⓒ　対抗要件の抗弁（抗弁2：❿）

新法605条の2第3項に基づくものである。上記の記載は、いわゆる権利抗弁説[39]によっている。

(2)　合意による不動産の賃貸人たる地位の移転（新法605条の3）

合意による賃貸人の地位の移転にあたり、賃借人の承諾は不要であること等を定めた規定であり、従前の判例法理（最判昭和46年4月23日民集25巻3号388頁）を明文化したものである。

不動産の譲受人から賃借人に対して賃料の支払請求等をする場合、賃借人は譲受人に対して対抗要件の抗弁（譲受人が所有権取得に係る対抗要件を具備するまでは当該譲受人が賃貸人であることを認めないとの意思の表明）を主張することができる。

---

[37]　賃貸人たる地位の移転に関する要件事実について、司法研修所編『民事訴訟における要件事実（第2巻）』（法曹会・1992年）46頁参照。

[38]　なお、旧法下において、最判平成11年3月25日集民192号607頁は、「自己の所有建物を他に賃貸して引き渡した者が右建物の所有権を第三者に移転した場合に、新旧所有者間において賃貸人の地位を旧所有者に留保する旨を合意したとしても、これをもって直ちに賃貸人の地位の新所有者への移転を妨げるべき特段の事情があるものということはできない。」旨判示していた。

[39]　司法研修所編『民事訴訟における要件事実（第1巻）』（法曹会・1986年）247頁以下参照。

(3) 敷金（新法622条の2）

　旧法下において明文規定のなかった敷金に関する新設規定である。以下、本条に関する要件事実を検討する。

ア　事　例

　XはYに対し、平成〇年3月1日、建物を期間2年間、賃料月額10万円、敷金20万円の約定で賃貸する契約を締結した。賃貸借契約の終了後、YはXに対して本件建物を明け渡し、敷金の返還を請求した。

イ　訴訟物

　YのXに対する敷金契約の終了に基づく敷金返還請求権

ウ　要件事実

＜請求原因＞

❶　XはYに対し、平成〇年3月1日、本件建物を賃料月額10万円、期間を同日から2年間の約定で賃貸したこと

❷　XがYに対して❶に基づき本件建物を引き渡したこと

❸　XとYが❶に付随して敷金の合意をし、YがXに対して敷金を交付したこと

❹　❶の賃貸借契約が終了したこと

❺　YがXに対して本件建物を明け渡したこと

❻　YがXに対して❷から❹までの期間の賃料および❹から❺までの期間の賃料相当損害金の全額を弁済したこと

＜抗弁：その他の債務＞

❼　賃料債務および賃料相当損害金債務以外に敷金から控除されるべき債務が存在すること

エ　検　討

　新法622条の2は、従前の判例法理・通説を明文化するものであり、旧法下における要件事実の理解[40]に影響はないと考えられる。

---

40)　司法研修所・注37前掲（第2巻）163頁、大島・注33前掲422頁等参照。

4 請負契約

(1) 注文者が受ける利益の割合に応じた報酬（新法634条）

新法634条は、請負人が仕事を完成することができなくなったことを理由に請負契約が解除される場合における従前の判例法理[41]の適用範囲を、仕事完成前の解除の場合にまで広げるものである[42]。以下、本条1号に関する要件事実を検討する。

ア 事 例

XはYに対し、本件建物の建築を、請負代金1000万円で注文する契約を締結した。しかしながら、Xの責めに帰することができない事由により、Yは本件建物を完成させることができなくなってしまった。そこで、YはXに対し、Xが受ける利益の割合に応じた報酬の支払いを請求した。

イ 訴訟物

YのXに対する請負契約に基づく報酬請求権

ウ 要件事実

＜請求原因＞

❶ YはXとの間で、本件建物の建築を代金1000万円で請け負ったこと
❷ Xの責めに帰することができない事由によって、本件建物の建築を完成させることができなくなったこと
❸ Yがすでにした仕事の結果のうち可分な部分の給付によって、Xが利益を受けること
❹ Xが利益を受ける割合に応じた報酬額

エ 検 討

ⓐ 仕事の完成不能（請求原因：❷）

新法634条1号に基づくものである。なお、「注文者の責めに帰すべき事由」による仕事の完成不能の場合、536条2項前段の法意に従い、請負人は報酬全

---

41) 最判昭和56年2月17日集民132号129頁は、工事完成前に請負契約を解除する場合において、工事内容が可分であり、かつ当事者が既履行部分の給付について利益を有するときは、特段の事情のないかぎり同部分について契約を解除できず、同部分についての報酬請求を認めている。
42) 潮見・注14前掲283頁。

額を請求できる（「部会資料72A」2頁、「部会資料81-3」18頁、最判昭和52年2月22日民集31巻1号79頁参照）。

ⓑ **注文者が利益を受ける割合に応じた報酬額**（請求原因：❹）

注文者が利益を受ける割合に応じた「報酬」には、注文者が利益を受ける部分に対応する費用のうち、請負人がすでに支出したものも含まれると考えられている[43]。

(2) 請負人の担保責任の制限（新法636条）

旧法636条の内容を基本的に維持しつつ、瑕疵担保責任の内容等について表現が改められている。以下、本条に関する要件事実を検討する。

ア 事例

XはYに対し、本件建物の建築を、請負代金1000万円で注文する契約を締結し、Yは本件建物を完成してXに引き渡した。しかしながら、XはYに対し、本件建物に契約の内容に適合しない部分があるとして、その修補を請求した。

イ 訴訟物

XのYに対する請負契約に基づく履行の追完請求権としての建物の修補請求権

ウ 要件事実

＜請求原因＞

❶ YはXとの間で、本件建物の建築を代金1000万円で請け負ったこと

❷ YはXに対し、本件建物を引き渡したこと

❸ 引き渡された本件建物が種類または品質に関して契約の内容に適合しないものであること

＜抗弁：提供材料または指図＞

❹ ❸の不適合が、Xの供した材料の性質またはXの与えた指図によって生じたこと

＜再抗弁：悪意＞

❺ Yがその材料または指図が不適当であることを知っていたこと

＜再々抗弁：告知＞

❻ YがXに対して、その材料または指図が不適当であることをYが

---

[43] ただし、費用負担について別段の合意がある場合には、当該合意が優先する。潮見・注14前掲284頁。

知った後遅滞なく告知したこと

エ 検 討

新法636条は、基本的に旧法636条の規律を維持するものであり、改正前における要件事実の考え方[44]への影響は少ないと考えられる。

ⓐ 契約内容との不適合（請求原因：❸）

当該改正により、請負人の担保責任に関する旧法634条・635条は削除され、請負契約固有の担保責任を定める規定は置かれなくなった。請負契約の担保責任については、新法559条に基づき、新法562条・563条（解除については564条により準用される541条・542条、損害賠償請求については564条に準用される415条）の規定が準用されることとなる。

当該改正により、旧法の「瑕疵」との表現が、「種類又は品質に関して契約の内容に適合しない」との表現に変容している。

ⓑ 重過失

旧法下においては、注文者が再抗弁として、「請負人がその材料又は指図が不適当であることを知っていた」場合のみならず、重過失によりこれを知らなかった場合も主張できる旨の裁判例が存在した（名古屋高判昭和57年6月9日判時1051号99頁）。新法下においても、当該主張は認められると考えられる。したがって、「請負人がその材料又は指図が不適当であることを知らなかったことを重過失により知らなかったことを基礎づける評価根拠事実」が再抗弁となり、同評価障害事実の存在が再々抗弁となると考えられる。

(3) 目的物の種類または品質に関する担保責任の期間の制限（新法637条）

新法637条は、請負人の担保責任の期間制限に関し、売買契約における売主の担保責任の期間制限を定めた新法566条と同様の規律を採用した。

旧法において、請負人が担保責任の期間制限を主張するにあたっては、「引渡し（引渡しを要しない場合は仕事の終了）より1年間を経過したこと」を主張すれば足りたが、新法の下においては、「注文者がその不適合を知った時」および「その時から1年経過する前に、注文者が請負人に対してその不適合を通知しなかったこと」を主張立証する必要がある。

---

44) 山本敬三『民法講義Ⅳ－1契約』（有斐閣・2005年）697頁等。

■注目すべき海外の立法動向

中国における民法の法典化

I　立法背景と概要

　中華人民共和国は、建国以来何度か民法典の編纂作業に取りかかっている。1950年代半ば、60年代初期、80年代初頭の3回は、いずれも草案作成まで至っても立法手続に乗せるまでには至らなかった。そのため、一部の例外を除いて企業の生産活動に関わる経済関係の規律は、もっぱら行政的指令や行政的計画に媒介されていたため、民事法は空白のままであった。しかし、改革開放政策以後、市民や法人の経済活動が重要性を増し、民法体系の整備が必要となった。そこで基本的な単行法規を順次制定していくというかたちで民法体系の整備を行うこととなった。主な民事単行法は、『民法通則』(1987年施行)、『契約法』(1999年施行)、『物権法』(2007年施行)、『侵権責任法（不法行為法）』(2009年施行)、『婚姻法』(1981年施行、2001年改正)、『相続法』(1985年施行) などの基本民事法が含まれる。

(1)　『民法通則』

　『民法通則』(計9章156条) とは、民事に関する基本法である。改革開放政策にどうしても必要となる民法の基本的な問題につききわめて簡略化された形式により、いわばミニ民法のような法律として規定されている。第1章は「基本原則」である。第2章「公民（自然人）」は、第1節「民事権利能力と民事行為能力」、第2節「後見」、第3節「宣告失踪と宣告死亡」、第4節「個人工商業者及び農村請負経営者」、第5節「共同経営」の各節から成る。第3章「法人」は、第1節「一般規定」、第2節「企業法人」、第3節「機関、事業単位及び社会団体法人」、第4節「連営」の各節から成る。第4章「民事法律行為と代理」は、第1節「民事法律行為」、第2節「代理」の各節から成る。第5章「民事権利」は、第1節「財産所有権及び財産所有権に係る財産権」、第2節「債権」、第3節「知的所有権」、第4節「人格権」の各節から成

る。第6章「民事責任」は、第1節「一般責任」、第2節「契約違反の民事責任」、第3節「不法行為の民事責任」の各節から成る。第7章は「訴訟時効」、第8章は「渉外民事関係法律の適用」、第9章は「附則」である。

(2) 『契約法』

『契約法』(計23章428条)とは、商業取引において、契約当事者の利益・権利と市場取引の保護を図る法律である。本法は、総則と分則と附則から成る。総則は、第1章「一般規定」、第2章「契約の締結」、第3章「契約の効力」、第4章「契約の履行」、第5章「契約の変更と譲渡」、第6章「契約の権利義務の終止」、第7章「違約責任」、第8章「その他の規定」の各章から成る。分則は、第9章「売買契約」、第10章「電気・水・ガス・熱力供給契約」、第11章「贈与契約」、第12章「借款契約」、第13章「賃貸借契約」、第14章「ファイナンス・リース契約」、第15章「請負契約」、第16章「建設工事契約」、第17章「運送契約」、第18章「技術契約」、第19章「保管契約」、第20章「倉庫保管契約」、第21章「委任契約」、第22章「取引代行契約」、第23章「仲介契約」の各章から成る。

(3) 『物権法』

『物権法』(計5編19章428条)とは、不動産と動産の占有、使用、収益、処分に関わる規則を定める民事法である。第1編「総則」は、第1章「基本原則」、第2章「物権の設定、変更、譲渡及び消滅」、第3章「物権の保護」の各章から成る。第2編「所有権」は、第4章「一般規定」、第5章「国家所有権及び集団所有権、私人所有権」、第6章「建物所有者の建物区分所有権」、第7章「相隣関係」、第8章「共有」、第9章「所有権取得の特別規程」の各章から成る。第3編「用益物権」は、第10章「一般規定」、第11章「土地請負経営権」、第12章「建設用地使用権」、第13章「宅地使用権」、第14章「地役権」の各章から成る。第4編「担保物権」は、第15章「一般規定」、第16章「抵当権」、第17章「質権」、第18章「留置権」の各章から成る。第5編「占有」は、第19章「占有」である。

(4) 『侵権責任法（不法行為法）』

『侵権責任法（不法行為法）』(計12章92条)とは、契約関係にない者の間における民事上の権利・利益を侵害した場合に負わなければならない責任について規律する法律である。本法は、第1章「一般規定」、第2章「責任の構

成と責任の方式」、第3章「免責及び責任軽減事由」、第4章「責任主体に関する特別規定」、第5章「製造物責任」、第6章「自動車交通事故責任」、第7章「医療損害責任」、第8章「環境汚染責任」、第9章「高度危険責任」、第10章「飼育動物損害責任」、第11章「物件損害責任」、第12章「附則」の各章から成る。

(5) 『婚姻法』

『婚姻法』(計6章51条)とは、婚姻の成立、解消および婚姻の効力すなわち夫婦間の権利義務等の婚姻関係だけではなく、婚姻によって生ずる家族の関係を規律対象とした法律である。狭義の婚姻法ではなく、親子法も含む、いわゆる婚姻家族法としての内容を有している。本法は、第1章「総則」、第2章「結婚」、第3章「家庭関係」、第4章「離婚」、第5章「救助措置及び法的責任」、第6章「附則」の各章から成る。

(6) 『相続法』

『相続法』(計5章37条)とは、自然人の私有財産の相続権を保護するために制定された民事基本法である。本法は、第1章「総則」、第2章「法定相続」、第3章「遺言相続と遺贈」、第4章「遺産の処理」、第5章「附則」の各章から成る。

前述したように、中国民法典の編纂作業は、これまでに3回試みられたが、あえなく挫折した。改革開放時期になってからの初めての挑戦となった1998年からの編纂作業は、2002年に立法機関の全国人民代表大会(以下、全人代と略称する)常務委員会の審議にまでたどり着いたが、議論百出のあおりを受けて、採択には至らなかった。

Ⅱ 立法の最新動向──『民法総則』草案の審議

1 『民法総則』草案の背景

『民法総則』草案は、2016年6月27日に開催された第12期全人代常務委員会第21回会議において、第1回議案として提出された。今回の議案は、2002年から14年ぶりに全人代で審議されたことである。中国共産党第18期中央委員会第4回全体会議(2014年10月)で、社会主義市場経済法律体制を完全化するという目標を設定したため、民法典編纂が急務となった。こういう背景で、5回目の民法典編纂が行われはじめた。李適時・全人代法制工作

委員会主任によれば、今後完成される民法典は、総則と分則（契約編・物権編・侵権責任編・婚姻編・相続編）で構成される。したがって、『民法総則』の立法作業は、民法典の編纂作業の第一歩である。

『民法総則』第1回議案は、民事活動をする際に遵守すべき基本原則および一般規則を規定していて、各則に共通する規定を集めたものであり、民法典で中心的な役割を果たす。第1回議案は、計11章186条から成る。第1章は「基本原則」である。第2章「自然人」は、第1節「民事権利能力と民事行為能力」、第2節「後見」、第3節「宣告失踪と宣告死亡」、第4節「個人工商業者及び農村請負経営者」の各節から成る。第3章「法人」は、第1節「一般規定」、第2節「営利法人」、第3節「非営利法人」の各節から成る。第4章は「非法人組織」、第5章は「民事権利」である。第6章「民事法律行為」は、第1節「一般規定」、第2節「意思表示」、第3節「民事法律行為の効力」、第4節「条件付及び期限付民事法律行為」の各節から成る。第7章「代理」は、第1節「一般規定」、第2節「委託代理」、第3節「代理権の消滅」の各節から成る。第8章は「民事責任」、第9章は「訴訟時効と除斥期間」、第10章は「期間の計算」、第11章は「附則」である。

2　『民法総則』第1回議案の主な内容

(1)　胎児の権利を保護する規定の新設

これまでの民事法では、胎児の権利が規定されていない。第1回議案では、「遺産相続、贈与を受けるなどに関する胎児権利の保護については、胎児は民事権利能力があるとみなす」(第16条) という規定を置いた。

(2)　制限民事行為能力の年齢基準の切下げ

従来の民事法では、制限民事行為能力の年齢は10歳と定められているが、第1回審議稿（第18条）では6歳に切り下げられた。現代社会の生活水準と教育水準が向上するため、未成年者の心理と知能の成長が従来の時代と異なる。6歳の子どももある程度の認知と判断能力をもっているから、その行為能力に相応しい民事活動をする権利を与えようという調整で、未成年者の権利をよりよく保護することができる。

(3)　後見制度の改善

現行法では、未成年者と精神障害者が被後見人とし、これに成年後見人を

付する。被後見人の対象範囲が狭くて、事理を弁識する能力を欠く高齢者などの権利を保護できない。第1回議案によると、精神障害者以外の成年者も後見制度の対象になる（第20条〜第21条）。これは、高齢者社会であらゆる法律問題を配慮したうえでの判断である。特に、任意後見制度の導入が注目されている（第31条）。

(4) 法人の分類

従来の民事法では、法人が企業法人、機関法人、事業単位法人、社会団体法人に分類されている。社会が発展するとともに、数多く新たな組織形態が形成され、現行の法律のままでは調整できなくなる。第1回議案では、法人が大きく営利法人と非営利法人の2つに分類される。利潤を追求し、それを株主または他の出資者に分配するのを目的とする法人は、営利法人である（第73条）。これに対して、公益目的または営利を目的としない法人は、非営利法人である（第81条）。

(5) 訴訟時効の延長

訴訟時効の期間については、過去の民事法では、2年と定められているが、第1回議案では、これを3年に延長している（第167条）。現代社会の取引が頻繁で、複雑になるため、長い訴訟時効が取引当事者の権利をよりよく保護することができる。

このほか、非法人組織、民事法律行為、代理などの制度も完全化された。これらの規定は、現行の民事法にある合理的な内容および制度を受け継ぐとともに、司法実践から積み重ねた経験を生かして改正したものである。

3 『民法総則』第2回議案の補充

『民法総則』草案が2016年10月31日に開催された第12期全人代常務委員会第24回会議において、第2回審議を受けた。第2回議案（計11章202条）では、自然人の個人情報は法律の保護を受け、いかなる組織と個人も違法収集、利用、加工、他者への送信を行ってはならず、違法な提供、公開あるいは情報販売を行ってはならないという新たな法律条文（第109条）が加えられた。これは、不法な手段で自然人の個人情報を収集・販売したり、あるいは他者へ提供したりするなどの行為が氾濫していることから、社会への危害拡大を防ぐためである。

Ⅲ 今後の展望

　中国の私法の核心である『民法総則』の制定は、民法の法典化の実現に向けた重要な一歩である。立法計画によると、2017年3月の全人代会議で『民法総則』を成立させたのち、残りの各編を一括して2020年3月の同会議に提出し、統一民法典として成立させる予定である。したがって、今後注目されるのは、『契約法』、『物権法』、『侵権責任法（不法行為法）』、『婚姻法』、『相続法』などの現行法をいかに編纂して民法典を成立させるかということである。このために、日本法を含め世界各国の民法典の構成および内容を大いに参考にする必要がある。この点からみれば、このたびの日本民法典（債権関係）の改正は、中国民法の法典化にとっても重要な示唆を与えてくれる。

事項索引

〈あ 行〉

悪意の抗弁……………………………… 268
アセット・ベースト・レンディング…… 273
安全配慮義務…………………………… 119
異議なき承諾…………………………… 264
異議をとどめない承諾………………… 265
意思自治の原則………………………… 22
意思推定説……………………………… 373
意思能力…………… 22・23・24・25・28・31
意思表示………………………………… 30・34
意思無能力……………………………… 23
意思無能力者…………………………… 58
一部弁済………………………………… 323
一部滅失………………………………… 415
一身専属………………………………… 200
委任……………………………………… 425
委任の解除……………………………… 427
インスティテューション……………… 8
インフォメーション・センター……… 280
ウィーン売買条約…………………… 2・15・353
請負…………………………………… 421・449
売主の担保責任………………………… 358
運送法…………………………………… 10

〈か 行〉

外観法理………………………………… 12
解除………………………………… 344・366・380
買戻し…………………………………… 400
隔地者…………………………………… 56
瑕疵……………………………… 15・397・406
貸金等債務……………………………… 245
瑕疵担保責任…………………… 15・396・399
過失責任の原則……………………… 148・149
過失相殺……………………………… 141・182
割賦販売法…………………………… 185・348
貨物引換証……………………………… 291

完成猶予………………………………… 104
間接義務………………………………… 325
間接強制……………………………… 139・164
還付請求………………………………… 335
元本確定事由…………………………… 243
管理処分権……………………………… 196
期限……………………………………… 67
危険負担…………………… 343・359・378
帰責事由…………… 167・168・190・344・366・370
帰責性…………………………………… 192
寄託……………………………………… 429
規範的構成要件………………………… 15
基本権保護請求論……………………… 39
記名式所持人払債権…………………… 291
記名式所持人払証券………………… 267・294
記名証券……………………………… 267・294
客観的起算点…………………………… 119
求償権………………………………… 225・240
強制執行……………………………… 164・165
供託………………………………… 330・333・334
共同訴訟参加…………………………… 203
共同保証人……………………………… 322
強迫…………………………………… 34・52
虚偽表示………………………………… 33
極度額…………………………………… 242
金銭債務……………………………… 142・176
組合……………………………………… 431
経済的公序論…………………………… 40
契約交渉の不当破棄…………………… 354
契約自由の原則………………………… 347
契約上の地位の移転……… 264・267・294
契約説…………………………………… 373
契約締結過程における情報提供義務
　………………………………………… 354
契約締結上の過失……………………… 354
契約の締結および内容の自由………… 347
決済システム…………………………… 286

原始的不能	144・156・158・159・160	裁判上の代位	196・200
原状回復	35・60・63・64・74・416	債務者主義	344
懸賞広告	354・355	債務者対抗要件	277・279・283
権利抗弁	378	債務者対抗要件具備	304
権利の推定	294	債務引受	264・266・286・289
合意充当	329	詐害行為取消権	13・14・136・195・204
行為能力	23・27・28・77・82・94	詐害分割	13
更改	287・314・330	詐欺	34・52
後見	455	先立つ対抗要件具備	303
公序良俗	36・37・185・274・309・348	先立つ第三者対抗要件	307
更新	104	先立つ第三者対抗要件具備	308
公正証書	229・245	錯誤	33・44・71
後発的不能	343	錯誤取消し	47
抗弁	28	差押えと相殺	282
抗弁の放棄	303	指図債権	264・279・291
効力要件	294	指図証券	267・293
小切手	291	敷金	414・416・448
個人貸金等根保証契約	228	事業譲渡	13
個人根保証契約	227	死後委任	428
個人保証	238・243・244	時効援用権者	100・102
固定制	150	時効の完成猶予	106・109・110・115・128・129・130・197
雇用	418	時効の完成猶予・更新	100・104
ゴルフ会員契約	294	時効の更新	107・114・128
婚姻費用	214	時効の中断	128
混合寄託	429・430	時効の停止	128

〈さ 行〉

債権者主義	344	事後求償権	257・262
債権者代位権	14・136・195・210	自己契約	84・85
債権者代位権の転用	197	事実上の取締役	12
債権譲渡と相殺	264・281	事実上の優先弁済機能	196
債権喪失の抗弁	306	事情変更の原則	8
債権的効力説	264・269・298	自助売却	335
債権の登記請求権	213	事前求償権	241・261
債権の準占有者	318	事前通知義務	255
債権の準占有者に対する弁済	17	質入れ	294
再抗弁	29	指定充当	329
催告	113・129	私的自治の原則	22
催告解除	345・367	支払不能	217
裁判上の催告	109	借地借家法	348
		自由譲渡性	267

修繕	415
受益の意思表示	364
主観的起算点	119
主たる債務	226
受領権者	318
受領遅滞	137・138・162・163・190
受領能力	58
準消費貸借	403
条件	67
証券的債権	279
使用貸借	407・408
譲渡禁止特約	264・267・268
譲渡制限特約	264・269・270・298
消費者契約法	8・56・185・348
消費貸借	401・444
情報提供義務	226・227・248・249
消滅時効	231
将来債権	265・266・272・273・274・285
将来債権譲渡	275・277・308
除斥期間	125
書面によらない贈与	392
白地商慣習説	373
事理弁識能力	24
信義則	349・388
侵権責任法	453
人的抗弁の切断	293・294
心裡留保	12・13・33・41・42・44・68・70
制限行為能力	27・28・59・65・82
制限行為能力者	27・35・58
制限説	265・313
正当事由	15
正当な利益	315
成年後見	75
成年被後見人	65
成立上の牽連関係	358
絶対的効力	224・229
善意取得	294
善管注意義務	13・311
選択債権	143
倉庫証券	291
相殺	254
相殺適状	329
相殺と差押え	313
相対効	198
相対的効力	224
相当因果関係説	171・172
双方代理	84・85
贈与	391
訴訟告知	196・198・203・208
訴訟物	74・95・96
損害軽減義務	181
損害賠償額の予定	185
存続上の牽連関係	358

〈た 行〉

代位	321
代金減額請求権	438
対抗要件	279
第三者対抗要件	278・279・298・305・306
第三者による詐欺	53
第三者のためにする契約	289・363・364
第三者弁済	287・316
代償請求権	142・184・186・187・188・193
代替執行	139・164
代表取締役の専断的行為	12
代物弁済	197・206・217・218・319・336
代理権濫用	43・77・83・94・95
代理行為の瑕疵	76・79
諾成契約	407・409
諾成的消費貸借	401
諾成的消費貸借契約	402
諾約者	365・366
多数当事者間の債権関係	221・251
建物明渡請求	415
単独行為説	355
担保の供与	206・216
担保保存義務	324・325

事項索引　461

遅延損害金……………………149・214
中間利息控除
　………… 137・140・149・152・153・155
忠実義務………………………………13
中断…………………………………104
重複訴訟の禁止……………………203
直接強制…………………………139・164
賃貸借………………………… 412・446
賃貸人たる地位……………………296
賃貸人たる地位の移転……………413
追完義務……………………………406
追完請求権…………… 397・436・437
追認……………………… 35・62・65・95
通常生ずべき損害…………………171
通知義務……………………………233
定期金債権……………………… 99・121
定型書式……………………………272
定型約款
　……… 346・347・371・374・376・377・384
停止…………………………………104
手形…………………………………291
適合性…………………………………15
撤回……………………………… 392・408
電子消費者契約及び電子承諾通知に関
　する民法の特例に関する法律………353
電子消費者契約に関する民法の特例に
　関する法律………………………353
転貸…………………………………418
転得者………………………………198
塡補賠償……………………167・169・193
転用型の債権者代位権………… 199・212
動機の錯誤……… 45・46・47・50・71・72
動産債権譲渡特例法………………278
同時交換的行為……………………206
同時履行の抗弁……………………357
同時履行の抗弁権…………………358
到達主義………………………… 57・353
特定商取引法…………………… 185・348
特定物………………………………145
特定物ドグマ……………… 145・146・320

特別の事情…………………………171
独立当事者参加……………………203
取消的無効……………………………45
取引慣行……………………………312

〈な　行〉

内容証明………………………………58
二重譲受人…………………………307
任意代位……………………………321
任意代理…………………………75・80
根保証…………………………… 238・242
ノーワーク・ノーペイの原則 ………419

〈は　行〉

賠償額の予定………………………184
破産手続開始決定…………………403
ハラスメント………………………127
パンデクテン…………………………7
PTSD………………………………127
被代位権利…………………………200
人の生命または侵害による損害賠償請
　求権………………………………120
人の生命または身体の侵害による損害
　賠償請求権の消滅時効……………131
否認権…………………………… 195・216
被保佐人………………………………27
被保全債権…………………………214
評価根拠事実…………………………15
評価障害事実…………………………15
表見代理………………………78・87・89・90
表示の錯誤……………………………71
不確定期限…………………………156
不可抗力…………………… 142・177・180
不可分債権…… 221・222・236・237・251
不可分債務…… 221・223・229・251
不完全履行…………………………344
付記登記……………………………323
不実告知………………………………8
付従性………………………………238
不真正連帯債務………………… 235・236

負担部分‥‥‥‥‥‥‥‥‥‥‥‥‥ 234
物権的効力説‥‥‥ 264・265・268・269・298
物件変動的登記請求権‥‥‥‥‥‥‥ 213
物上保証‥‥‥‥‥‥‥‥‥‥‥‥‥ 323
物上保証人‥‥‥‥‥‥‥‥‥‥‥‥ 290
不適合‥‥‥‥‥‥‥‥‥‥ 397・399・406
不当条項‥‥‥‥‥‥‥‥‥‥‥‥‥ 375
不当利得‥‥‥‥‥‥‥‥‥‥ 60・74・119
船荷証券‥‥‥‥‥‥‥‥‥‥‥‥‥ 291
不能‥‥‥‥‥‥‥‥‥‥‥‥‥‥‥ 157
分割債権‥‥‥‥‥‥‥‥‥‥‥‥‥ 221
分割債務‥‥‥‥‥‥‥‥‥‥‥‥‥ 221
併存的債務引受‥‥‥‥ 266・286・288・289
弁済‥‥‥‥‥‥‥‥‥‥‥‥‥‥‥ 311
弁済禁止効‥‥‥‥‥‥‥‥‥‥‥‥ 196
弁済の抗弁‥‥‥‥‥‥‥‥‥‥‥‥ 307
弁済の充当‥‥‥‥‥‥‥‥‥‥‥‥ 320
弁済の提供‥‥‥‥‥‥‥‥‥‥‥‥ 320
変動制‥‥‥‥‥‥‥‥‥‥ 137・150・152
偏頗行為‥‥‥‥‥‥‥‥‥‥‥‥‥ 216
法規説‥‥‥‥‥‥‥‥‥‥‥‥‥‥ 373
法定充当‥‥‥‥‥‥‥‥‥‥‥‥‥ 329
法定代理‥‥‥‥‥‥‥‥‥‥‥‥‥ 75
法定追認‥‥‥‥‥‥‥‥‥‥‥ 63・65
法定利率‥‥‥‥‥‥‥‥ 136・137・149・152
暴利行為‥‥‥‥‥‥‥‥‥‥‥‥ 8・36
法律行為‥‥‥‥‥‥‥‥‥‥ 30・31・32
保佐人‥‥‥‥‥‥‥‥‥‥‥ 27・29・65
保証債務‥‥‥‥‥‥‥‥‥ 221・238・256
保証人‥‥‥‥‥‥‥‥‥‥‥‥‥‥ 226
補助参加‥‥‥‥‥‥‥‥‥‥‥‥‥ 203
補助人‥‥‥‥‥‥‥‥‥‥‥‥‥‥ 65
発起人‥‥‥‥‥‥‥‥‥‥‥‥‥‥ 12

〈ま 行〉

みなし合意‥‥‥‥‥‥‥‥‥‥‥‥ 374
民事法定利率‥‥‥‥‥‥‥‥‥‥‥ 141
民法通則‥‥‥‥‥‥‥‥‥‥‥‥‥ 452
無記名債権‥‥‥‥‥‥‥‥‥‥‥‥ 291
無記名証券‥‥‥‥‥‥‥‥‥‥ 267・294

無権代理‥‥‥‥‥‥‥‥‥‥ 12・78・92
無権代理人‥‥‥‥‥‥‥‥‥‥‥‥ 98
無催告解除‥‥‥‥‥‥‥ 345・367・369・381
無償契約‥‥‥‥‥‥‥‥‥‥‥‥‥ 391
無資力要件‥‥‥‥‥‥‥‥‥‥ 195・213
無制限説‥‥‥‥‥‥‥‥‥‥ 265・314・327
無名契約‥‥‥‥‥‥‥‥‥‥‥‥‥ 402
免除‥‥‥‥‥‥‥‥‥‥‥‥‥‥‥ 231
免責的債務引受
‥‥‥‥‥‥‥ 266・286・287・288・289・331
申込みの誘引‥‥‥‥‥‥‥‥‥‥‥ 349

〈や 行〉

約款‥‥‥‥‥‥‥‥‥‥‥‥‥‥‥ 372
有価証券‥‥‥‥‥‥‥‥‥ 266・267・291
有限責任事業組合‥‥‥‥‥‥‥‥‥ 431
有効要件‥‥‥‥‥‥‥‥‥‥‥‥‥ 32
有償契約‥‥‥‥‥‥‥‥‥‥‥‥‥ 391
ユニドロワ‥‥‥‥‥‥‥‥‥‥‥‥ 2
要式契約‥‥‥‥‥‥‥‥‥‥‥‥‥ 401
要素の錯誤‥‥‥‥‥‥‥‥‥‥‥‥ 33
要物契約‥‥‥‥‥‥‥‥‥‥ 407・408
要約者‥‥‥‥‥‥‥‥‥‥‥ 365・366
ヨーロッパ契約法原則‥‥‥‥‥‥‥ 2
預貯金債権‥‥‥‥‥‥‥‥‥‥ 269・302
予備的請求原因説‥‥‥‥‥‥‥‥‥ 97

〈ら 行〉

濫用的会社分割‥‥‥‥‥‥‥‥‥‥ 13
利益相反行為‥‥‥‥‥‥‥‥‥‥‥ 86
履行期‥‥‥‥‥‥‥‥‥‥‥‥‥‥ 137
履行拒絶権‥‥‥‥‥‥‥‥‥‥ 359・361
履行催告の再抗弁‥‥‥‥‥‥‥‥‥ 300
履行上の牽連関係‥‥‥‥‥‥‥‥‥ 358
履行請求権‥‥‥‥‥‥‥‥‥‥ 164・165
履行遅滞‥‥‥‥‥‥‥‥‥‥ 137・344
履行の強制‥‥‥‥‥‥‥‥‥‥‥‥ 138
履行の提供‥‥‥‥‥‥‥‥‥‥‥‥ 380
履行引受‥‥‥‥‥‥‥‥‥‥‥‥‥ 286

履行不能……………………… 137・138・
　　　　　156・166・169・189・190・344
履行補助者の故意過失………………… 192
利息……………………………… 149・404
利息制限法…………………………… 185
連帯債権………… 221・223・236・237・252
連帯債務
　……… 151・221・224・229・234・235・253
連帯保証…………………………… 225・241
連帯保証人…………………………… 225
労働契約……………………………… 418

判例索引

〈明　治〉

大判明治38年2月28日民録11輯278頁 …………………………………………299
大判明治38年5月11日民録11輯706頁 ……………………………………… 23
大判明治39年10月29日民録12輯1358頁 …………………………… 156・157
大判明治41年5月7日民録14輯542頁 ………………………………………… 82
大判明治41年6月10日民録14輯665頁 ………………………………………… 80
大判明治43年7月6日民録16輯537頁 …………………………………… 199・212
大連判明治44年3月24日民録17輯117頁 ……………………… 207・208・209・359

〈大　正〉

大判大正2年1月24日民録19輯11頁……………………………………………404
大判大正3年6月15日民録20輯476頁 ……………………………………… 240
大判大正3年10月13日民録20輯751頁 ………………………………………234
大判大正3年12月15日民録20輯1101頁 ……………………………………… 49
大判大正4年7月13日民録21輯1387頁 ……………………………………… 101
大判大正4年12月24日民録21輯2182頁 ……………………………………… 373
大判大正5年6月26日民録22輯1268頁 ……………………………………… 364
大判大正5年7月3日新聞1164号31頁 ………………………………………… 287
大判大正5年10月21日民録22輯2069頁 ……………………………………… 205
大判大正5年12月28日民録22輯2529頁 …………………………………… 63・65
大判大正6年1月30日民録23輯1624頁 ……………………………………… 197
大判大正6年2月24日民録23輯284頁 ………………………………………… 49
大判大正6年5月3日民録23輯863頁……………………………………………234
大判大正6年11月1日民録23輯1715頁 ……………………………………… 288
大判大正7年7月10日民録24輯1480頁 ……………………………………… 432
大判大正7年8月27日民録24輯1658頁 ………………………………… 172・174
大判大正7年11月5日民録24輯2131頁 ……………………………………… 364
大判大正8年6月26日民録25輯1178頁 ……………………………………… 199
大判大正8年6月30日民録25輯1200頁 ……………………………………… 110
大判大正8年11月19日刑録25輯1133頁 ……………………………………… 38
大判大正8年11月25日民録25輯2186頁 …………………………………… 286
大判大正9年5月28日民録26輯773頁 ………………………………………… 38
大判大正9年12月24日民録26輯2024頁 …………………………………… 208
大判大正10年3月30日民録27輯603頁 ……………………………………… 175
大判大正10年4月30日民録27輯832頁 ……………………………………… 333

判例索引　465

大判大正10年5月9日民録27輯899頁 …………………………………………331
大判大正10年5月30日民録27輯1013頁 ……………………………414・446
大判大正10年6月4日民録27輯1062頁 …………………………………122
大判大正11年11月24日民集1巻670頁 …………………………………252
大判大正12年2月23日民集2巻127頁 ……………………………………252
大判大正12年6月11日民集2巻396頁 …………………………………63・66
大判大正14年7月10日民集4巻623頁 …………………………………363
大判大正14年12月15日民集4巻710頁 …………………………………295
大判大正15年3月25日民集5巻219頁 …………………………………288
大連判大正15年5月22日民集5巻386頁 …………………………171・175

〈昭　和〉

大判昭和5年4月16日民集9巻76頁 ………………………………………397
大判昭和5年10月10日民集9巻948頁 ……………………………………305
大決昭和6年4月7日民集10巻535頁 ……………………………323・324
大判昭和7年9月15日民集11巻1841頁 …………………………………207
大判昭和7年10月29日民集11巻1947号 ……………………………………38
大判昭和7年10月29日新聞3483号17頁 ……………………………………330
大判昭和7年12月6日民集11巻2414頁 ……………………………………308
大判昭和8年6月13日民集12巻1437頁 ……………………………………170
大判昭和8年10月13日民集12巻2520頁 ……………………………………257
大判昭和9年3月7日大民集13巻278頁 …………………………………418
大判昭和9年5月1日民集13巻875号 ………………………………………37
大判昭和10月3月12日民集14巻482頁 ……………………………………201
大判昭和11年3月23日民集15巻551頁 ……………………………………202
大判昭和12年5月15日新聞4133号16頁 …………………………………324
大判昭和12年9月17日民集16巻1435頁 …………………………………120
大判昭和12年12月11日民集16巻1945頁 …………………………………232
大判昭和14年5月16日民集18巻557頁 …………………………………202・212
大判昭和14年11月6日民集18巻1224頁 ……………………………………38
大判昭和16年2月10日民集20巻79頁 ………………………………………209
大判昭和18年12月22日民集22巻1263頁 …………………………………196
大判昭和19年3月14日民集23巻147頁 ……………………………………38
大判昭和19年5月18日民集23巻308頁 ……………………………………38
大連判昭和19年12月22日民集23巻626頁 ………………………………90
大判昭和20年5月21日民集24巻9頁 ………………………………………239
最判昭和25年10月26日民集4巻10号497頁 ……………………………158
最判昭和28年5月29日民集7巻5号608頁 ………………………………304
最判昭和29年11月26日民集8巻11号2087頁 ……………………………49

最判昭和29年12月21日民集8巻12号2211頁 ………………………………439
広島高決昭和30年1月17日高民集8巻1号23頁 ……………………366
最判昭和30年4月5日民集9巻4号431頁 ……………………………418
最判昭和30年5月31日民集9巻6号844頁 …………………………157
最判昭和30年7月15日民集9巻9号1058頁 …………………………335
最判昭和30年10月7日民集9巻11号1616頁 …………………………38
最判昭和30年10月11日民集9巻11号1626頁 ………………………208
東京地判昭和31年9月24日下民集7巻9号2593頁 …………………366
最判昭和31年12月6日民集10巻12号1527頁 ………………………439
最判昭和32年11月29日民集11巻12号1994頁 ………………………97
最判昭和32年12月3日民集11巻13号2018頁 ………………………418
最判昭和33年2月21日民集12巻2号341頁 ……………………197・214
最判昭和33年6月6日民集12巻9号1373頁 …………………………405
最判昭和33年9月26日民集12巻13号3022頁 ………………………206
最判昭和33年10月24日民集12巻14号3228頁 ………………………12
最判昭和35年10日21日民集14巻12号2661頁 ………………………87
最判昭和35年4月21日民集14巻6号930頁 …………………………157
最判昭和35年4月26日民集14巻6号1046頁 …………………………205
最判昭和35年6月21日民集14巻8号1487頁 …………………………192
最判昭和35年12月15日民集14巻14号3060頁 ………………………175
最判昭和36年3月2日民集15巻3号337頁 ……………………………251
最判昭和36年4月20日民集15巻4号774頁 ……………………………57
最判昭和36年11月21日民集15巻10号2507頁 ……………………368・381
最判昭和37年3月6日民集16巻3号436頁 ……………………………220
最判昭和37年6月26日民集16巻7号1397頁 …………………………364
大阪高判昭和37年6月27日下民集13巻6号1306頁 …………………334
最判昭和37年7月6日民集16巻7号1469頁 …………………………116
最判昭和37年8月21日民集16巻9号1809頁 ………………………318・337
最判昭和37年9月4日民集16巻9号1834頁 …………………………155
最判昭和37年11月16日民集16巻11号2280頁 ………………………175
最判昭和38年2月21日民集17巻1号219頁 …………………………418
最判昭和38年3月26日判時331号21頁 …………………………………49
最判昭和38年5月31日民集17巻4号600頁 …………………………432
最判昭和38年9月5日民集17巻8号909頁 ………………………12・83・94
最判昭和39年1月23日民集18巻1号76頁 …………………………208
最大判昭和39年6月24日民集18巻5号854頁 ………………………183
最判昭和39年8月28日民集18巻7号1354頁 …………………………295
最判昭和39年11月26日民集18巻9号1984頁 ………………………336
最判昭和39年12月23日民集18巻10号2217頁 ………………………313

最判昭和40年9月10日民集19巻6号1512頁 ……………………………………………… 46
最判昭和40年9月21日民集19巻6号1542頁 …………………………………………… 238
最判昭和40年9月22日民集19巻6号1656頁 ……………………………………………… 12
最判昭和40年11月24日民集19巻8号2019頁 ………………………………………… 396
最判昭和40年12月3日民集19巻9号2090頁 ………………………………………… 162
最判昭和40年12月17日集民81号561頁 ……………………………………………… 427
最判昭和41年12月23日民集20巻10号2211頁 ………………………………… 186・193
最判昭和42年3月10日民集21巻2号295頁 ……………………………………………… 116
最判昭和42年4月20日民集21巻3号697頁 ……………………………………………… 83
最判昭和42年4月20日民集21巻3号697頁・判時484号48頁・判タ207号78頁 …… 84
最判昭和42年6月22日民集21巻6号1468頁 ………………………………………… 418
最判昭和42年8月25日民集21巻7号1740頁 ………………………………………… 251
最判昭和42年10月27日民集21巻8号2110頁 ………………………………………… 101
最判昭和42年11月30日民集21巻9号2497頁 …………………………………………… 98
最判昭和43年2月23日民集22巻2号281頁 …………………………………………… 381
最判昭和43年3月8日民集22巻3号551頁・判タ221号122頁 ………………………… 94
最判昭和43年9月20日判時536号51頁 ………………………………………………… 427
最判昭和43年9月26日民集22巻9号2002頁 ………………………………………… 101
最判昭和43年12月5日民集22巻13号2876頁 ………………………………………… 364
最判昭和44年1月31日判時552号50頁 ……………………………………………… 392
最判昭和44年6月24日民集23巻7号1079頁 …………………………………… 196・201
最判昭和44年7月17日民集23巻8号1610頁 ………………………………………… 414
最判昭和44年11月14日民集23巻11号2024頁 ………………………………………… 70
最判昭和44年11月14日民集23巻11号2023頁 ………………………………………… 43
最判昭和44年12月19日民集23巻12号2539頁 ………………………………………… 89
最判昭和45年4月10日民集24巻4号240頁 …………………………………………… 270
最大判昭和45年6月24日民集24巻6号587頁 ………………………………… 313・327
最大判昭和45年7月15日民集24巻7号771頁 ………………………………………… 119
最判昭和45年7月28日民集24巻7号1203頁 …………………………………………… 96
最判昭和45年9月10日民集24巻10号1389頁 ………………………………… 106・129
最判昭和45年11月11日判時525号52頁 ……………………………………………… 432
最大判昭和45年11月11日民集24巻12号1854頁 ……………………………………… 432
最判昭和46年4月23日民集25巻3号388頁 …………………………………… 295・447
最判昭和46年9月21日民集25巻6号823頁 …………………………………………… 197
最判昭和46年9月21日民集25巻6号823頁 …………………………………………… 214
最判昭和46年11月19日民集25巻8号1331頁 ………………………………………… 116
最判昭和47年4月4日民集26巻3号373頁 ……………………………………………… 85
最判昭和47年4月13日集民105号561頁 ……………………………………………… 210
最判昭和47年4月20日民集26巻3号520頁 …………………………………………… 175

東京地判昭和47年5月22日判時682号32頁 …………………………………… 440
東京高判昭和47年7月10日金商336号5頁 …………………………………… 91・92
最判昭和48年2月2日民集27巻1号80頁 ……………………………………… 416
最判昭和48年3月16日金法683号25頁 ………………………………………… 402
最判昭和48年4月24日民集27巻3号596頁 …………………………………… 202
最判昭和48年7月19日民集27巻7号823頁 …………………………………… 299
最判昭和48年7月19日民集27巻7号823頁 …………………………………… 265
最判昭和48年10月11日集民110号231頁・判時723号44頁 ………………… 178
最判昭和48年12月14日民集27巻11号1586頁 ………………………………… 101・102
最判昭和49年3月7日民集28巻2号174頁 ……………………………………… 280・307
最判昭和49年3月19日民集28巻2号325頁 ……………………………………… 414
最判昭和49年7月5日集民112号177頁 ………………………………………… 305
最判昭和49年12月12日集民113号523頁 ……………………………………… 207
最判昭和49年12月12日集民113号523頁 ……………………………………… 220
最判昭和49年12月20日判時768号101頁 ……………………………………… 157
最判昭和51年4月9日民集30巻3号208頁 ……………………………………… 425
最判昭和52年2月22日民集31巻1号79頁 ……………………………………… 450
最判昭和52年3月17日民集31巻1号308頁 …………………………………… 300
東京高判昭和52年4月18日下民集28巻1=2=3=4号389頁 ………………… 203
最判昭和52年7月12日金法834号38頁 ………………………………………… 206
最判昭和53年5月1日集民124号1頁 …………………………………………… 319
最判昭和53年12月22日民集32巻9号1768頁 ………………………………… 417
最判昭和55年1月11日民集34巻1号42頁 …………………………………… 307・308
最判昭和56年1月19日民集35巻1号1頁 ……………………………………… 427
最判昭和56年2月17日集民132号129頁 ……………………………………… 424・449
最判昭和56年7月2日民集35巻5号881頁 …………………………………… 328
名古屋高判昭和56年7月14日判タ460号112頁 ……………………………… 197
最判昭和57年3月4日判時1042号87頁 ………………………………………… 236
名古屋高判昭和57年6月9日判時1051号99頁 ………………………………… 451
最判昭和57年12月17日民集36巻12号2399頁 ………………………………… 260
最判昭和58年9月20日集民139号549頁 ……………………………………… 428
横浜地判昭和59年6月20日判時1150号210頁 ………………………………… 432
最判昭和60年5月23日民集39巻4号940頁 …………………………………… 323・324
最判昭和61年9月4日判時1215号47頁 ………………………………………… 38
最判昭和61年11月27日民集40巻7号1205頁 ………………………………… 323
大阪地判昭和62年2月27日判時1238号143頁 ………………………………… 74
最判昭和62年3月24日判時1258号61頁 ……………………………………… 418
東京地判昭和62年3月26日判時1260号21頁 ………………………………… 158
東京地判昭和62年6月26日判時1269号98頁 ………………………………… 433

最判昭和62年7月7日民集41巻5号1133頁・判タ647号101頁……………………………93
最判昭和62年7月17日民集41巻5号1350頁…………………………………………………362
東京地判昭和63年2月29日判タ675号174頁…………………………………………………349
最判昭和63年3月15日民集42巻3号170頁……………………………………………………419
最判昭和63年7月1日民集42巻6号451頁……………………………………………………236
大阪地判昭和63年9月22日判時1320号117頁・判タ687号180頁 …………………………87

〈平　成〉

最判平成1年9月14日集民157号555頁 ……………………………………………………… 72
最判平成1年9月14日判時1336号93頁 ………………………………………………………49
最判平成1年12月21日民集43巻12号2209頁 ……………………………………………101・125
東京地判平成2年7月31日判時1386号108頁 …………………………………………………90
最判平成3年9月3日民集45巻7号1121頁 ……………………………………………………324
最判平成4年9月22日金法1358号55頁 …………………………………………………………428
最判平成4年10月20日民集46巻7号1129頁 ………………………………………………399・442
最判平成4年12月10日民集46巻9号2727頁・判時1445号139頁・判タ807号265頁 ……… 84
最判平成5年3月30日民集47巻4号3334頁……………………………………………………307
最判平成6年2月22日民集48巻2号441頁………………………………………………………119
最判平成6年3月22日民集48巻3号859頁………………………………………………………396
最判平成6年4月19日民集48巻3号922頁……………………………………………………… 93
最判平成6年5月31日民集48巻4号1029頁……………………………………………………… 67
最判平成7年6月23日民集49巻6号1737頁……………………………………………………324
最判平成8年2月8日集民178号215頁 ……………………………………………………197・214
東京高判平成8年3月28日判時1573号29頁 …………………………………………………186
大阪地判平成9年8月29日労判725号40頁 ……………………………………………………351
最判平成10年4月24日判時1661号66頁 ………………………………………………………119
最判平成10年6月11日民集52巻4号1034頁 …………………………………………………… 58
最判平成10年6月12日民集52巻4号1087頁 ……………………………………………102・125
東京高判平成10年9月30日東高民時報49巻1～12号合併号22頁 …………………………91
最判平成11年1月29日民集53巻1号151頁 ………………………………………273・308・309
最判平成11年2月23日民集53巻2号193頁………………………………………………432・434
最判平成11年3月25日判時1674号61頁 …………………………………………………295・413
最判平成11年3月25日集民192号607頁 ………………………………………………………447
東京地判平成11年9月22日金商1092号44頁 …………………………………………………89
札幌地判平成12年3月17日判タ1089号172頁・金法1595号73頁 …………………………89
最判平成13年2月22日集民201号109頁 ………………………………………………………442
最判平成13年11月22日民集55巻6号1056頁 …………………………………………………273
最判平成14年9月24日集民207号289頁 ………………………………………………………422
最判平成15年4月8日民集57巻4号337頁 ……………………………………………………319

最判平成16年4月27日判時1860号152頁 …………………………………………119
最判平成17年1月27日民集59巻1号200頁 ………………………………………324
大阪高判平成17年4月28日判時1907号57頁 ………………………………………81
最判平成17年6月14日民集59巻5号983頁 ……………………………………141・152
最判平成17年12月16日判タ1200号127頁 …………………………………………373
最判平成17年12月16日判時1921号61頁 …………………………………………416
最判平成19年2月15日民集61巻1号243頁 ………………………………………273
東京高判平成20年4月30日金判1304号38頁 ……………………………………196
最判平成21年3月27日民集63巻3号449頁 …………………………………269・300
最判平成21年4月28日民集63巻4号853頁 ……………………………102・125・128
東京高判平成21年12月21日判時2073号32頁 ……………………………………429
最判平成24年5月28日民集66巻7号3123頁 ………………………………………328
最判平成24年9月13日民集66巻9号3263頁 ………………………………………246
東京地判平成24年10月4日判時2180号63頁 ……………………………………277
最判平成24年10月12日民集66巻10号3311頁 ………………………………………13
最判平成25年6月6日民集67巻5号1208頁 ………………………………………110

執筆者一覧

■**編著者**

小賀野　晶一（おがの　しょういち）
　中央大学法学部教授
　主な著書：『現代民法講義〈第3版〉』（成文堂）
　　　　　　『民法と成年後見法―人間の尊厳を求めて』（成文堂）
　執筆担当：第1編Ⅰ、第2編第2章Ⅰ**1**・第3章Ⅰ**1**、第3編第1章Ⅰ**1**・第3章Ⅰ**1**・第5章Ⅰ**1**、第4編第1章Ⅰ**1**

松嶋　隆弘（まつしま　たかひろ）
　日本大学（総合科学研究所）教授・弁護士（みなと協和法律事務所）
　主な著書：松嶋隆弘編『会社法講義30講』（中央経済社）
　　　　　　上田純子＝松嶋隆弘編『会社非訟事件の実務』（三協法規出版）
　　　　　　「有価証券報告書の虚偽記載に関する損害賠償責任についての法的スキーム」ビジネス法務17巻2号（平成28年12月）138～143頁ほか
　執筆担当：第1編Ⅱ・Ⅲ、第2編第4章Ⅰ**1**、第3編第2章Ⅰ**1**・第4章Ⅰ**1**

■**執筆者**（五十音順）

阿久津　透（あくつ　とおる）
　弁護士（今村記念法律事務所）
　執筆担当：第3編第4章Ⅰ**3**

井上　雅弘（いのうえ　まさひろ）
　弁護士（銀座誠和法律事務所）
　執筆担当：第4編第2章Ⅰ**5**・**8**

植松　勉（うえまつ　つとむ）
　弁護士（日比谷T&Y法律事務所）
　執筆担当：第3編第4章Ⅰ**5**

内田　暁（うちだ　あきら）
　帝京大学法学部助教
　執筆担当：第2編第2章Ⅰ**3**～**7**、第3編第4章Ⅰ**4**

遠藤　研一郎（えんどう　けんいちろう）
　中央大学法学部教授
　執筆担当：第3編第4章Ⅰ❻〜❽

大澤　慎太郎（おおさわ　しんたろう）
　千葉大学大学院社会科学研究院准教授
　執筆担当：第3編第5章Ⅰ❷〜❺

大野　洋人（おおの　ひろと）
　弁護士（NECキャピタルソリューション株式会社法務部）
　執筆担当：第3編第4章Ⅰ❷

岡島　芳伸（おかじま　よしのぶ）
　日本大学法学部特任教授、弁護士
　執筆担当：「民法改正の変遷」

小川　泰寛（おがわ　やすひろ）
　弁護士（虎門中央法律事務所）
　執筆担当：第3編第1章Ⅰ⓭

帷子　翔太（かたびら　しょうた）
　日本大学大学大学院法務研究科助教、弁護士（ルーチェ法律事務所）
　執筆担当：第3編第3章Ⅱ・第4章Ⅱ・第5章Ⅱ、第4編第1章Ⅱ

金光　寛之（かねみつ　ひろゆき）
　高崎経済大学地域政策学部教授
　執筆担当：第4編第2章Ⅰ❾・❿

亀井　隆太（かめい　りゅうた）
　横浜商科大学商学部専任講師
　執筆担当：第2編第1章Ⅰ、第4編第2章Ⅰ❶

川村　佑紀（かわむら　ゆき）
　日本大学法学部研究所研究員
　執筆担当：第2編第2章Ⅰ❽〜❿

岸　郁子（きし　いくこ）
　　弁護士（四谷番町法律事務所）
　　執筆担当：第3編第1章Ⅰ❿・⓬

江　涛（こう　とう）
　　上海政法学院講師
　　執筆担当：「〈注目すべき海外の立法動向〉中国における民法の法典化」

胡　光輝（こ　こうき）
　　北陸大学経済経営学部教授
　　執筆担当：第4編第1章Ⅰ❷〜❹

高田　淳（たかだ　あつし）
　　中央大学法学部教授
　　執筆担当：第3編第3章Ⅰ❷〜❻

戸髙　広海（とだか　ひろうみ）
　　弁護士（北千住パブリック法律事務所）
　　執筆担当：第2編第2章Ⅰ❷

中川　裕貴子（なかがわ　ゆきこ）
　　弁護士（小田原三の丸法律事務所）
　　執筆担当：第2編第3章Ⅰ❷〜❽

中込　一洋（なかごみ　かずひろ）
　　弁護士（司綜合法律事務所）
　　執筆担当：第3編第1章Ⅰ❼〜❾、第4編第1章Ⅰ❺・❼

平沼　大輔（ひらぬま　だいすけ）
　　弁護士（平沼高明法律事務所）
　　執筆担当：第3編第1章Ⅰ❷〜❻

福原　竜一（ふくはら　りゅういち）
　　弁護士（虎ノ門カレッジ法律事務所）
　　執筆担当：第2編第1章Ⅱ・第2章Ⅱ・第3章Ⅱ・第4章Ⅱ、第3編第1章Ⅱ・第2章Ⅱ、
　　　　　　　第4編第2章Ⅱ

星野　馨（ほしの　かおる）
　弁護士（銀座誠和法律事務所）
　執筆担当：第4編第2章Ⅰ❻・❼

三木　千穂（みき　ちほ）
　海上保安大学校海上警察学講座准教授
　執筆担当：第2編第4章Ⅰ❹〜❻

峯川　浩子（みねかわ　ひろこ）
　常葉大学法学部准教授
　執筆担当：第4編第1章Ⅰ❽

山口　祐輔（やまぐち　ゆうすけ）
　弁護士（松本・山下綜合法律事務所）
　執筆担当：第2編第4章Ⅰ❷・❸、第4編第2章Ⅰ❸

山下　良（やました　りょう）
　沖縄国際大学法学部准教授
　執筆担当：第4編第2章Ⅰ❹

吉原　恵太郎（よしはら　けいたろう）
　弁護士（吉原法律事務所）
　執筆担当：第3編第1章Ⅰ⓫

渡邊　兼也（わたなべ　けんや）
　弁護士（隼綜合法律事務所）
　執筆担当：第3編第2章Ⅰ❷・❸、第4編第1章Ⅰ❻・第2章Ⅰ❷

民法（債権法）改正の概要と要件事実

平成 29 年 8 月 5 日　印刷	定価本体 5,000 円（税別）
平成 29 年 8 月 15 日　発行	

編著者　　小賀野晶一・松嶋隆弘
発行者　　野村哲彦
発行所　　三協法規出版株式会社
　　　　　本社　〒160-0022　東京都新宿区新宿 1-27-1 クインズコート新宿 2 階
　　　　　　　　TEL：03-6772-7700（代表）　FAX：03-6772-7800
　　　　　綜合営業所　〒502-0908　岐阜県岐阜市近島 5-8-8
　　　　　　　　TEL：058-294-9151（代表）　FAX：058-294-9153
　　　　　URL　http://www.sankyohoki.co.jp/
　　　　　E-mail　info@sankyohoki.co.jp

企画・製作　有限会社 木精舎
　　　　　　〒112-0002　東京都文京区小石川 2-23-12-501

印刷・製本　萩原印刷株式会社

©2017 Printed in Japan
ISBN978-4-88260-279-8 C2032
落丁・乱丁本はお取り替えいたします。

R 本書を無断で複写複製することは、著作権法上の例外を除き、禁じられています。本書をコピーされる場合は、事前に日本複製権センター（03-3401-2382）の許諾を受けてください。また、本書を請負業者等の第三者に依頼してスキャン等によってデジタル化することは、たとえ個人や家庭内の利用であっても一切認められておりません。